Bibliografische Information der Deutschen Nationalbibliothek
Die Deutsche Nationalbibliothek verzeichnet diese Publikation in der Deutschen Nationalbibliografie; detaillierte bibliografische Daten sind im Internet über http://dnb.de abrufbar.

Stephan Russ-Mohl / Tanjev Schultz
Journalismus.
Das Lehr- und Handbuch
Köln: Herbert von Halem Verlag 2023

4., komplett überarbeitete Auflage
Mit Karikaturen von Kostas Koufogiorgos

Aus Gründen der besseren Lesbarkeit wird in dem Buch auf die gleichzeitige Verwendung weiblicher und männlicher Sprachformen verzichtet. Mit den Personenbezeichnungen sind stets beide Geschlechter gemeint.

ISBN (Print) 978-3-86962-544-7
ISBN (PDF) 978-3-86962-548-5
ISBN (ePub) 978-3-86962-541-6

Den Herbert von Halem Verlag erreichen Sie auch im Internet unter http://www.halem-verlag.de
E-Mail: info@halem-verlag.de

Lektorat: Julian Pitten
Druck: Druckhaus Nord GmbH
Satz: Herbert von Halem Verlag
Gestaltung: Claudia Ott Grafischer Entwurf, Düsseldorf

Stephan Russ-Mohl / Tanjev Schultz

Journalismus

Das Lehr- und Handbuch

4., komplett überarbeitete Auflage

Mit Karikaturen von Kostas Koufogiorgos

HERBERT VON HALEM VERLAG

Inhaltsverzeichnis

Vorwort zur vierten Auflage

Diese Einführung in den Journalismus erscheint jetzt in vierter Auflage. Das Buch wurde aktualisiert, gründlich überarbeitet und mit Tanjev Schultz ist ein Ko-Autor hinzugekommen, der die Perspektiven erweitert. Als Novum in einem Lehrbuch wird es damit möglich, die eine oder andere Frage zur Entwicklung des Journalismus kontrovers zu diskutieren – so zum Beispiel, ob Journalisten gendern sollten und wieviel Parteilichkeit bzw. »Haltung« dem Nachrichtenjournalismus guttut. Als Autoren sind wir nicht in allen Punkten derselben Meinung, wie es ja auch im Journalismus in einer pluralistischen Gesellschaft unterschiedliche Positionen gibt und geben sollte. Uns verbindet aber die grundsätzliche Überzeugung, dass es darauf ankommt, konstruktiv mit dieser Vielfalt umzugehen und sie auch als eine Stärke zu begreifen. Uns eint auch die Leidenschaft für den Journalismus, die bisweilen, wie Tanjev Schultz gern bemerkt, zum (Mit-)Leiden führt, wenn die Medien ihre wichtige Aufgabe nicht so gut erfüllen, wie wir uns das im Sinne einer lebendigen, demokratischen Öffentlichkeit wünschen und erhoffen.

Das Buch leistet Folgendes:

- Es widmet sich primär der Praxis und dem journalistischen »Handwerk«, lässt aber Erkenntnisse der Journalismus- und Medienforschung einfließen, wenn dies nützlich ist und den Horizont erweitert.
- Es spürt den dramatischen Veränderungen im Berufsfeld nach, ohne in einen »Hype« verfallen zu wollen. Das Buch zeigt, wie sich durch netzbasierte Recherche- und Kommunikationsformen der journalistische Alltag verändert.
- Es erklärt nicht nur journalistische Darstellungsformen, sondern ist aufwändig illustriert und möchte u. a. durch Infografiken Leseanreize schaffen.

- Im Journalismus geht es oft um ernste Themen, er kann und darf aber auch Freude bereiten. Wir finden, dass Humor für eine konstruktive Streitkultur wichtig ist und befreiend wirken kann. Manchmal bringen Bilder die Verhältnisse besser auf den Punkt als viele Worte. Deshalb haben wir Karikaturen in das Buch aufgenommen, die der Stuttgarter Karikaturist Kostas Koufogiorgos gezeichnet hat. Ihm gilt unser herzlicher Dank.
- Das Buch sieht Journalismus und PR als eng aufeinander bezogene Berufs- und Arbeitsfelder und lotet aus, welchen Einfluss Öffentlichkeitsarbeit auf Redaktionen nimmt, aber auch, wie sich professioneller Journalismus gegen solche »Fernsteuerung« wehren kann.
- Es begreift redaktionelles Marketing und Redaktionsmanagement als Eckpfeiler journalistischer Arbeit. In Zeiten knapper werdender redaktioneller Ressourcen bezieht es die ökonomische Dimension journalistischen Entscheidens und Handelns mit ein.
- Es trägt der Globalisierung Rechnung und blickt über den Tellerrand, indem es Erfahrungen und Beispiele aus europäischen Ländern und den USA mit einbezieht.

Nicht zuletzt ist dieses Buch der Versuch, Brücken zu bauen, und zwar

- zwischen den Generationen, also den eigenen »Lehrmeistern« und der neuen, heranwachsenden Journalistengeneration: Sie wird gewiss vieles anders machen und hoffentlich dennoch nicht alles preisgeben, was in der Geschichte des Journalismus an Professionalität, Unabhängigkeit und Glaubwürdigkeit errungen wurde;
- zwischen Wissenschaft und Praxis: In wenigen anderen Branchen gibt es im Berufsfeld eine so weitverbreitete Abwehrhaltung gegenüber der Mutter-Disziplin wie zwischen Journalismus und Medienforschung; kaum irgendwo verläuft der Transfer wissenschaftlicher Erkenntnis ins Berufsfeld so zufällig. Die Forscher beobachten und analysieren zwar die Praxis, aber sie geben sich wenig Mühe, ihre Erkenntnisse an die Journalisten heranzutragen, und diese verhalten sich ihrerseits gegenüber der Forschung oft ziemlich autistisch;
- zwischen Journalismus und Public Relations: Was nachfolgend über Journalismus mitgeteilt wird, müssen auch künftige Experten in der Organisations- und Unternehmenskommunikation wissen, wenn sie sich Fehler und schmerzliche Lernprozesse im Umgang mit Journalis-

tinnen und Journalisten ersparen möchten. Umgekehrt sollten Redaktionen, statt PR-Leuten nur misstrauisch zu begegnen, begreifen, dass sie ohne deren Zuarbeit kaum noch arbeitsfähig wären. Sie sollten sich deshalb um einen kritischen, aber konstruktiven Umgang mit Öffentlichkeitsarbeitern bemühen;

- zwischen den Journalismus-Kulturen im eigenen Sprachraum und anderswo: Zwar muss sich eine Einführung naturgemäß auf die Gegebenheiten und Trends im eigenen Sprachraum ausrichten. Wichtig ist aber eben doch das Bewusstsein, dass sich auf der Suche nach Best Practices in Europa und im Rest der Welt viel lernen lässt – verbunden mit der Hoffnung, dass ein Lehr- und Handbuch gerade durch den Blick über den Kirchturmshorizont hinaus dazu beitragen kann, die Diskussion über Qualität im Journalismus zu vertiefen.

Nach amerikanischen Vorbildern konzipiert, ist das Lehrbuch hoffentlich informativ und leicht lesbar. Lesen können oder sollten es alle, die im Journalismus Fuß fassen möchten, also Volontäre, Journalistenschüler und Studierende der Journalistik, Kommunikations- oder Medienwissenschaften. Darüber hinaus ist es vielleicht auch für Profis nützlich, sei es als Redaktionshandbuch, um bei Bedarf gezielt nachzuschlagen, sei es, um da und dort neu übers eigene Metier nachzudenken. Da sich das Buch aber nicht in erster Linie an erfahrene Journalisten und Wissenschaftler richtet, sondern an Menschen, die (noch) keine Experten sind, können wir manches nur antippen – und dazu ermuntern, die Themen durch weitere Lektüre und Recherche zu vertiefen. Dafür geben wir Literaturtipps am Ende jedes Kapitels.

Das Buch bietet all denen Basiswissen, die einen Blick hinter die Kulissen des Medienbetriebs werfen möchten und erfahren wollen, wie wir informiert werden, wie Journalismus in unserer Gesellschaft »funktioniert« und welche Probleme im Berufsfeld lösungsbedürftig sind. Angesichts der Vertrauenskrise, in die der Journalismus zumindest in Teilen der Bevölkerung geschlittert ist, seitdem nicht nur Pegida-Demonstranten »Lügenpresse« skandieren, sollte das Buch vielleicht sogar als Lektüre in Schulen eingeführt werden. Denn 35 Prozent der Deutschen sind einer Umfrage zufolge, die der WDR 2020 bei Infratest dimap in Auftrag gegeben hat, der Meinung, den Medien würde »von Staat und Regierung vorgegeben, worüber sie berichten sollen«. In Ostdeutschland waren es sogar 50 Prozent. In der Langzeitstudie »Medienvertrauen« der Uni Mainz stimmten zuletzt 20 Prozent der Befragten der Aussage zu, Medien und Politik würden

»Hand in Hand« arbeiten, »um die Meinung der Bevölkerung zu manipulieren«. Das ist zwar keine Mehrheit, aber doch eine beachtlich große Gruppe.

Die Überarbeitung dieses Buches hat allerdings auch bewusst gemacht, wie unseriös Prognosen zur Zukunft des Journalismus sind – angesichts des Tempos, in dem sich Technologien und Mediennutzungsverhalten derzeit verändern. Niemand weiß, was 2050 sein wird. Vor einigen Jahren konnte auch keiner ahnen, welche Rolle heute Smartphones und soziale Netzwerke für den Journalismus spielen würden.

Weiterhin gefragt sein dürften im Journalismus: eigenständiges Denken, hohe Lernbereitschaft, Neugier, Kontaktfreude, solide Fachkenntnis, Kreativität und sprachliche Präzision – sowie Mut und die Fähigkeit zur Selbstkritik. Das setzt implizit voraus, dass der Journalismus seine relative Unabhängigkeit zu verteidigen vermag und es auch künftig noch Pressefreiheit gibt. Im Übrigen sei künftigen Journalistinnen und Journalisten noch eine Empfehlung des Publizisten und Berliner Medienforschers Harry Pross ans Herz gelegt: »Lesen Sie viel, denken Sie viel, aber denken Sie mehr, als Sie lesen.« Wer diesen Ratschlag beherzigt und die genannten Eigenschaften mitbringt, wird trotz aller Unkenrufe vom »neuen Prekariat« hoffentlich sein Auskommen in den Medien finden.

In der vierten Auflage haben wir auch die bisherige akribische Dokumentation von Quellen modifiziert und uns für einen Zwischenweg zwischen journalistischer und wissenschaftlicher Vorgehensweise entschieden. Quellen sind mit genauen Literaturverweisen versehen, wenn uns dies nützlich erschien. Um den Aufwand andererseits zu begrenzen, haben wir, wie im Journalismus üblich, auf genauere Angaben vielfach verzichtet – in der Hoffnung, dass wir als Autoren das Vertrauen in Anspruch nehmen dürfen, das üblicherweise Journalistinnen und Journalisten entgegengebracht wird.

An einem Punkt bleibt der vorliegende Text »altmodisch«: Er erscheint als Buch und akzentuiert stark die Print- und Onlinemedien sowie den Informationsjournalismus. Die meisten erfahrenen Journalistenausbilder werden bestätigen, dass sich das Metier nach wie vor am gründlichsten und genauesten in textbasierten Redaktionen lernen lässt. Und natürlich sind auch Beispiele zur Veranschaulichung leichter aus Print- und Onlineangeboten zu sammeln und für ein Buch aufzubereiten als aus dem Radio- oder TV-Journalismus. Die Erstauflage dieses Texts erschien im Jahr 2003 mit einer eigenen, komplementären Website. Darauf haben wir später verzichtet, weil mit dem European Journalism Observatory (www.ejo-online.

eu) inzwischen ein sehr viel leistungsfähigeres Netzwerk Informationen bereitstellt, die auch als kontinuierliche Ergänzungen des Basistexts genutzt werden können.

Ein Buch, das in mehr als 40-jähriger Lehrtätigkeit herangereift und inzwischen in acht Sprachen übersetzt ist, verdankt seine Existenz auch einem kollektiven Erfahrungsschatz, der sich unter Journalistenausbildern herausgebildet hat, sowie unzähligen Gesprächen und Diskussionen. So haben als Anreger Fachkollegen und Studierende ebenso wie berufserfahrene Journalistinnen und Journalisten mitgewirkt. Alexandra Föderl-Schmid hat die Aktualisierung des Kapitels zum Redaktionsmanagement begleitet, Volker Perten, Matthias Prinz und Dieter Dörr haben mit Anregungen zum Kapitel Medienrecht beigetragen. Wertvolle Anregungen kamen zudem von dem Hörfunkjournalisten Oliver Günther. Nicht zuletzt hat die Stiftung Pressehaus NRZ weiterhin Übersetzungen des Buches ermöglicht, die den eigenen Horizont spürbar erweitert und auch diese Neuauflage inspiriert haben.

Ihnen allen sei hier in den drei Sprachen, die der Erst-Autor leidlich spricht, zugerufen: Thank you, grazie mille, Dankeschön!

Kleinmachnow, im Juni 2023
Stephan Russ-Mohl

I.

Medien und Journalismus in Zeiten der Digitalisierung

1. Einführung

Für viele ist es der Traumjob, der aufregendste, schönste Beruf der Welt: Journalisten sind unterwegs, immer an den Brennpunkten des Geschehens. Egal wie groß die Welt ist, ob sie wirklich den Globus umspannt und die Reporterin mal in Afrika, mal in Amerika und mal in Australien im Einsatz ist, oder ob die »Welt« aus dem Einzugsbereich des *Miesbacher Merkur* oder einer Kiez-Website wie den *Prenzlauer Berg Nachrichten* in Berlin besteht – stets ist der Journalist oder die Journalistin dabei, wenn etwas Wichtiges passiert, hat Zugang zur Prominenz und weiß ein bisschen mehr über die Vorder- und Hintergründe der Weltläufte als Otto und Liese Normalbürger.

Aber selbst ein Auslandskorrespondenten-Traumjob hat seine Schattenseiten: Er sei »anstrengend«, berichtet Casper Selg, der 30 Jahre lang für die Schweizer SRG als Radiojournalist gearbeitet hat, zuletzt in Berlin. »Man ist 24 Stunden an sieben Tagen in der Woche auf Empfang. Entsprechend muss man immer bereit sein, private Dinge zu verschieben. Für mich war es trotzdem ein Privileg, diesen Job machen zu dürfen.«

Der weniger sichtbare Teil journalistischer Tätigkeit ist meist auch weniger faszinierend: 18 Stunden lang haben die Staats- und Regierungschefs seinerzeit in Brüssel »durchverhandelt«, um Griechenland in der Eurozone zu halten. Die Journalisten, die im Pressezentrum auf das Ergebnis warteten, legten sich zum Schlafen unter die Stühle und Tische, so die *FAS*. Dann in vergleichbaren Situationen oftmals mörderisches Gerangel, um mit dem Mikro das 20-Sekunden-Soundbite eines Politikers einzufangen, der nichts zu sagen hat oder nichts sagen möchte. In Nachrichtenredaktionen tagein tagaus das Aussortieren und Bearbeiten von Agenturmeldungen am Bildschirm; dazu Online-Recherchen, die trotz Google zeitraubend sein können. Und jede Menge Stress, wenn man selbst im Homeoffice hockt und die Redaktion unterbesetzt ist. Oder der Lokalchef als Choleriker wütet und keinen blassen Dunst von Redaktionsmanagement und

Mitarbeitermotivation hat. Oder weil ein Blogger den eigenen Kommentar zu den Koalitionsquerelen zerpflückt. Oder die Baudezernentin beim Rotariertreffen den Verlagsgeschäftsführer am Ärmel zupft und sich über den Bericht aus der Stadtratssitzung beschwert. Oder weil eine unerwartete politische Wendung oder eine Naturkatastrophe dazu zwingt, die 12-Uhr-Nachrichten um buchstäblich fünf vor zwölf umzubauen.

Wen der Traumjob reizt und wer sich von der Kehrseite des Berufs nicht abschrecken lässt, dem soll dieses Buch helfen. Es soll den Einstieg erleichtern, indem es Know-how vermittelt, aber auch ein realistisches Bild von den Anforderungen und der Vielfalt journalistischer Tätigkeiten zeichnet.

Das Buch gliedert sich in fünf miteinander korrespondierende Teile:

- Zur Einführung wird der Kontext beleuchtet, in dem journalistische Arbeit stattfindet; es werden die gesellschaftlichen und wirtschaftlichen Rahmenbedingungen skizziert sowie einige Trends vorgestellt, die absehbar den Journalismus in den nächsten Jahren prägen werden.
- Der zweite Abschnitt gibt einen Überblick über die wichtigsten »Werkzeuge« des Journalisten: Es geht um den Umgang mit Darstellungsformen, mit Sprache sowie mit Zahlen und Statistiken.
- Im dritten Abschnitt wird der journalistische Produktionsprozess chronologisch dargestellt: von der Nachrichten- und Themenauswahl über die Recherche, das Produzieren bis hin zum Redigieren und Präsentieren.
- Der vierte Abschnitt befasst sich mit Grundfragen der Redaktionsorganisation, des Redaktionsmanagements und des redaktionellen Marketings.
- Im fünften Abschnitt geht es darum, wie sich im Wechselspiel zwischen externer Einflussnahme auf Inhalte und redaktioneller Eigenverantwortung die Qualität journalistischer Produkte sichern und verbessern lässt.

Wer dieses Buch liest, um Journalistin oder Journalist zu werden, sollte sich durch die Lektüre möglichst zu drei Anschlussaktivitäten animieren lassen. Sie oder er sollte

- Medien anders nutzen lernen: Es gilt, journalistische »Stücke«, Produkte und Programme mit den Augen des Machers und nicht nur des Konsumenten zu sehen. Dazu gehört, sie vergleichend zu analysieren und sich immer wieder die Frage zu stellen, warum etwas wie gemacht ist. Wirkliche Profis im Journalismus reflektieren, was sie tun, und sie nehmen auch teil am Diskurs über Journalismus.

- Dazu gehört auch, die Berichterstattung über Medien und Journalismus auf Newssites wie denen der *Frankfurter Allgemeinen Zeitung* (*FAZ*), der *Süddeutschen Zeitung* (*SZ*), der *Neuen Zürcher Zeitung* (*NZZ*), des *Standard*, der *New York Times* und des *Guardian*, aber auch bei reinen Online-Seiten wie *Watson*, *Quartz* oder *Krautreporter* zu verfolgen. Außerdem kann man einschlägige Online-Newsletter und Blogs mit einem RSS-Feed abonnieren, Diskussionsforen verfolgen und in sozialen Netzwerken, z. B. Facebook und Twitter, einen »Freundeskreis« aufbauen, der Informationen zu den Themenfeldern zuliefert, die einen interessieren.
- Bücher lesen, darunter Journalistenromane (z. B. von Frank Schätzing, Petra Reski, Alexander Osang, Tom Wolfe oder Anton Hunger), Reportagensammlungen (z. B. Klassiker von Egon Erwin Kisch, Ryszard Kapuściński, Marie-Luise Scherer, Cordt Schnibben, Constantin Seibt oder Margrit Sprecher), sowie gelegentlich auch ein wissenschaftliches Werk zum Journalismus und zu Medienwirkungen.
- Das eigene Talent erproben: Die ersten Sporen verdient man sich als Blogger oder als freie Mitarbeiterin, und zwar häufiger für ein Studentenmagazin oder eine lokale Website als für das ZDF, *Die Zeit* oder *Correctiv*. Sind die Arbeitsproben, die auf diese Weise entstehen, interessant und obendrein gut geschrieben, ist ein Praktikum in einer Redaktion als nächstes Etappenziel schon sehr viel leichter zu erreichen.

1.1 Funktionen und Leistungen des Journalismus

Nicht alles, was Medien offerieren, ist Journalismus. Manchmal lässt sich Journalismus auch nicht klar von anderen Aktivitäten im Medienbetrieb trennen. Obendrein ist »Journalist« keine geschützte Berufsbezeichnung. Weil die Verfassung in Demokratien Meinungs- und Pressefreiheit garantiert, darf sich im Prinzip jedefrau und jedermann Journalistin oder Journalist nennen.

Zwar gibt es in Deutschland Presseausweise, die man bei Verlegerverbänden und Journalistengewerkschaften beantragen kann, wenn man hauptberuflich im Journalismus tätig ist. Doch nur in wenigen Situationen ist so ein Ausweis nötig (z. B., um bei einer Demo von der Polizei in eine bestimmte Zone vorgelassen zu werden). Und auch ohne Ausweis darf man sich »Journalist« auf die Visitenkarte schreiben – ohne das Risiko, deshalb verklagt zu werden.

Was ist dann aber überhaupt Journalismus? Wir denken dabei unweigerlich an einzelne Medien oder einzelne Journalistinnen und Journalisten, die wir kennen, und vermutlich sind wir uns schnell einig: Die *Süddeutsche Zeitung* oder die *taz* sind journalistische Medien, auch Sendungen wie die *Tagesschau* oder der *Weltspiegel*. Und ja, Marietta Slomka (*heute journal*) ist eine Journalistin, ebenso wie Giovanni di Lorenzo (*Die Zeit*) oder Melanie Amann (*Der Spiegel*). Es gibt aber Fälle, bei denen wir uns nicht sicher sind, oder es unterschiedliche Ansichten gibt, ob das wirklich (noch) Journalismus ist: Was ist mit einem Anzeigenblatt, das neben vielen Anzeigen Jubelberichte über Firmen und Läden druckt, oder mit einem People-Magazin, das den Stars und Sternchen auflauert? Und was ist mit einem YouTuber wie Rezo, der sich politisch äußert – ist er ein Journalist? Oder ein Quizmaster wie Günther Jauch (*Wer wird Millionär?*), der früher mal eine politische Talkrunde moderiert hat? Ist er (noch immer) Journalist?

Auch in der Wissenschaft kann über solche Fälle kontrovers diskutiert werden, dort behilft man sich ansonsten aber mit Definitionen, die eher allgemein auf die Praxis und die Funktionen des Journalismus abzielen und von konkreten Akteuren abstrahieren. Demnach »recherchiert, selektiert und präsentiert« der Journalismus Themen, die »neu, faktisch und relevant sind«, und stellt eine Öffentlichkeit her, »indem er die Gesellschaft beobachtet, diese Beobachtung über periodische Medien einem Massenpublikum zur Verfügung stellt und dadurch eine gemeinsame Wirklichkeit konstruiert« (Meier 2018: 14).

Doch auch diese Definition ist unscharf. Denn sie kann auch auf Magazine aus PR-Abteilungen oder Parteizentralen zutreffen, wenn diese sich thematisch breit aufstellen, und doch kann bezweifelt werden, dass sie Journalismus betreiben. Es kann daher sinnvoll sein, bei der Definition weitere Elemente aufzunehmen, zum Beispiel eine Orientierung am Gemeinwohl und die Orientierung an der Wahrheit: »Journalismus agiert unabhängig und dient der Demokratie« (Schultz 2021: 40). Dann stellen sich jedoch sogleich neue Probleme, denn Begriffe wie »Gemeinwohl«, »Wahrheit« und »Unabhängigkeit« sind stark aufgeladen, und oft ist umstritten, ob etwas den hohen Ansprüchen, die hier mitschwingen, genügt oder nicht. Selbst in einer Demokratie sind viele Medien womöglich nur mehr oder weniger unabhängig, weil es ökonomische oder politische Abhängigkeiten sowie Einflüsse und Versuche der Einflussnahme geben kann. Und was ist mit den Medien in Staaten wie Russland oder China, in denen es keine Demokratie gibt – bedeutet das, dort gibt es gar keinen Journalismus?

Offensichtlich lässt sich die Frage, was Journalismus ist und was er leisten kann oder leisten soll, auch deshalb nicht so einfach beantworten, weil sie eng mit der Gesellschaftsform und gesellschaftlichen Erwartungen und Selbstverständnissen verbunden ist. Als wichtigste Funktionen und Leistungen des Journalismus in einer Demokratie nennen Medienforscher in aller Regel:

Information: Von den Medien wird erwartet, dass sie im erforderlichen Umfang und auch in einer angemessenen Breite und Vielfalt Nachrichten bereitstellen, damit wir alle unseren Alltag bewältigen und insbesondere in unserer Doppelrolle als Marktteilnehmer und Staatsbürger die nötigen Entscheidungen sachgerecht treffen können.

Artikulation: Die Medien artikulieren bestimmte Sachverhalte und Probleme – das heißt, sie machen diese öffentlich. Im Idealfall sind sie somit auch ein »Frühwarnsystem« der Gesellschaft. Sie geben den verschiedenen Gruppen, Meinungen und Interessen in der Gesellschaft eine Möglichkeit, sich zu äußern und in einen Austausch zu treten.

Agenda Setting: Die Massenmedien lenken unser aller Aufmerksamkeit auf einige wenige Themen und Ereignisse, die sie ins Rampenlicht der Öffentlichkeit rücken. In jüngerer Zeit ist es – trotz der Vervielfältigung der Medienangebote – sogar häufig ein einziges Thema, das tendenziell alle anderen aus der öffentlichen Agenda verdrängt, sei es die COVID-19-Pandemie, ein Parteispenden-Skandal, oder Putins Invasion der Ukraine.

Die Fokussierung öffentlicher Aufmerksamkeit nennen Sozialwissenschaftler Agenda Setting, weil durch sie die jeweilige Tagesordnung des öffentlichen Lebens mit festgelegt wird. Wenn der Konkurs der Lufthansa droht, muss sich rasch auch der deutsche Wirtschaftsminister hierzu äußern – und nicht zur Rentenreform oder zu Studiengebühren.

Andererseits bestimmen die Medien und der Journalismus nicht alleine die Agenda. Um die »Gunst« öffentlicher Aufmerksamkeit und damit um das Agenda Setting in der Politik konkurrieren hinter den Kulissen ganze Heerscharen von Öffentlichkeitsarbeitern im Interesse ihrer jeweiligen Auftraggeber. Darunter sind inzwischen nicht nur die altbekannten Pressesprecher. Auch Spindoktoren, die es mit der Wahrheit beim »strategischen Kommunikationsmanagement« nicht so genau nehmen, Trolle, die in sozialen Netzwerken merkwürdige Kommentare absondern, was zum Beispiel in Russland regelrecht als Fabrikarbeit zu Diensten des Kreml organisiert ist, sowie »Software-Roboter«, sprich Social Bots, tummeln sich hier. Bots erstellen nicht nur Texte und Pressemeldungen maschinell, sondern streuen mitunter tausende (Hass-)Kommentare in sozialen Netzwerken. Öffentliche Aufmerksamkeit ist ein knappes, kostbares Gut. Sie zu beeinflussen, ist ein florierendes Geschäft – und leider auch, sie durch Desinformation zu manipulieren.

Kritik und Kontrolle

Viele Menschen, Firmen und Organisationen drängen an die Öffentlichkeit und buhlen um die Aufmerksamkeit des Publikums. Oft geht es ihnen dabei um PR in eigener Sache. Sobald es aber Informationen gibt, die sie nicht in gutem Licht dastehen lassen, scheuen sie das Rampenlicht. Wenn diese Informationen trotzdem von Journalisten dorthin gezerrt werden, kann das dem Gemeinwesen guttun. »Durch die Furcht vor der Presse werden mehr Verbrechen, Korruption und Unmoral verhindert als durch das Gesetz«, so hat es schon der berühmte amerikanische Verleger Joseph Pulitzer beobachtet (zit. n. Jeske 2001). Das scheint auch, wenn wir an die Enthüllungen von Edward Snowden oder Julian Assange denken, für die Aktivitäten mächtiger Geheimdienste zu gelten.

Bei genauerem Hinsehen ist Demokratie ja nicht primär »Volksherrschaft«, sondern ein ausgeklügeltes System wechselseitiger Machtbegrenzung: Exekutive, Legislative und Judikative verweisen sich gegenseitig in ihre Schranken. Aber sie sollten zugleich von einer nichtstaatlichen »vierten Gewalt« kritisiert und kontrolliert werden, eben den Medien (Schultz 2021). Kritik und Kontrolle, das Publikmachen von Regel- und Gesetzesverstößen und verschwiegenen Zusammenhängen, sind eine unbequeme, aber eine notwendige, wichtige Funktion des Journalismus. Sie setzt Pressefreiheit voraus. Diese ist allerdings noch immer in weiten Teilen der Welt keine Selbstverständlichkeit, wie die folgende Karte zeigt (Abb. 1).

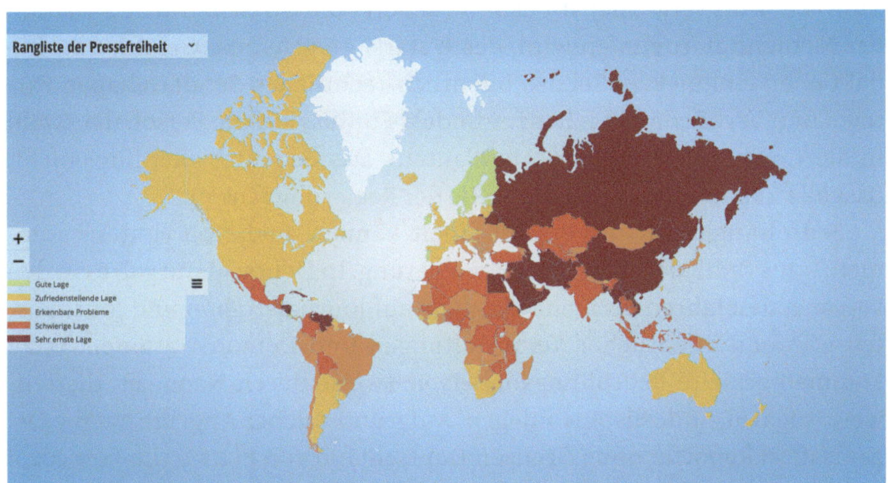

Abb. 1: Rangliste der Pressefreiheit (https://www.reporter-ohne-grenzen.de/weltkarte)

Nicht nur in vielen Ländern Afrikas, Asiens und Lateinamerikas stehen Journalisten unter Druck und schnell auch unter Anklage, wenn sie an Machthabern Kritik üben. Auch in Europa, das doch zu einem geeinten demokratischen Gemeinwesen zusammenwachsen soll, kann es heikel sein, die Mächtigen zu kritisieren. Attacken auf die publizistische Unabhängigkeit und damit auf das Grundrecht der Presse- und Meinungsfreiheit gibt es zuhauf. Mancherorts, zum Beispiel in Russland und der Türkei, ist es lebensgefährlich, wenn Journalisten sich den Mächtigen als Liebediener verweigern. Manchmal sind aber auch kriminelle Banden und Wirtschaftsbosse das Problem. Seit Jahren ist Mexiko eines der gefährlichsten Länder für Medienschaffende, weil die Drogenkartelle keine Gnade kennen, wenn ihnen jemand im Wege steht.

Auch inmitten Europas gibt es bedenkliche Zustände und Entwicklungen. Wer, wie Roberto Saviano, in Italien der Mafia nachspürt, riskiert Kopf und Kragen. Auch in Frankreich und Österreich, in Tschechien und Ungarn ist der Druck auf Journalisten gewachsen, die sich führenden Politikern nicht anbiedern wollen. In vielen Staaten Europas versuchen Machthaber, ihnen gewogene Medienzaren in der Presse zu installieren und sich zudem die öffentlich-rechtlichen oder staatlichen Rundfunkanstalten dienstbar zu machen. Sogar in Deutschland, wo die Pressefreiheit als recht stabil gilt, versuchen Politiker und Lobbyisten, Druck auf Redaktionen auszuüben.

Zum Glück oft vergeblich. Doch je unsicherer die wirtschaftliche Situation der Medienunternehmen wird, desto stärker wächst die Gefahr, dass Redaktionen einknicken. Bei den öffentlich-rechtlichen Sendern haben Parteien und Verbände seit jeher zumindest Einfluss auf die Personalauswahl in der Chefetage (Wahl der Intendanten). Das bedeutet allerdings nicht, dass alle Redaktionen nach der Pfeife der Regierung tanzen.

Bedrohungen für die Pressefreiheit können auch von »unten« kommen – aus radikalen Teilen der Bevölkerung. In Deutschland gab es in den vergangenen Jahren vermehrt Angriffe auf Journalstinnen und Journalisten während öffentlicher Veranstaltungen und Demonstrationen. Dazu kommen gezielte Bedrohungen, beispielsweise durch Neonazis, die teilweise sogar »Feindeslisten« anlegen. Aufgrund solcher Angriffe hat die Organisation Reporter ohne Grenzen Deutschland von Platz 11 (im Jahr 2020) auf Platz 21 (im Jahr 2023) im internationalen Ranking der Pressefreiheit heruntergestuft.

Journalisten müssen keine Helden zu sein, sollten sich aber nicht einschüchtern lassen. Von kritischen Fragen und bohrenden Recherchen dürfen sie sich nicht abbringen lassen. Der Schweizer Publizistikwissenschaftler Roger Blum fordert sogar, der Journalismus müsse ein »Unruheherd« sein (Blum 2002). In der Tat: Unruhe ist erste Journalistenpflicht. Wie

Wachhunde (*watch dogs*) sollen sie aufpassen, im richtigen Moment bellen und, wenn es sein muss, öffentlichen Würdenträgern, die es mit dem Recht oder dem ihnen anvertrauten Steuergeld nicht ganz genau nehmen, auch mal kräftig in die Waden beißen. Natürlich nur bildlich gesprochen. Wer Journalisten einen Maulkorb umhängt, stranguliert die Demokratie.

»Der recherchierende Journalist hat die Aufgabe, die dunkle Seite der Macht auszuleuchten und den Mächtigen das Gefühl zu geben, dass der Missbrauch nicht völlig gefahrlos ist«, so Hans Leyendecker (2000), der als investigativer Reporter viele Jahre für den *Spiegel* und dann für die *Süddeutsche Zeitung* geschrieben hat. Zu den großen Errungenschaften des Rechtsstaats gehört es, dass Journalisten, solange sie selbst nicht Gesetzesbrecher werden, ohne Gefahr für Leib und Leben arbeiten und damit ihre Kritik- und Kontrollfunktion ausüben können. Im Zweifelsfall verteidigt eine funktionierende Justiz, also eine der drei Säulen des Staates, das Privileg der Meinungs- und Pressefreiheit. In einem demokratischen Rechtsstaat sollte der Gesetzgeber wenig Spielraum haben, diese Freiheit einzuschränken.

Wo, wie in weiten Teilen Europas, Nordamerikas und Australiens, die Pressefreiheit noch gut oder leidlich funktioniert, stellt sich allerdings die Frage, ob das System der *checks and balances* hinreichend wirksam ist, oder ob die Medien selbst nicht allmählich zu mächtig geworden sind. Überschreiten die Medien nicht oft auch die Grenzen legitimer Kritik, indem sie angebliche Missstände und Verfehlungen unnötig aufbauschen und skandalisieren? Diese Diskussion wird in der Wissenschaft unter den Stichworten »Skandalisierung«, »Medialisierung« oder »Mediatisierung« der Gesellschaft geführt. Wir werden deshalb auf das Problem zurückkommen, wer eigentlich in der Mediendemokratie die Kontrolleure kontrolliert (Kapitel 13 [282ff.] und Kapitel 14 [311ff.]).

Öffentliche Diskussion (Diskurs, Deliberation)

In der Demokratie sollen die Medien der Meinungsbildung dienen. Deshalb gehört auch die öffentliche Diskussion zur Funktion des Journalismus. Dabei braucht man nicht nur die politischen Talkshows vor Augen zu haben, die zwar manchmal wie nervige Quasselbuden erscheinen mögen, aber immerhin einen gewissen Austausch an Meinungen ermöglichen. Die öffentliche Diskussion wird auch durch journalistische Kommentare und Debattenbeiträge, z. B. im Kulturteil (Feuilleton) der Zeitungen, geführt und angeregt. Und selbst in den Nachrichten werden ja häufig Meinungen und Stellungnahmen (von Parteien, Verbänden usw.) referiert und damit zur Diskussion gestellt. Außerdem liefern journalistische Berichte eine wichtige Tatsachengrundlage, um Debatten sinnvoll führen zu können.

Anspruchsvollere Theorien der Demokratie setzen darauf, dass in der Öffentlichkeit ein vernünftiger Austausch von Argumenten erfolgt und sich am Ende idealerweise sogar die besten Argumente durchsetzen. Für diese Idee stehen Begriffe wie »Diskurs« oder »Deliberation«. Der Philosoph Jürgen Habermas hat diese Idee immer wieder artikuliert und ausbuchstabiert. Noch in hohem Alter hat er sich in einem langen Aufsatz Gedanken über die Entwicklung der Medien gemacht: »Das Gewicht, das der Wille der Staatsbürger, also des Souveräns, auf die Entscheidungen des politischen Systems insgesamt gewinnt, hängt nicht unwesentlich auch von der aufklärenden Qualität des Beitrags ab, den die Massenmedien zu dieser Meinungsbildung leisten« (Habermas 2021: 477).

Um eine möglichst hohe, aufklärende Qualität zu erreichen, sind vier Aspekte wichtig: Inklusivität, Responsivität, Argumentativität und Zivilität (vgl. Wessler 2018: 86f.). Das bedeutet, dass die Öffentlichkeit vielfältigen Meinungen und Erfahrungen Raum gibt und alle Menschen und Gruppen, die von einem Thema betroffen sind oder etwas Relevantes beizutragen haben, einschließt (Inklusivität). Es bedeutet zudem, dass zwischen verschiedenen Sprechern und Meinungen tatsächlich ein Austausch (Responsivität), also nicht einfach ein Monolog stattfindet, und dass dabei nicht nur Behauptungen und Bekenntnisse abgegeben, Forderungen gestellt oder gar Drohungen ausgesprochen werden, sondern Gründe, Belege und Rechtfertigungen vorgebracht werden (Argumentativität). Und schließlich bedeutet es, dass in diesem Austausch, in dem es mitunter durchaus emotional zugehen kann und darf, ein Mindestmaß an Respekt und Höflichkeit einzuhalten ist (Zivilität). Diese Kriterien gelten für die direkte Kommunikation, beispielsweise in einer Gesprächsrunde – sie gelten aber auch für die mediale Kommunikation und die Leistungen des Journalismus.

Auch wenn die realen öffentlichen Beiträge und Diskussionen nicht so tiefgründig sind und so gesittet ablaufen wie ein idealer Diskurs, sind sie dennoch nicht wertlos. In einer von Wettbewerb und Machtkalkülen durchzogenen Arena gewinnt vielleicht nicht immer das beste Argument, aber es ist nicht so unwahrscheinlich, dass zumindest Positionen, die abstrus sind, als solche erkannt und verworfen werden. Nicht nur in der »deliberativen« Demokratietheorie, wie sie Habermas und andere vertreten, auch in einem klassischen liberalen Verständnis vom Regieren sind Diskussionen unverzichtbar: *government by discussion.* Deshalb gibt es in den Parlamenten eine Aussprache und ein Hin und Her der Argumente. In modernen Gesellschaften erfolgen Meinungsaustausch und Meinungsbildung aber auch in und mit den Medien. Der berühmte »Marktplatz der Ideen« ist in hohem Maße ein medialer Markt.

Unterhaltung

Fraglos wichtiger geworden ist im Journalismus die Unterhaltungsfunktion. Zwar gab es sie schon immer, zumindest, seit Printmedien mit der »Penny Press« im 19. Jahrhundert erstmals ein Massenpublikum erreichten. Dennoch lohnt es sich darüber zu streiten, ob Unterhaltung eine genuin journalistische Aufgabe ist oder vielleicht doch eher ein Nebeneffekt gelungener journalistischer Arbeit. Das Profil des Journalistenberufs wird jedenfalls unscharf, wenn jeder TV-Talkmaster oder YouTube-Spaßvogel sich Journalist zu nennen beginnt.

Andererseits erwarten wir, dass die Medien uns als Begleiter durch den Alltag Ablenkung und Zerstreuung bieten. Die Medien und mit ihnen der Journalismus sind integraler Bestandteil der »Spaßgesellschaft«, die sich, so die berühmte Diagnose von Neil Postman, zu Tode amüsiert. Die Medien als Treiber der Aufmerksamkeitsökonomie sowie von »Vanity Fairs«, also Jahrmärkten der Eitelkeiten (Franck 1998, 2020), formen, prägen und überwölben die Gesellschaft.

Information und Unterhaltung sind keine Gegensätze. Im Journalismus geht es auch darum, eingängige und gut verständliche Beiträge zu erstellen, die von den Menschen gerne rezipiert werden. Ein gut geschriebener Text kann unterhaltsam sein, ohne deshalb inhaltlich flach auszufallen. Man darf aber nicht naiv sein: Viele Medien setzen auf leicht konsumierbaren Content, auf journalistisches Fast-Food mit wenig Nährgehalt. Solche Beiträge sind womöglich unterhaltend, erfüllen aber kaum die wichtigen anderen Funktionen des Journalismus (wie Information, Kritik und Kontrolle, Diskussion).

Bildung

Überwiegt die seichte Unterhaltung, tritt auch die Bildungs- und Ausbildungsfunktion der Medien in den Hintergrund. Primär sind ohnehin Schulen und Universitäten für diese Aufgabe zuständig. Flankierend können aber auch die Medien Bildung oder zumindest Halbbildung vermitteln, selbst wenn dies allmählich in Vergessenheit zu geraten scheint. In der Frühzeit des Fernsehens waren einmal die dritten Programme dafür gedacht. Auch der Hörfunk leistete Bemerkenswertes, etwa zu Zeiten der Weimarer Republik sowie in den 1950er- und 1960er-Jahren, übrigens beileibe nicht nur im ebenfalls aus der Mode gekommenen »Schulfunk«.

Derzeit nutzen trotz des Digitalisierungsschubs, der mit der Corona-Pandemie einherging, noch nicht einmal Schulen und Unis hinreichend die vielfältigen Möglichkeiten, um mit Hilfe von Medien zeitgemäß zu unterrichten. Gleichwohl erwerben wir einen beträchtlichen Anteil unserer Allgemeinbildung durch Medien, und spätestens seit wegen Corona Schulen und Hochschulen zeitweise schließen mussten, ist eine Renaissance der Bildungsmedien absehbar. Auch an die Bildungsfunktion des Journalismus sollte also nachhaltig erinnert werden. Sie erfüllt sich nicht nur in expliziten Bildungsprogrammen, sondern in der Vermittlung von Wissen und Kulturgut in qualitativ hochwertigen Reportagen, Dokumentationen, Rezensionen usw. Zu oft unterschätzen Redaktionen ihr Publikum. Durch ein schwaches Angebot schaffen sie erst die Nachfrage, die sie angeblich dazu zwingt, das Niveau niedrig zu halten.

Sozialisation, »Führung« (leadership)

Medien sozialisieren die Menschen, und in gewissem Sinne »führen«, ja »erziehen« sie die Menschen sogar. Wie die Medienwirkungsforschung zeigt, ist der Einfluss zwar nicht leicht zu fassen und selten ganz allein für die Einstellungen und Handlungen der Menschen verantwortlich. Aber die Medien prägen insgesamt sehr wohl unser Verhalten und unsere Vorstellungen von der Welt. Das Fernsehen dient bereits Kleinkindern als Babysitter; Seifenopern, Reality-TV wie das *Dschungel-Camp*, der *Bachelor* oder *Germany's Next Top-Model* sowie Comedy-Programme wie die *heute-Show* vermitteln Jugendlichen und Erwachsenen Wertmaßstäbe und Verhaltensnormen.

Bei einem der Ziehväter der deutschen Publizistikwissenschaft, Emil Dovifat, war bereits in den 1930er-Jahren von den Medien als »Mittel der Massenführung« die Rede. Das Thema ist tabu, seit Hitler und Goebbels, aber auch sozialistische und andere Diktaturen die Medien massiv für ihre Zwecke missbraucht haben und weiter missbrauchen. Mit etwas Abstand lohnt es sich trotzdem, neu darüber nachzudenken, inwieweit Medien in der Demokratie eine Führungsaufgabe (*leadership*) haben, und ob sie gerade diese Funktion vernachlässigen oder unterschätzen. Anlass dafür liefert nicht zuletzt die Sozialforschung. Seitdem sie regelmäßig demoskopische Umfragen und Medieninhaltsanalysen bereitstellt, ist die Beziehung zwischen veröffentlichter und öffentlicher Meinung klarer erkennbar geworden: Die öffentliche Meinung folgt sehr häufig dem Tenor der veröffentlichten Meinung in den Medien. Die Medien sind wirkungsstärker, als viele Menschen glauben und auch Wissenschaftler früher gedacht haben mögen. Ob Journalistinnen und Journalisten es wahrhaben wollen oder nicht: Sie haben in der Demokratie eine gewisse Leit- und Führungsfunktion. Daraus erwächst auch eine große Verantwortung.

Integration

Medien bauen Brücken zwischen den Lebenswelten. Auch über diese Integrationsfunktion des Journalismus wird wenig nachgedacht, obschon sie angesichts der zahlreichen Konflikte und Spaltungstendenzen in unserer Gesellschaft, z. B. bei den Auseinandersetzungen über die Themen Migration und Integration, oder auch angesichts eines möglicherweise drohenden Zerfalls der EU, immer wichtiger wird.

Einen Integrationsbeitrag in einer zusehends multikulturellen und multiethnischen Gesellschaft leisten die Medien auch, wenn sie in ihren Beiträgen und ihren Redaktionen selbst Vielfalt zeigen und zum Beispiel Moderatoren wie Ranga Yogeshwar oder Pinar Atalay einsetzen, die eben nicht Klaus Müller oder Anna Schulze heißen. Allerdings gibt es hier im deutschen Sprachraum noch Nachholbedarf: In den USA mühen sich Chefredaktionen seit Jahren darum, Schwarze oder Hispanics einzustellen und auf angemessene Weise in die Redaktionsarbeit einzubeziehen.

Vorbei sind die Zeiten, als es nur ein oder zwei TV-Programme gab und die Integrationsleistung des Fernsehens darin bestand, das jeweilige Tagesthema quasi vorzugeben. Als alle am Vorabend dasselbe guckten, stand damit fest, worüber man sich in der nächsten Frühstückspause bei der Arbeit unterhalten würde. Solch eine integrierende Funktion hat heute kein einziges Medium mehr. Das Angebot hat sich dramatisch vervielfältigt: Hunderte von Special-Interest-Titeln, Dutzende von Radio- und Fernsehkanälen und grenzenlose Klick-und-Wisch-Möglichkeiten im Internet lassen es eher fraglich erscheinen, wie unter solchen Umständen noch Zusammenhalt möglich sein soll. Eine Forschungsrichtung legt nahe, dass wir, so Eli Pariser (2011), in sogenannten »filter bubbles« (Filterblasen) leben und dank der zunehmenden Nutzung sozialer Netzwerke vorzugsweise das zur Kenntnis nehmen, was unsere eigenen, schon vorhandenen Ansichten und Vorurteile bestätigt. Verhaltensökonomen sprechen in diesem Kontext vom »Confirmation Bias«. Allerdings gibt es auch Studien und Wissenschaftler, die etwas anderes nahelegen und die das »Filterblasen«-Phänomen für überschätzt halten. Nie zuvor war es so leicht, an unterschiedliche Informationen und Quellen zu kommen. Viel hängt davon ab, wie die Menschen diese Möglichkeiten nutzen.

Bei näherem Hinsehen merken wir allerdings auch, dass professionelle Spielregeln einen homogenisierenden Effekt auf das Medien- und Nachrichtenangebot haben, insbesondere die Regeln der Nachrichtenauswahl (Kapitel 5 [130ff.]). Zu beklagen ist deshalb die »Einfalt in der Vielfalt« im Medienangebot. Sie wird bei großen, spektakulären und dramatischen Ereignissen wie Terror-Attacken, einer Fußballweltmeisterschaft, einer Parlamentswahl oder einem Papstbesuch, aber auch bei einer Pandemie wie COVID-19 erkennbar. Darüber berichten dann alle Medien, und oft tun sie es auf konsonante Weise, das heißt sie folgen derselben Richtung: liefern dieselben Bilder, dieselben Experten, dieselben Meinungen.

Bei den skizzierten »klassischen« Funktionen des Journalismus handelt es sich um Zuschreibungen der Medienforscher. Den verantwortlichen Akteuren, insbesondere Managern der Medienunternehmen, geht es vorrangig ums Geschäft, also um Klicks, Auflagenhöhe und Einschaltquoten, um Verweildauer, Shares und Likes und ums Überleben im Wettbewerb: »Die Medienbranche ist eine kaufmännische Veranstaltung und sollte endlich mit normalen Maßstäben gemessen werden«, forderte bereits Ende der 1990er-Jahre der Geschäftsführer der Kirch-Mediengruppe, Dieter Hahn.

Aber selbst in Medien, deren Chefs glauben, keiner Gemeinwohlverpflichtung zu unterliegen, können Journalistinnen und Journalisten die obengenannten Funktionen erfüllen – dann allerdings meist eingeschränkt. Für bestimmte Mindeststandards sollten Redaktionen kämpfen (vgl. Kapitel 13 [282ff.] und Kapitel 14 [311ff.]). Im Übrigen haben alle Unternehmen eine gesellschaftliche Verantwortung. Neben dem Grundgesetzartikel 5, der in Deutschland die Pressefreiheit garantiert, gibt es den Artikel 14, wonach Eigentum gesellschaftlich verpflichtet. Das gilt in besonderem Maße für Medienunternehmen, auch wenn dort bisher weniger über Unternehmensethik, Sozialbilanzen und »Corporate Citizenship« nachgedacht wurde als in anderen Branchen. Journalistinnen und Journalisten sind ja vor allem deshalb in ihrem Beruf privilegiert, weil sie Funktionen wahrnehmen, die für die Gesellschaft als Ganzes wichtig sind.

1.2 Journalismus und sein Umfeld

Medien und Journalismus werden heute von vielen Sozialwissenschaftlern als eigenständiges gesellschaftliches Teilsystem gesehen, im Schnittpunkt von Wirtschaft (ökonomischem System), Politik und Verwaltung (politisch-administrativem System), Gesellschaft und Kultur (soziokulturellem System).

Trennscharf voneinander abgrenzen lassen sich diese Bereiche jedoch nicht. Je nachdem, wo und wie wir hinschauen, sehen wir den Journalismus in engen Austauschbeziehungen mit den anderen gesellschaftlichen Teilsystemen, oder er lässt sich diesen Teilsystemen sogar partiell zurechnen (Abb. 2).

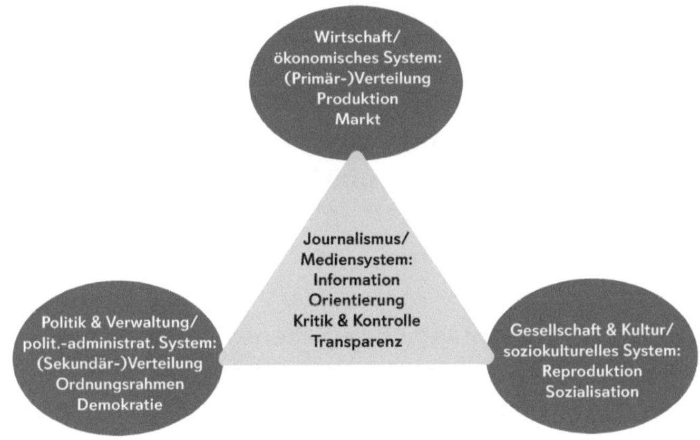

Abb. 2: Journalismus und sein Umfeld (eigene Darstellung)

Journalismus und Wirtschaft

So stellt Journalismus den Marktteilnehmern und damit der Wirtschaft Informationen bereit, die diese brauchen. Journalismus ist aber auch selbst eine ökonomische Aktivität. Journalisten und Medienunternehmen produzieren etwas und verdienen damit Geld oder decken zumindest ihre Kosten. Sie tragen so zur gesellschaftlichen Wertschöpfung bei. Sie sind Teil des ökonomischen Systems, in dem Einkommen erwirtschaftet werden.

Das gilt auch für öffentlich-rechtliche Medienunternehmen. Redaktionen sind also eingebunden in Wirtschaftsbetriebe. Und damit ist auch ein Spannungsverhältnis zwischen dem Journalismus und der jeweiligen »kaufmännischen Seite« bzw. der Administration eines Medienunternehmens vorgegeben. Die »Erbsenzähler« haben darüber zu wachen, dass mit den vorhandenen Ressourcen wirtschaftlich umgegangen wird.

In Zeiten der Disruption und der »kreativen Zerstörung«, so bereits 1942 der Ökonom Joseph Schumpeter, verschärfen sich die internen Verteilungskonflikte. Weil die alten Geschäftsmodelle der Medienhäuser nicht mehr funktionieren, droht der Journalismus in einem Bermuda-Dreieck zu verschwinden: Die Werbeerlöse brechen weg, weil Suchmaschinen und soziale Netzwerke online zielgruppengerechter und billiger werben können als traditionelle journalistische Medien. Unter den Publika schrumpft die Zahlungsbereitschaft für Journalismus, gerade bei den Jüngeren hat sich zeitweise die Erwartung herausgebildet, dass online »alles gratis« zu sein habe. Möglicherweise haben inzwischen aber einige – nach all den Debatten über Fake News und unsichere Informationsquellen – doch erkannt, dass solide Informationen etwas Wertvolles sind. Die dritte Ecke des Bermuda-Dreiecks gibt es aber auch noch: den wachsenden PR-Einfluss auf den Journalismus. Er zerstört dessen Glaubwürdigkeit und Unabhängigkeit.

Journalismus und Politik

Journalismus versorgt die Staatsbürger ebenso wie die Akteure im öffentlichen Sektor, also in Politik und Verwaltung, mit Informationen. Zugleich betätigen sich manche, die im Journalismus arbeiten, selbst politisch, oder einzelne Medien befinden sich im Eigentum von politisch ambitionierten Unternehmern, Parteien oder Interessengruppen und dienen somit mittelbar oder unmittelbar politischer Beeinflussung. Vor allem kommunizieren aber Politiker und Parteien, Regierung und Opposition tagtäglich auch untereinander öffentlich; sie nutzen und instrumentalisieren Medien als Verstärker und, so der Schweizer Medienforscher Roger Blum, als »Lautsprecher« (Blum 2014), um ihre Programme, ihre Interessen und ihre Machtansprüche durchzusetzen.

Nicht nur Politiker und Wähler, auch die »veröffentlichte Meinung« und damit die Journalistinnen und Journalisten nehmen auf politische

Entscheidungsprozesse Einfluss. Zwar wird in den jeweiligen Regierungsapparaten und Parlamenten entschieden, welche Normen rechtsverbindlich werden und wie die Einkommen, die im ökonomischen System erwirtschaftet wurden, durch Steuern, Sozialabgaben und staatliche Leistungen wie Sozialhilfe und Subventionen korrigiert und somit sekundär verteilt werden. Die Medien sind jedoch in diesem Willensbildungsprozess ein integraler Bestandteil, weil sie die Aufmerksamkeit von Bürokraten, Volksvertretern und Wählern mitsteuern.

In Diktaturen kontrolliert die Regierung die Massenmedien, und diese degenerieren zu deren Propagandainstrument, das die Loyalität der Regierten sichern soll. In Demokratien sind die Medien frei – und das heißt zunächst einmal frei von unmittelbarer Kontrolle durch den Staat und die Regierung. Die Letztentscheidungen darüber, welche Nachrichten wie der Öffentlichkeit präsentiert werden, fallen in den Redaktionen – unter den Bedingungen eines ziemlich gnadenlosen Wettbewerbs, in dem diese um die Gunst der Publika und damit um öffentliche Aufmerksamkeit konkurrieren.

Welche Nachrichten zirkulieren, beeinflusst in der Demokratie Erfolg und Misserfolg politischer Parteien und Programme sowie Wahl- und Wiederwahlchancen von Politikerinnen und Politikern. Deshalb zielt ein Großteil politischer Aktivität auf die Medien, und gerade mächtige und erfolgreiche Politiker sind von PR- und Imageberatern umgeben, deren Hauptaufgabe darin besteht, ihre Chefs in den Medien möglichst gut aussehen zu lassen und deren Politik an die Medien »zu verkaufen«.

Die Medien und der Journalismus sind Teil des politischen Systems: als Vermittler politisch-administrativer Entscheidungen sowie als Resonanzboden für die Politik, den Behördenapparat und für staatsbürgerliches Engagement.

Journalismus und (Sozio-)Kultur

Journalismus und Medien bilden und unterhalten, sie sind Bühnen und Kulissen des öffentlichen Lebens, der Gesellschaft und des Kulturbetriebs. Ohne Journalismus, ohne die Medien wäre der Kult um Stars und Prominenz aus Film, Sport, Politik oder Wirtschaft undenkbar.

Die Medien- und Kulturindustrie absorbiert unser aller Aufmerksamkeit, wie einst Max Horkheimer und Theodor W. Adorno (1968) mit kritischer Stoßrichtung festgestellt haben. Sie formt unser Bewusstsein sowie unsere Denk- und Verhaltensweisen, und sie trägt damit zu unserer Sozialisation bei. Die Medien lenken aber auch von Problemen und vom »wirklichen« Leben ab. Mitunter erzeugen sie Massenhysterie, manchmal wirken sie als Beruhigungspille. Zumindest das Fernsehen ist in Zeiten von (relativer) Armut und Langzeitarbeitslosigkeit ein Instrument zur sozialen Befriedung geworden. Schon die alten Römer wussten, dass es, um die Loyalität der Bevölkerung zu sichern, *panem et circenses* braucht - neben dem täglichen Brot auch Zirkusspiele.

Die Medien tragen nicht nur zu Zerstreuung, Erholung und damit zur Reproduktion unserer Arbeitskraft bei, sie prägen auch unser Bewusstsein und unser Wertesystem. Sie sind integraler Bestandteil unserer (Sozio-)Kultur.

Journalismus und Medien haben folglich eine Zwitterrolle. Sie versorgen Wirtschaft und Politik, Kultur und Gesellschaft mit Informationen; sie sind Teil der Gesellschaft, in der wir leben, und formen diese mit.

Andererseits lohnt es sich, Medien und Journalismus als einen eigenständigen gesellschaftlichen Faktor zu betrachten, weil sie nach eigenen Spielregeln funktionieren und ganz bestimmte Aufgaben (Funktionen) in der Gesellschaft und für die anderen gesellschaftlichen Teilsysteme erfüllen.

1.3 Trends: Technologieschübe, Medienkonvergenz, Netzwerkeffekte

Doch wie und wohin entwickelt sich der Journalismus weiter? Längerfristige Prognosen zu stellen, gilt unter Sozialwissenschaftlern als unseriös. »Langfristig sind wir alle tot«, hat der berühmte Nationalökonom John Maynard Keynes einmal ein solches Ansinnen abgeschmettert. Aus den Entwicklungen der jüngsten Vergangenheit lassen sich gleichwohl einige Trends ableiten, die voraussichtlich die Entwicklung des Journalismus in den nächsten Jahren prägen werden.

Technologie: Beschleunigung und Vernetzung

Unsere Gesellschaft verändert sich rasant. Mit ausgelöst wird dies von Technologieschüben, seit Jahren insbesondere in der Computer-, Software- und Telekommunikationsindustrie.

Auch der Journalismus wird unter diesen Bedingungen immer schneller, und er ist obendrein in einem permanenten »Beta«-Stadium. Ziel ist größtmögliche Aktualität. Im Fernsehen, Radio und im Internet heißt das bei weltbewegenden Ereignissen: Live-Berichterstattung rund um die Uhr. Das bleibt nicht folgenlos für die Informationsdichte und -tiefe. Die Journalisten haben weniger Zeit für gründliche Materialaufbereitung und -analyse. Stattdessen wird stets eine neue »Sau« durchs globale Dorf gejagt, und das im 24/7-Zyklus, also 24 Stunden täglich, sieben Tage pro Woche.

Es entsteht so auch Daueralarm, wie der Schweizer Radiojournalist Alexander Grass in einer Korrespondenz mit einem der Autoren feststellte:

> »Dank Internet und social media kann jede Redaktion jederzeit einsehen, wie andere Medien ein Thema aufmachen. Eigentlich wollten wir melden: ›Starkniederschläge im Berner Oberland‹. Ein Fernsehsender dagegen bringt: ›Flutwelle rollt Richtung Bern‹. Die Nachfrage beim Hochwasserdienst ergibt: Unsere Meldung ist die richtige. Doch die meisten Klicks gehen an die Flutwelle. Die Onlineredaktion tobt. Mit solchen Zuspitzungen verbreitet sich in der Gesellschaft ein ständiger Alarmzustand.«

Eilmeldungen werden in Push-Nachrichten direkt ans Publikum weitergereicht. Reporter schicken erste Eindrücke als schnellen Tweet oder Insta-Story ins Netz, bevor sie einen größeren Beitrag verfassen. Und in den Redaktionen hängen Monitore, auf denen ständig zu sehen ist, was die anderen Medien gerade berichten. Der Tempodruck und die Orientierung an den anderen führen schnell zu Fehlern.

Ein Beispiel: Im Januar 2017 vermeldete der digitale Spiegel: »Bundesverfassungsgericht verbietet NPD« (Abb. 3 [36]). So war es auch bei der *Zeit* und einigen anderen Medien zu lesen. Alle lagen daneben. Das Gericht hatte die NPD nicht verboten, bei der Urteilsverkündung wurde zu Beginn nur noch einmal der Antrag des Bundesrats verlesen, der auf ein Verbot der NPD abzielte. In den Redaktionen drückten sie dagegen sofort auf die (falsche) Taste. Die peinliche Panne konnte in diesem Fall rasch bemerkt und korrigiert werden, aber nicht immer ist ein Fehler so offensichtlich und so leicht zu beheben.

Mittlerweile gibt es auch Gegenbewegungen zur Hochgeschwindigkeit: Ein Stichwort ist *slow journalism*, einhergehend mit der Wiederentdeckung langer Formate, die auch online als multimediales Storytelling eine Zukunft haben dürften. Viele Redaktionen haben erkannt, dass sie beim Publikum vor allem dann punkten, wenn sie neben der schnellen Nachricht auch einen langen Atem haben und mehr liefern als das, was sich

SPIEGEL ONLINE DER SPIEGEL SPIEGEL TV Anmelden

+++ EILMELDUNG +++

Bundesverfassungsgericht verbietet NPD

Das Urteil ist gefallen: Die NPD wird verboten. Das haben die Richter am Verfassungsgericht in Karlsruhe bekanntgegeben. Vor drei Jahren hatten die Bundesländer den Verbotsantrag gestellt. mehr...

Abb. 3: Falsche Eilmeldung des *Spiegel* (17.1.2017) – das Gericht hatte die NPD keineswegs verboten

jeder selbst in wenigen Minuten zusammengoogeln kann. Auch mit Blick auf die Leistungen des Journalismus für die Demokratie und die Kultur ist dieser Trend zu mehr Tiefe erfreulich. Mehr Zeit und mehr Aufwand bedeuten aber auch: mehr Kosten. Ob sich der Trend fortsetzen kann, hängt davon ab, ob es den Medienunternehmen gelingt, ihre ökonomische Basis zu stabilisieren.

Zudem haben sich die Informationstechnologien (Fernsehen, Computer, Telefon) zu »Multimedia« und mittlerweile zu einem umfassenden, »hybriden« Digitalsystem vernetzt. Die klassischen Medien Print, Hörfunk und TV konvergieren im Internet, Medienunternehmen entwickeln sich zu lokalen und regionalen Informations-Knotenpunkten im World Wide Web. Auf Papier gedruckte Zeitungen, die ein Zusteller in den Briefkasten steckt, werden uns vielleicht schon in einigen Jahren so altmodisch anmuten wie Postkutschen. Für viele jüngere Menschen sind sie das heute schon.

Deshalb hat zum Beispiel in Deutschland der Springer-Konzern seine klassischen Regionalzeitungen schon vor einigen Jahren verkauft und konzentriert sich seitdem auf zwei Medienmarken, die im Internet recht erfolgreich sind: *bild.de* und *welt.de*. Die Print-Ausgaben dieser Zeitungen – *Welt* und *Bild* – spielen mittlerweile eher eine Nebenrolle, dafür dringt der Verlag zunehmend auf die Verbindung zum Fernsehen und zu audiovisuellen Formaten, mit *Bild Live* und der *Welt* als (digitalen) TV-Kanälen.

Tablets und Smartphones sind so selbstverständlich wie Farbfernseher geworden. Somit könnten sich Zeitungsverlage einen Großteil ihrer Kosten – nämlich für Druck und Vertrieb – sparen, wenn sie ihr Produkt nur noch elektronisch anlieferten. In zunehmendem Maß konsumieren wir dann allerdings die verschiedenen Angebote »entbündelt« und verleiben uns über sogenannte »Aggregatoren« wie *Google News* oder soziale Netzwerke wie Facebook, Instagram oder Twitter ein buntes Potpourri von Postings aus ganz verschiedenen Medien ein.

Das Smartphone tragen wir als magisches Kultobjekt mit uns herum, ähnlich wie einst bei distinguierten Herren mit bereits leicht ergrauten Schläfen eine *Financial Times* aus der Sakkotasche als Statussymbol hervorlugte. Auch herkömmliches, lineares Fernsehen mit seinen festen Programmschemata hat zusehends ausgedient. Klar ist, dass vieles technisch möglich ist oder wird. Manches davon setzt sich in schnellem Tempo durch (wie z. B. die Smartphone-Revolution oder Twitter); andere neue Medien sind dagegen »gefloppt« (z. B. Btx), oder sie haben sich zumindest viel langsamer verbreitet, als von kühnen Investoren prognostiziert (Pay-TV, VR-Brillen).

Digitale Vernetzung bedeutet indes nicht nur neue Medienangebote und neue Mediennutzungsgewohnheiten beim Publikum. Es verändert sich auch die journalistische Arbeit selbst. Sie hat sich zu einem 24-Stunden-Schichtbetrieb entwickelt, in dem ständig einer oder mehrere der vielen unterschiedlichen Plattformen und Kanäle bespielt werden. Viele Redaktionen sind zu Großraumbüros, neudeutsch Newsrooms, umgerüstet worden, seit der Corona-Pandemie wird allerdings auch viel im Homeoffice gearbeitet. Arbeitsvereinfachung, Spieltrieb, Freisetzung von bisher anderweitig gebundenen Kreativitätspotenzialen, aber auch Resignation und innere Emigration altgedienter Redakteure haben anfängliche Widerstände gegen neue Technologien und den andauernden Innovationsdruck allmählich zusammenbrechen lassen. Gerade die Jüngeren erkennen ja auch die großartigen publizistischen Möglichkeiten, die in den vielseitigen und flexiblen Technologien stecken – sei es für beeindruckende interaktive Grafiken, aufwendige Recherchen mit Hilfe von Big-Data oder für den Dialog mit dem eigenen Publikum.

Bots schreiben inzwischen einfache journalistische Texte, z. B. über Sportergebnisse oder Börsentrends, die sich nicht mehr von dem unterscheiden lassen, was Redakteure ins System eingeben würden. In der Branche rechnen viele damit, dass der Einsatz Künstlicher Intelligenz (KI), also z. B. von ChatGPT oder Bard, im Journalismus zu weiteren Anwendungen führen wird (vgl. Graßl et al. 2022). Die Vorstellung, dass in Zukunft in erster Linie Roboter in den Redaktionen »sitzen«, mag völlig überzogen sein. Doch schon heute können die Medienunternehmen mit Hilfe diverser Tools umfangreiche Analysen erstellen und versuchen, ihre Angebote genau auf Zielgruppen auszurichten. Im besten Fall steigern die Redaktionen dabei auch die inhaltliche Qualität ihrer Angebote. Die Gefahr ist jedoch, dass sie mit dem Publikum in einen Kreislauf der Selbstbestätigung eintreten – ähnlich wie bei den »Filterblasen«. Im schlechtesten Fall unterwirft sich der Journalismus dann der Technologie und dem Kommerz.

PRO & CONTRA

»Das ständige Schielen auf Klicks, Quote und Reichweite verdirbt den Journalismus.«

Pro: Journalisten, insbesondere Nachrichtenjournalisten, müssen dafür sorgen, dass das Publikum erfährt, was es wissen muss. Das kann nur gelingen, wenn sie nicht nur auf die Nachfrage der Nutzer reagieren. Wer nur auf Reichweite guckt, bedient die Aufmerksamkeitsökonomie und lässt sich von ihr leiten. Er enthält den Menschen jedoch wichtige Neuigkeiten vor und verkennt die öffentliche, aufklärende Aufgabe des Journalismus in der Demokratie: die Menschen so mit Information, Meinungen und Argumenten zu versorgen, so breitgestreut und so vielschichtig, dass diese eigenverantwortlich und selbstbestimmt ihre Rolle als Marktteilnehmer und als Staatsbürger spielen können.

Contra: Traditionell haben sich Journalisten viel zu stark daran orientiert, was ihresgleichen lesen oder sehen möchten. Es wurde Zeit, dass sie mehr darauf schauen, ob und wen sie mit ihren Beiträgen überhaupt erreichen. Statt im medialen Elfenbeinturm die Interessen und Erfahrungen des Publikums zu ignorieren, können die Redaktionen heute gut erkennen, was »funktioniert« und was nicht. Journalismus will die Menschen erreichen – was soll daran verwerflich sein? Und mithilfe digitaler Software lässt sich nicht nur erkennen und messen, wie gut ein Beitrag »geklickt« wird, sondern z. B. auch, wie lange Nutzer einen Beitrag rezipieren, was sie dann noch interessiert – und wo sie aussteigen. Redaktionen, die diese »Tools« vernünftig einsetzen, können ihren Journalismus damit besser machen und dafür sorgen, dass hochwertige Beiträge so aufbereitet werden, dass sie auch wahrgenommen werden.

Der Konflikt, ob das Publikum kriegen soll, was es haben möchte, oder was es unbedingt wissen muss, ist so alt wie der Journalismus selbst: Süßigkeiten oder Lebertran? Die Frage ist womöglich falsch gestellt, die Antwort könnte lauten: beides. Wer nicht auf Klicks und Quote schielt, produziert am Publikum vorbei. Wer nur die Reichweite im Kopf hat, wird seiner publizistischen Verantwortung nicht gerecht.

Die Arbeit in der Redaktion löst sich durch den technologischen Wandel aus den klassischen Hierarchien. Die Redaktion als Netzwerk – das heißt einerseits einfachere Produktionsabläufe, müheloseres Kommunizieren mit den Kollegen, andererseits aber auch erhöhten Kommunikations- und Koordinationsaufwand (Kapitel 9 [215ff.] und Kapitel 10 [223ff.]). Vernetzung eröffnet zudem nahezu unbegrenzte Recherchemöglichkeiten (Kapitel 6 [150ff.]).

Hard- und Software haben sich drastisch verbilligt und sind nutzerfreundlich geworden. Der Kapitalbedarf fürs Publizieren ist gesunken; das nötige Know-how lässt sich leichter erwerben als früher. Insoweit wurde das Veröffentlichen, lange ein Privileg der Reichen, demokratisiert. Vorbei sind die Zeiten, als Pressefreiheit, so einst der *FAZ*-Gründungsherausgeber Paul Sethe, »die Freiheit von zweihundert reichen Leuten« bedeutete, »ihre Meinung zu verbreiten«.

Im Internet kann jeder weltweit und kostengünstig sich und seine Weltsicht präsentieren. Die Frage ist freilich, ob irgendwer diese Botschaften zur Kenntnis nimmt – und wenn, wer das tut. Es kristallisiert sich heraus, dass neben Newcomern wie Google, Amazon und Netflix, die zwar längst etabliert sind, aber noch gar nicht so lange existieren, oftmals noch immer dieselben Großunternehmen, die schon vor vielen Jahrzehnten das Geschäft mit Print- und AV-Medien sowie mit der Kommunikationstechnologie beherrscht haben, auch im Netz die meisten Klicks und Wischs erzielen. In Zukunft werden vermutlich wenige »Marken« großer Medienkonzerne mehr denn je das weltweite Mediengeschäft dominieren.

Längst gehen aber auch die alten, klassischen Anbieter neue Wege. So haben in Deutschland die öffentlich-rechtlichen Sendeanstalten unter dem Namen *funk* ein »junges Angebot« aufgebaut, das überwiegend im Internet läuft und die Zielgruppe gezielt auf Instagram, YouTube und anderen Plattformen anspricht. Auch hier setzen die Verantwortlichen auf das Prägen einer starken Marke, gekoppelt an Persönlichkeiten, die für diese Marke stehen. Zusehends sind einzelne »Influencer« oder Journalisten selbst die Marke – sogar bei den klassischen Angeboten: Talkshows heißen wie ihre »Hosts« (Lanz, Maischberger, Maybrit Illner), bunte Zeitschriften wie die Showstars, die ihre Aushängeschilder sind (*Barbara* Schöneberger, *Guido* Kretschmer).

Diesen Hype um einzelne Personen darf man jenseits des Showgeschäfts ruhig kritisch sehen: Im Journalismus sollten sich nicht die einzelnen Journalistinnen und Journalisten nach vorne spielen, es sollte um die Themen, Akteure und Meinungen gehen, die für die Öffentlichkeit wichtig sind.

Gesellschaft: Differenzierung und Spezialisierung

Der technologische Wandel prägt die gesellschaftliche Realität: Die Arbeitsteilung schreitet fort, die Gesellschaft differenziert sich weiter aus. Die Kluft zwischen Oben und Unten wird größer, die Mittelschichten tun sich schwer, ihren Status zu halten, aber herkömmliche Klassen- oder auch Schichtungsmodelle der Soziologie werden der Vielfalt der Kulturen und Subkulturen kaum mehr gerecht. Manches vernetzt sich auch hier, anderes driftet dagegen auseinander; die gesellschaftlichen Probleme werden komplexer, die Zusammenhänge undurchschaubarer – ein idealer Nährboden für Desinformation und Fake News.

Es gibt mehr und mehr Expertinnen und Experten, die in immer kleineren Ausschnitten unserer komplexen gesellschaftlichen Realität Bescheid wissen. Sie laufen oft mit Scheuklappen vor den Augen herum, was den Rest des Weltgeschehens anlangt. Der Soziologe Helmut Schelsky soll einmal beklagt haben, wir würden »immer mehr über immer weniger wissen«. Zugleich veraltet dieses Wissen zusehends schneller. Es gibt Bereiche, in denen man für berufliche Fachkenntnisse Halbwertszeiten von zwei Jahren unterstellt; das heißt: Innerhalb von 24 Monaten ist die Hälfte des erforderlichen Wissens veraltet und damit obsolet geworden. Journalistinnen und Journalisten, die Meister des Halbwissens, mögen das gar nicht als so problematisch erleben – aber es ist möglich, dass sie mit ihren selbstbewusst vorgetragenen Beiträgen der Öffentlichkeit keineswegs immer einen guten Dienst erweisen, weil sie schlicht zu wenig Übersicht und zu wenig Fachkenntnisse haben.

Auffächerung des Medienangebots

Die Differenzierung der Gesellschaft korrespondiert mit einer starken Differenzierung der Medien sowie des Journalismus – hinsichtlich der Darstellungsformen (Kapitel 2 [56ff.]), der genutzten Kanäle und der Präsentationsformen (Kapitel 8 [185ff.]) sowie der Redaktionen. »Wir leben im Informationszeitalter und merken es daran, dass wir uns vor Information nicht mehr retten können«, so der Kommunikationsforscher Georg Franck bereits 1998.

Die Online-Angebote und mit ihnen die traditionellen Medien haben sich inhaltlich aufgefächert. Es sind neue Ressorts, Special-Interest-Angebote, Briefings und Newsletter entstanden, mit denen überregionale Medienanbieter bestimmte Lesergruppen weiterhin erreichen wollen – zum Beispiel die vielfältigen Zusatzangebote des *Tagesspiegel* in Berlin oder auch von Media Pioneer, die sich um Steingarts *Morning Briefing* ranken. Gratismedien, die sich ausschließlich über Werbung finanzieren, sind online und vielerorts in Europa, z. B. in Österreich und der Schweiz, auch gedruckt hinzugekommen.

Grob kategorisiert spaltet sich der Markt: Ein (großer) Teil der Medien besteht aus massenattraktiven Unterhaltungsangeboten, andere Anbieter setzen dagegen auf teuren und tiefgründigen Journalismus. Titel wie die Wochenzeitung *Zeit*, deren Auflage und Abos sich seit Jahren gut entwickelt haben, sind ein Beleg dafür, dass es durchaus einen bedeutsamen und sogar lukrativen Markt für anspruchsvollen Journalismus gibt. Nicht immer und nicht zwangsläufig trifft Umberto Ecos Diagnose zu, dass die

Zeitungen »immer infantiler« werden (Eco 2000) – dennoch ist diese Diagnose leider nicht aus der Luft gegriffen. Und das gilt erst recht für klicksüchtige Digitalangebote, die mit Clickbaiting und vermeintlich sensationellen Inhalten die User locken. Promi-Klatsch und Tratsch sind nicht nur für die *Bild*-Zeitung wichtig.

»Im Seichten kann man nicht ertrinken«, hat Ex-RTL-Chef Helmut Thoma einmal sein Erfolgsrezept umschrieben, und das gilt auch für *Buzzfeed*, *Vice* oder die *Huffington Post* und andere, die im Netz den Journalismus »neu erfinden«, indem sie oftmals auf durchaus kreative Weise viel Seichtes und wohldosiert Seriöses zusammenmixen oder jedenfalls direkt nebeneinander feilbieten.

Kritiker befürchten, der Journalismus verkomme zum Showbusiness. Sie scheinen jedoch auf einem Auge blind zu sein, denn auch das Segment des Informationsjournalismus wächst rapide, und das auch jenseits traditioneller Medien und Titel. Als Beispiele seien die vielen Titel der Wirtschaftspresse, aber auch Wissensmagazine oder Webangebote wie *Politico*, *Slate*, *Quartz* und Plattformen wie *Perlentaucher* und *Piqd* genannt, die das Netz nach spannenden Angeboten durchsuchen.

Schließlich verbleibt noch eine Schnittmenge: Das Infotainment expandiert ebenfalls stark. Hier mischen sich Information und Unterhaltung/Comedy (Entertainment), und für Journalisten kommt es darauf an, Information unterhaltsam zu verpacken.

Einige Forscher befürchten seit Jahrzehnten eine wachsende Wissenskluft als Folge der medialen Differenzierung. Die Gesellschaft zerfalle mehr und mehr in Informationsbesitzer und Informationshabenichtse, in Wissenskapitalisten und in ein unwissendes Prekariat, so sinngemäß die Schweizer Kommunikationsforscher Ulrich Saxer (1985) und Heinz Bonfadelli (1994). Doch auch dieses Modell einer Wissens-Klassengesellschaft wird der heutigen Gesellschaft kaum gerecht. Womöglich sind die Wissensklüfte, die sich innerhalb der gebildeten Eliten auftun, folgenreicher: Wer die *Wirtschaftswoche* liest, hat vermutlich keine Zeit mehr für das *Greenpeace Magazin*, und *taz*-Leser leisten sich nur selten als Zweitmedium das *Handelsblatt* oder die *Welt*. Obendrein bewegt sich jeder und jede von uns in der Filterblase seines jeweils eigenen sozialen Netzwerks.

Die Wissenskluft-Hypothese lässt sich modifizieren: Das Kernproblem wäre demzufolge nicht die Kluft zwischen Informationskapitalisten und funktionalen Analphabeten, sondern die zunehmende Abschottung der gesellschaftlichen Sphären untereinander, die auch von sozialen Netzwerken begünstigt wird. Und weil wir alle nur noch häppchenweise – und oftmals unkonzentriert und zerstückelt – Information aufnehmen, besteht auch zunehmend die Gefahr, dass wir Zusammenhänge aus dem Auge verlieren.

Soziologen und Marktforscher unterscheiden verschiedene Kulturen und Subkulturen in der Gesellschaft. So hat etwa das Sozialforschungsinstitut Sinus schon vor Jahrzehnten je nach sozialer Lage und Wertewandel zehn solche sich überlappende gesellschaftliche Milieus identifiziert (Abb. 4). Journalisten, die ihre Publika und Zielgruppen genauer kennenlernen wollen, finden hier sehr viel eher brauchbare Anhaltspunkte als in überholten, viel zu grob kategorisierenden Klassen- oder Schichtungsmodellen. Aber auch die zehn Milieus sind natürlich, genau besehen, eine grobe Vereinfachung.

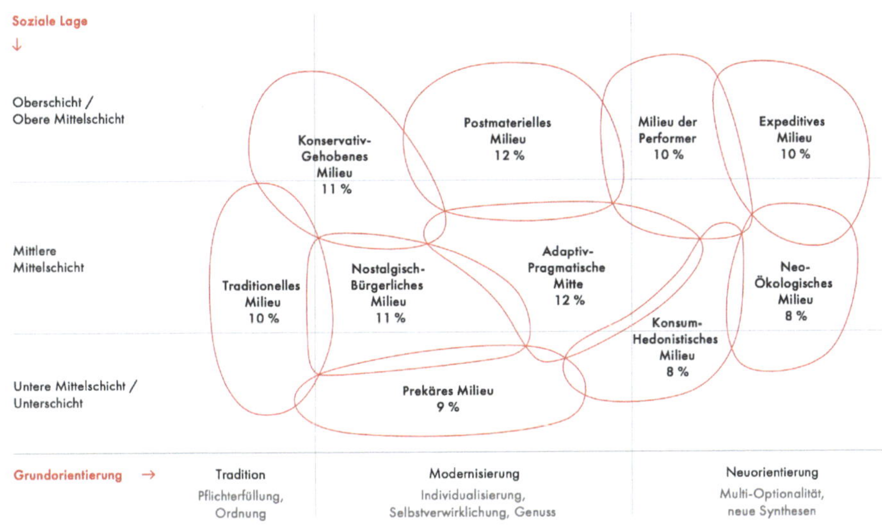

Abb. 4: Sinus-Milieus – ein Instrument, um mediale Zielgruppen zu bestimmen (sinus-institut.de)

Bitte scrollen… Journalismus wird zur Sortierarbeit

Die Informationsflut schwillt weiter an. Die Gesellschaft bringt immer größere Informationsmengen hervor. Am deutlichsten ist das im Netz sichtbar. Auch die Zeitschriften, die zahlreicher geworden sind, taugen als Indikator, und nicht zuletzt die Spartenkanäle: In den USA konkurrieren inzwischen viele 24-Stunden-Nachrichtensender um die Aufmerksamkeit des Publikums. In Deutschland haben wir mit n-tv und Welt zwei von ihnen auf dem privaten Fernsehmarkt, dazu kommt Phoenix bei den Öffentlich-Rechtlichen. Weniger ablesbar ist der Trend an den Zeitungen; deren Umfänge schrumpfen, weil seit Jahren die Werbeerlöse wegbrechen. Einige konnten aber ihre digitalen Angebote deutlich ausweiten und mit ihnen auch die Reichweite für ihre Marke steigern.

Informationsüberfülle kann ähnliche Folgen haben wie Nicht- oder Fehlinformation. Denn unsere Fähigkeit zur Informationsverarbeitung ist begrenzt. Die Speicherkapazität unserer Computer mag erweiterbar sein; unsere Gehirnzellen dagegen lassen sich allenfalls trainieren, aber nicht vermehren.

Aus dem Nachrichtenüberangebot entsteht so eine neue Knappheit: Unsere Aufmerksamkeit ist begrenzt. Ein ganzer Zweig der Sozialforschung beschäftigt sich inzwischen damit, wie sich unter den Bedingungen der »Aufmerksamkeitsökonomie« unser Leben verändert und wie sich Erkenntnisse der Hirnforschung nutzen lassen, um besser zu verstehen, wie wir Medien nutzen und Informationen verarbeiten.

Wie lässt sich also die Informationsflut adäquat bewältigen und verarbeiten? Welche Rolle spielt dabei der Journalismus? Auf solche Fragen müssen Medienmacher jeweils für ihre Zielgruppen überzeugende Antworten liefern.

Journalismus wird unter den skizzierten Bedingungen mehr und mehr zur Sortier- und Kuratierarbeit. Es gibt Regeln, nach denen sich die Auswahl vollzieht, aber auch diese verändern sich (Kapitel 5 [130ff.]). Wichtig, aber in der tagesaktuellen Berichterstattung oft vernachlässigt, sind Hintergründe und Zusammenhänge. Sie aufzuzeigen, hat nichts mit Meinungsjournalismus zu tun. Im Gegenteil: Das Publikum muss sich darauf verlassen können, dass die Informationen nicht in der Absicht zusammengestellt werden, vor allem die Meinung des Journalisten oder der Redaktion zur Geltung zu bringen. Diese sollten sich – außer im expliziten Kommentar oder anderen meinungsbetonten Darstellungsformen – mit ihren eigenen Ansichten zurücknehmen. So jedenfalls lautet das klassische journalistische Credo, das man *old school* nennen könnte, das aber auch heute noch viele für angemessen halten. Dieses Credo wird allerdings zunehmend herausgefordert von einer neuen Journalistengeneration, die ihre Rolle politischer oder sogar aktivistisch auslegt und auf »Haltung« pocht. Es gehe, so wird argumentiert, auch um Transparenz und Ehrlichkeit, denn diejenigen, die das Ideal der Objektivität hochhalten, würden doch in Wahrheit auf mindestens subtile Weise sehr wohl selbst Meinungsmache betreiben (vgl. dazu Kap. 2.1 und 13.3).

Kommerzialisierung, Wettbewerb und Konzentration

Ein Großteil der Medienangebote wird kommerziell erstellt und vertrieben. Charakteristikum ist dabei: Medienprodukte werden oft zweimal verkauft: das Produkt selbst ans Medienpublikum, und das Publikum an die werbetreibende Wirtschaft – letzteres möglichst ohne Streuverluste.

Beim privaten Fernsehen, bei Gratiszeitungen und freien Angeboten im Netz ging bisher der Trend dahin, dass die Rezipienten die Medienangebote scheinbar »nur« mit ihrer Zeit bezahlen. Indes werden auch sie zur Kasse gebeten, aber eben erst später und unmerklich, wenn sie im Supermarkt die Schokolade mit der lila Kuh oder das extra-weiße Waschmittel eines Markenartiklers kaufen und dann auch die Werbung dafür mitbezahlen. Ansonsten waren die bisherigen Anstrengungen, im Online-Journalismus Bezahlangebote durchzusetzen, jahrelang nicht gerade ermutigend. In jüngster Zeit gibt es Anzeichen für eine Trendwende, nachdem viele Medienunternehmen ihre Strategien verbessert haben und die Zahl reiner Gratis-Angebote sinkt. Nicht zuletzt die Abo-Modelle von Netflix, Amazon oder Spotify auf dem Markt von Film und Musik haben auch jüngere Menschen damit vertraut gemacht, dass gute Unterhaltung, aber auch gute Information einen Preis hat.

Wer sein Publikum dauerhaft als zahlende Abonnenten an sich binden will, muss allerdings wirklich etwas zu bieten haben. Weil sich in den Jahrzehnten vor der Corona-Krise das Anzeigen- und Werbevolumen stetig vermehrt hat, mussten die immer zahlreicheren Sendeplätze und Seiten auch irgendwie redaktionell gefüllt werden. Auch so erklärt sich die Informationslawine, die uns überrollt. Es mögen sich einige »Nuggets« darunter verstecken, soll heißen: Informationen, die tatsächlich Geld oder zumindest unsere Aufmerksamkeit und Zeit wert sind. Aber der Suchaufwand wird größer, trotz aller Orientierungshilfen. Es wird uns fraglos immer mehr Info-Müll und Bullshit angedreht, eben journalistisches Verpackungsmaterial für Werbebotschaften, und auch dieses Verpackungsmaterial ist oft nur Copy-and-Paste-»Journalismus«, enthält also PR-Mitteilungen.

Wichtiger werden für die werbetreibende Wirtschaft zielgruppengerechte Angebote. Ist ein Massenpublikum die Zielgruppe, so heißt das Unterhaltung, Zirkusspiele, Spitzensport, mithin Diktat der Klicks, der

Ratings und Verkaufsauflagen. Das wiederum bedeutet knappe, vereinfachte Information, möglichst auf unterhaltsame Weise dargebracht; Verzicht auf Hintergrund insbesondere in den audio-visuellen Medien. Der französische Philosoph Paul Virilio sprach schon im alten Jahrhundert von »Wirklichkeitsverschmutzung«.

Vor allem verschärft sich der Wettbewerb zwischen den Medien intermedial und intramedial, also sowohl zwischen verschiedenen Übermittlungskanälen (z. B. zwischen Regionalzeitung, Lokal-Website und Lokalradio) wie auch innerhalb eines Medienmarktes (z. B. unter mehreren Newssites im selben Sprachraum oder Verbreitungsgebiet). Zumindest online konkurriert im Grunde jeder gegen jeden.

Vor einem kommerziellen Hintergrund ist auch die Sensationalisierung zu sehen, die vordergründige Berichterstattung über »Sex and Crime« sowie das Hochpeitschen von Emotionen. Wenn wir nicht wollen, dass der Journalismus verludert und verkommt, müssen wir eine offensive Debatte über publizistische Qualitätssicherung führen (Kapitel 14 [311ff.]).

Gelegentlich bringt verstärkter Wettbewerb allerdings auch Qualitätszuwachs hervor, insbesondere bei hochwertigen Informationsangeboten, z. B.

- bei überregionalen Qualitäts-Tageszeitungen und deren Newssites, wie *Frankfurter Allgemeine Zeitung, Süddeutsche Zeitung, Welt, Neue Zürcher Zeitung, Der Standard*;
- bei Wirtschaftszeitungen: *Handelsblatt, Wall Street Journal, Financial Times*;
- bei Nachrichtenmagazinen und Newssites: *Spiegel, Economist*;
- im Bereich der Special-Interest-Angebote, etwa im Wirtschaftsjournalismus: *Brand eins, Manager-Magazin, Wirtschaftswoche, Quartz.*

Für eine Vielzahl von Produkten und Dienstleistungen lohnt es sich nicht, beim breiten Publikum zu werben. Designer-Klamotten lassen sich eher über Modezeitschriften, spezielle Softwareprogramme über Computertitel und Aktien über Börsenmagazine vermarkten. Das jeweilige journalistische Produkt, das die Werbung einrahmt, muss dann zielgruppengerecht sein, sich also an spezifische Adressaten mit jeweils besonderen Bedürfnissen und Interessen richten.

Die anspruchsvolle Publizistik lebt davon, dass die gebildeten und kaufkräftigen »Eliten« besonders begehrte Zielgruppen der Werbewirtschaft sind. Und die Special-Interest-Titel und -Websites wiederum haben bisher davon profitieren können, dass es oftmals quer durch das Massenpublikum und die Eliten Interessengruppen und -gemeinschaften gibt, die ihren eng umrissenen Bedarf an Information und Unterhaltung decken möchten, seien das nun Surfer oder Börsenspekulanten, Hobbygärtner, Motorrad-Freaks oder Gesundheitsapostel.

Eine weitere dramatische Folge des verschärften (Online-)Wettbewerbs ist die Konzentration von Medienunternehmen auf der Suche nach Größenordnungsvorteilen und Synergieeffekten. Um profitabel zu bleiben, müssen Unternehmen wachsen, mitunter durch Zukäufe anderer Unternehmen oder durch Zusammenschlüsse. So werden einzelne Medienkonglomerate immer mächtiger und bedrohen mit ihrer Marktmacht den Wettbewerb und die Informationsvielfalt. Der Expansionsdrang von Bertelsmann, Murdoch, der Funke-Gruppe oder auch der TX Group (vormals Tamedia) in der Schweiz sind hier zu nennen.

Mit der Konzentration geht eine Tendenz zum Medienverbund und zur Mehrfachvermarktung medialer, auch journalistischer Produkte in sogenannten »Verwertungsketten« einher. Verschiedene Medien aus ein- und demselben Haus ergänzen sich gegenseitig, die Redaktionen kooperieren immer häufiger, Medienangebote werden über sogenannte »Cross-Promotion« wechselseitig vermarktet. Dies geschieht nicht allein über Werbung, sondern immer häufiger auch über redaktionelle Inhalte: Auch so kann Journalismus zur Schleichwerbung verkommen.

Nicht zuletzt heißt kommerzieller Medienbetrieb, dass die Rendite im Vordergrund steht. Das Kapital wandert dorthin, wo die höchste Verzinsung bzw. die höchsten Kurssteigerungen an der Börse erzielbar sind – und das sind nach Jahrzehnten fetter Gewinne inzwischen nicht mehr Printmedien, sondern eher Plattformen, Suchmaschinen und soziale Netzwerke, die auf den Content anderer zurückgreifen, statt selbst teure journalistische Inhalte zu produzieren. Somit rückt die betriebswirtschaftliche Seite journalistischer Arbeit stärker ins Blickfeld. Es wird nach der Effektivität und Effizienz der einzelnen Redaktionen gefragt, und es werden massiv Kosten und Stellen eingespart. Die Medienmanager suchen Synergieeffekte und nehmen dabei auf journalistische Überlegungen nicht unbedingt Rücksicht. So strich beispielsweise der Verlag Gruner + Jahr das traditionelle Politik- und Wirtschaftsressort seiner Illustrierten *Stern* und schuf gegen Widerstand aus der Redaktion ein gemeinsames Hauptstadtbüro für den *Stern* und das Wirtschaftsmagazin *Capital*. Damit nicht genug: Der große Medienkonzern Bertelsmann stellte seinen Zeitschriftenverlag Gruner + Jahr unter die Fuchtel der eigenen TV-Sendergruppe (RTL Deutschland). Publizistische Inhalte sollen nun offenbar – möglichst günstig, möglichst ertragreich – über alle möglichen Verbreitungswege geplant und verkauft werden, von der Zeitschrift über den Web- und Social-Media-Auftritt bis hin zur TV-Sendung.

Weil auch im Medienbetrieb die Arbeitsteilung voranschreitet, besteht generell die Gefahr, dass verstärkt Manager, die nur geringe Kenntnisse des Journalismus haben, wichtige strategische und sogar originär redaktionelle Fragen allein nach der Wirtschaftlichkeit beantworten (so bereits Underwood 1988). Der Verleger, TV-Unternehmer oder Web-Pionier, der beides ist: Publizist und Kaufmann, ist eher eine aussterbende Spezies.

Deshalb wird es wichtiger, dass sich auch Journalistinnen und Journalisten Grundkenntnisse des Managements aneignen (Kapitel 10 [223ff.]). Zumindest von der Ressortleiterin an aufwärts sollten Redakteure mit Fragen der redaktionellen Organisation, der Personalführung und Mitarbeitermotivation, der Planung und Budgetierung redaktioneller Arbeit vertraut sein. Und freie Mitarbeiter, die sich am Markt behaupten wollen, müssen ohnehin lernen, »unternehmerisch« zu denken und sehr sorgfältig ihre Kosten zu kalkulieren. Aus normativer Perspektive ist eines dabei entscheidend: Journalismus muss sich zwar rechnen (irgendwer muss die Kosten tragen), er darf aber nicht berechnend betrieben werden – es geht um weit mehr als um die Rendite und um den Vertrieb eines Allerweltprodukts. Der Journalismus hat, wie es in Deutschland auch das Bundesverfassungsgericht betont, eine öffentliche Aufgabe. Ihr wird nicht gerecht, wer sich nur für das Euro- oder Dollarzeichen interessiert.

Mediensteuerung durch Public Relations

Ist von Medien- und Kommunikationsmanagement die Rede, sind inzwischen meist nicht mehr die Arbeitsabläufe im Medienunternehmen gemeint. Oftmals geht es um die Einflussnahme auf Medieninhalte von außen: insbesondere durch Öffentlichkeitsarbeit sowie durch die Politik, oder durch Abhängigkeiten von der Werbung, wenn der redaktionelle Teil zum bloßen Werbeumfeld degeneriert oder von versteckter Werbung infiltriert wird (Kapitel 11 [252ff.]).

Public Relations (PR) arbeiten dabei eher geräuschlos und gleichwohl sehr effektiv: Sie versorgen die Redaktionen mit mediengerecht aufbereitetem Gratismaterial, mit subventionierter Information, wie das der amerikanische Forscher Oscar Gandy genannt hat. Nur im Ausnahmezustand, etwa während der Kriege in der Ukraine oder in Syrien, wird für das Medienpublikum sichtbar, wie stark die Medien von außen gesteuert werden. Dann zumindest lassen uns die Reporter wissen, was sie sonst meist verheimlichen: nämlich, wie sehr sie sich auf zugelieferte und damit »vorzensierte« Medienmeldungen stützen.

PR-Material wird zwar von seriösen Medien nicht wortwörtlich übernommen; die Berichterstattung prägt es gleichwohl. Wenn dann noch mit dem Ausbau der PR-Abteilungen und -Agenturen der Abbau von Recherchekapazität in den Redaktionen einhergeht, wird eine interessenunabhängige Berichterstattung immer schwieriger. Deshalb ist es wichtig, schon in der Ausbildung beide Bereiche so zu verkoppeln, dass beide Seiten über die jeweils andere Bescheid wissen. Dabei sollte allerdings nicht die Trennlinie zwischen Journalismus und PR verwischt werden, auch wenn diese in der Praxis durchlässiger wird.

Verhaltensänderungen und Wertewandel bei den Publika

Beeinflusst wird Journalismus nicht zuletzt vom Publikum bei der täglichen »Abstimmung«, die längst nicht mehr am Kiosk, sondern weit häufiger mit der Fernbedienung, der Computer-Maus oder der Handy-Tastatur stattfindet. Das hat Folgen für die Vermehrung und Ausrichtung publizistischer Angebote: Klicks, Likes und Shares sind online für jeden einzelnen Artikel, der gepostet wird, messbar. Das führt dazu, dass in manchen Medienunternehmen mittlerweile Journalisten danach bezahlt werden, wie viel Resonanz sie erzielen.

Eine Publikumsgruppe ist dabei in den letzten Jahren wichtiger, weil zahlreicher geworden: die der Umsteiger und Bindungslosen. So wie die Scheidungsraten zunehmen (»Lebensabschnittsgefährten«), die Parteiaffinitäten sich auflösen (Wechselwähler), die Kirchen- und die Gewerkschaftsaustritte sich häufen (Religions- und Ideologieflüchtige), so lässt auch die Bereitschaft nach, sich fest an ein Medium zu binden. Printmedien werden häufiger in der Tankstelle oder beim Bäcker statt im Abo erworben, und an die Stelle regelmäßiger Lektüre tritt der Gelegenheitskauf oder die von Algorithmen generierte Auswahl von Facebook-Postings. Mediennutzer sind Zapper geworden. Sie wechseln zwischen den Angeboten hin und her, statt »ihrem« Medium die Treue zu halten. Jedenfalls erschweren es die Bindungslosen, Geschäftserfolge im Medienbereich prognostizierbar zu machen.

Der schnelle Werte- und Präferenzwandel bleibt für Journalistinnen und Journalisten nicht folgenlos: Sie sollten sich um genaue Kenntnis ihres Publikums, der Mediennutzung und möglicher Medienwirkungen bemühen. Sie sind damit stärker als früher auf Marktforschung, aber auch auf kommunikationswissenschaftliche Erkenntnisse und Reflexionswissen angewiesen. Der Spürsinn, die Intuition, das Entscheiden »aus dem Bauch heraus« bleiben zwar wichtig. Sie können jedoch Erkenntnisse der Forschung nicht ersetzen (vgl. Kapitel 8 [185ff.] und Kapitel 10 [223ff.]).

Mit jedem neuen Medium verändert sich zudem die Nutzung der alten Medien und die Arbeitsteilung zwischen ihnen. Zum Erfahrungsschatz der Forscher gehört, dass ein neues Medium das alte nicht verdrängt, ihm aber neue Funktionen zuweist. So lautet jedenfalls das sogenannte »Riepl'sche Gesetz«. Es stammt aus dem Jahr 1913 und hat sich im vergangenen Jahrhundert mehrfach bewahrheitet, als in stürmischem Tempo neue Medien auf den Markt drängten. So hatten sich etwa mit dem Siegeszug des Fernsehens die Nutzungsgewohnheiten beim Radio drastisch verändert: Nutzungshöhepunkt ist inzwischen morgens; durchgesetzt hat sich der Trend zum Nebenbei-Hören. Printmedien werden immer seltener beim Frühstück konsumiert, stattdessen nutzen wir morgens (und ganztags) das Smartphone, mittags (und tagsüber am Arbeitsplatz) den Desktop und abends auf der Couch das Tablet. Gratiszeitungen lesen wir häufig in öffentlichen Verkehrsmitteln, wobei auch hier das Smartphone Print verdrängt hat.

Inzwischen stößt die Aussagekraft des Riepl'schen Gesetzes an Grenzen, denn das Internet verdrängt ja die alten Medien nicht mehr, sondern »verschluckt« sie und zwingt sie dazu, sich im Netz multimedial zu formieren und untereinander zu vernetzen. Insgesamt lässt sich das (Zeit-)Budget für die Nutzung journalistischer Angebote nur noch begrenzt ausweiten.

Dem drohenden Verfall der Lesekultur suchen Printmedien zudem durch Visualisierung ihrer Angebote, durch großflächige Fotos und Infografiken entgegenzuwirken (womit sie das Problem aber womöglich langfristig nur verschärfen). »Gedrucktes Fernsehen« hat sich ausgebreitet, in Zeitungen ebenso wie in Schulbüchern oder auf winzigen Smartphone-Bildschirmen. Damit einhergehend ändern sich die Rezeptionsgewohnheiten.

Professionalisierung und Deprofessionalisierung des Journalismus

Der Journalismus hat sich in den vergangenen Jahrzehnten »professionalisiert«, wenngleich er sich nicht im strengen Sinn den Professionen zurechnen lässt. Denn klassische Professionen, wie die Medizin oder die Jurisprudenz, zeichnen sich u. a. durch eine Zugangsregelung zum Beruf aus, die es im Journalismus jedoch nicht gibt.

Einhergehend mit Stellen- und Gehaltskürzungen sind inzwischen gegenläufige Tendenzen zur Professionalisierung zu beobachten – hin zur »Prekarisierung« des Berufsstands: Die Arbeitsbedingungen verschlechtern sich, vor allem freie Journalisten und Berufseinsteiger können von journalistischem Erwerb nicht mehr leben. Um die wenigen freiwerdenden Redakteursstellen tobt ein erbarmungsloser Konkurrenzkampf. Und auf der anderen Seite drängen Menschen an die Öffentlichkeit, für die selbstproduzierte YouTube-Videos oder Instagram-Auftritte zum schnellen Nebenerwerb oder auch nur zum beliebten Hobby werden. Hier kann im Prinzip jeder und jede sofort mitmachen.

Das formale Qualifikationsniveau für den Eintritt in eine klassische Redaktion ist dagegen über die Jahre hinweg gestiegen. In öffentlich-rechtlichen Rundfunkanstalten ist ein abgeschlossenes Studium üblich. Vor vielen Jahrzehnten tummelten sich im Journalismus auch viele Studienabbrecher, das hat sich im Laufe der Zeit und unter dem Andrang hochqualifizierter Bewerberinnen und Bewerber geändert. Mittlerweile haben viele Chefredaktionen aber den Eindruck gewonnen, dass sie erstens nicht mehr so attraktiv für Absolventen sind wie früher und sie zweitens zu viele Leute vom gleichen Typ als Nachwuchs bekommen. Sie wünschen sich mehr Vielfalt in den eigenen Reihen, mehr »schräge Vögel«, Menschen mit ganz unterschiedlichen Erfahrungen und Hintergründen – und so wollen manche nun auch gezielt junge Menschen ohne Abi oder ohne Studienabschluss einstellen.

In den Medienunternehmen versprechen sie sich davon wohl auch einen Innovationsschub, zumal in den kommenden Jahren viele ältere Redakteure in Rente gehen werden. Die Älteren verstehen (angeblich) zu wenig von den Trends im Netz. Allerdings sind einige klassische Kompetenzen im Journalismus heute noch so wichtig wie vor 30 Jahren: sorgfältige Recherche, saubere Sprache, Neugier und Offenheit. Soll sich der Job nicht darin erschöpfen, ein paar schrille Fotos zu einer digitalen Bildergalerie zu verbinden oder Texte zu kopieren, die andere geschrieben haben, sind die Anforderungen durchaus anspruchsvoll. Es wird erwartet, dass Journalisten Kenntnisse über bestimmte Themen bzw. ihr jeweiliges Berichterstattungsgebiet (Sachwissen) sowie über die Eigengesetze des Medienbetriebs (Fachwissen) haben. Außerdem sollen sie das »Handwerk« beherrschen, also bestimmte Talente und Fähigkeiten entwickelt und trainiert haben, vom Themenaufspüren und Recherchieren bis hin zur Vermittlungskompetenz. Journalistinnen und Journalisten müssen dabei auch auf die Bedürfnisse ihrer Publika eingehen; vielfach wird erwartet, dass sie mit ihnen »auf Augenhöhe« kommunizieren. Der Weg der Kommunikation ist ja längst keine Einbahnstraße mehr.

Zugleich schreitet die Spezialisierung fort; sie kann aber nicht mit dem Tempo und Ausmaß gesellschaftlicher Differenzierung mithalten. Journalistische Spezialisierung ist deshalb selten so groß wie z. B. unter Ärzten oder Juristen. Einsteiger in den Journalismus und in die Öffentlichkeitsarbeit sollten gleichwohl darauf achten, dass ihnen zumindest eines ihrer Studienfächer zu einer spezifischen Kompetenz verhilft: Mit Wirtschafts-

oder Rechtswissenschaften, Medizin, Islamkunde oder Japanologie ergeben sich womöglich bessere Berufschancen als mit geistes- und sozialwissenschaftlichen Massenfächern wie Anglistik, Soziologie oder Politologie. Aber keine Sorge: Auch wer ein solches Fach studiert hat, kann damit gut im Journalismus landen. Erstens erlauben es auch sie, die für den Journalismus wichtigen Inhalte zu vertiefen, zweitens kommt es in den Redaktionen vor allem darauf an, in der Lage zu sein, sich zuverlässig in unterschiedliche Themen einarbeiten zu können. Dafür braucht es neben dem Willen und der Neugier auch eine gewisse methodische Kompetenz und Übung, die beide im Studium gewonnen werden können.

Die Berufswelt des Journalismus ist groß und vielfältig, die Jobprofile sind sehr unterschiedlich.

Wer Journalist werden möchte, weil er davon träumt, für RTL aus Washington zu berichten, oder wer als Moderatorin der *Tagesthemen*-Sendung Caren Miosga nachfolgen möchte, sollte sich eingestehen, dass dies zwar nicht unmöglich, aber wenig realistisch ist. Wahrscheinlicher ist ein Start als Lokalreporter oder -reporterin, um bei der Helferinnenehrung des Roten Kreuzes oder der Pressekonferenz der lokalen Industrie- und Handelskammer Terminjournalismus zu betreiben; oder als Nachrichtenredakteur, der den ganzen Tag am Bildschirm Agenturmeldungen aufbereitet und online stellt. Aber auch das können abwechslungsreiche und spannende Jobs sein, die Freude bereiten.

Trotz aller Differenzierung des Medienangebots: Professionalisierung bedeutet mehr Regelhaftigkeit und damit eine Tendenz zur Uniformität im Journalismus. Der amerikanische Medienjournalist David Shaw sprach vom »Instant-Konsens«, den Journalisten untereinander oft in der Bewertung von Sachverhalten erzielten.

Ein Beispiel: Im US-Wahlkampf 2020 wurden trotz der erkennbar unterschiedlichen Lager, in die sich die Presse einordnen lässt, die beiden Kandidaten Donald Trump und Joe Biden von den deutschsprachigen Medien geradezu gebetsmühlenhaft mit bestimmten Attributen beschrieben. Das war nicht das Ergebnis »zentraler Presselenkung«, wie sie im NS- oder im SED-Staat üblich war. Eher schon handelt es sich in freien Mediensystemen um ein Phänomen, das sich als »Rudeljournalismus« bezeichnen lässt: Journalisten schreiben viel voneinander ab. Oft sind es aber auch prägende professionelle Normen, die zu ähnlichen Sichtweisen, Einschätzungen und Handlungen führen.

Literaturtipps

Beck, Klaus (2018, 2. Aufl.): *Das Mediensystem Deutschlands: Strukturen, Märkte, Regulierung*. Heidelberg: Springer

Fengler, Susanne; Russ-Mohl, Stephan (2005): *Der Journalist als »Homo oeconomicus«*. Konstanz: UVK

Meier, Klaus (2018, 4. Aufl.): *Journalistik*. Konstanz: UTB.

Russ-Mohl, Stephan (2017): *Die informierte Gesellschaft und ihre Feinde. Warum die Digitalisierung unsere Demokratie bedroht*. Köln: Herbert von Halem

Schultz, Tanjev (2021): *Medien und Journalismus. Einfluss und Macht der Vierten Gewalt*. Stuttgart: Kohlhammer

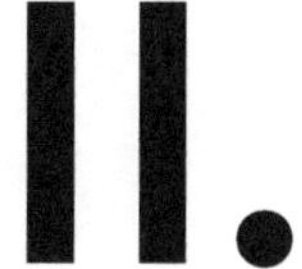

Journalistische Arbeitsmittel

2. Darstellungsformen

Es gibt viele Formen und Wege, Neuigkeiten zu präsentieren, und dementsprechend eine Fülle möglicher Stilformen oder Textsorten. Im Fachjargon ist auch von Darstellungsformen oder Genres die Rede. Es haben sich zwei »Grundtypen« herauskristallisiert: die nachrichtenorientierten, wie die Meldung und der Bericht, und die meinungsorientierten, wie der Kommentar, die Kritik (Rezension) und die Glosse. Wichtig sind aber auch das Interview und das Porträt, die mal mehr, mal weniger nachrichtlich oder meinungshaltig ausfallen können. Darüber hinaus gibt es mit der Reportage, dem Feature und der News-Story (Magazinbericht) weitere Darstellungsformen, die sich durch eigene Merkmale und Funktionen auszeichnen (vgl. Wolff/Schultz/Kieslich 2021). Die Reportage ist erlebensorientiert, sie lässt den Zuschauer oder die Leserin erzählerisch – aber nicht als fiktive Geschichte! – an einem Geschehen teilhaben. Das Feature ist auf anschauliches Erklären ausgerichtet, die News-Story auf das Verklammern umfassender aktueller Informationen und Hintergründe mit einer interpretierenden oder wertenden These.

Wie die Darstellungsformen umgesetzt werden, hängt zwar von dem jeweiligen Medium und Verbreitungsweg ab. Grundlegende Merkmale und Funktionen bleiben aber gleich: Eine TV-Reportage führt das Publikum möglichst dicht an eine Situation heran – mit schriftlichen Mitteln versucht dies auch die Textreportage. Eine kurze Meldung soll dagegen das Wichtigste einer Nachricht präzise auf den Punkt bringen, egal ob auf Instagram, im Radio oder in einer gedruckten Zeitung.

Jeder Journalist und jede Journalistin sollte die wichtigsten Darstellungsformen kennen, auch und gerade wenn sich im Online-Journalismus die Genres mitunter vermischen und im »multimedialen Storytelling« (vgl. Kapitel 8 [185ff.]) vieles möglich ist, was früher nicht ging. Entgegen dem Vorurteil, in der digitalen Medienwelt zähle Althergebrachtes gar nicht mehr, ist aber auch festzustellen: Weiterhin dominieren klassische Darstellungsformen, teilweise leicht variiert, das journalistische Angebot – auch im Internet. Doch natürlich sind neue Möglichkeiten und Varianten dazu gekommen, wie der Live-Ticker oder das Einbinden von Dokumenten, Audio- und Videoelementen in Online-Texte.

2.1 Nachrichtenorientierte Darstellungsformen (Meldung, Bericht)

Die wichtigsten Darstellungsformen im Sinne eines journalistischen Fundaments sind zunächst jene, die eine Nachricht verbreiten: Meldungen und Berichte. Sie bieten den anderen Formen eine Grundlage. Zur Nachricht kann vieles werden, fast alles, was aktuell und außergewöhnlich, also nicht alltäglich ist: »News is what's different«, sagen die Amerikaner. Als Merksatz steht in alten Lehrbüchern: »Hund beißt Mann« ist keine Nachricht, »Mann beißt Hund« dagegen schon. So hat es auch, gleichsam als Zitat aus den Lehrbuchklassikern, im Oktober 2022 die *Hessenschau* berichtet, nachdem ein 29-Jähriger in Südhessen einen Polizeihund angegriffen hatte. Da biss tatsächlich ein Mann einen Hund. Und so ähnlich hat der Hirsch, der drei Berliner mit seinem Geweih aufgegabelt und getötet hat, auch die Seite 1 des Boulevardblatts *B.Z.* erobert. Erlegten drei Jäger hingegen einen Hirsch, würde das noch nicht einmal eine Lokalmeldung in Kleinkleckersdorf abgeben.

Die Lehrbücher könnten allerdings umgeschrieben werden. Denn nicht nur im Sommerloch, also in nachrichtenarmen Zeiten, können bissige Kampfhunde sehr wohl für Schlagzeilen sorgen. Schon bevor Hunde in den Nachrichtenspalten auftauchten, hätte längst irgendwer Zweifel anmelden müssen, ob das Beispiel klug gewählt war. Denn hat die Mitteilung »Mann beißt Hund« wirklich Nachrichtenwert? Es handelt sich ja »nur« um unterhaltsame, letztlich irrelevante Soft News. Der Tessiner Fernsehjournalist Aldo Sofia hat deshalb im persönlichen Gespräch das Beispiel abgewandelt: »Hund wackelt mit dem Schwanz« sei keine News, »Schwanz wackelt mit dem Hund« wäre dagegen in hohem Maße berichtenswert – wenn es denn stimmte.

Wenn der Schwanz mit dem Hund wackelt, sollte dies journalistische Urinstinkte wecken: Wir möchten wissen, was hinter dem ungewöhnlichen Vorgang steckt ... Doch das ist dann schon die Überleitung zum Abschnitt Recherche (Kapitel 6 [150ff.]).

Aktualität

»Was neu, was wichtig und was interessant ist, ist eine Nachricht«, so würden es wohl die meisten Praktiker definieren. Aktualität ist das erste Auswahlkriterium des Nachrichtenjournalismus. Sie wird verstanden als zeitliche Unmittelbarkeit. Journalismus ist stets auch die Jagd nach den neuesten Neuigkeiten. Manchmal kann auch etwas aktuell werden, das nicht neu ist. Stürzt zum Beispiel ein Flugzeug aufgrund mangelhafter Bauteile ab, können kleinere Betriebsstörungen an Flugzeugen, die schon vor Tagen auftraten, zu dem Zeitpunkt aber noch keine Nachricht waren, es doch noch in die Medien schaffen.

Kritik am Aktualitätsbegriff wurde vielfach geübt. Der gängige Vorbehalt lautet, im Journalismus rangierten »Neuigkeiten vor Wichtigkeiten«, so soll es der Soziologe Niklas Luhmann auf den Punkt gebracht haben. Werden wichtige Neuigkeiten einmal nicht sofort berichtet, wie etwa die Raub- und Sexualdelikte der Silvesternacht 2015/16 in Köln, ist es auch nicht recht, und ganz schnell zirkulierte im Netz die Verschwörungstheorie vom Schweigekartell. Offenbar waren sowohl beim großen WDR als auch beim *Express* und beim *Kölner Stadtanzeiger* so wenige Redakteure im Einsatz, dass die Medien zunächst der beschwichtigenden und fehlinformierenden Pressemitteilung der Polizei auf den Leim gingen, es sei ein friedlicher Neujahrsbeginn gewesen.

Wiederkehrende Versuche, Aktualität umfassender zu definieren, haben sich nicht durchsetzen können – nicht, weil Praktiker uneinsichtig wären, sondern weil sie angesichts des Zeitdrucks, unter dem sie arbeiten, leicht handhabbare Entscheidungsregeln benötigen. Nur so können sie die Nachrichtenauswahl bewältigen. Zeitliche Unmittelbarkeit ist solch ein Kriterium: Die meisten Ereignisse sind einfach deshalb keine Nachrichten, weil sie schon Schnee von gestern sind.

Abhängigkeit vom Erscheinungsrhythmus

Dabei kommt die Periodizität, der Erscheinungsrhythmus des jeweiligen Mediums ins Spiel. Das wöchentliche Nachrichtenmagazin hat gegenüber der Tageszeitung das Nachsehen, und die Tageszeitung gerät gegenüber dem Fernsehen, dem Radio und der Newssite bei der Jagd nach Aktualitäten ins Hintertreffen. Für viele Redaktionen, die mehrere Vertriebskanäle nutzen, gilt deshalb als Prinzip »online first«, inzwischen sogar »mobile first«. Soll heißen: Die neuesten Neuigkeiten werden als Kundendienst sofort ins Netz gestellt, und zuallererst wird eine Nachricht so aufbereitet, dass sie sich auf dem Mobiltelefon oder Tablet konsumieren lässt. Die teureren, einordnenden Hintergrundbeiträge verschwinden oft hinter einer Bezahlschranke.

»Nichts ist so alt wie die Zeitung von gestern«, lautet eine alte Weisheit. Auch sie ist inzwischen von vorgestern. Denn in der Aktualitätskonkurrenz mit anderen Medien sieht bereits die Zeitung von heute ziemlich alt aus. Deshalb bieten uns gut gemachte Blätter immer weniger klassischen Nachrichtenjournalismus. Sie weichen auf andere Formen aus und dringen damit ins Territorium von Wochenzeitungen, Nachrichtenmagazinen und Zeitschriften ein. Auch im Netz ist die Berichterstattung und die Mixtur der Darstellungsformen bunter geworden, wie zum Beispiel die Schweizer Newssite *watson.ch* oder die nicht mehr von der Telekom, sondern von Ströer Medien als journalistisches Angebot betriebene Seite *t-online.de* vorführen. Solche digitalen Informationsangebote erzielen teilweise hohe Reichweiten.

Aktualisierung

Aktuell zu sein, heißt für die Journalistinnen und Journalisten stets auch, sich um eine Aktualisierung der Nachrichten zu bemühen. Sie bleiben dem Fortgang des Geschehens auf der Spur, indem sie bekannt gewordene neue Einzelheiten oder neu vorliegende Stellungnahmen zu einem Ereignis mitteilen. Hat zum Beispiel am Vorabend bereits das Fernsehen berichtet, wer Wahlsieger geworden ist, so muss die Zeitung, die am nächsten Morgen erscheint, versuchen, aktueller zu sein – obwohl sie fast zur selben Zeit Redaktionsschluss hat wie die *Tagesthemen* oder die Spätausgabe der *heute*-Nachrichtensendung..

Der Redaktionsbetrieb steht nie still. Was in die gedruckte Zeitung nicht mehr hineinpasst, wird online vermeldet. Und was eben noch der Aufmacher – die »Top-Meldung« – auf der Homepage war, ist im nächsten Moment schon nach unten gerutscht und musste einem Weiterdreh weichen. Nachrichten weiterdrehen: Das ist eine »Kunst«, die eigentlich alle Journalistinnen und Journalisten heute beherrschen müssen. Sie müssen ein Gespür dafür entwickeln, welche weiteren Fragen und Recherchen sich aus einer Nachricht ergeben, und sich möglichst direkt ans Werk machen – denn die Konkurrenz schläft ja auch nicht.

Aus dieser Betriebsamkeit erwachsen Gefahren. Sie betreffen nicht nur den Zeitdruck und die mit ihm oft einhergehenden Mängel bei der Sorgfalt. Das permanente Weiterdrehen und Aktualisieren verstärkt die journalistische Tendenz zum Hype. So wird dann selbst in der seriösen *FAZ* aus der bereits erwarteten Mitteilung, dass nach der FDP und der SPD auch der dritte Partner der Ampel-Koalition, die Grünen, eine weitere Amtszeit von Frank-Walter Steinmeier als Bundespräsident unterstützen werden, gleich eine Eilmeldung. Als sei das, was eigentlich wenig überraschen kann, etwas Sensationelles und Aufregendes, das bei allen Menschen ganz dringend auf dem Smartphone aufleuchten muss.

Abb. 5: Dramatisierte ›Eilmeldung‹, die eigentlich keine ist

Zu Themen, die »gut laufen«, also viel geklickt werden, bestellen die Planer in den Redaktionen immer mehr Stoff, also mehr Beiträge. Das ist nicht in jedem Falle gesund, wie der Overkill an Corona-Berichterstattung gezeigt hat, der zumindest teilweise auch aus Angst- und Panikmache bestand.

Verselbständigung der Berichterstattung

Oftmals reagieren Redaktionen mit ihrer Themenauswahl somit auf eine bereits entstandene Nachrichtenlage. Dies birgt auch die Gefahr in sich, dass der Journalismus seine eigene Realität kreiert, sich die Nachrichten »verselbständigen« und plötzlich sogar Nicht-Ereignisse oder zumindest nicht berichtenswerte Entwicklungen trotzdem berichtet werden.

So haben uns die Medien wochenlang täglich neu mit der Nachricht gequält, Ebola sei in Deutschland oder den USA noch nicht ausgebrochen; entsprechende Verdachtsfälle seien unter Kontrolle. Eigentlich keine News, denn auf bloßen Verdacht hin sollten seriöse Medien erst gar nicht berichten.

Ein zweites, bereits historisches, aber auch Jahrzehnte nach dem Mauerfall aktualisierbares Beispiel: 1989 berichteten alle Medien die sensationelle Neuigkeit, dass die ungarische Regierung 6500 Ostdeutsche in den Westen ausreisen ließ. Daraufhin rückte die links-alternative *taz* die Dinge zurecht. Wie so oft titelte sie in der Sache zutreffend, voller Ironie und zugleich gegen alle herrschenden journalistischen Spielregeln: »16 Millionen bleiben drüben« (*taz*, 11.9.1989).

Am schönsten ist es natürlich, wenn Medien mit Exklusivgeschichten selbst Aktualität erzeugen. Insbesondere Leitmedien wie dem *Spiegel*, den überregionalen Tageszeitungen oder dem Rechercheverbund von *Süddeutscher Zeitung*, NDR und WDR gelingt das ziemlich oft. Spektakuläre Erkenntnisse oder Enthüllungen werden dann bereits vor Erscheinen des eigenen Blattes oder der eigenen Sendung in Form einer Pressemeldung an die Nachrichtenagenturen in Umlauf gebracht. Diese Praxis hat zeitweise allerdings so überhandgenommen, dass sich der Chefredakteur der Deutschen Presseagentur (dpa) vor einigen Jahren darüber beklagte.

Im Wettbewerb um Aufmerksamkeit besteht die Versuchung, die eigenen Leistungen aufzubauschen und den Schein von Exklusivität zu vermarkten. Der Wunsch, das eigene Publikum exklusiv zu informieren und die eigene Marke öffentlich aufzupolieren, wird leicht zum Selbstzweck. So werden oft mehr »Exklusivmeldungen« produziert, als das Geschehen hergibt. Bei genauerem Hinsehen erweisen sie sich als übertrieben oder spekulativ. Während sich der erwähnte Rechercheverbund auf investigativen Journalismus konzentriert und dabei tatsächlich regelmäßig Enthüllungen zu Themen leistet, an denen hohes öffentliches Interesse besteht, beruhen die »Exklusivmeldung« anderer Medien oft nur aus ein paar angeblich wichtigen Sätzen aus irgendeinem Interview.

Aktualitätskonkurrenz als »Déformation professionnelle«

Aktueller zu sein als die anderen, darauf richtet sich im Journalismus also der »sportliche« Ehrgeiz. Es besteht die Gefahr, dass zu viel davon zur »Déformation professionnelle« wird: Wird für den zweifelhaften Ruhm, der Erste zu sein, schlampig recherchiert und somit das Publikum ungenau, unvollständig und verzerrt unterrichtet, ist dies ein sehr problematisches Ergebnis der Konkurrenz um Aktualität.

Im Internet verbreiten sich Nachrichten ohnehin blitzschnell. Der Vorsprung eines Mediums ist deshalb nie von Dauer. Nur mit tief recherchierten Nachrichten und Zusammenhängen können Redaktionen etwas Eigenes bieten. Auch das wird dann zwar von anderen Medien »ausgeschlachtet« und übernommen – wenn diese fair und sauber arbeiten, zitieren sie aber immerhin die Quelle.

Relevanz

Das zweite Kriterium, das neben dem Neuigkeitswert ein Geschehnis adelt und zur Nachricht werden lässt, ist dessen Relevanz. Schon die Wortwurzel erhellt, dass die Nachricht für den Empfänger von Wert und Nutzen sein sollte: Nachricht ist, Grimms Deutschem Wörterbuch und Emil Dovifat zufolge, eine »Mitteilung zum Darnachrichten«, also eine Information, nach der man sein Verhalten ausrichten kann. Eine Meldung, die dieses Kriterium erfüllt, ist unstrittig relevant.

Relevant sind aber auch Ereignisse und Entwicklungen, bei denen der Bezug zu unserem eigenen Leben und Verhalten nicht sofort greifbar ist – die aber den Gang der Geschichte verändern und damit indirekt auch unser Leben betreffen: eine Abrüstungsvereinbarung zwischen Süd- und Nordkorea zum Beispiel oder ein Einbruch der Wirtschaftsleistung in China. Außerdem geht es beim Relevanzbegriff auch um die Perspektive anderer Menschen, und für alle, die in China leben oder mit China zu tun haben (also für sehr viele Menschen), ist ein Absacken der Wirtschaftsleistung höchst bedeutsam – von den Folgen für die Weltwirtschaft ganz zu schweigen.

Eher umstritten ist dagegen, inwieweit als relevant gelten soll, was »nur« interessant ist. Denn interessant ist vieles, was eigentlich unwichtig ist: Kuriositäten, Klatsch, Sportergebnisse, »Sex and Crime«. Im Wettbewerb um Klicks und Quote verdrängt im kommerzialisierten Mediensystem das Interessante zusehends das Wichtige aus dem Nachrichtenangebot – jedenfalls ist diese Gefahr notorisch präsent.

Formen für Nachrichten

Folgende Darstellungsformen für Nachrichten werden unterschieden:

- Kurzmeldungen/Eilmeldungen: ein oder zwei Sätze, oft ohne eigene Rubrik (Überschrift);
- Meldungen: kurze Nachrichten (in gedruckten Zeitungen: Einspalter);
- Bericht: längere Nachrichten (in gedruckten Zeitungen: Zwei- oder Mehrspalter).

Darüber hinaus gibt es spezielle Formate, in die Meldungen einfließen können, wie den Live-Ticker im Netz oder am Bildschirmrand von TV-Sendungen, oder die »Zitatkacheln« und Schlagzeilen in kurzen Clips, Storys, Reels und Text-Bild-Flächen auf Instagram, Twitter oder YouTube.

Der Aufbau von Meldungen und Berichten

Nachrichtenmeldungen folgen einem recht strengen »Bauplan«. Sprachlich sollen sie kurz, klar und kommentarlos formuliert werden: Das sind die »drei K« des Nachrichtenjournalismus. Inhaltlich gilt es zunächst, die sieben W-Fragen zu beantworten: Wer? Was? Wann? Wo? Wie? Warum? Woher (Quelle)? Der Aufbau einer Meldung gleicht einer Pyramide (Abb. 6 [64]).

An der Spitze steht das Wichtigste. In der Fachliteratur ist auch vom Climax-first-Prinzip die Rede. Das Wichtigste wird zusätzlich bereits in der Überschrift genannt, der Rubrik (auch: Headline, Schlagzeile). Der erste, manchmal gefettete Absatz ist der Vorspann (auch: Lead). Er enthält die Quintessenz und sollte die W-Fragen beantworten. Im ersten Satz (Leadsatz) ist dabei das Wichtigste zu wiederholen, was bereits in der Rubrik steht – möglichst jedoch nicht im selben Wortlaut, sonst langweilen sich die Leserinnen und Leser. Danach geht der Bericht zunehmend in die Breite; erst folgen die wichtigeren Details, dann die weniger relevanten Zusatzinformationen. Eine Nachricht sollte von hinten her Satz für Satz kürzbar sein, ohne dass allzu viel Substanz verloren geht.

In manchen Lehrbüchern ist von einer »umgekehrten Pyramide« oder von einem »Trichter« die Rede. Davon sollte man sich nicht verwirren las-

Abb. 6: Die Nachrichtenpyramide: Das Wichtigste kommt zuerst (Quelle: in Anlehnung an Carl Warren 1934, zit. n. Meyer 1983, I 5)

sen. Es wird nur eine andere Metapher verwendet, um denselben Sachverhalt zu beschreiben.

Manche Online-Journalisten behaupten, das Pyramidenprinzip verliere im Internet seine Bedeutung, weil sich über Links Nachrichten beliebig miteinander verknüpfen und vernetzen lassen und weil es auch das Platzproblem der alten Medien nicht mehr gibt. Das ist nur teilweise richtig, denn auch im Netz folgen viele Redaktionen dem Pyramidenprinzip: Auf der Homepage findet sich der Überblick, und dann tastet sich der Nutzer von Klick zu Klick vom Allgemeinen zum Speziellen. Allerdings gibt es Verzweigungen. User haben die Wahl, mehreren »roten Fäden« zu folgen – eine Präsentationsform, die längst auch auf den konventionellen Journalismus abfärbt (Kapitel 8 [185ff.]).

Der Pyramidenaufbau gewährleistet, dass das Publikum sofort das Wichtigste erfährt. Im Digitalen legen es viele Redaktionen allerdings darauf an, zunächst zum Anklicken eines Beitrags zu »verführen« und die Nutzer dann möglichst lange auf der Seite und dem Beitrag zu halten. Deshalb wollen sie ihr Pulver nicht gleich mit den ersten Sätzen verschießen, wie das die klassische Meldung tut. Bei wichtigen Nachrichten Clickbaiting zu betreiben, ist jedoch journalistisch und ethisch fragwürdig. Wenn ein Zug entgleist und viele Menschen sterben, sollte diese Nachricht ohne Umschweife berichtet werden (also nicht so: »Eben noch fuhr dieser Zug ruhig auf dem Gleis. Aber sehen Sie selbst, was dann passierte…«).

Seriöse Medien folgen auch im Netz bei ernsten Nachrichten dem Pyramidenaufbau und beantworten bereits im Teaser (Vorspann) bzw. im Lead die zentralen W-Fragen. Allerdings haben sich die Regeln beim Weiterdrehen der Nachricht und bei längeren Berichten gelockert. Da verraten auch seriöse Medien nicht unbedingt schon alles in der Überschrift und in den ersten Sätzen (vgl. Schultz 2018a).

Ein Bericht ist zunächst einmal nichts anderes als eine längere Meldung. Er hat etwas mehr Platz für Details und Hintergründe, kann die Nachricht also vertiefen. So enthalten Berichte oft weitere Stimmen und Zitate relevanter Akteure, zusätzliche Fakten und Hinweise auf die Vorgeschichte eines Ereignisses. Auch Berichte wollen in erster Linie Informationen vermitteln, die Autorinnen und Autoren enthalten sich weitgehend eigener Bewertungen. Vor allem in der Berichterstattung über lokale Themen flechten aber Berichte manchmal kurze szenische Schilderungen ein, ohne deshalb schon zur Reportage oder zum Feature zu werden. Die Stimmung und die Dynamik im Gemeinderat oder auf dem Weihnachtsmarkt wird wiedergegeben, im Vordergrund stehen dennoch die Sachinformationen. Manchmal rücken Berichte dann auch vom Pyramiden-Prinzip ab und beginnen mit einer kleinen Szene oder einem chronologischen Einstieg, bevor sie zu den W-Fragen kommen. In Korrespondentenberichten spielen die Autorinnen und Autoren ihr jeweiliges Fachwissen aus (z. B. über ein bestimmtes Land oder eine bestimmte Partei), sie erklären also auch die Nachricht, stellen Bezüge her und erhellen den Hintergrund.

Je stärker sich der Bericht vom strengen Aufbau der Meldungen löst, desto eher ist es möglich, dem Publikum ein paar wichtige Informationen in der Überschrift und im Einstieg noch vorzuenthalten, sie ihm aber schon zu versprechen. Dieses Versprechen muss dann im Beitrag auch tatsächlich eingelöst werden. Alles andere ist unseriös.

Tipps für Einsteiger

Nicht chronologisch berichten. Die wichtigste Aussage bzw. das Wichtigste am Ereignis kommt in der klassischen Nachrichtenmeldung zuerst – nicht also, was zuerst gesagt wurde oder sich als Erstes ereignet hat.

Zeitform beachten. Der erste Satz steht in deutschsprachigen Meldungen (fast) immer im Perfekt oder im Präsens, nicht im Präteritum. Also »US-Präsident Joe Biden hat eine Entlastung der Mittelschicht angekündigt« oder »US-Präsident Joe Biden will die Mittelschicht entlasten«. Nach diesem ersten (Lead-) Satz springt die Meldung dann ins Präteritum: »Das kündigte er am Dienstag bei einer Rede in

Washington an.« Vor allem im Lokaljournalismus und in locker daherkommenden Radiosendungen bleiben Meldungen, wenn möglich, auch länger im Präsens, um den Text etwas lebendiger zu halten (»Als der Bürgermeister den letzten Tagesordnungspunkt aufruft, ist einer der Stadträte gerade eingenickt.«)

Den Ereignisrahmen nicht vor die Kernaussage stellen. Zuerst berichtet wird nicht, dass eine Veranstaltung oder ein Ereignis stattgefunden hat. Entscheidend ist, was sich dort Berichtenswertes ereignet hat. Also nicht: »Gestern hat im Audimax eine Großveranstaltung mit der Universitätspräsidentin stattgefunden ...«, denn das hätte man ja schon vom Ankündigungsplakat übernehmen können. Außerdem ist die Uni-Präsidentin öfters im Audimax, das allein hat keinen hohen Nachrichtenwert. Was hat sie Wichtiges gesagt oder getan? Darum geht es bereits im ersten Satz! Also zum Beispiel: »Die Universitätspräsidentin Pauline Klug will die Angebote zum Teilzeit-Studium ausbauen. Das kündigte sie am Montag bei einer Veranstaltung des Asta im Audimax an...«

Indirekte Rede erlaubt die knappere Zusammenfassung als das wörtliche Zitat. Man sollte sie deshalb für Äußerungen nutzen, die nicht so bemerkenswert oder kennzeichnend sind, dass sie wortwörtlich wiedergegeben werden müssen. Dabei bitte den korrekten Konjunktiv verwenden! Ein längerer Bericht mit mehreren Zitaten lässt sich auflockern, indem man direkte und indirekte Rede kombiniert.

Sich nicht zum Sprachrohr der Politiker oder anderer Akteure machen lassen. Wenn Markus Söder oder Annalena Baerbock etwas zum 25. Mal sagen, ist das möglicherweise keine Meldung mehr. Und auch wenn ein Politiker wie Donald Trump mit sexistischen und rassistischen Sprüchen um Aufmerksamkeit heischt, gehört das nicht jedes Mal in den redaktionellen Teil seriöser Medien.

Stilmittel nicht mischen. Die Nachricht von persönlicher Meinungsfärbung und auch von Reportage-Elementen freihalten. Nur in bestimmten Fällen (wie Korrespondentenberichten) kann eine Mischung erwünscht sein. Auch dort ist aber zu prüfen, ob sie sinnvoll ist. Im Lokaljournalismus sind im Bericht manchmal kurze Szenen und Spurenelemente einer Reportage erlaubt, im nüchternen Nachrichtenjournalismus nicht.

Das Ringen um Objektivität: Trennung von Nachricht und Meinung

Im klassischen, angelsächsisch geprägten Journalismus hat die eigene Ansicht in der Nachricht nichts zu suchen, Journalisten sollen sich stattdessen um Objektivität bemühen. Eines der obersten Gebote seriöser Berichterstattung ist es, Nachricht und Meinung voneinander zu trennen. Das ist inzwischen allerdings umstritten, und es gibt zum Beispiel die abweichende Position von Glenn Greenwald: »All journalism is activism«. Oder von der NDR-Journalistin Anja Reschke, die sagt, bei bestimmten

Fragen müssten sie und andere »Haltung zeigen« (Reschke 2018). Damit meint sie allerdings keineswegs einen Aktivismus für eine konkrete Partei oder Organisation oder für ein spezielles politisches Programm, sondern das grundsätzliche Eintreten für die Demokratie, die Menschenrechte und die Menschenwürde. Wie sich das dann allerdings in konkreten journalistischen Beiträgen ausdrücken kann oder ausdrücken soll, ist gar nicht so einfach zu sagen.

Unbestritten ist, dass journalistische Beiträge nicht in einem werte- oder normenfreien Raum entstehen und dass die Medien eine Verantwortung für die Gesellschaft und den Zustand der Öffentlichkeit tragen. Das ergibt sich unter anderem aus ihrer »öffentlichen Aufgabe« und den Funktionen des Journalismus (siehe Kapitel 1 [17ff.]). Journalisten und Journalistinnen wie Reschke argumentieren, man dürfe eben nicht einfach zusehen und es zulassen, wenn zum Beispiel Rechtsextremisten versuchen, die Demokratie zu zerstören. Spätestens wenn es um die Pressefreiheit geht, müssen die Medien ja auch dafür eintreten, dass sie genügend Freiheit haben und Journalisten nicht gegängelt oder verfolgt werden. So gesehen kann es keine Neutralität geben.

Die Frage ist jedoch, wie weit die Medien dabei gehen können, offensiv bestimmte Positionen zu vertreten, und wo jeweils die Grenzen zu ziehen sind: Was ist beispielsweise konservativ oder rechts, aber nicht rechtsradikal oder rechtsextrem? Oder: Was ist progressiv, aber nicht linksextrem? Wer entscheidet das bzw. wem folgen die Medien - etwa dem Verfassungsschutz? Der Politik? Dem eigenen Kompass, Bauchgefühl oder Wertegerüst? Wie viel Pluralismus lassen die Medien zu, wie sehr rücken sie die eigenen Interessen, Meinungen und Wertvorstellungen der einzelnen Journalisten, Redaktionen oder Medieneigentümer in den Vordergrund?

PRO & CONTRA

Ist im Journalismus Haltung gefragt?

Pro: Bei den großen Fragen der Zeit sollte der Journalismus Haltung zeigen: Jeden Abend verkünden die Nachrichtensender die Lage an der Börse - warum nicht die Fortschritte und Rückschritte beim Schutz des Planeten? Die Klimakrise ist eine Menschheitsfrage. Da können die Medien nicht so tun, als ginge sie das nichts an. Oder als gäbe es so etwas wie Neutralität und Ausgewogenheit. Sie dürfen sich hier nicht hinter einer Ideologie der Objektivität verstecken, sie müssen Farbe bekennen. Das betrifft auch andere Themen, zum Beispiel den Rechtsextremismus und den Umgang mit Geflüchteten. Die Medien dürfen nicht dazu beitragen, menschenfeindliche Positionen salonfähig zu machen und Rassismus zu beschönigen oder zu normalisieren.

Contra: Im Nachrichtenjournalismus ist es wichtig, dass Journalisten zumindest redlich versuchen, ihr Publikum so objektiv wie möglich, sprich: wahrhaftig, fair und ausgewogen – also nicht einseitig-parteilich, aber auch nicht mit »false balance« (falscher Ausgewogenheit) zu informieren. Zum Journalismus gehört Unvoreingenommenheit, Neugier und Recherche. Wer sich als Aktivist betätigen möchte, sollte ins Lager der Public Relations-Experten überwechseln. Auch hilft Distanz zum Berichterstattungsgegenstand: Wer sich bei den Grünen engagiert, sollte nicht über deren Parteitag berichten, und eine Aktivistin, die bei »Black Lives Matter« mitmacht, ist möglicherweise befangen, wenn sie über Rassismus schreibt. Die Betroffenheits-Perspektive kann zwar erhellend sein, hat aber im Nachrichtenjournalismus nichts zu suchen.

Wenn mit Haltung »Rückgrat« gemeint ist, ist das eine wichtige journalistische Tugend, auf die sich die meisten oder sogar alle Journalistinnen und Journalisten in einer Demokratie verständigen können sollten. Zu beachten ist außerdem, dass es im Journalismus viele Plätze und Darstellungsformen gibt, in denen eine klare Meinung gefragt und erlaubt ist. Nur in den nachrichtenorientierten Formen, wie dem Bericht und der Meldung, sollten sich Journalistinnen und Journalisten nicht auf irgendeine Seite schlagen oder ihren Sympathien oder Antipathien freien Lauf lassen – und das bitte auch nicht subtil eingestreut.

Die Idee und das Ideal der Objektivität verlangen von Journalisten, dass sie ihre eigenen Meinungen und subjektiven Perspektiven nicht zum Maßstab nehmen. Sie sollen gleichsam einen oder mehrere Schritte zurücktreten und die Welt von einem übergeordneten Standpunkt und einer höheren Warte aus betrachten. In Anlehnung an den Philosophen Thomas Nagel lässt sich auch zeigen, dass Objektivität und Subjektivität für den Journalismus keine Alternativen sind, die sich gegenseitig ausschließen – vielmehr greifen sie ineinander, und sogar betont subjektive Darstellungsformen wie die Reportage sind nicht frei von Objektivitätsansprüchen (vgl. Schultz 2021b).

Ob es so etwas wie Objektivität gibt und ob und wie sie erreichbar ist, darüber streiten sich nicht nur die Gelehrten, sondern auch die Praktiker seit eh und je. Die eine Wirklichkeit, die wirklich wirklich ist, gibt es vielleicht gar nicht – oder es gibt sie zwar, aber wir können nie ganz sicher sein, ob wir sie erfasst haben. Es gibt dann für uns nur Wirklichkeiten. Jeder von uns nimmt die jeweilige Wirklichkeit unterschiedlich wahr, so Paul Watzlawick (1976). Wirklichkeit ist also stets »konstruierte Wirklichkeit«, so behaupten das jedenfalls Konstruktivisten wie Klaus Merten oder Niklas Luhmann. Spätestens seitdem Populisten wie Donald Trump so tun, als könne man sich seine eigene Wahrheit nach Belieben zurechtbiegen, ist allerdings Vorsicht vor einem allzu leichtfertigen Umgang mit Begriffen wie »Wirklichkeitskonstruktion« angezeigt. Und in der philosophischen Erkenntnistheorie gibt es längst eine starke Strömung des »Neuen Realismus«, die sich gegen die Gefahren des Relativismus und gegen radikale Formen des Konstruktivismus wehrt (vgl. Boghossian 2013, Gabriel 2014).

Für den Journalismus könnte es am besten sein, die großen Fragen nach Wahrheit und Objektivität in einem pragmatischen Rahmen zu betrachten (vgl. Neuberger 2017) und sich auf bewährte, auch im Alltag von allen Menschen verwendete Kriterien zu verlassen, mit denen wir versuchen, zwischen Lüge und Wahrheit, Fakten und Fiktionen zu unterscheiden. Medienpraktiker haben in diesem Zusammenhang vorgeschlagen, verschiedene Leitlinien journalistischen Handelns in den Vordergrund zu rücken: Fairness etwa oder Ausgewogenheit, und das Anhören der Gegenseite, also das Prinzip des »audiatur et altera pars«, demzufolge stets beiden Seiten Gehör zu verschaffen ist.

Das alles macht die Idee der Objektivität nicht hinfällig, im Gegenteil. Es kann sie mit Leben füllen. Sie bleibt als Zielvorstellung wichtig, mag Objektivität angesichts der Machtverschiebungen zwischen Aktivisten und interessengeleiteter PR auf der einen Seite und einem um Unabhängigkeit ringenden Journalismus auf der anderen Seite auch immer schwieriger zu erreichen sein. Man kann als Journalist dennoch versuchen, sich dem Ideal zu nähern. Das bedeutet aber auch zu prüfen und zu reflektieren, ob Objektivität, wo sie wie eine Monstranz vor sich hergetragen wird, womöglich nur dazu dient, Hierarchien und Machtverhältnisse zu verschleiern und neue Ideen oder marginalisierte Positionen abzuwehren. Anders gesagt: Wenn (scheinbare) Objektivität bzw. das Behaupten von Objektivität zu einem bloß »strategischen Ritual« (Tuchman 1971) und zu einem Machtmittel wird, muss die damit begründete Praxis kritisiert werden. So haben beispielsweise Forscher in den USA gezeigt, dass der »objektive« Journalismus in früheren Jahrzehnten auch dazu führte oder sogar dazu diente, die Rassentrennung zu zementieren, Schwarze zu diskriminieren und Menschenrechtsverletzungen als normale Vorgänge darzustellen (vgl. Mindich 1998).

Das alles bedeutet, dass nicht unbedingt objektiv ist, was als objektiv ausgegeben wird – das Streben nach diesem Ideal kann jedoch weiterhin sinnvoll oder sogar unverzichtbar sein. In der wissenschaftlichen Diskussion gibt es daher Stimmen, die Objektivität weiterhin für erstrebenswert und, zumindest annäherungsweise, auch für leistbar und operationalisierbar, also:

für empirisch überprüfbar halten. Prononciert vertrat diese Position bereits in den 1980er-Jahren Günter Bentele. Er hat zusammengestellt, welche Regeln journalistische Objektivität ermöglichen sollen (vgl. Abb. 7 [70]).

Abb. 7: Kriterien journalistischer Objektivität (Quelle: Bentele 1988 und 1994)

Sehen wir uns diesen Katalog zunächst einmal näher an: Am Wahrheitspostulat, an der ersten und vielleicht allerwichtigsten Norm, ist nichts zu rütteln: Die Fakten müssen stimmen. Gibt es statt der einen klaren Wahrheit verschiedene mögliche Deutungen, greift das Neutralitätspostulat. Dabei ist zu beachten: Nicht jede abstruse Idee und jede Behauptung sind von den Medien zu beachten, sie müssen nach vernünftigen Maßstäben die Vielfalt relevanter und vernünftiger Positionen identifizieren. Dass oft darüber gestrittten wird, was nun vernünftig ist, kann nicht überraschen. Aber klar ist: Auch wenn es oft unterschiedliche Positionen und Deutungen gibt, ist keineswegs alles sinnvoll und erlaubt. Man kann eine etwas kryptische Ikea-Anleitung zum Aufbau eines Schranks durchaus so oder so interpretieren, aber mit Sicherheit ist es falsch zu glauben, der Text fordere dazu auf, einen Zaubertrank aus Gänsefedern und Nieswurz zu brauen und zu trinken, um mit dieser Superkraft anschließend den Schrank zusammen zu zaubern. Das steht da schlicht nicht.

Mit dem Trennungs-, dem Strukturierungs- und dem Neutralitätspostulat sind jeweils in unterschiedlichem Zusammenhang die eigenen weltanschaulichen Haltungen des Journalisten angesprochen, die bei der

Berichterstattung außen vor bleiben sollten: Nachrichten und Kommentare, also die Beschreibungen von Ereignissen und Sachverhalten und deren Bewertung, sind voneinander zu trennen; die Gewichtung und Platzierung von Nachrichten muss auf angemessene Weise erfolgen, also den Nachrichtenwerten entsprechend (Kapitel 5 [130ff.]). Bei umstrittenen Sachverhalten und Sichtweisen soll der Journalist oder die Journalistin möglichst neutral beobachten, was sich auch in der Wortwahl niederschlägt (Kapitel 3 [90ff.]).

»Idealtypisch sollte beispielsweise ein Bericht über einen Parteitag der Grünen ... ähnlich aussehen, egal, ob er von einem Journalisten produziert wurde, der der CDU, der SPD oder den Grünen nahe steht. In der Bewertung und politischen Einschätzung des Parteitags mögen sich die Berichte deutlich unterscheiden, nicht aber in der Wiedergabe relevanter Tatsachen«, so Bentele (1988: 217).

Das ist zunächst recht abstrakt und theoretisch gedacht. Wenn drei Journalisten unabhängig voneinander über denselben Parteitag berichten, so werden am Ende auch drei verschiedene Berichte stehen - ganz egal, mit welcher Partei die Reporter selbst sympathisieren mögen. Aber darum geht es ja nicht - es geht um die Norm, um die Soll-Vorstellung: Es macht eben einen großen Unterschied, ob sich die drei um Distanz zu ihrem Berichterstattungsgegenstand bemühen, in der Absicht, ihr Publikum unvoreingenommen zu informieren, oder ob sie sich positiv oder negativ zum Thema oder zur Partei stellen und ihr Publikum beeinflussen wollen.

Schwieriger wird es mit dem Vollständigkeitspostulat. Für Bentele (1988: 220) ist es Ausdruck der Notwendigkeit, über Ereignisse und Sachverhalte nicht nur richtig, sondern auch vom Umfang her angemessen zu berichten:

> »Es ist kaum möglich, ›Vollständigkeit‹ präzise zu definieren. Optimale Vollständigkeit wäre ... dann erreicht, wenn das Ereignis samt Vorgeschichte und Konsequenzen gedoppelt würde. Da jede Beschreibung Selektion und Komplexitätsreduktion ist, muss Vollständigkeit sich auf die adäquat proportionierte Darstellung komplexer Realität beschränken.«

Täglich neu stellt sich allerdings das Problem, wie Redaktionen in dem vielstufigen Prozess heutiger Nachrichtenbearbeitung und -verarbeitung vom Computer aus den Wahrheitsgehalt und die Vollständigkeit von Meldungen überprüfen sollen (Kapitel 6 [150ff.]).

Instrumentalisierung

Auch im Gewande des »objektiven« Nachrichtenjournalismus lässt sich Meinungsmache betreiben, z. B. indem Journalisten für ihre Berichte vorzugsweise Stellungnahmen einholen, die der eigenen Überzeugung entsprechen. Der Medienforscher Hans Mathias Kepplinger (1989) spricht in diesem Kontext von instrumenteller Aktualisierung. Das Fremdwort mag wissenschaftlich präzise sein, bringt aber den Nachteil mit sich, dass sich Medienpraktiker wenig darunter vorstellen können. Letztlich geht es dabei um die Instrumentalisierung von Quellen durch Journalisten, aber auch um das einseitige Hochspielen bestimmter Aspekte eines Themas und das Herunterspielen anderer. Es macht eben einen Unterschied, ob ein Journalist bei den Auswirkungen einer Sozialreform (wie Hartz IV) vor allem die positiven Effekte für die Wirtschaftskraft des Landes thematisiert oder aber die negativen Effekte für den Alltag von Betroffenen, die prekäre Jobs haben. Der Journalist braucht seine eigene Meinung gar nicht selbst zu formulieren, er kann andere für sich sprechen lassen und bereits durch den Ausschnitt (den Deutungsrahmen, das Framing), den er vom Oberthema wählt, eine bestimmte (politische) Tendenz erzeugen.

Auf die Tendenz der Berichterstattung zielt auch die Öffentlichkeitsarbeit (Kapitel 11.3 [257ff.]). Die hohe Kunst der Public Relations besteht darin, Nachrichten durch selektive Aufbereitung von Informationen so zu präsentieren, dass der eigene Auftraggeber in möglichst positivem Licht erscheint. Diese Vorgehensweise ließe sich dann, auf Kepplinger anspielend, auch als aktualitätsorientierte Instrumentalisierung von Medien bezeichnen. Die PR-Leute sprechen dagegen von »Kommunikationsmanagement«. Das klingt so, als säßen sie den Chefredakteuren vor der Nase. So ist es nicht, aber immer öfter tanzen sie diesen auf der Nase herum.

Damit ist die zweite Achillesferse des Nachrichtenjournalismus ausgemacht: Wenn die Trennung von Nachricht und Meinung als Spielregel akzeptiert ist und als Erwartungshaltung seitens des Publikums besteht, dann sind Journalistinnen und Journalisten ebenso wie das Publikum über »Nachrichten«, die im Gewand der Objektivität daherkommen, aber absichtsvoll und gezielt lanciert werden, besonders leicht zu manipulieren, so der US-Medienjournalist Brent Cunningham (2003).

Leider bedienen sich Öffentlichkeitsarbeiter und Journalisten subtiler Beeinflussungsmöglichkeiten. Objektivität im Nachrichtenjournalismus wird somit auch schnell zum Deckmäntelchen, unter dem sich Journalistinnen und Journalisten mit Manipulationsabsicht ebenso wie Spindoktoren verkriechen können. Derlei Versteckspiel ist allemal verwerflicher als der publizistische Kampf um bestimmte Positionen mit offenem Visier.

2.2 Meinungsorientierte Darstellungsformen

Auch für die explizite Meinungsäußerung im Journalismus, den Kommentar in all seinen Varianten, bildet die Nachricht den Ausgangspunkt. Der Kommentar soll die News ergänzen und einordnen helfen, er wertet und deutet, fordert und appelliert. Kommentare sollen eine Orientierungshilfe in der Flut der Neuigkeiten sein, aber auch zur politischen Willensbildung und zur Machtkontrolle beitragen. In Kommentaren geht es also nicht mehr nur darum zu beantworten, was ist bzw. was geschehen ist, sondern: Was sollte sein? Wie sollte es sein? Was soll getan werden?

Bei der Wahl von Kommentarthemen sollte sich die Redaktion, so rät einer der ersten und engagiertesten Journalistenausbilder in Deutschland, Walther von La Roche, folgende Fragen stellen (La Roche 2001: 151):

- Fordert die Nachricht mehr als andere, konkurrierende Themen zur Stellungnahme heraus?
- Ist die Zielgruppe daran interessiert?
- Hat der Kommentator genügend Sachkenntnis?

Nur wenn sich alle drei Fragen bejahen lassen, lohnt es sich, in die Tasten zu greifen. Jetzt also darf der Autor oder die Autorin die eigene Meinung sagen. Die Möglichkeiten sind vielfältig. Schon Emil Dovifat hat sie einprägsam umrissen: Er unterscheidet »den kämpfenden Leitartikel, der angreift, fordert, hinreißt, Aktion ist und politische Tat sein kann; den stellungnehmenden und begründenden Leitartikel, der überzeugen möchte aus treffender Argumentation und zwingender Logik; den erläuternden und unterrichtenden Leitartikel, der eine Sache klarlegt, schwierige Zusammenhänge aufknotet und abwickelt; den rückschauenden, der sagt, was geworden ist und wie es wurde, oft mit der leichten oder scharf geäußerten Genugtuung, ›es schon immer gesagt zu haben‹ …; der vorschauende Leitartikel, der ohne Prophetie glaubhaft sagt, was kommen wird; der betrachtende Leitartikel schließlich, der Gefahr läuft, in die Plauderei abzusinken, aber eben darum gern gelesen wird, wenn er gut geschrieben ist.« (Dovifat/Wilke 1976, Neuaufl., 178).

Zweimal verleitet diese Auflistung zum Schmunzeln: Verhaltensökonomen wissen, dass die »Genugtuung, es schon immer gesagt zu haben«, oftmals auf einem Rückschaufehler beruht. Hinterher sind wir bekanntlich alle klüger. Andererseits ist es schlichtweg unmöglich, »ohne Prophetie glaubhaft« zu sagen, »was kommen wird«: Es sind meist unvorhersehbare Ereignisse, welche die Welt verändern. Nassim N. Taleb (2007) hat uns dafür mit seiner Metapher vom »schwarzen Schwan« die Augen geöffnet. Unsere Fähigkeit und Bereitschaft, aus Beobachtungen und Erfahrungen zu lernen, ist begrenzt, und unser Wissen ist, trotz allen wissenschaftlichen Fortschritts, fragil.

Aus der Nutzerperspektive hat der sorgfältig abwägende Kommentar einen Vorteil: Werden sachkundig Pro- und Contra-Argumente gegenübergestellt, erleichtert dies die eigene Meinungsbildung – vorausgesetzt, es handelt sich nicht um Verlegenheitswortmeldungen, also »Wischi-Waschi«. Ein im ungelenken Schulaufsatz-Stil geschriebener Kommentar, der erst die eine Seite, dann die andere Seite herunterbetet, ist schnell sehr öde und wenig anregend. Dabei soll der Text doch das Publikum zum Nachdenken anregen, zu Widerspruch reizen oder zur Zustimmung bewegen. Weder unsachliche Polemik oder übertriebene Schärfe sind hier anzuraten – noch ratloses Herumeiern.

Manche Redaktionen – und auch die Autoren dieses Lehrbuchs – bedienen sich des Pro und Contra regelrecht als Stilmittel.

PRO & CONTRA

»Sollen kontroverse Themen von zwei Autoren als Pro und Contra bearbeitet werden?«

Pro: Wenn sich zwei Autoren mit ihren Argumenten messen, wird das Ergebnis mit großer Wahrscheinlichkeit noch prononcierter, als wenn ein und derselbe Kommentator abwägt und schließlich »pro« oder »contra« Position bezieht. Außerdem wird der Mediennutzer in seiner Meinungsbildung weniger bevormundet; er hat die anregende Qual der Wahl, welche Argumente überzeugender sind. Auch für die Redaktion ist diese Darstellungsweise vielversprechend: Statt einer scheinbar einheitlichen redaktionellen Linie wird nun sichtbar, dass unter den Redakteuren unterschiedliche Sichtweisen konkurrieren – das stärkt den demokratischen Diskurs und ist vor allem dort wichtig, wo einzelne Medien eine dominante Stellung haben und gerade deshalb ihrem Publikum als Plattform für unterschiedliche Positionen dienen sollten.

Contra: Auf das Publikum kann die Zweiteilung unentschlossen wirken oder zur Verwirrung beitragen. Es sieht dann auch so aus, als hätten beide Positionen wirklich dasselbe Gewicht, dabei gibt es beispielsweise in einer Redaktion oder in der Politik oder der Wissenschaft eine klare Verteilung zugunsten der einen Seite. Vor allem aber suggeriert ein Pro und Contra, dass sich eine Kontroverse einfach in zwei unterschiedliche Positionen teilen lässt. Viele Themen sind aber so komplex, dass sie sich nicht in einem so einfachen Schema darstellen oder auflösen lassen. Womöglich trägt das dann eher zu einer unnötigen oder unangemessenen Polarisierung bei. Mögliche Zwischenpositionen, Nuancen und Brückenschläge werden ignoriert.

Wie so oft, macht auch hier wahrscheinlich die Dosis das Gift – und die Anwendung an der richtigen oder falschen Stelle. Hier in diesem Lehrbuch verwenden wir die Form eines Pro und Contra an ein paar Stellen gezielt, um zum eigenen (Weiter-) Denken und Recherchieren anzuregen. Und auch, um deutlich zu machen, dass es im Journalismus und in der Wissenschaft (und auch zwischen uns Autoren) zu vielen Fragen keinen klaren Konsens, sondern immer wieder Debatten darüber gibt, was nun stimmt und was nicht – und auch darüber, was erstrebenswert ist und was nicht.

Solche Diskussionen werden oft auch in Redaktionen geführt, und manchmal kann es für das Publikum sehr spannend sein, wenn sich eine Redaktion traut, die interne Vielfalt der Positionen dann in ihrer Zeitung oder Sendung nach außen sichtbar wiederzugeben. Anders als in der Wissenschaft kommt es dabei im Journalismus auch darauf an, das Publikum »mitzunehmen« und in gewisser Weise sogar zu begeistern, es also nicht mit umständlichen, öden Traktaten zu vergraulen. Die Herausforderung besteht darin, auf eingängige Weise Substanz zu liefern. Im Journalismus ist der Platz stets knapp, deshalb müssen auch differenzierte Meinungen pointiert formuliert werden.

Wie stets sind auch im Kommentar der Ein- und Ausstieg besonders wichtig, hier braucht es Schwung, eine originelle Idee, eine Überraschung (Abb. 8 [76]). Die hohe Kunst besteht darin, originell, sprachlich elegant und rhetorisch überzeugend daherzukommen. Dafür sind alle möglichen Stilmittel erlaubt, auch Wortspiele, Analogien oder Metaphern. Doch Vorsicht: Wer damit übertreibt, läuft Gefahr, allzu gespreizt zu klingen. Erfahrene Journalistinnen und Journalisten raten außerdem zur Vorsicht bei Ironie. Sie bleibt oftmals unverstanden oder wird für bare Münze genommen.

Um Nachricht und Meinung sichtbar voneinander zu trennen, helfen eigene Gestaltungsmittel: eine entsprechende Platzierung (auf der Meinungsseite bzw. einem Kommentarplatz auf der Homepage), Hervorhebung im Kontext (etwa durch Kursivierung oder durch Kästen, oft auch

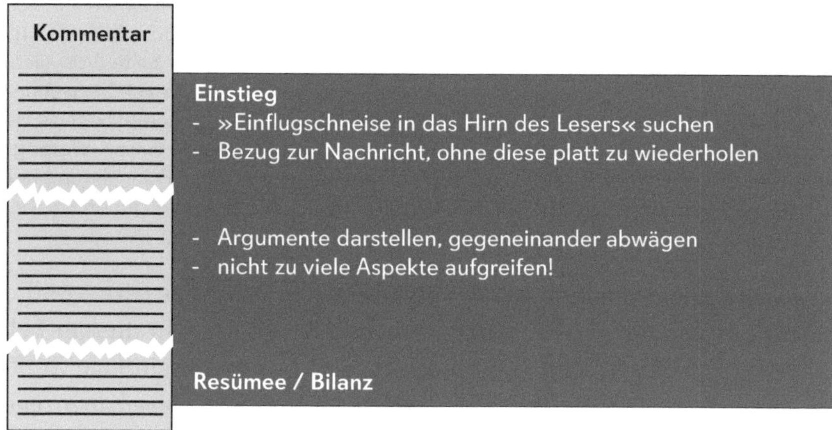

Abb. 8: Aufbau eines Kommentars (Quelle: in Anlehnung an Projektteam Lokaljournalisten 1982)

durch ein Foto des Autors) oder schlicht eine Ankündigung (im Radio oder Fernsehen).

Unterschiedliche Meinungen gibt es zu der Frage, ob das »Ich« im Kommentar auftauchen darf. Traditionell sind viele Redaktionen zurückhaltend mit der Ich-Form und erlauben sie allenfalls ausnahmsweise in bestimmten Reportagen. In vielen Zeitungen ist das »Ich« auch beim Kommentieren nach wie vor verpönt. Dass der Autor oder die Autorin die eigene Meinung präsentiert, zeigt ja bereits der Name unter dem Artikel – und ergibt sich aus der Darstellungsform. Das »Ich« gilt als unnötige Form eitler Selbstdarstellung. Allerdings finden gerade Jüngere das manchmal zwanghafte Umschiffen der Ich-Form als nicht mehr zeitgemäß, was wohl auch mit der Gewöhnung an die ständige Selbstdarstellung auf YouTube, Instagram und anderen Plattformen zusammenhängen mag. Im Rundfunk ist man ohnehin entspannter bei dieser Frage. Dort nutzen viele Meinungsbeiträge die Ich-Form. Wenn in den *Tagesthemen* kommentiert wird, sieht das Publikum die Person im Bild und bekommt meist eine persönlich anmutende Ansprache. Ob man das als penetrant oder angenehm empfindet, ist wohl Geschmackssache.

Folgende meinungsorientierte Darstellungsformen werden neben dem gewöhnlichen Kommentar unterschieden:

Leitartikel: Herausgehobener Kommentar. Mitunter spiegelt er die politische »Linie« des Mediums wider. Eine Redaktion gewinnt allerdings nicht zuletzt dadurch Profil, dass in ihr eine Vielzahl von Meinungen vertreten wird. Medien sind oft besser beraten, wenn sie als »Marktplatz der Ideen« fungieren, statt missionarisch nur für eine bestimmte Seite zu agieren.

Kolumne: Regelmäßig erscheinender Kommentar oder Glosse eines – meist prominenten, oftmals externen – Publizisten oder Experten. Kolumnen können manchmal auch persönliche Betrachtungen sein.

Kritik/Rezension: Wertender Beitrag im Feuilleton oder auf den Kulturplätzen im Rundfunk, also vor allem Theater-, Film-, Konzert-, Buchkritik. Wobei das Ressort sich dadurch von anderen abhebt, dass der Löwenanteil der Beiträge aus meinungsorientierten Stücken besteht (außer Rezensionen gibt es im Feuilleton Essays und Debattenbeiträge). Klassischer Nachrichtenjournalismus hat an der Kultur-Berichterstattung nur einen geringen Anteil.

Satire/Glosse: Ein spritziger Beitrag, der zum Schmunzeln verleitet, aber auch bissig oder sarkastisch sein darf.

Lokalspitze: Glossierender (Tages-)Kommentar zum örtlichen Geschehen im Lokalteil einer Zeitung.

Karikatur: Die kunstvollste Variante des Kommentars, die heiter-bissige, ironisierende Stellungnahme eines Zeichners. Weil derlei Talent knapp ist und der Sinn für Humor beim Publikum stark variiert, sind Volltreffer Glücksache. Die Allgegenwart von Satire, Memes und Aperçus im Internet hat die politische Karikatur in Zeitungen an den Rand gedrängt.

Aus Nutzeranalysen wissen wir, dass Kommentare sich bei weitem nicht der Aufmerksamkeit erfreuen wie etwa das »Vermischte« oder Lokale. Dennoch halten viele Redaktionen die Kommentierung für ihre vornehmste Aufgabe. Ihr widmen sich oft die leitenden Redakteure; Volontäre oder Nachwuchsredakteure kommen selten zum Zuge. Da sich die ehemals recht starre hierarchische Kultur in vielen Medienhäusern allmählich auflöst, zeichnet sich hier ein gewisser Wandel ab. Viele Redaktionen wollen mehr jüngere Stimmen zu Wort kommen lassen, auch in den Kommentaren.

Standpunkte und Argumentationsgeschick sind gefragt. Die veröffentlichte Meinung muss sich keineswegs immer mit der öffentlichen Meinung decken. Im Gegenteil, etwas quer zum großen Strom der Stimmungen und populären Ansichten zu liegen, kann zur publizistischen Profilierung eines Mediums beitragen. »Dem Volk aufs Maul schauen, aber nicht nach dem Munde reden«, empfiehlt deshalb La Roche. Trotzdem können auch mutige Journalisten nur wohldosiert wider den Stachel löcken. Auf Dauer verkauft sich kaum ein Medienprodukt ohne »Erdung« bei der Zielgruppe. So ist es wohl kein Zufall, dass im konservativen Bayern, wo die Bevölkerung der CSU nahezu regelmäßig zu absoluten Mehrheiten verhalf, eben auch der öffentlich-rechtliche Rundfunk und die meisten Regionalblätter lange Zeit tiefschwarz eingefärbt waren. Ein paar linksliberale Einsprengsel gab es in der traditionell SPD-regierten Metropole München. Seit sich die politischen und weltanschaulichen Milieus nicht mehr so klar abgrenzen lassen, ist eine derart eindeutige Positionierung aber auch nicht mehr unbedingt erfolgversprechend.

TIPPS

Tipps für Einsteiger

Die zugrundeliegende Nachricht einfließen lassen, sie aber nicht mehr umständlich ausbreiten. Am Ende der Nachrichtenberichte sollte auch möglichst ein Querverweis auf den Kommentar stehen.

Vorsicht mit missionarischem Eifer. Selbstbewusste und differenzierte Argumentation überzeugt im Kommentar eher als Schaum vor dem Mund.

Vorsicht auch mit Ironie, sie bleibt oftmals unverstanden.

Zum Schluss: Ein Fazit, eine Folgerung oder eine Pointe setzen.

2.3 Interview

Beim Interview geht es darum, auf Fragen, die für das Publikum relevant sind, von geeigneten Akteuren, Augenzeugen oder Experten Antworten zu bekommen und diese zu dokumentieren. Meist ist jedoch die wörtliche Wiedergabe von Gesprächen zu aufwendig und platzraubend. Häufiger kommen »Interviews« deshalb als Teil einer Recherche vor (Kapitel 6 [150ff.]). Aber auch als eigenständige journalistische Darstellungsform hat das Interview Tradition, z. B. in Form der *Spiegel*-Gespräche oder als Schlagabtausch im Fernsehen.

Was einen guten Interviewer ausmacht, fragte Hansjörg Friedrich Müller in der *NZZ* (3.1.2022) den Entertainer Harald Schmidt. Die humorvolle Antwort gehört im Lehrbuch verewigt:

> »Ein guter Interviewer kommt erst einmal mit einer Frage, die einen völlig in Schlagsahne bettet. In meinem Fall wäre der ideale Einstieg: ›Für mich sind Sie eine Art Frank Sinatra, der Nietzsche zu Ende denkt‹. Dann denke ich, da ist einer, der mein Lebenswerk kennt. Und dann fängt man an, sich um Kopf und Kragen zu reden. Die tödlichste Kombination ist es, wenn der alte Hase, dessentwegen man zugesagt hat, einen jungen Kollegen mitbringen muss, der vor Ehrgeiz strotzt und als Erstes fragt: ›Was macht das mit Ihnen, dass Sie beim vierten Sender rausgeflogen sind und keiner Sie mehr sehen will?‹. Der will natürlich abends im Klub oder in der Patchwork-Hölle sagen können: Dem hab ich gleich mal einen eingeschenkt. Aber das ist natürlich Quatsch, denn wie mein alter Arbeitgeber Haim Saban immer sagte: ›You get the bees with honey, not with vinegar.‹«

Dazu passend ärgert sich Doris Akrap von der *taz* (2.1.2022), wie häufig heutzutage die Frage gestellt wird »Was macht das mit Ihnen?«, und fährt dann fort: »Sicher, man kann Politiker und andere so fragen, wie man Kassierer im Laden anspricht: ›Was macht das?‹ (Antwort: ›3,50 Euro.‹) Aber eigentlich nur dann, wenn man diese Menschen als Patienten oder Geschlechtspartner auf seiner Couch oder als Testpersonen für ein neues Schlafmittel befragt.« Soll heißen, nach subjektiven Befindlichkeiten zu fragen und dabei ganz nebenbei Intimität des Interviewers im Umgang mit dem Befragten zu suggerieren, ist eigentlich ein »No-Go«.

Ein Kräftemessen kann ein Interview allemal sein. Noch einen Schritt weiter ging die italienische Journalistin Oriana Fallaci, die sich von Henry Kissinger bis hin zu Muammar al-Gaddafi die Großen und Großmannssüchtigen der Welt vors Mikrofon holte. Für sie war ein Interview »eine Liebesgeschichte, ein Kampf, ein Koitus«. Aber natürlich muss oder sollte es so weit nicht gehen. Viele Interviews sind im journalistischen Alltag eher schlicht und kurz gehalten: drei Fragen an eine Expertin oder eine schnelle Einschätzung am Telefon fürs Radio. Andere Interviews sind zwar länger und aufwändiger, sollen aber vor allem unterhalten oder – ähnlich wie das Porträt – eine Person, zum Beispiel eine Musikerin oder einen Politiker, vorstellen und Einblicke in das Leben und Denken erlauben. Kurzum: Wie stets im Journalismus, kommt es auf den Kontext an – und darauf, mit wem man es zu tun hat. Mal ist es sinnvoll, den Interviewpartner »hart« anzupacken und aus der Reserve zu locken, mal ist es besser, ihn eher zu umgarnen oder ihm erst einmal Freiraum zu geben. Stets sollte aber ein Mindestmaß an journalistischer Distanz gewahrt werden. Kritisch zu bleiben, bedeutet aber nicht, ausschließlich als Griesgram aufzutreten. Geradezu albern wird es, wenn Journalisten offenkundig fehlendes Fachwissen überspielen und sich durch übermäßig spitze Fragen zu profilieren suchen.

Damit das Interview gelingt, sind Vorarbeiten nötig. *Stern*-Autor Arno Luik möchte »alles, aber auch wirklich alles« über seinen Gesprächspartner wissen, bevor er sich ins Interview begibt. Der Kerngedanke stimmt: Es bedarf für ein längeres Interview gründlicher Recherchen sowie einer Gesprächsstrategie. Wer schlecht vorbereitet ist, erfährt auch wenig. Im schlimmsten Fall ergeht es ihm so wie einem australischen Journalisten, der extra nach London gereist war, um Adele zu interviewen, aber deren neues Album nicht kannte. Adele brach das Gespräch ab und verließ den Raum.

Gedruckte Interviews werden in aller Regel bearbeitet und stark gekürzt. Die Schweizer Journalistin Christine Maier wies im Gespräch mit einem der Verfasser auf die Unart hin, manche Printkollegen würden Interviewfragen nachträglich zuspitzen, um sich beim Publikum als kritische Frager zu profilieren. Solche Verhaltensweisen sind inakzeptabel.

Es ist im deutschen Sprachraum üblich, die redigierte Version bzw. die genutzten Zitate vom Interviewten autorisieren, also absegnen zu lassen. Das kann helfen, Fehler und Fehlinterpretationen zu vermeiden, verleitet aber mitunter auch den Gesprächspartner oder seinen Pressesprecher dazu, pointierte Statements nachträglich zu entschärfen. Der frühere Kommunikationschef von Volkswagen, Klaus Kocks (1998), bemerkte dazu sarkastisch, Kenner des PR-Gewerbes wüssten, dass »authentische Zitate so häufig sind wie Sternschnuppen«.

Rückt der Interviewte hinterher von entscheidenden Aussagen ab, kann es hilfreich sein, wenn das Gespräch auf Tonträger aufgezeichnet wurde; dafür reicht heute schon das Smartphone. So hat der Interviewer wenigstens das nötige Beweismaterial in Händen. Der Gesprächspartner muss unbedingt vorher gefragt werden, ob er mit einem Mitschnitt einverstanden ist. Kommt es später bei der Autorisierung zum Konflikt, ist Verhandlungsgeschick nötig, statt vorschnell klein beizugeben. Der vormalige Textchef des *Playboy*, Christian Thiele, nannte einmal als Eskalationsstufen: Drohen mit weniger Platz, komplettem Verzicht auf den Abdruck oder Abdruck eines (dann unautorisierten) Porträts. Auch einen

Zeitpuffer vor dem endgültigen Redaktionsschluss solle man einplanen, sonst sitze die andere Seite am längeren Hebel.

Wichtig ist auch: Wörtliche Zitate und Interviews, die abgedruckt werden, vorzulegen, ist zwar gängige Praxis, aber keine rechtliche Pflicht. Wenn es so vereinbart wurde, muss sich die Redaktion aber daran halten, abgemacht ist abgemacht. Jenseits von Interviews oder wörtlichen Zitaten ist es unüblich und mit der Unabhängigkeit des Journalismus nicht vereinbar, Texte und Beiträge den Protagonisten, Behörden usw. vor der Veröffentlichung zum Absegnen vorzulegen. Denn das wäre wie Zensur. Ständig würden die betroffenen Akteure versuchen, die Beiträge in ihrem Sinne zu verändern oder sogar zu verhindern. Ganz wichtig, gerade für Berufsanfänger, ist es, sich nicht überrumpeln zu lassen. Die Hoheit über den Text hat der Journalist.

PRO & CONTRA

»Politische Interviews werden im deutschsprachigen Journalismus zu brav und unkritisch geführt.«

Pro: Häufig fällt auf, dass Journalisten ihrem Gegenüber ein Mikrofon unter die Nase halten und devot lauschen, statt kritische Fragen zu stellen. Mächtige Interviewpartner lassen im Vorfeld ihre Pressesprecher entscheiden, wo und wem sie sich als Gesprächspartner oder Talkshow-Gast verfügbar machen – und wählen im Zweifel diejenigen Medien und Journalisten aus, die »bequeme« Fragen stellen und nicht nachhaken. Im schlimmsten Fall werden Fragen vorher sogar abgesprochen oder ausgeschlossen. Damit wird das Interview eigentlich überflüssig. Ehrlicherweise würde es durch eine vorformulierte Verlautbarung ersetzt. Die Tradition einer harten, beharrlichen Befragung, wie sie Journalisten bei der britischen BBC lernen und praktizieren, ist im deutschsprachigen Journalismus zu wenig verankert.

Contra: In den großen Redaktionen, ob im Fernsehen und bei den Zeitungen, kommen liebedienerische Gespräche überhaupt nicht gut an. Wer sich als Journalist oder Journalistin einen Namen machen will, profiliert sich mit kritischen Interviews. Die Fragen werden mit den Interviewpartnern keineswegs vorher abgesprochen, das mag allenfalls im Promi- und Boulevardjournalismus vorkommen, nicht im seriösen Politikjournalismus. Es werden allenfalls die zu besprechenden Themen in allgemeiner Form vorher genannt, damit sich beide Seiten vorbereiten können. Die Interviews, die beispielsweise im *Spiegel* oder im *heute journal* erscheinen, geraten oft zu einem regelrechten Schlagabtausch. In Deutschland hat beispielsweise Marietta Slomka (ZDF) schon viele Interviewpartner in arge Bedrängnis gebracht, in Österreich gilt das Gleiche für Armin Wolf (ORF).

2.4 Reportage, Feature und News-Story

Während der Hintergrundbericht noch eine Spielart des Nachrichtenjournalismus ist, rücken bei Reportage, Feature und News-Story persönliche Eindrücke, teilweise auch Bewertungen und Analysen, stärker in den Vordergrund (vgl. Wolff/Schultz/Kieslich 2021). Oft sind es längere Beiträge, sie benötigen in der Regel deutlich mehr Platz als einfache Meldungen oder gewöhnliche Berichte. Längere Stücke leben von einer Dramaturgie, wenn man erreichen möchte, dass das Publikum bis zum Ende der Geschichte »durchhält«. Sie müssen sehr sorgfältig gearbeitet sein, es kommt auf jedes Wort und jede Szene an.

Die Reportage ergänzt die Nachricht, aber sie ersetzt sie nicht. Sie soll ein Geschehen so konkret und anschaulich wie möglich schildern. Sie ist mehr Anschauungsunterricht als Analyse, mehr Information als Meinungsäußerung. Sie nimmt die Leserin, den Hörer oder die Zuschauerin mit auf eine »Reise« – manchmal, in Reisereportagen, sogar buchstäblich. Eine gute Reporterin wird ihre Erlebnisse und Eindrücke schildern, diese aber nicht auf Schlussfolgerungen verkürzen: Was zählt, ist die Autorenperspektive und zugleich der Einbezug des Publikums: Der Nutzer begleitet gleichsam die Reporterin, deren Aufgabe es ist, beim Nutzer »das Kino im Kopf in Gang zu setzen«, so der Journalistenausbilder Peter Linden.

Dabei kann es wichtig sein, Details aufzuspießen. Dies sollte indes nicht wahllos geschehen, sondern nur dort und dann, wenn diese Details die zu schildernde Situation wirklich charakterisieren. So gesehen, kommt es auch bei Reportagen darauf an, nach der Recherche und nach dem Erleben die Eindrücke zu ordnen und zu einem Gesamteindruck, man könnte auch hier sagen: zu einer These, zu verdichten. Daraus folgt dann, welche Szenen und Details dem Publikum präsentiert werden.

Wichtig ist auch hier der Einstieg: Ist er gelungen, »zwingt er den Leser, weiter zu lesen. Er verrät genau so viel, dass man neugierig wird; gleichzeitig sollten sich nach dem ersten Satz Fragen stellen, die man unbedingt beantwortet haben möchte«. Im besten Fall »katapultiert« bereits der erste Satz den Leser »mitten hinein in eine spannende Handlung«, so nochmals Peter Linden. Schließlich ist auf den Spannungsbogen, den »roten Faden«, zu achten. Gelingt zum Schluss noch ein eleganter Abgang, gar eine Pointe oder eine Rückbindung an den Einstieg, so ist die Reportage geglückt.

Für den Aufbau einer Reportage gibt es keine festgefügten Regeln, ein Grundmuster lässt sich aber häufig beobachten (Abb. 9): Nach dem Einstieg, der das Publikum in die »Geschichte« hineinzieht, also Neugier und Interesse weckt, folgen oft Sachinformationen und charakteristische, »ausschmückende« Beobachtungen, anschauliche Beispiele, Zitate. Eine gute Reportage lebt vom »human touch«, vom Einzelschicksal, das ausgemalt wird, weil es für ein Ereignis oder eine Entwicklung exemplarisch ist. Die Akteure sollten zu Wort kommen. Nicht gefragt sind dagegen direkte Wertungen des Autors.

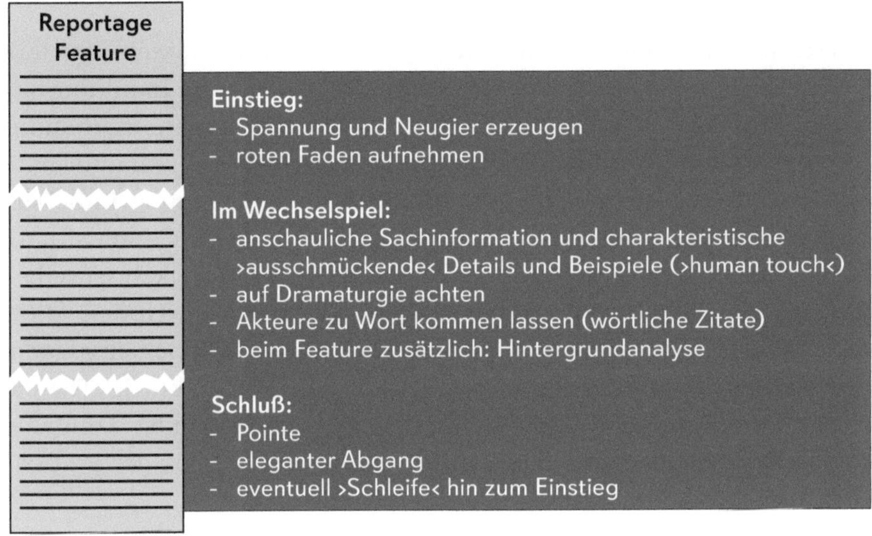

Abb. 9: Aufbau von Reportage und Feature (Quelle: in Anlehnung an Projektteam Lokaljournalisten 1982)

Die hohe Kunst der Reportage besteht darin, das Publikum am Geschehen teilhaben zu lassen. Die Journalistin »reportiert«, im Idealfall ist sie eine präzise Beobachterin, keine Kritikerin, keine Missionarin. Im Gegensatz zum Nachrichtenjäger geht es nicht allein um die Fakten, sondern auch um Atmosphärisches. Der Journalist darf, ja soll ausdrucksgewandt und sprachgewaltig sein, aber in der Beschreibung und nicht in der Bewertung der Zustände und Ereignisse. Freilich gibt es für geübte Reporterinnen und Reporter viele Möglichkeiten, ihre Meinungen und Deutungen durch das Arrangement der Fakten und Beobachtungen und die Gestaltung der Sprache subtil zur Geltung zu bringen. In Reportagen, die ja mit der Subjektivität des Erlebens verbunden sind, ist das durchaus gestattet, sollte aber nicht zum Vorwand dienen, die eigenen Positionen und (Vor-)Urteile hemmungslos auszuleben.

Feature: erklärende Sachgeschichte

Im Feature gibt es zwar wie in Reportagen ebenfalls Szenen und Detailschilderungen, zugleich rücken aber analytische Elemente in den Vordergrund. Der Journalist berichtet nicht mehr nur, was er sieht, hört, wahrnimmt, sondern er versucht auch, das Geschehen einzuordnen, zu interpretieren, verständlich zu machen. Feature-Beiträge sind Erklärgeschichten. Sie machen komplexe Vorgänge, Ereignisse und Zusammenhänge anschaulich und verständlich, mitunter zeigen sie gesellschaftliche Trends.

Das Feature ist die am besten geeignete Form, um abstrakten, schwierigen Themen zu Leibe zu rücken, sie zu durchleuchten, sie in Handlung und Bilder aufzulösen. Kennzeichnend ist der Wechsel zwischen Anschauung und Abstraktion, zwischen auflockernd Vordergründigem und informativem Hintergrund, zwischen Schilderung und Schlussfolgerung. Dabei sollen geschilderte Einzelschicksale möglichst typisch für die Gesamtsituation sein. Wer zum Beispiel eine Reportage über Obdachlosigkeit schreiben möchte, wird möglicherweise einen Nicht-Sesshaften durch den Alltag begleiten. Soll ein Feature daraus werden, kann das Einzelschicksal (oder am besten: mehrere Schicksale, die unterschiedliche Aspekte des Themas zeigen) ebenso den »roten Faden« liefern. Die Geschichte ist dann aber noch mit Experten-Stimmen, eindrucksvollen Zahlen aus der Statistik und anderen Fakten anzureichern.

Ein Feature lebt vom ständigen, eleganten Wechsel zwischen konkreter Anschauung und allgemeiner Erklärung und Einordnung. Damit ist es eine sehr wichtige Form für komplexe Gesellschaften, in denen man als Einzelner oft nicht weiß, was es alles gibt und wie es funktioniert. Nicht zuletzt im Wissenschafts- und im Service- oder Ratgeberjournalismus ist das Feature beliebt: Wie steht es um den Klimawandel und wie wird er erforscht? Welche neuen Freizeittrends gibt es bei jungen Leuten? Wie arbeitet eigentlich eine Staatsanwaltschaft? Wie lässt sich mit Demenz leben und worauf sollten Familienangehörige achten? Solche Themen eignen sich gut für ein Feature, in dem nicht nur abstrakt erklärt, aber auch nicht nur ganz nah an einer einzelnen Situation entlang etwas Erlebtes geschildert wird. Viele Texte auf den großen Zeitungs- und Magazinplätzen, die viele Menschen auf den ersten Blick für Reportagen halten könnten, sind tatsächlich Features.

News-Story: thesenorientierter Informationsüberblick

Vor allem Wochenzeitungen und Magazine wie der *Spiegel*, aber auch TV-Magazine wie *Monitor* oder *Panorama* kommen in ihren Ausgaben für viele Nachrichten schlicht zu spät oder zu früh. Dennoch wollen und müssen sie an die Aktualität anknüpfen. Damit ihnen das gelingt, machen sie ausgiebig Gebrauch von Darstellungsformen wie dem Interview, der Reportage oder dem Feature, die zwar oft an der Nachrichtenlage ansetzen, dann aber etwas Eigenes bieten. Dazu kommen noch exklusive, kürzere Meldungen, von denen noch nirgendwo anders die Rede war. Und schließlich bleibt ihnen als weiteres Mittel die »News-Story« (Magazin-Bericht).

Die News-Story beruht idealerweise auf einer gründlichen Recherche. Daraus entwickelt sie eine klare These, die durch Fakten und gute Argumente belegt werden kann. Dem Publikum liefert die News-Story dann einen möglichst umfassenden Informationsüberblick zum Thema und ordnet und erzählt diesen entlang der These. Dabei können also durchaus auch bereits bekannte Nachrichten einfließen, diese werden nun aber angereichert mit Hintergrundwissen, weiteren Fakten und Zusammenhängen, am besten auch mit exklusiven Erkenntnissen und einem Weiterdreh. Das Ganze wird zu einer möglichst schlüssigen, spannend aufbereiteten »Erzählung« verbunden.

Die Bewertung durch die Autorinnen und Autoren kann mal dezent, mal offensiv sein. Die Trennung von Information und Meinung ist für die News-Story weitgehend aufgehoben, aber natürlich müssen die Fakten stimmen – und zum journalistischen Ethos sollte auch hier gehören, zumindest in der Recherche nicht einseitig vorzugehen und relevante Gegenstimmen oder -argumente nicht einfach zu ignorieren. Das Ergebnis, das sie schließlich präsentieren, kann dann allerdings entschieden eine bestimmte Richtung einschlagen, weshalb News-Storys ähnlich wie Kommentare polarisieren und Unmut beim Publikum auslösen können.

TIPPS

Tipps für Einsteiger

Ein typischer Anfängerfehler bei Reportagen: »Die Unfallstelle bietet einen erschütternden Anblick ...« Nicht selbst werten oder verallgemeinern, sondern anschaulich beschreiben, was denn konkret das »erschütternde« Bild ausmacht (Blutspuren, verkeilte Autos...).

Lesen! Lesen! Lesen! – um Gespür für »gute« Reportagen, Feature oder News-Storys zu entwickeln, z. B. die Seite 3 der *Süddeutschen Zeitung*, die großen Beiträge in Magazinen wie dem *Spiegel* oder Textsammlungen (siehe Tipps in Kapitel 3 [90ff.]).

Recherche ist das A und O: Das Schreiben oder Abdrehen eines Beitrags ist natürlich auch Arbeit, aber oft viel wichtiger ist die Recherche, mit der alles losgeht. Hier entscheidet sich, ob der Beitrag mehr liefern kann als Altbekanntes – und ob es gelingt, einen besonderen, eigenen Zugang zu finden.

Suche nach der besten Darstellungsform: Es ist wichtig, sich rechtzeitig klarzumachen, welche Darstellungsform am besten zum Thema und zur Recherche passt. Das hängt u.a. davon ab, wie »nah« ein Journalist an ein Geschehen, einen Menschen oder eine Situation herankommt. Bleibt der Kontakt eher flüchtig und auf Distanz, ist eine Reportage kaum möglich. Eine weitere Frage ist, was der Beitrag leisten soll. Geht es darum, ein komplexes Phänomen zu durchdringen und verständlich aufzubereiten, kann ein Feature das Mittel der Wahl sein.

2.5 Porträt und Nachruf

People are news, heißt es im Englischen und Amerikanischen. In der Tat dreht sich in der Medienwelt fast alles um Personen und Persönlichkeiten. Dem trägt das Porträt Rechnung. Vom journalistischen Strickmuster her lässt es sich wohl am ehesten als personenbezogene Reportage oder personenbezogenes Feature beschreiben. Oftmals fließen in Porträts auch kommentierende Wertungen ein, und der zu Porträtierende gewährt zuvor ein Interview, so dass es sich um eine eigenständige Mischform der bereits beschriebenen Darstellungsformen handelt.

Für Jürgen Leinemann, einen legendären *Spiegel*-Reporter und Porträt-Autor, ist beim Porträtieren »eine Art unterschwelliger Machtkampf« im Spiel. Es gilt, die Selbstdarstellung des Betroffenen ein Stück weit zu durchschauen, zu korrigieren, ohne dabei das Bild des Porträtierten zu verfälschen.

Eine besonders heikle Variante des Porträts ist der Nachruf. Er bietet die Chance, die Bilanz eines Lebens zu ziehen und am Beispiel eines Menschen über einen größeren Zeitraum hinweg Zeitläufte nachzuzeichnen. Solche *obituaries* werden eher im angelsächsischen Raum als bei uns gepflegt. Auf originelle Weise knüpft seit geraumer Zeit der Berliner *Tagesspiegel* an diese Tradition an: Statt Prominenten widmet er regelmäßig eine Nachrufseite ganz »normalen« Bürgerinnen und Bürgern, die gestorben sind.

Kaum irgendwo wird freilich so viel Unfug geschrieben wie in Nachrufen: Auch Journalisten wollen nicht pietätlos sein, zumal wenn sie einen

Verstorbenen persönlich gekannt haben oder Rücksicht nehmen müssen. Dann gilt der Spruch »De mortuis nihil nisi bene« – man solle über Tote niemals Schlechtes berichten, und das wird dann oftmals peinlich. Es gehört schon zur fortgeschrittenen Kunst des Porträtierens, einen Menschen so zu beschreiben, dass er denjenigen, die ihn gekannt haben, lebendig in Erinnerung bleibt, statt sich in Floskeln und Stereotypen zu ergehen. Für Uneingeweihte mag es makaber klingen, aber Nachrufe wichtiger Persönlichkeiten, die nicht mehr jung sind, werden in den Redaktionen vorproduziert und dann am Tag des Todes nur schnell aktualisiert. Sie lagern zwar nicht mehr in der Schublade, sondern sind auf Festplatten gespeichert – und jederzeit so abrufbar wie jeder von uns.

2.6 Weitere Formen

Außer den genannten gibt es im Journalismus noch weitere Darstellungsformen, die für geübte Journalistinnen und Journalisten interessant sind, zum Beispiel den Essay als anspruchsvolle Betrachtung, oder Mischformen aus Porträt und Interview, bei denen Interviewpassagen und Beobachtungen zu einer Collage zusammengesetzt werden. Um dem Publikum etwas Abwechslung zu bieten und um längere Beiträge gut zu strukturieren, lassen sich Redaktionen immer wieder Neues einfallen. Eine mittlerweile häufig anzutreffende Form sind Beiträge, die sich einer ebenso einfachen wie wirkungsvollen Aufzählung bedienen – sogenannte »Listicles«, zum Beispiel bei Debattenbeiträgen: »Zehn Gründe, warum die Gewerkschaften nicht sterben dürfen«, »Der Undurchschaubare – eine Annäherung an den rätselhaften Schauspieler XY in fünf Akten«.

Eine weitere Form, die sich verbreitet hat: die Rekonstruktion. Wichtige Ereignisse werden darin penibel rekonstruiert und die verschiedenen Akteure und Aspekte, Phasen und Phänomene zu einem dramaturgisch spannenden Beitrag verbunden: Was genau geschah am Tag, als ein Mob das Kapitol in Washington stürmte? Wie lief die Nacht ab, in der die Koalitionsverhandlungen scheiterten? Wie traf die Politik ihre Entscheidungen, als sie die Corona-Pandemie eindämmen wollte? Solche Themen sind ein Ansporn für Rechercheprofis, mehr zu erfahren und dem Publikum mehr zu bieten als das Offensichtliche oder Übliche aus den Nachrichten.

Im Digitalen lassen sich alle Darstellungsformen anreichern durch zusätzliche Elemente, beispielsweise Filmclips in Ergänzung zu einem Text.

Oft besser ist es allerdings, eine eigene »Sprache« zu finden und von vornherein an die Möglichkeiten im Netz zu denken. Vor allem die mobile Nutzung über Smartphones und Tablets führt dazu, dass stets überlegt werden muss, ob und wie eine Darstellung auf diesen Geräten gut funktioniert.

2.7 Rotkäppchen auf »Journalistisch«

Wie unterschiedlich die journalistischen Darstellungsformen sind, kann man sich gut vor Augen führen, indem dieselbe Nachricht mal als Meldung und mal im Reportage-Stil geschrieben wird. Journalisten sollen keine Märchen erzählen, sondern sich unbedingt an die Tatsachen halten - aber spaßeshalber und allein zu Anschauungszwecken hier eine Version des Märchens von Rotkäppchen als nüchterne Nachricht, die dem Pyramidenaufbau folgt und das Wichtigste zuerst bringt:

> »Ein Jäger hat zwei Menschen aus dem Bauch eines Wolfs befreit. Wie durch ein Wunder überlebten eine Seniorin und ihre Enkelin die Attacke des Tiers. Es hatte zunächst die Großmutter verschlungen und anschließend ihre Kleider getragen, um die Enkeltochter zu täuschen. Als das Mädchen in die Waldhütte der Großmutter kam, fiel der Wolf auch über die Kleine her. Wenig später fand ein Jäger das Tier schlafend und schöpfte Verdacht. Geistesgegenwärtig schnitt er dem Wolf den Bauch auf. Gemeinsam mit den Geretteten füllte der Jäger den Bauch mit Steinen. Als das Tier aufwachte und fliehen wollte, stürzte es unter der Last zu Boden und starb.«

Und nun eine mögliche Passage aus einer Reportage - in dem zugegeben gewagten Szenario, dass das Rotkäppchen sich von einem Journalisten begleiten ließ, der nun aus erster Hand das Erlebte schildern kann:

> »Der Boden ist weich, bei jedem Schritt, den das Mädchen macht, federt er leicht nach. Alles wirkt beschwingt. Als Rotkäppchen auf die Lichtung tritt, an deren Ende das Haus ihrer Großmutter steht, sieht sie sehr zufrieden aus. Die Sonne setzt ihrer Kappe noch eine leuchtende Krone auf. Das Mädchen läuft zur Tür, drückt die Klinke, die Tür ist offen. Wo aber ist die Großmutter? ...«

Sprache und Aufbau sind grundverschieden, auch wenn es um denselben Sachverhalt geht. Um keine Missverständnisse aufkommen zu lassen:

Auch eine Reportage darf keine Märchen erzählen, jedes Detail muss stimmen, nichts darf erfunden werden (vgl. Schultz 2021c). Am Beispiel: Der Boden muss tatsächlich weich gewesen und nachgefedert haben, wenn es der Reporter so schreibt. Sonst ist er ein journalistischer Betrüger (wie beim Relotius-Skandal und anderen Fake-Fällen, vgl. Kapitel 13.3 [290ff.]).

Deutlich wird aber auch, welch großen Unterschied die Sprache macht. Ob etwas als (explizit) wertend wahrgenommen wird oder nicht, darüber entscheiden die verwendeten Wörter. Eine sachliche Nachricht begnügt sich damit zu sagen, dass ein Jäger zwei Menschen befreit hat. Sie formuliert nicht »ein tapferer Jäger hat zwei Menschen befreit«. Aber auch nüchtern nachrichtliche Texte enthalten oft Erläuterungen und Einordnungen, die gewisse Wertungen der Deutungen transportieren. Wenn es oben heißt »Wie durch ein Wunder überlebten…«, dann lehnt sich die Nachricht schon ein Stück weit aus dem Fenster. Aber wenn das Märchen wahr wäre, dann wäre der Sachverhalt doch, durchaus nüchtern betrachtet, tatsächlich wie ein Wunder. Und übrigens wie geschaffen für die sensationshungrigen Boulevardmedien. Diese pfeifen auf das Gebot einer möglichst objektiven Darstellung in sachlicher Sprache. Sie könnten die Nachricht so verkaufen:

> Unfassbar:
> LEBEND AUS DEM BAUCH EINER BESTIE!
> Wolf frisst Oma und Enkelin – mutiger Jäger rettet sie!

Literaturtipps

Bleher, Christian; Linden, Peter (2015): *Reportage und Feature.* Konstanz: UVK

Egli von Matt, Sylvia; Gschwend, Hanspeter; Peschke, Hans-Peter; Riniker, Paul (2008, 2. Aufl.): *Das Porträt.* Konstanz: UVK

Haarkötter, Hektor (2019): *Journalismus.Online. Das Handbuch zum Online-Journalismus.* Köln: Herbert von Halem

Haller, Michael (2013, 5. Aufl.): *Das Interview.* Konstanz: UVK

Haller, Michael (2020, 7. Aufl.): *Die Reportage.* Köln: Herbert von Halem

Wolff, Volker; Tanjev Schultz; Sabine Kieslich (2021, 3. Aufl.): *Zeitungs- und Zeitschriftenjournalismus. Schreiben für Print und Online.* Köln: Herbert von Halem

3. Journalistische Sprache

Trotz aller Bilderfluten ist die Sprache bis auf den heutigen Tag das wichtigste Werkzeug der Journalistinnen und Journalisten geblieben. »Die Sprache«, so der Medienkritiker Neil Postman (1985: 19), »ist natürlich der primäre, unentbehrliche Modus des kommunikativen Austauschs. Sie hat uns zu Menschen gemacht und lässt uns Menschen bleiben, sie definiert geradezu, was *humanitas* bedeutet. ... Wir wissen, dass strukturelle Unterschiede in den Sprachen zu Unterschieden in dem führen, was man als ›Weltanschauung‹ bezeichnen könnte. Wie die Menschen über Zeit und Raum, über Gegenstände und Vorgänge denken, das ist deutlich von den grammatischen Eigenschaften ihrer individuellen Sprache abhängig.«

»Qualität kommt von Qual«, pflegte Wolf Schneider seinen Zöglingen an der Henri-Nannen-Schule einzutrichtern, einer der wichtigen deutschen Journalistenschulen außerhalb der Universitäten. Das klingt nach Schwarzer Pädagogik, ist aber wahr (auch wenn der Scherz etymologisch gesehen falsch ist, denn die beiden Wörter haben unterschiedliche Wurzeln). Nur wer sich große Mühe gibt, wird hochwertige Beiträge abliefern. Guter Journalismus ist ohne Fleiß nicht zu haben. Liefert er schlechte Qualität, quält er das Publikum. Was den Umgang mit Sprache anlangt, braucht es oft mehrere Anläufe, bis ein gutes Ergebnis steht. Und oft sind mehrere Personen daran beteiligt, sei es als Autor, sei es als Redakteurin, die ein Manuskript oder einen Film abnimmt und noch einmal bearbeitet. Gerade deshalb lohnt es sich, ein wenig über Sprache nachzudenken, bevor man anfängt, mit ihr journalistisch zu arbeiten.

Formulierungskraft erwächst aus der Nutzung des reichen deutschen Wortschatzes: »Ein Schatz ist, wie schon der Name sagt, etwas Wertvolles. Doch viele wissen heute gar nicht mehr, welche Edelsteine dieser Schatz enthält. Es interessiert sie auch gar nicht. So gerät ein Wort nach dem anderen [...] allmählich in Vergessenheit« (Natorp 1998).

Die Sprache knüpft an Tradiertes an, Vergangenes spiegelt sich in ihr wider und lebt fort. Sprache ist aber auch lebendig, sie entwickelt sich weiter. Was gestern noch »falsches« Deutsch war, kann heute durch ständigen Gebrauch für »richtig« befunden und schließlich auch in den Duden übernommen werden. Googeln, simsen, sharen und liken, boostern, das alles sind Wortschöpfungen und zugleich Anglizismen, die inzwischen fest zum Bestand des Deutschen gehören. Auf Englisch gibt es inzwischen auch: *to facebook* und *to uber*. Bleibt abzuwarten, wann auch dies ins deutsche Standardrepertoire übergeht. Solche Veränderungsprozesse wollen manche Sprachpuristen nicht wahrhaben. Sprache unterliegt Moden. Darüber muss man sich nicht aufregen, aber man braucht auch nicht alles hinzunehmen. Denn nicht jede Mode tut der Sprache gut.

Drei Merkmale prägen die journalistische Sprache:

- Sie ist überwiegend schriftlich fixiert. Das gilt auch für das gesprochene Wort: Wenn ein Beitrag mehr ist als Plauderei, wenn in einer gewissen Dichte Information vermittelt werden soll und es nicht nur um Unterhaltung geht, wird das vorher meist ausformuliert. Sogar die berühmten »Laber-Podcasts« sind oft nicht völlig frei gesprochen. Manche leben von ihrer Spontaneität, aber selbst dann sind ein (flexibler) Rahmen und ein paar tragfähige Stichwörter und pfiffige Formulierungen nötig.
- Oftmals zwingen restriktive Umfangsvorgaben zu Prägnanz und Kürze, auch zur Verkürzung – jedenfalls im Vergleich zu literarischen oder wissenschaftlichen Texten.
- Im Journalismus, vor allem im Nachrichtengeschäft, herrschen standardisierte Sprachelemente vor.

Daraus ergeben sich einige Probleme im Umgang mit Sprache. Auf sie sei im Folgenden aufmerksam gemacht.

3.1 Verständlichkeit und Sprachbarrieren

»Im Bestreben, ›seriös‹ zu sein, schließt man den Normalbürger von der Kommunikation aus«, so klagten bereits in den 1960er-Jahren Peter Glotz und Wolfgang R. Langenbucher in ihrem Klassiker *Der missachtete Leser*. Leider ist ihre Kritik auch heute noch aktuell.

Daraus ist als erste Faustregel abzuleiten, dass beim journalistischen Schreiben Imponiergehabe abzustreifen ist. Sprache sollte zuallererst verständlich sein – und damit Journalistinnen und Journalisten verstanden werden, gilt es, ein paar Tipps der Verständlichkeitsforscher Inghard Langer und Friedemann Schulz von Thun zu beherzigen (Abb. 10).

Verständlichkeit	
= Einfachheit:	kurze Sätze, geläufige Begriffe
= Gliederung/Ordnung:	systematischer Aufbau, folgerichtige Verknüpfungen
= Prägnanz:	treffende Formulierungen ohne allzu viel schmückendes Beiwerk
= Stimulanz:	anschauliche Beispiele, »human touch«

Abb. 10: Die Formel für verständliches Schreiben (Quelle: Langer et al. 2002)

Journalisten sollen auf wissenschaftlichen Jargon verzichten, obschon sie ihn meist an der Universität mühsam erlernen müssen – und ihn auch brauchen, um Fachleute und Wissenschaftler zu verstehen, die ja wiederum in fast allen Lebenslagen etwas zur Aufklärung und Deutung von Sachverhalten und Entwicklungen beisteuern können.

Sprache ist indes nicht nur ein Mittel der Verständigung, sondern auch der Ab- und Ausgrenzung, wie wir seit dem Turmbau zu Babel wissen. Das gilt beileibe nicht nur für den Jugend- bzw. Studentenjargon, mit dem sich Heranwachsende untereinander zu verstehen geben, dass die Erwachsenenwelt, so wie sie ist, nicht ihre Welt ist.

Sprache ist zugleich ein Herrschaftsmittel: Es ist kein Zufall, dass sich Priester und Gelehrte in Europa über viele Jahrhunderte hinweg des Lateinischen bedient haben, um zu kommunizieren. Dies erleichterte den Austausch untereinander und hatte zugleich den Vorteil, dass alle, die der Fremdsprache nicht mächtig waren, ausgegrenzt blieben. Somit zirkulierte das Wissen nur innerhalb der eigenen Kaste.

Auch heute noch bedienen sich Forschergruppen innerhalb einzelner Wissenschaftsdisziplinen bestimmter Wortschöpfungen und Sprachkonstrukte. Dazu ein altes, aber hübsches Beispiel: Der Philosoph Karl Popper, bekannt für seinen hohen Anspruch in puncto sprachlicher Klarheit, hat sich einmal das Vergnügen gemacht, Texte seiner Kollegen Theodor W. Adorno und Jürgen Habermas zu sezieren und in »verständliches« Deutsch zu übersetzen. Eine hochgestochene Textpassage Adornos liest sich dann in Poppers boshafter Variation ziemlich belanglos: Statt »Die gesellschaftliche Totalität führt kein Eigenleben oberhalb des von ihr Zusammengefassten, aus dem sie selbst besteht« heißt es: »Die Gesellschaft besteht aus gesellschaftlichen Beziehungen« (zit. n. Schneider 1987, 32).

Weil Journalisten und PR-Leute keine Wissenschaftlerinnen und Wissenschaftler, sondern in erster Linie Dolmetscher sind, sollten sie aus aufgeblasenen Texten die »Luft« herauslassen. Sie müssen Forscherkauderwelsch und Gruppenjargon in Umgangssprache übersetzen – dies allerdings möglichst korrekt, also ohne allzu große Informationsverluste. Sie können nur über das präzise berichten, was sie selbst verstanden haben. Voraussetzung ist also möglichst profundes Fach- und Hintergrundwissen. Wenn trotzdem noch Unverstandenes bleibt, hilft nur eines: Experten ohne Scheu ein Loch in den Bauch fragen, um nicht Opfer der eigenen Halbbildung zu werden.

3.2 Manipulation mit Sprache

Es gilt, das Bewusstsein dafür zu schärfen, mit welch mannigfaltigen Möglichkeiten sich Menschen sprachlich beeinflussen lassen. Darf man, um des geschäftlichen Erfolges oder einer politischen Ideologie willen, Sachverhalte aufplustern oder herunterspielen? Für Dramatisierungen und Verharmlosungen bildet beispielsweise das Thema »Migration« reichlichen Anschauungsunterricht. Allzu leichtfertig werden da (sprachliche) Bilder von Naturkatastrophen aufgerufen, von Fluten und Strömen, Wellen und Stürmen, obwohl doch Menschen gemeint sind.

Wenn es die Aufgabe von Journalistinnen und Journalisten ist, nicht Politik zu machen, sondern ihre Publika möglichst fair und akkurat zu informieren, müssen sie sowohl über brennende Asylunterkünfte als auch über nordafrikanische Sexualstraftäter berichten, ohne das eine oder das andere hoch- oder herunterzuspielen. Allerdings gibt es eine seit Jahren laufende Kontroverse sowohl in der Medienbranche als auch in der Wissenschaft, ob und wann die (ethnische, nationale) Herkunft von mutmaßlichen Straftätern genannt werden sollte (vgl. Kapitel 13.5 [296ff.]). Wie so oft, kommt es dabei auch stark auf den Kontext an.

Von Frames war oben bereits die Rede – je nachdem, welchen Ausschnitt aus einem größeren Bild (Thema) der Journalismus auswählt und in welchen Rahmen er ihn setzt, sieht das Publikum dieses und jenes, bekommt dafür aber anderes nicht zu Gesicht. Dieses Framing geschieht nicht nur bei Bildern (Fotos, Film), es ist eng verbunden mit der Sprache – und beginnt schon bei einzelnen Wörtern, die in eine bestimmte Richtung oder sogar Ideologie lenken. Deshalb wird oft darüber gestritten, welche Begriffe angemessen sind (z. B. »Geflüchtete« oder »Flüchtlinge«).

Als »sprachliche Glückspille« für alle, die die gesteigerte Konzentration von Treibhausgasen verharmlosen und die Klimakatastrophe zum Klimawandel verharmlosen wollen, empfindet es beispielsweise Wehling (2016: 184ff.), wenn Journalisten von »globaler Erwärmung«, »Klimaerwärmung« oder »Erderwärmung« schreiben. Die Wortwahl könne kaum »verhängnisvoller sein«, denn »Wärme« sei »ein durchgehend positiv besetztes Konzept«: Wenn uns warm sei, gehe es uns gut, während Hitze und Kälte unangenehm sein können. »Erwärmung« sei sogar noch heikler, um zu beschreiben, worum es eigentlich geht – denn wir würden uns gerne emotional für etwas erwärmen. »Die Sache sähe anders aus, würden wir von einer globalen Erhitzung, Klimaerhitzung oder Erderhitzung sprechen.«

Auch Wolfgang Blau, der Zeit-Online-Chef war, bevor er zum *Guardian* und dann zu Conde Nast wechselte, argumentiert in diese Richtung:

> »Klimawandel oder Climate Change klingen eher verniedlichend. Im Zuge der Digitalisierung haben wir uns ja eingeredet, dass ›change‹ fast immer gut sei. Für den Climate Change gilt das leider nicht. Auch das Wort Klimakrise ist unpräzise, da eine Krise als vorübergehender Zustand definiert ist, keine heute lebende Person aber das Ende der Klimakrise miterleben wird. Klimakatastrophe ist dann etwas genauer, hilft aber in der öffentlichen Kommunikation nicht weiter, weil diese Katastrophe, gemessen an der durchschnittlichen Lebensdauer eines Menschen, zunächst ein Dauerzustand bleibt und sich als Begriff verbrauchen wird. Dass wir sogar mit der Benennung dieses Phänomens Schwierigkeiten haben, illustriert aber nur, wie sehr es den Rahmen unserer bisherigen menschlichen Erfahrung sprengt – und damit auch den Journalismus auf die Probe stellt« (zit. n. Mark 2021).

Man könnte sagen, Blau habe sich als Journalist in Sachen Klimaschutz zu einem Aktivisten gewandelt, der nun versucht, mit dem von ihm mitbegründeten Oxford Climate Journalism Network die Zahl der engagierten Klimaschützer in den Redaktionen zu vergrößern. Man könnte aber auch argumentieren, es handle sich gar nicht um Aktivismus (was in vielen journalistischen Ohren anstößig klingt), sondern um den Versuch, eine Korrektur der traditionellen Themenhierarchie im Journalismus zu erreichen. Wer legt denn auf welcher Grundlage fest, wie wichtig welches Thema ist und wie viel darüber berichtet werden sollte? Wie man an diesem Beispiel sieht, kommt man von einer Diskussion über angemessene Begriffe und angemessene Sprache schnell zu grundsätzlichen Fragen, die das Wertesystem der Gesellschaft und des Journalismus sowie die Bedeutung und Dringlichkeit bestimmter Themen und Probleme betreffen.

So geißelt Elisabeth Wehling (2016: 155ff.) einen verbreiteten sprachlichen Umgang mit Muslimen und mit Terrorismus. Da hätten sich in unseren Sprachgebrauch Begriffe wie der »Islamische Staat« (IS) oder die »Islamophobie« eingenistet. Mit IS nutzten und propagierten wir »einen Frame, der die Terrormiliz als islamisch und als Staat begreifbar macht«. Was die Miliz »sprachlich geschickt bereits in die Welt gesetzt hat, billigten wir ihr nämlich im Weg des vorauseilenden Gehorsams zu«, wenn wir den Frame in unsere Sprache einbürgerten und ihr damit Staatlichkeit bescheinigten und obendrein, dass sie für den Islam stehe. Auch den Begriff »Islamophobie« hält Wehling für gefährlich, da islam-feindliches Denken eine Geisteshaltung und keine Angststörung sei.

Eine journalistische Unsitte ist die Begeisterung für Superlative, die mit dem Drang zur Dramatisierung einhergeht. Sie ist auch in den deutschen Medien weit verbreitet. Ein schönes Fundstück stammt aus dem italienischen Sprachraum: In seiner Jahresrückschau berichtete der *Corriere del Ticino* (31.12.2015, 16) über Putins Nachwuchs, den dessen Geliebte in einer Klinik in Lugano entbunden hatte: Es sei das »mysteriöseste Ereignis des Jahres«, das »bestgehütete Geheimnis«, und das Baby selbst sei »der Erbe des mächtigsten Manns der Welt«. Die dreifache Desinformation wäre vermeidbar gewesen, hätte sich der Redakteur etwas weniger euphorisch mit »einem mysteriösen Ereignis« und »einem wohlgehüteten Geheimnis« eines »der mächtigsten Männer der Welt« beschieden.

Ähnlich deutet die »verschärfte Waffenruhe« auf eine Steigerung des Nicht-Steigerbaren. Auf sie hätten sich die ukrainische Regierung und die prorussischen Rebellen im Donbass geeinigt, meldeten sowohl die *Tagesschau* als auch bereits zuvor der *Spiegel* (Abb. 11 [96]), freilich ohne zu erklären, wie sich denn bitte eine Waffenruhe »verschärfen« lässt. Wünschenswert wäre in solchen Fällen vor allem verschärfte Nachdenklichkeit aufseiten des Redakteurs, damit solch sprachlicher Unfug erst gar nicht in die Umlaufbahnen des Medienkosmos gerät.

Home | Video | Themen | Forum | English | DER SPIEGEL | SPIEGEL TV | Abo | Shop   Schlagzeilen | Wetter | TV-Programm | mehr ▼

SPIEGEL ONLINE POLITIK

Politik | Wirtschaft | Panorama | Sport | Kultur | Netzwelt | Wissenschaft | Gesundheit | einestages | Karriere | Uni | Reise | Auto | Stil

Nachrichten > Politik > Ausland > Ukraine-Konflikt > Ukraine: Kiew und Separatisten vereinbaren verschärfte Waffenruhe

Ukrainekonflikt: Kiew und Separatisten vereinbaren verschärfte Waffenruhe

Die ukrainische Regierung und die prorussischen Rebellen haben sich auf eine "vollständige und bedingungslose Waffenruhe" geeinigt. Die USA verschärfen ihre Sanktionen gegen Russland.

Mittwoch, 23.12.2015 – 10:04 Uhr

Drucken | Merken

Nutzungsrechte | Feedback

Teilen | Twittern | E-Mail | +

Die ukrainische Regierung hat sich im Konflikt mit den prorussischen Rebellen im Osten des Landes auf eine "Neujahrswaffenruhe" geeinigt. Die "vollständige und bedingungslose Waffenruhe" soll ab Mitternacht (23 Uhr MEZ) gelten, teilte die ukrainische Verhandlungsdelegation am

Abb. 11: Verschärfte Waffenruhe oder verschärfter sprachlicher Unfug? (Quelle: *Spiegel Online* v. 23.12.2015)

In Kriegszeiten gibt es stets auch einen Kampf um Worte und Bilder, und die Medien müssen besonders sorgfältig und vorsichtig prüfen, was sie zeigen und sagen. Als Russlands Armee im Februar 2022 die Ukraine überfiel, sprachen der Kreml und die regierungstreuen Medien in Moskau von einer »Spezialoperation« und einer »Friedensmission« – eine zynische Bemäntelung des Krieges, den Wladimir Putin führen lässt. Journalistinnen und Journalisten können und müssen kritisch über diese Propaganda berichten, dürfen sich die Begriffe aber nicht zu eigen machen, wenn die Faktenlage anders aussieht und es sich, gemessen am internationalen Recht, in Wahrheit um eine Invasion und einen Angriffskrieg handelt.

Das Perfide an der Instrumentalisierung der Sprache für Propagandazwecke ist, dass sie oft auch bei jenen verfängt, die gar nicht zu den Parteigängern oder den Hardlinern einer Seite zählen. Wenn Medien sprachlich daneben liegen, steht auch nicht immer böse Absicht oder eine festgefahrene Meinung dahinter. In Redaktionen passieren Übernahmen fragwürdiger Begriffe oft aus einer Mischung aus Unachtsamkeit und Überforderung, die auch dem hohen Tempo und Stress in Krisensituationen geschuldet sind. Das macht sie aber nicht besser.

Dazu kommt, dass der Hintergrund mancher Wörter nicht unbedingt bekannt ist – und sich die Bedeutungen und Assoziationen verändern können. Journalistinnen und Journalisten, zumal in Deutschland, sollten darauf achten, dass sie keinen Nazi-Jargon verwenden und keine antisemitischen Klischees bedienen. Aber viele wissen vermutlich gar nicht, dass beispielsweise die Wörter »mauscheln« und »Mauschelei« von »Mauschel« abgeleitet sind, der jiddischen Form des Namens »Moses« (Steinke 2020: 28). Und dass dies als ein Spottname für jüdische Händler verwendet wurde, sodass »mauscheln« in etwa bedeutet »reden wie ein Jude«.

Mindestens gedankenlos ist oft auch der journalistische Umgang mit behinderten Menschen. So macht der Aktivist Raúl Krauthausen auf seiner Website darauf aufmerksam, wie segensreich für ihn sein Rollstuhl ist:

> »An den Rollstuhl gefesselt zu sein – das stelle ich mir furchtbar vor. Zum Glück ist es mir bisher nie passiert. In meinem Rollstuhl kann ich mich frei bewegen – und mit ihm auch. Daher stutze ich immer wieder aufs Neue, wenn ich lese: XY oder XZ sei ›an den Rollstuhl gefesselt‹; eine Redewendung, die bestenfalls nicht den Tatsachen entspricht und schlimmstenfalls negative Klischees transportiert.«

Während Journalisten gerne dramatisieren, neigt die Politik zu Euphemismen, also zu Beschönigungen und verschleiernden Kompromissformeln. So legten die Vereinten Nationen vor einigen Jahren einen »Weltklimabericht« und nicht etwa einen »Klimaschadenbericht« oder »Klimakatastrophenbericht« vor, in dem dann jedoch bei genauerem Hinsehen vor einer drastischen Erderwärmung (also: -erhitzung) gewarnt wurde.

In den vergangenen Jahren begann die Politik in Deutschland, sich putzige und positive Namen für neue Gesetze auszudenken. Was zunächst wie ein gutes Projekt erschien, um auf die früher üblichen, bürokratischen Sprachungetüme zu verzichten (»Leistungsschutzrechtnovelle«, »Implantateregister-Errichtungsgesetz«), erwies sich schnell als politische PR, die für tolle Laune sorgen soll: das »Gute-Kita-Gesetz« (2019) oder das »Geordnete-Rückkehr-Gesetz« (zur Abschiebung abgelehnter Asylbewerber, ebenfalls 2019). Mit solchen Titeln würden die Ministerien »Strategien der Reklame« nutzen, letztlich aber einen Vertrauensverlust riskieren, warnte die Deutsche Akademie für Sprache und Dichtung.

Der Journalismus muss auch nicht alles übernehmen, was ihm vorgekaut wird. Leider zeigt er sich zu oft als heimlicher Werbepartner. Warum schreiben Medien von der »Allianz-Arena«, wenn sie das Stadion meinen, in dem Bayern München spielt? Oder vom »Signal Iduna Park«, wenn sie das BVB-Stadion in Dortmund nennen?

Nach Terroranschlägen wird regelmäßig auch die Sprache zu einer Waffe. Wörter wie »Gotteskrieger«, »Kreuzzug« oder »Terrornetzwerk« werden dann unbedacht und inflationär verwendet. Es wird eben nicht nur auf Schlachtfeldern, sondern auch mit Wortschöpfungen in den Medien gekämpft. Journalistinnen und Journalisten strapazieren die Sprache, wenn sie es zulassen, dass sich Politik-Machos wie Wladimir Putin, Recep Tayyip Erdoğan oder früher George W. Bush, die selbst andere Länder mit Krieg und damit auch die Zivilbevölkerung mit Terror überziehen, zu Terrorismusbekämpfern stilisieren.

Andererseits ist es wenig hilfreich, wenn die Medien alles Mögliche als »Terrorismus« deklarieren, nur um Aufmerksamkeit zu erzielen. So präsentierte das Schweizer *Journal21* »Die Terroristen vom Silicon Valley« (23.8.2015), um dann mitzuteilen, dass »Microsoft, Apple, Google, Facebook und Konsorten« uns »immer konsequenter ihren Willen aufdrängen« und uns als Internetnutzer »mit tausend Lockangeboten« zwingen, »das zu tun, was sie wollen«. Das ist zwar in der Tat ärgerlich, in diesem Zusammenhang von »Terrorismus« zu sprechen ist aber eben sprachlich arg daneben.

Linguisten bezeichnen Nuancen im Unterton als Konnotationen. Mitunter sind es feinsinnige, »kleine« Unterschiede, die große Wirkung haben; manchmal beschönigen oder verschleiern aber auch ziemlich plumpe »Tarnkappen« Sachverhalte sprachlich. So macht es in der aktuellen Diskussion um Migration einen Unterschied, ob von Flüchtlingen, Flüchtenden, Geflüchteten, Einwanderern, Kriegsopfern oder Asylbewerbern die Rede ist. Die Neuen deutschen Medienmacher*innen haben deshalb einen eigenen kleinen Sprachführer herausgegeben, der im Umgang mit dem komplexen Thema Formulierungshilfen gibt. Aber natürlich lässt sich auch dieses Glossar hinterfragen – in politisch umkämpften Gebieten wird jedes Wort zum Politikum. Manchmal werden den Journalisten dann auch Absichten unterstellt, die ihnen völlig fern lagen.

Mitunter nimmt das Unheil in einer Mischung aus Gedankenlosigkeit und Redaktionszwängen seinen Lauf. So war es zum Beispiel bei der zynischen Wortschöpfung »Dönermorde«, mit denen jahrelang auch in Qualitätsblättern wie *SZ* und *FAZ* die NSU-Morde etikettiert wurden (vgl. Virchow u.a. 2015). Erstmals tauchte der Begriff in einem Bericht einer Nürnberger Lokalzeitung auf, nach dem Mord an dem Betreiber eines Döner-Imbisses 2005 in Nürnberg. Der Redakteur dachte sich offenbar nichts Böses dabei, in die Überschrift passte nicht viel hinein, es ging um einen Einspalter. So entstand das kurze Schlagwort »Dönermord«, das dann schnell Karriere machte und für die gesamte Mordserie herhalten musste (die Täterschaft der rechten Terrorgruppe NSU war damals noch nicht bekannt) – obwohl überhaupt nur zwei von neun Opfern in einem Dönerimbiss gearbeitet hatten. Später, nach Entdecken des NSU, wurde der Begriff zum »Unwort des Jahres« gewählt. Mit dem Begriff seien die Opfer diskriminiert worden, indem sie aufgrund ihrer Herkunft auf ein Imbissgericht reduziert worden seien, urteilte die Jury.

Rückblickend fragen sich viele Journalisten, warum sie nicht viel früher selbst gemerkt haben, wie unpassend der Begriff war (vgl. Schultz 2021d). Aber die Medien neigen, nicht zuletzt bei Kriminalfällen und keineswegs nur im Boulevardjournalismus, zu griffigen Formulierungen und Etikettierungen (»der Kannibale von Rotenburg«, »der Masken-Mann«, »die Nazi-Braut«). Als im Juli 2020 in Berlin ein Imbiss brennt und mehrere Menschen verletzt werden, titelt das Boulevardblatt *BZ*: »Flambierter Döner? Schnellimbiss in der Sonnenallee explodiert«. Später wurde die Überschrift korrigiert. Denn immerhin regt sich nun im Internet schnell Protest von Menschen, die nicht verstehen, warum Redaktionen so unsensibel mit der Sprache umgehen. Der Deutsche Presserat erteilte der *BZ* eine Rüge. Die Überschrift habe das Leid der Opfer ins Lächerliche gezogen und das Ansehen der Presse beschädigt.

Im Journalismus braucht es Sprachgefühl und ein Bewusstsein für die (manchmal unselige) Geschichte mancher Wörter. Immer wieder liest man zum Beispiel »Parteigenossen«, wenn von Sozialdemokraten die Rede ist. Aber diese bezeichnen sich nur als »Genossen«. Parteigenossen: So nannten sich damals die Nazis in der NSDAP. Überhaupt, die Nazi-Vergangenheit. Sie hat viele sprachliche Klippen hinterlassen, die man bei unbedachtem und unkundigem Sprachgebrauch hinunterstürzen kann. In jeder Redaktion müssen die Sirenen heulen, wenn irgendwo Begriffe wie »Endlösung«, »Nacht- und Nebelaktion« oder »Sonderbehandlung« auftauchen, mit denen einst die Nazis ihre Verbrechen beschönigend umschrieben haben.

Vorsicht ist aber auch in etwas weniger belasteten Zusammenhängen nötig. Ein und dasselbe Wort kann in der Fach- und in der Umgangssprache unterschiedliche Bedeutungen haben. So sind etwa »Bürokratie« oder »Kapitalismus« in den Sozialwissenschaften wertfreie Begriffe, während sie in der Alltagsprache negativ konnotiert sind. »Effizienz« und »Effektivität« verwendet man umgangssprachlich oft synonym; im Fachjargon der Ökonomen bezeichnet das eine indes das Verhältnis von Aufwand und Ertrag, das andere den Grad der Aufgabenerfüllung, und zwar unabhängig von den entstandenen Kosten. Für Kundige ist »Zensur« ein staatlicher Eingriff, der die Pressefreiheit gefährdet; in der Alltagssprache schwafeln wir oft auch von »Zensur«, wenn ein Chefredakteur interveniert und einen Beitrag vorab aus dem Verkehr zieht, was sein gutes Recht ist, wenn der Beitrag aus seiner Sicht nichts taugt.

Wie »besetzt« bestimmte Termini sind, wird deutlich, wenn man Begriffe einander gegenüberstellt, die an und für sich dasselbe oder jedenfalls Ähnliches sagen (Abb. 12).

Verwaltung	Bürokratie
Marktwirtschaft	Kapitalismus
Gewinn	Profit
Kriegsdienstverweigerer	Zivildienstleistender
effektiv	effizient
zivile Kriegsopfer	Kollateralschaden
Mitarbeiter freisetzen	Arbeitsplätze vernichten
Aufrüstung	Modernisierung der Armee
Pragmatiker	Opportunist
Atommüll-Endlager	Entsorgungspark

Abb. 12: Trügerische »Synonyme« (eigene Darstellung)

Die Wortwahl enthält also, oftmals unterschwellig, eine Botschaft an die Adressaten. Und diese zeitigt Wirkungen: »Worte beschreiben nicht nur Handlungen, sie können auch Handlungen hervorrufen oder Handlungsweisen bestimmen«, so der Soziologe Peter L. Berger (1976: 10). Gerade wenn es um Leben und Tod geht, kann der vorgestanzte Jargon des Nachrichtenjournalismus dazu beitragen, Unglaubliches und Unerträgliches zu »routinisieren« und zu verharmlosen. Wolf Schneider (1986: 12) spitzt zu: »Wörter können Vorboten der Hinrichtung sein: Menschen sagten zu anderen Menschen Barbaren, Heiden, Nigger, Juden, Kulaken – und schlugen sie tot.«

3.3 Verkümmernde Sprache

Sprachkritiker beklagen den Niedergang der Sprachkultur womöglich voreilig. Im Rückblick hat es immer wieder Blütezeiten gegeben, in denen sich Sprach- und Ausdrucksvermögen verfeinerten. Und es ist auch nicht untypisch, dass sich (einige) Ältere pikiert über die angeblich verwahrloste Jugend äußern – dieses Gejammer zieht sich beharrlich durch die Geschichte der Menschheit. Trotzdem sollten wir diejenigen, die sich um den Sprachverfall sorgen, ernst nehmen, schließlich geht es auch um Reflexion und einen bewussten Umgang mit der Sprache. Vieles ist nicht nur unschön, sondern regelrecht hässlich:

(1) **Mehrzweck-, »Plastik«- und Füllwörter**: Ausdrücke wie qua, eigentlich, überhaupt, von daher, aufgrund, hinterfragen, nachvollziehen, umsetzen sind weiterhin in Mode. Schon Karl Markus Michel (1986: 11) warnte, ihre universelle Verwendbarkeit trage dazu bei, dass nicht nur »der Wortschatz beschnitten wird, sondern die Sprachlogik verkümmert«. Der *Spiegel*-Korrespondent Alexander Osang (2000: 202) bezeichnete solche Füllwörter als »Mitesser«, die »ausgedrückt werden« müssten.

(2) **Bläh- und Bandwurmworte**: Vor allem »Komposita, die der Rede ihr Fett geben«, blähen die Sprache auf. »Wer sagt noch Begründung, Kommunikation, Kritik? Es muss ein Begründungszusammenhang, ein Kommunikationsprozess, ein Kritikpunkt sein.« (Michel 1986: 12) Das Orientieren der Alltagssprache am Jargon der Wissenschaft hat an solch hässlichen Blähungen erheblichen Anteil.

Mark Twain (1985: 539) spottete bereits im 19. Jahrhundert, manche deutschen Wörter seien so lang, dass man sie nur aus der Ferne ganz sehen könne. Man betrachte, so fuhr er fort, »die folgenden Beispiele: Freundschaftsbezeigungen, Dilettantenaufdringlichkeiten, Stadtverordnetenversammlung. Dies sind keine Wörter, es sind Umzüge sämtlicher Buchstaben des Alphabets.« Ein Klassiker, der auf der Zunge zergeht, ist die Donaudampfschifffahrtsgesellschaft. Handelt es sich bei ihr um einen Eigennamen, so ist dieser leider unabänderlich. Vermeidbar wären dagegen der »Gesellschaftssegmentierungstrend« oder der »Friedensnobelpreisaspirant«. Sie lassen sich zwei- oder dreiteilen: der »Trend zur Segmentierung der Gesellschaft«, der »Aspirant auf den Friedensnobelpreis«. Den Vogel abgeschossen hat die *Frankfurter Allgemeine Sonntagszeitung* (11.10.2009), als sie das Magazin *Cicero* als »Intellektuellenzeitschriftensimulation« bezeichnete. Das war allerdings erkennbar absichtsvoll-spöttisch, und deshalb wäre es auch schade, dieses Bandwurm-Wortkunstwerk in die »Simulation einer Intellektuellenzeitschrift« zu zerhacken.

Fürchterlich sind Wortungeheuer aus der Bürokraten- und Juristensprache wie die Inbetriebnahme oder Ingangsetzung. Schneider (1982: 45) bezeichnete sie als »lebende Leichname« – eine Wortkomposition, die wir allerdings ihrerseits besser nicht mit dem Sprachkritiker-Seziermesser traktieren sollten, es sei denn, wir glaubten an übersinnliche Erscheinungen.

(3) **Floskeln und Stereotype**: Die *taz* ist seit langem bekannt dafür, dass sie ihren Leserinnen und Lesern Einblicke ins redaktionelle Geschehen gewährt wie kaum ein anderes Medienunternehmen. Auf ihrer Pinnwand, so berichtete das Blatt (27./28.9.2003) einmal, sind als Tabuwörter unter anderem »Gutmenschen«, »Säbelrasseln«, »Tauziehen« sowie »Schlapphüte« und die »schwere Schlappe«, aber auch die »schillernde Persönlichkeit« gelistet. Auch »Jubel ohne Grenzen« steht auf dem Index; augenzwinkernd heißt es dazu allerdings, dieses Tabu sei »ab 100 000 Abos wieder erlaubt«. Es hat dann noch ganze zwölf Jahre gedauert, bis der »Gutmensch« es zum Unwort des Jahres 2015 gebracht hat.

Weil Floskeln und Stereotype ständig neu entstehen, haben es sich Udo Stiehl und Sebastian Pertsch mit ihrem Projekt floskelwolke.de zur Aufgabe gemacht, für einen aktuellen Überblick zu sorgen. Der »Corona-Gegner« ist eines ihrer Beispiele. Aber auch, dass Journalisten das schöne Wort »Querdenker« kampflos den Verschwörungstheoretikern und Verharmlosern der Pandemie überlassen haben, ist eigentlich ein Trauerspiel.

(4) **Rückgang und falscher Gebrauch des Konjunktivs**: Die Umgangssprache hat sich im Journalismus ausgebreitet. Statt den klassischen Konjunktiv zu verwenden, umschreiben wir immer häufiger mit »würde« (Beispiel: »Wenn ich Zeit haben würde« statt »Wenn ich Zeit hätte«). Zum anderen gebrauchen auch Journalisten den Indikativ, wenn um der sprachlichen Klarheit willen grammatikalisch der Konjunktiv angesagt wäre, etwa in der indirekten Rede (Beispiel: »Er braucht eine Million, um das Haus bauen zu können, forderte der Amtsleiter«, statt: »Er brauche eine Million …«). Außerdem wird der falsche Konjunktiv immer öfter verwendet: »Wäre« steht häufig dort, wo es »sei« heißen müsste, und »hätte« findet sich anstelle von »habe«.

(5) **Genitivschwund**: Auch Journalisten verwechseln Genitiv und Dativ (Beispiel: »Wegen dem Unwetter« statt »wegen des Unwetters«). Dafür setzen manche an unpassender Stelle den Genitiv, zum Beispiel nach dem Wort »entgegen« – entgegen den immer noch geltenden Regeln der Grammatik, die hier den Dativ vorsieht.

(6) **Fremdwörter, insbesondere Anglizismen**: Der Blackout hat die Erinnerungslücke, die Airline die Fluglinie, der User den Nutzer ersetzt. Wir joggen, statt zu laufen, und boostern, statt eine Impfung aufzufrischen. Was uns begeistert, ist nicht mehr klasse, sondern cool, das Gegenteil ist suboptimal. Für den (Film-)Star, das Liken auf Social Media und den Lockdown, aber auch für den Hotspot und den Superspreader fehlen uns schon die deutschen Worte.

Viele Fremdwörter wirken etwas dünkelhaft (»Habitus«, »insinuieren«, »konzedieren«) und sind am besten – so sehen es die meisten Redaktionen – gar nicht oder sparsam zu verwenden. Vor allem ist dort auf sie zu verzichten, wo das Deutsche Dinge und Sachverhalte klarer und verständlicher bezeichnet. Der Klassiker stammt einmal mehr von Wolf Schneider (1982: 62): »Hat nicht der Hubschrauber eine Anschaulichkeit, die der Helicopter in keiner Sprache besitzt, in der er heimisch ist?«

Sprachentwicklung hat manchmal auch ihre komischen Seiten: Das Handy ist eine deutsche Erfindung, die in den USA oder England keineswegs das *cell phone* oder das *mobile phone* ersetzt. Und wenn Italiener sich zum *footing* statt zum Joggen verabreden, verselbständigt sich ein weiterer Anglizismus, den man im angelsächsischen Sprachraum vergeblich sucht. Komisch-altbacken wirken allerdings auch Rettungsversuche der Aktion »Lebendiges Deutsch« aus den Tiefen des Internet: »Wir sollen künftig Klapprechner sagen statt Laptop, Prallkissen statt Airbag, meuten statt mobben, und wenn dich die Pubertät heimsucht, sollst du auf keinen Fall chatten, sondern netzplaudern«, ätzt Georg Ringsgwandl (2009). Man darf es mit der deutschen Sprachpflege wohl nicht übertreiben. Sonst redet man – wie Neonazis – nur noch vom »Weltnetz« (Internet).

Der Medienberater Peter Littger (2015) hat es mit einem Buch, in dem er sich mokiert, wie wir mit unserer Lieblingsfremdsprache umgehen, auf die *Spiegel*-Bestsellerliste geschafft. *The devil lies in the detail* ist das Werk vielsagend betitelt, und es verdient fraglos die Aufmerksamkeit von Journalisten und allen, die in ihrem Alltagsleben mit der neuen Lingua franca hantieren. Littger macht zugleich darauf aufmerksam, dass es deutsche Exporte in den angelsächsischen Sprachraum gibt: Das Sitzfleisch, die Schadenfreude, der Weltschmerz, aber auch der Sitzpinkler oder der Warmduscher gehören inzwischen zum Kernbestand der englischen Sprache, so ähnlich wie Burger oder Bullshit zur deutschen.

(7) **»Political Correctness« und Gendern**: Auch das Bemühen um politischen Anstand und eine diskriminierungsfreie Sprache hat aus Sicht mancher Kritiker zur Sprachverkümmerung beigetragen. Debatten darüber laufen unter dem Schlagwort »Political Correctness« – wobei auch dieser Begriff selbst wieder umstritten ist, weil er aus Sicht von Linken den Rechten als »Kampfbegriff« diene. Über »politisch korrekten« Sprachgebrauch wird oft erbittert gestritten, sich teilweise auch lustig gemacht, weil manches gestelzt oder unnötig kompliziert wird, wenn zum Beispiel aus Armen unbedingt »Armutsbetroffene« oder aus Dementen »Demenzkranke« gemacht werden. Sich um einen sensiblen Sprachgebrauch zu bemühen, kann aber durchaus auch als ein moralisches Gebot betrachtet werden (Stefanowitsch 2018). Die Frage ist oft nur, wie weit die Sensibilität gehen muss und was als übertrieben oder unnötig gestelzt erscheint.

Aus journalistischer Sicht ist zum einen wichtig, dass der Sprachgebrauch gut verständlich und möglichst einfach ist. Zum anderen soll natürlich vermieden werden, bestimmte Personen oder Gruppen zu diskriminieren. Und schließlich darf sich der Journalismus in einer offenen Gesellschaft nicht in ein Instrument einer bestimmten Ideologie oder bestimmter Partikularinteressen verwandeln. Diese Ansprüche bei dem Thema des »korrekten« Sprachgebrauchs jeweils ins richtige Verhältnis zu bringen, ist nicht leicht. Daran nicht zu scheitern, wird wohl nur gelingen, wenn man sich selbst und den anderen eine gewisse Großzügigkeit, aber auch ein ehrliches Bemühen zugesteht. Für Redaktionen ist das auch eine Aufgabe der Toleranz – im Inneren und in der Kommunikation nach außen.

Seit einiger Zeit wird auffällig viel über Sprache und über einzelne Wörter gestritten, was sich entweder als erfreulich gewachsene Sensibilität oder als unerfreulich zunehmende Gereiztheit deuten lässt. Verschiedene Lager nutzen bestimmte Reizwörter zur Markierung ihrer jeweiligen Grenzen und stellen auch damit den Journalismus vor Herausforderungen. Denn abgesehen von einigen Medien, die klar auf ein bestimmtes Milieu zielen, wollen Redaktionen ein möglichst breites Publikum erreichen. Zugleich aber soll der Journalismus, seiner öffentlichen Aufgabe folgend, ja auch das Sprachbewusstsein im Publikum schärfen.

Unter dem Aspekt sprachlicher Klarheit und möglicher Diskriminierung sind auch die Diskussionen über »geschlechtergerechte« oder »inklusive« Sprache zu sehen. Kaum irgendwo im Umgang mit Sprache hat sich das »Anything goes« so etabliert wie hier – wobei die folgenden Varianten um Aufmerksamkeit ringen:

Als besonders »fortschrittlich« gelten StudentInnen mit großem »I« (Binnen-I) und/oder Gendersternchen, also Student*innen oder Student*Innen. Das Binnen-I scheint sich dabei bereits auf dem Rückzug zu befinden, zugunsten des Sternchens. Doch auch dieses könnte bald wieder verschwinden, denn wer für Inklusion eintritt, achtet auch auf Menschen, die nicht (gut) sehen können und Texte deshalb hören – Programme zur Umwandlung von Text in eine Audiodatei stolpern aber über das Sternchen. Stattdessen verwenden deshalb einige nun den Doppelpunkt: Student:innen. Er fügt sich auch etwas besser in das gewohnte Schriftbild ein.

Wem das zu weit geht, der behilft sich mit Studenten/innen oder mit der sprachlichen Doppelung »Studentinnen und Studenten«. Sehr verbreitet ist auch, geschlechtlich neutrale Begriffe zu wählen und beispielsweise von »Studierenden« zu sprechen, von »Menschen«, »Personen« usw. Weitere Möglichkeiten bestehen darin, das generische Maskulinum durch ein generisches Femininum zu ersetzen oder mal die weibliche, mal die männliche Form zu verwenden – was freilich ebenfalls irritieren und Verwirrung stiften kann.

»Liebe Leserinnen und Leser, liebe LeserInnen, liebe Leser*innen, liebe Leser_innen, liebe Lesende, liebe Lesepersonen, liebe Lesekräfte, liebe Leser (m/w/d)« – so »genderös« begann Manfred Fritz, Kolumnist der *Rhein-Neckar-Zeitung* in Heidelberg, seinen Weihnachtsgruss 2021 – auch um zum Ausdruck zu bringen, wie sehr ihn die vielen Schreibweisen quälen.

Im Rundfunk verwenden mittlerweile etliche den Gender-Gap beim Sprechen. Der Genderstern wird durch eine kleine Pause gleichsam vertont. Die Journalist*innen bzw. Journalist:innen sparen damit sogar etwas Zeit gegenüber der umständlicheren Variante, beide Geschlechter zu nennen, der zudem vorgeworfen wird, dass sie nur zwei Geschlechter zu kennen und zu nennen scheint, während der Genderstern bzw. Gender-Gap die Vielfalt an (Gender- und Geschlechts-)Identitäten wiedergeben soll.

Was sich nun wie durchsetzen wird, ist schwer vorherzusehen. In Umfragen äußert sich eine Mehrheit der Bevölkerung eher ablehnend zur gendergerechten Sprache, aber Redaktionen und Medienunternehmen verfügen über erhebliche Macht, die Sprachpraxis zu verändern und zu prägen, auch wenn diese nicht durch Wahlen demokratisch legitimiert ist. Wofür sollen sich Redaktionen nun entscheiden?

PRO & CONTRA

»Auch im Journalismus sollte die Sprache gegendert werden.«

Pro: Von echter Gleichberechtigung sind auch Demokratien noch weit entfernt. Die Vorherrschaft der Männer spiegelt sich nicht zuletzt in der Sprache – und es ist höchste Zeit, dass sich das ändert. Viel zu lange waren Frauen nur »mitgemeint«. Und dass es Menschen gibt, die sich gar nicht in eine der beiden Geschlechter-Schubladen sortieren lassen wollen – hier die Männer, dort die Frauen – wurde auch schon viel zu lange ignoriert. Zum Glück unterliegen Sprachen aber einem steten Wandel, und für viele junge Menschen ist eine gendersensible Sprache längst selbstverständlich. Sogar für Ältere klingen Ausdrücke, die früher einmal »normal« waren, heute seltsam. So ist das »Fräulein« längst verschwunden. Die Medien prägen den Umgang mit Sprache in besonderer Weise, deshalb ist es ein Problem, wenn dort so getan wird, als gäbe es keine Ärztinnen oder Journalistinnen. Studien zeigen, dass das generische Maskulinum in vielen Fällen dazu verleitet, nur Männer vor Augen zu haben. Um der gesellschaftlichen Vielfalt gerecht zu werden (Stichwort LGBTQI+, also lesbisch, schwul/gay, bi, trans, queer, intersexuell), ist es gut, wenn Formen wie der Genderstern, der Doppelpunkt und das Binnen-I ausprobiert werden.

Contra: Wer den Unterschied zwischen Genus und Sexus akzeptiert, kann nicht auf die Idee kommen, Sprache sei nicht »gendergerecht«. Schließlich ist »das Mädchen« weiblich und trotzdem ein Neutrum, andererseits sind nicht alle Ameisen feminin, nur weil es »die Ameise« heißt. Wer die Grammatik kennt, sollte wissen und akzeptieren, dass Frauen mitgemeint sind, wenn allgemein von »Lehrern« oder »Journalisten« die Rede ist. Dass ein Großteil der Journalisten (unter Einschluss der Journalistinnen) das inzwischen anders sieht und ihren Kunden, den Mediennutzern, ihren nicht regelkonformen Sprachgebrauch aufzuzwingen versucht, zeigt, wie viele Journalisten »missionarisch« unterwegs sind – und obendrein sehr unsensibel mit Sprache umgehen. Geradezu grotesk wird es, wenn Mitarbeiter zu Mitarbeitenden und Studenten zu Studierenden werden, obschon sie gerade Urlaub machen; und regelrecht gruselig, wenn der Radfahrer, der soeben von einem abbiegenden Lkw erfasst und ins Jenseits befördert wurde, in den Medien weiterhin als »Radfahrender« unterwegs ist. Gendersternchen und Sprechpausen sind zudem sprachästhetisch hässlich – und die vielen Schreib- und Sprechweisen können diejenigen, die Deutsch lernen wollen oder müssen, überfordern.

Ein Kompromiss oder ein Ausweg aus der oft sehr harsch und polarisiert geführten Sprach- und Gender-Debatte ist nicht leicht zu finden. Die Lager stehen sich teilweise unversöhnlich gegenüber. In diesem Lehrbuch werden teilweise beide Formen verwendet (»Journalistinnen und Journalisten«), teilweise das generische Maskulinum und gelegentlich auch abgewechselt (»die Reporterin redet mit einem Redakteur«). Je nachdem, wie man zu dem Thema steht, scheint das alles untauglich oder inkonsequent zu sein. Widerspruch und Unzufriedenheit (auf bestimmter Seite) gäbe es jedoch auch, wenn durchgängig der Genderstern oder eine andere Form genutzt würde.

In einer emotional aufgeheizten und rechthaberischen Atmosphäre kann man es nicht allen recht machen. Also sollten Redaktionen ins eigene Publikum hineinhorchen und sich klar machen, dass mit großer Wahrscheinlichkeit unter den Mediennutzern viele sind, die das Problem als weniger wichtig einstufen als die Redaktionen selbst. Diese könnten mit ihrem Publikum über Sinn und Unsinn des Genderns so offen wie möglich diskutieren – und dann den Mut haben, auf feste Vorgaben zu verzichten, wenn sie damit einen Teil des eigenen Publikums absehbar verstören und verletzen würden. Zugleich sollten sie in diesem Fall kommunizieren, warum sie das »liberal« handhaben wollen, also mehrere Schreibweisen zulassen. Und dies, obschon eigentlich eine verbindliche Rechtschreibung weiterhin ein erstrebenswertes »Gemeinschaftsgut« wäre.

Der Bamberger Medienhistoriker Rudolf Stöber argumentiert: »Die Sprache ist ein Symbolsystem, das notwendigerweise die Welt nur unscharf repräsentiert. Unschärfe und Vieldeutigkeit werden von den Sprachaktivisten nicht als das erkannt, was sie für die Gesellschaft bereitstellen: Kompromissmöglichkeiten« (*FAZ* v. 23.12.2021).

Auf der Suche nach einem (vorläufigen) Kompromiss beim Gendern haben sich die Nachrichtenagenturen im deutschsprachigen Raum – dpa, APA, epd, KNA und SID – sowie die deutschen Ableger der internationalen Agenturen AFP und Reuters im Sommer 2021 auf eine gemeinsame Linie verständigt. Ihr proklamiertes Ziel ist es seitdem, »diskriminierungssensibler zu schreiben und zu sprechen«. Das generische Maskulinum werde zwar in »kompakter Nachrichtensprache noch vielfach verwendet, soll aber schrittweise zurückgedrängt werden«. Bis auf Weiteres wollen die Agenturen auf die Verwendung besonderer Zeichen, wie den Genderstern, verzichten, dafür aber andere Möglichkeiten zur Sichtbarmachung von Diversität nutzen. Als Beispiel nennen die Agenturen:

»[...]

- Doppelformen/Paarformen: Schülerinnen und Schüler.
- Geschlechtsneutrale Pluralformen: die Feuerwehrleute, die Angestellten, die Pflegekräfte, die Fachkräfte, die Lehrkräfte.
- Substantivierte Partizipien: die Studierenden.
- Sache statt Person: das Fachgremium, die Redaktion, die Teilnahmeliste.
- Neutrale Funktionsbezeichnung: Vorsitz, Leitung, Personal, Personalvertretung, Direktion, Team, Belegschaft.
- Syntaktische Lösungen: Wer raucht, hat eine kürzere Lebenserwartung. (Statt: Raucher haben eine kürzere Lebenserwartung.) Alle, die dieses Programm nutzen (statt: alle Nutzer dieses Programms).

- Plural statt Singular: alle, die... (statt: jeder, der...).
- Umschreibung mit Infinitiv: Der Antrag ist vollständig auszufüllen. (Statt: Der Antragsteller muss das Formular vollständig ausfüllen.)
- Partizip Perfekt: herausgegeben/betreut von (statt: Herausgeber/Betreuer).
- Adjektiv statt Substantiv: der ärztliche Rat (statt: der Rat des Arztes).

[...]«

Ob diese Lösung bzw. dieses Umgehen des Problems dazu beitragen wird, die Lage zu klären und zu einem neuen Sprachfrieden zu finden, ist noch ungewiss. Viel dürfte wohl auch davon abhängen, wie die nächsten Generationen mit dem Thema umgehen und welche Sprache und welche Formen sich in den Schulen und in den großen Zeitungen, Sendern und Buchverlagen verbreiten und durchsetzen.

Junge Menschen verwenden heute oft schon mit großer Selbstverständlichkeit gendersensible Formen. Das gilt aber keineswegs für sämtliche Angehörigen der jüngeren Generationen – so wie die (angebliche) »Generation Greta« auch keineswegs einheitlich als Fangemeinde der Klimaaktivistin Greta Thunberg zu betrachten ist. Als bei der Bundestagswahl 2021 die meisten Erstwähler entweder für die Grünen oder für die FDP stimmten, wirkten viele Journalistinnen und Journalisten überrascht, dass die Liberalen in dieser Altersgruppe so gut abschnitten. Das sagt viel über die journalistischen Scheuklappen und die »Blasen« aus, in denen sich Journalisten bewegen. Auch unter den jungen Menschen gibt es eben nicht wenige, die nicht grün und links sind. Und so sind auch nicht unbedingt alle jungen Menschen begeistert, wenn sie nun gendersensibel sprechen und schreiben sollen.

3.4 Anregungen für den Umgang mit Sprache

Eine Grundregel der Hamburger Verständlichkeitsforscher Langer und Schulz von Thun (2002) hat genre-übergreifend Gültigkeit: Journalistisches Schreiben ist verständliches Schreiben. Wer nicht der Manipulation und der Schludrigkeit im Umgang mit Sprache schuldig werden möchte, sollte ein paar Regeln beachten.

Je verständlicher ein Text sein soll, desto wichtiger ist dieser Ratschlag: »Man muss kurze Sätze schreiben, auf jede Ausschmückung verzichten.

Das Ideal ist das Skelett, aber eines mit Pulsschlag.« Er stammt von Ernest Hemingway, der als Journalist und Auslandskorrespondent gearbeitet hat, bevor er als Schriftsteller zu Weltruhm gelangte.

Nicht minder wichtig ist eine klare Gliederung. Der rote Faden sollte gefunden sein, bevor man mit dem Schreiben beginnt. Bei längeren Texten stoßen allerdings auch Routiniers während des Schreibens auf Gesichtspunkte, die dazu zwingen, nochmals neu zu gliedern und einzelne Abschnitte hin und her zu schieben.

Sodann gilt die KISS-Formel: *Keep it short and simple.* Wort für Wort, Satz für Satz, Absatz für Absatz ist alles so knapp und prägnant wie möglich zu sagen. Um den heißen Brei herumzureden, sollte man möglichst auch Wissenschaftlern und Schriftstellern verbieten. Im Journalismus ist es eine Todsünde.

Ohne Stimulanz wären Texte langweilig. Journalistinnen und Journalisten legen immer wieder kleine Köder aus, damit ihr Publikum ihnen treu ergeben folgt – durch ihre Geschichte, oder möglichst sogar durchs ganze Blatt, Programm oder Webangebot. Alles, was neugierig macht oder Spannung aufbaut, eignet sich zur Stimulanz. Überraschungen, unbeantwortete Fragen. Analogien und Metaphern helfen beispielsweise zu veranschaulichen, sie sind aber wohldosiert einzusetzen. Mit missratener Bildersprache haben wir es zu tun, wenn

- »bei einem ersten Vieraugen-Gespräch am Rande des Gipfels frostiges Klima herrscht« oder
- »nach einem Jahr intensiver Forschungsarbeit der Doktorand in seinen Materialbergen ertrinkt«.

Klaus Natorp (1998) zeigt uns dagegen, wie elegant sich mit Metaphern spielen lässt: »Vor abgegriffenen, zerknitterten, schmutzigen Geldscheinen ekeln sich die Leute, fassen sie höchstens noch mit spitzen Fingern an. Abgegriffene Sprachbilder dagegen nehmen sie in den Mund, als seien es frisch zubereitete Köstlichkeiten der Haute Cuisine.«

Viele Metapher-Doppelungen haben sich so eingeschliffen, dass sie kaum einer wahrnimmt: Da schreibt ein Lokalreporter etwa über eine lebhafte Stadtratssitzung: »In der Hitze des Gefechts ...« – ohne zu registrieren, dass er sich gleich zweier Bilder bedient, indem er sowohl auf militärisches Kampfgetümmel als auch auf heiße Temperaturen anspielt. Viele Metaphern sind abgegriffen, eben weil sie sich großer Beliebtheit erfreuen.

Das gilt insbesondere für Bildsprache, die dem Sport oder dem Militär entlehnt ist oder sich auf das Wetter bezieht, z. B.:

- ein Eigentor schießen, die rote Karte zeigen, eine Hürde nehmen, das Handtuch werfen;
- die geschlossene Front, die Schlacht um …, eine Bastion nehmen;
- der Silberstreif am Horizont, das Tauwetter in China, das Investitionsklima, das sich abkühlt, oder der warme Regen, der sich irgendwo ergießt.

TIPPS

Tipps für Einsteiger

Überflüssiges streichen: Die meisten Adjektive dienen nicht der Ausschmückung, sondern geraten zur Lesebarriere. Überflüssig sind Doppelungen (Pleonasmen) wie das »gemeinsame Kommuniqué«, der »Konsens auf beiden Seiten« oder der »weiße Schimmel«.

Sehr sparsam sind in Texten Füllwörter zu verwenden, z. B. auch, schon, wirklich oder überhaupt. Im gesprochenen Wort, also bei audiovisuellen Medien, erhöhen Wiederholungen und Füllwörter allerdings die Verständlichkeit, wenn sie gezielt und dosiert zum Einsatz kommen.

Substantivierungen vermeiden: Zu den Unarten im Umgang mit Sprache gehört es, Hauptworte mit »-ung« und Verben zu kombinieren. Das Substantiv lässt sich in ein Verb überführen, das ursprüngliche Verb entfällt (z. B.: »Er begründete …« statt »Zur Begründung sagte er …«).

Keine Bandwurm-Worte bilden: Verständlicher werden Komposita, wenn man sie zerlegt, also z. B.: Regeln zum Hochschulzugang statt Hochschulzugangsregelung.

Vorsicht mit Bildsprache, Metaphern, Analogien: Genau prüfen, ob das gewählte Bild stimmt; im Bild bleiben, nicht mehrere Bilder ineinanderschieben, Sätze nicht mit Metaphern überladen.

Sprachliche Klischees vermeiden, also Formeln, die abgenutzt sind. Beispiele: absegnen, in den Raum stellen, grünes Licht geben, Weichen stellen, zur Kasse bitten, der Höhenflug des Dollars, den Gürtel enger schnallen; im Vorfeld, vor Ort.

Synonyme werden zu Klischees, wenn sie in der Abfolge häufig wiederholt werden. So wird aus Wien die Donaumetropole, aus dem Bundeskanzler der Regierungschef – und der Hund kommt auf den Hund, indem er zum Vierbeiner degeneriert, obschon das auch für die Katze oder den Elefanten zuträfe.

Auf Abkürzungen möglichst verzichten: Nur so verbreitete Kürzel wie SPD, CDU/CSU und FDP für die politischen Parteien, DGB für den Deutschen Gewerkschaftsbund, EU für die Europäische Union, UN für die Vereinten Nationen und NATO für die Atlantische Allianz sind im Journalismus durchgängig üblich. Alle weniger bekannten Kürzel wie etwa BDI oder ai sollten im Wortlaut eingeführt oder zumindest ihrem Sinn entsprechend erklärt werden, also: »Wie der Bundesverband der Deutschen Industrie (BDI) mitteilt …«, bzw. »Die Menschenrechts-Organisation Amnesty International (ai) hat darauf aufmerksam gemacht …«

»Ich«, »wir« und »man« möglichst vermeiden: Anders als in der Literatur sind im Journalismus das personalisierende »ich« oder auch das »wir« eher unüblich – aber es gibt wichtige Ausnahmen (z. B. Selbsterfahrungsreportagen). Hässlich ist das unpersönlich-anonymisierende »man«, ebenso wie das von Feministinnen kreierte, kleingeschriebene »frau«.

Passivkonstruktionen reduzieren: Je seltener in einem Text das Passiv vorkommt, desto lebendiger wird er. Zum Beispiel: »Auf dem Markt verkaufen Händler Früchte« statt: »Auf dem Markt werden Früchte von Händlern verkauft.«

Auf Sprachlogik bei Verknüpfungen achten, insbesondere bei Absätzen und Text-Anschlüssen: Wenn ein (Halb-)Satz mit »daher«, »darum« oder »deswegen« beginnt, sollte eine Begründung zum Vorhergesagten folgen. Auf »jedoch« folgt eine Einschränkung oder ein Gegensatz.

Literaturtipps

Meinunger, André & Baumann, Anthe (Hrsg.) (2017): *Die Teufelin steckt im Detail. Zur Debatte um Gender und Sprache.* Berlin: Kadmos

Sick, Bastian (2008/2009): *Der Dativ ist dem Genitiv sein Tod. Ein Wegweiser durch den Irrgarten der deutschen Sprache, Folge 1–4.* Köln: Kiepenheuer & Witsch

Steinke, Ronen (2020): *Antisemitismus in der Sprache. Warum es auf die Wortwahl ankommt.* Berlin: Dudenverlag

Klassiker - Beispiele für lesenswerten Journalismus:

Kisch, Egon Erwin (1990): *Marktplatz der Sensationen.* Berlin/Weimar: Aufbau

Meienberg, Niklaus (2000): *Reportagen.* Zürich: Limmat Verlag

Osang, Alexander (2012): *Im nächsten Leben: Reportagen und Porträts.* Frankfurt/M.: Fischer Taschenbuch

Riehl-Heyse, Herbert (2008): *Das tägliche Gegengift. Reportagen und Essays 1972–2003.* München: Süddeutsche Zeitung Edition

Schnibben, Cordt (Hrsg.) (2009): *Wegelagerer: Die besten Storys der SPIEGEL-Reporter.* Frankfurt/M.: Eichborn

4. Zahlen, Statistiken und Big Data

Zugegeben: Chefredakteure wie Thomas Löffelholz sind rar. Als er in den 1990er-Jahren die *Welt* leitete, soll er sich seine Mitarbeiter nach der Mathenote im Abiturzeugnis ausgesucht haben. Das hatte einen doppelten Vorteil. Zum einen kamen Leute in die Redaktion, die besonders gut logisch denken konnten. Zum anderen hatte er einen Großteil der Bewerbungen schnell aussortiert, denn Rechnen gehört nicht gerade zu den Stärken der meisten Journalistinnen und Journalisten.

4.1 Zahlen an den Grenzen unserer Vorstellungskraft

Am einfachsten erschließt sich die Problematik des journalistischen Umgangs mit Zahlen und Statistiken an Fallbeispielen aus der Praxis.

»3,5 Millionen Hunde in der Bundesrepublik fabrizieren täglich eine Million Tonnen an Häufchen«, so stand es in einer Zeitung, und der Dortmunder Journalistik-Professor Günther Rager (1986: 119) mokierte sich darüber.

Als sei die Wut im Bauch der Kleinaktionäre über herbe Kursverluste noch nicht groß genug, vermeldete die *FAZ*, die Vorstandsgehälter bei der Telekom sollten um 50 Prozent angehoben werden. Es »errechneten sich Bezüge von rund 1,6 Milliarden Euro je Vorstandsmitglied und von 2,5 Milliarden Euro für den Vorstandsvorsitzenden.«

Mit zunehmender Zahl der Nullen verlassen uns offenbar unsere rechnerischen Fähigkeiten – sonst hätten die Redakteure merken müssen, dass noch nicht einmal dreieinhalb Elefanten täglich eine Tonne Exkremente absondern, und dass selbst bei der Telekom zwar Milliarden für Investitionen ausgegeben wurden, trotz aller Begehrlichkeiten sich aber die fürstlich aufgestockten Vorstandsgehälter »nur« im sieben- und nicht im zehnstelligen Bereich bewegten. Beide Falschmeldungen wären leicht zu vermeiden gewesen, hätte sich der Redakteur nur der kleinen Mühe unterzogen, überschlagsweise nachzurechnen.

Dieses Beispiel ist fehlerfrei und trotzdem leicht zu verbessern: In einer Nachricht ist von einem »1000 qm großen Grundstück« die Rede. Schon das sprengt das Vorstellungsvermögen vieler Menschen, die nicht Grundbesitzer oder Laubenpieper sind. Besser wäre daher ein Vergleich: »Ein Grundstück, so groß wie vier Tennisplätze …«

Veranschaulichung ist erst recht nötig, wenn es um besonders große oder kleine Zahlen geht.

Von der Million an aufwärts haben die meisten Zeitgenossen nur noch sehr vage Vorstellungen davon, welche Größenordnungen sich hinter den jeweiligen Zahlen verbergen.

In den nächsten Beispielen geht es um astronomische Summen: »900 000 000 000 Dollar Anschub«, titelte die *Frankfurter Allgemeine Zeitung* in ihrem Wirtschaftsteil. Die elf Nullen waren vermutlich absichtsvoll gewählt, sie wirken jedenfalls eindrucksvoller als »900 Milliarden«. Die Wirtschaftsredaktion hat sich vermutlich nur deshalb für die Darstellungsweise mit den vielen Nullen entschieden, um ihren Lesern zu verdeutlichen, wie unvorstellbar die Summen geworden sind, mit denen unsere Politiker jonglieren und Schulden aufhäufen. Aber dann ließ das Blatt seine Leser im Stich und machte doch keinerlei weiteren Anstrengungen, um zu veranschaulichen, was diese Summe bedeutet.

Mehr Mühe gab sich in einem anderen Fall die *Bild* (Abb. 13 [114]). 200 Milliarden Dollar beträgt das Vermögen von Amazon-Gründer Jeff Bezos, so berichtete sie. Und in der zutreffenden Annahme, dass das unser Vorstellungsvermögen übersteigt, vergleicht sie dies mit dem Bruttoinlandsprodukt von Neuseeland (204 Mrd. Dollar), dem Verteidigungsbudget von China (181 Mrd. Dollar), 200 Mal dem Vermögen von Kylie Jenner (1 Mrd. Dollar) sowie den Krediten, welche die Bundesregierung wegen Corona aufnimmt (257 Milliarden Dollar). Das alles ist löblich, aber so richtig »anschaulich« ist noch nicht einmal die eine Milliarde Dollar, über die Kylie Jenner verfügt.

Weniger rühmlich berichtete die *FAZ* (29.8.2020) über Bezos' Nettovermögen, als es »den kaum noch begreifbaren Umfang von 200 Milliarden Dollar erreicht« hatte. Eine Gruppe von Datenfreaks, die sich »Research Maniacs« nennt, habe folgende »schlichte Rechnung« angestellt: »Wer

Abb. 13: Die *Bild*-Zeitung hat versucht, eine hohe Summe durch andere hohe Summen begreifbar zu machen.

100.000 Dollar je Jahr spart, braucht zwei Millionen Jahre, um den Vermögensstand des Unternehmers zu erreichen.« Leider haben die Kollegen bei der *FAZ* nicht nachgerechnet, was ihnen die Research Maniacs angedreht hatten. Sonst hätten sie merken müssen, dass es »nur« 2000 und nicht zwei Millionen Jahre dauert, bis das Sümmchen von 200 Milliarden zusammenkommt, Zins und Zinseszinsen großzügig außen vor gelassen. Vorbildlich ist dagegen, wie wie die *taz* den 100-Milliarden-Wumms, mit dem die Bundesregierung nach Putins Einmarsch in der Ukraine den Verteidigungsetat aufgestockt hat, in Relation zu anderen denkbaren dringlichen Ausgaben setzt: 500.000 fair bezahlte Pflegekräfte würden nach dieser Darstellung ›nur‹ 27,5 Milliarden Euro im Jahr kosten, ein 9-Euro-Ticket für alle im öffentlichen Nahverkehr gerade mal 7,5 Milliarden Euro (s. Abb. 14 [115]).

Ein ähnlich gelungenes Exempel, wie sich Relationen veranschaulichen lassen: »In 35 Jahren werden 9,7 Milliarden Menschen auf der Erde leben. Am Ende des Jahrhunderts sind es 11,2 Milliarden – gegenüber 7,3 Milliarden heute«, konstatierte Axel Wermelskirchen in der *FAZ*, um dann fortzufahren: »Wäre die Welt ein Dorf mit hundert Einwohnern, dann wären von ihnen heute zehn Europäer, 15 Afrikaner und 60 Asiaten. Im Jahr 2050 hätte das Dorf schon 134 Einwohner, noch immer wären zehn von ihnen Europäer, aber mittlerweile gäbe es 33 Afrikaner und 73 Asiaten.«

Abb. 14: Wie die *taz* das Unvorstellbare vorstellbar macht.

Ein durchsichtiger PR-Trick ist dagegen, wie die öffentlich-rechtlichen Rundfunkanstalten in den vergangenen Jahren ihren Wunsch nach Beitragserhöhungen »geframed« haben. Pro Beitragszahler handle es sich um nur 86 Cent. Das haben wohl auch die meisten Wettbewerber so kolportiert und damit die wahre Größenordnung heruntergespielt: Es ging immerhin um 400 Millionen Euro, zusätzlich zu einem Gesamtetat von etwa acht Milliarden Euro.

4.2 Prozent- und Durchschnittswerte

Für Kaufleute und Mathe-Genies ist das Rechnen mit Prozent- und Durchschnittswerten bis hin zur Zins- und Zinseszins-Kalkulation so selbstverständlich wie für Schülerinnen und Schüler der Umgang mit dem kleinen Einmaleins. Durchschnittliche Mediennutzer tun sich damit allerdings schon erheblich schwerer.

Wenn Medien Prozentangaben publizieren, sollten sie es ihren Publika so einfach wie möglich machen. Und sie sollten wissen, wie groß die Manipulationsgefahren im Umgang mit Prozent- und Durchschnittswerten sind. Allerdings sollten sie von diesen Tricks nicht selbst Gebrauch machen, sondern im Interesse der Rezipienten, wo immer möglich, Taschenspieler und Zahlenjongleure enttarnen.

Nicht nur schlichte Gemüter lassen sich mit Prozentangaben beeindrucken. Es klingt imposanter, wenn ein Börsenkurs um 100 Prozent steigt, statt sich zu verdoppeln. Halbiert sich der Kurs anschließend wieder, so fällt er indes »nur« um 50 Prozent – und nicht um 100 Prozent, wie man angesichts der vorangegangenen Steigerung leicht annehmen möchte.

Im nächsten Fallbeispiel geht es deshalb um Vereinfachung und Verständlichkeit: »32,5 Prozent der Bundesbürger essen gerne Käse«, heißt es in einer Meldung. Doch die Zahl hinter dem Komma hat in diesem Fall kaum Aussagekraft; sie wird allenfalls Agrarwissenschaftler und die Marketingexperten der Molkereiindustrie interessieren. Einfacher und verständlicher fürs breite Publikum wäre: »Über 30 Prozent«, noch besser: »ein Drittel« oder »drei von zehn Bundesbürgern«. Großzügiges Auf- und Abrunden ist im Journalismus erlaubt. Auch Prozentwerte sollten möglichst anschaulich sein.

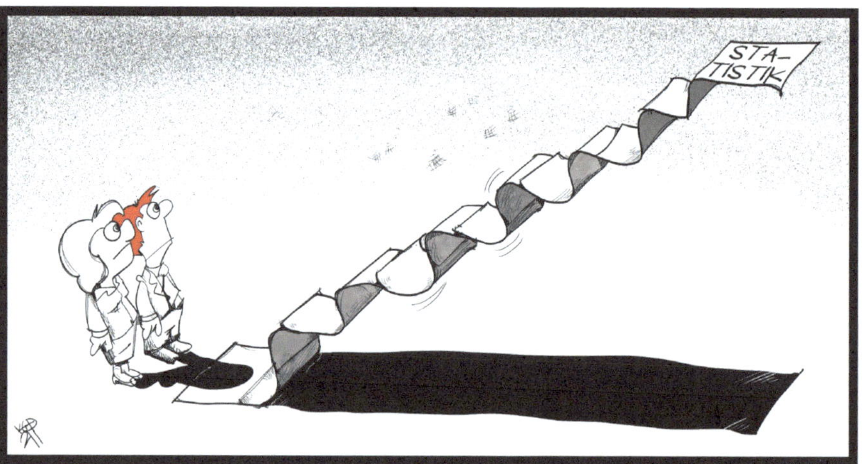

Ein weiterer Fall ist komplizierter. Es gilt, anhand folgender Datenreihe darzustellen, wie sich die Arbeitslosigkeit verändert hat. Im Januar waren bei der Bundesagentur für Arbeit 3,6 Millionen als arbeitslos gemeldet, im März waren es 3,8 Millionen und im Mai 3,9 Millionen. Das eröffnet zwei Optionen der Berichterstattung:

- »Arbeitslosigkeit nimmt weiter zu.«
- »Zunahme der Arbeitslosigkeit gebremst.«

Keine der beiden Varianten ist falsch, aber für welche sich ein seriöser Redakteur entscheidet, hängt von den Rahmenbedingungen ab: Hat in den Vorjahren die Arbeitslosigkeit rapide zugenommen, kann die zweite Version gerechtfertigt sein. Ansonsten werden aber im Frühjahr saisonbedingt vor allem in der Bauindustrie mehr Arbeitsplätze angeboten. Nimmt also von März bis Mai die Arbeitslosigkeit trotzdem weiter zu, so ist das die eigentlich wichtige Meldung – und nicht, dass sich das Tempo der Zunahme verlangsamt (Schneider 1984, 52f.).

Das Beispiel zeigt, dass ein Redakteur Kontextwissen benötigt, um Nachrichten angemessen zu bewerten. Hat er dies nicht parat und wird es in der Pressemeldung der Bundesagentur für Arbeit nicht mitgeliefert, so sollte zumindest in seinem Hirn ein Lämpchen aufblinken, das Recherchebedarf signalisiert (Kapitel 6 [150ff.]).

4.3 Vollständigkeit als Problem

Die folgenden Fälle unterstreichen, welch einseitiges oder sogar falsches Bild entstehen kann, wenn Zahlen selektiv wiedergegeben oder Kontextinformationen unterschlagen werden, die nötig wären, um Daten oder Umfrageergebnisse einzuordnen.

In diesem Beispiel geht es um Leben und Tod und einen Bericht über eine neue Operationstechnik: Demzufolge »überleben die Patienten den chirurgischen Eingriff um durchschnittlich fünf Jahre«. Das klingt eindrucksvoll, aber wer selbst betroffen ist und zu entscheiden hat, ob er sich diesem Eingriff unterziehen soll, wird vermutlich mehr wissen wollen. Er würde sich für die Fallzahl interessieren, auf die sich der Durchschnittswert bezieht. Es macht ja einen Unterschied, ob fünf oder bereits 5000 Patienten die Operation um durchschnittlich fünf Jahre überlebt haben. Sodann würde er gerne mehr über das Risiko erfahren, im Fachjargon der Statistiker über die »Streuung«: Leben die meisten Operierten durchschnittlich fünf Jahre weiter? Oder stirbt ein Teil der Patienten bereits bei oder kurz nach der Operation, während andere Operierte noch eine Lebenserwartung von zehn und mehr Jahren haben? Um Durchschnittswerte richtig einordnen zu können, interessiert also, welche Fallzahlen und Varianzen der jeweiligen Erhebung zugrunde liegen.

Das nächste Beispiel handelt von Jugendarbeitslosigkeit. Die Gewerkschaften vermeldeten: »So viele arbeitslose Jugendliche sind ohne Lehrstelle wie noch nie«; der konservative Regierungssprecher hielt dagegen: »Es gibt mehr Lehrstellen denn je«. In diesem Fall hatten beide Recht, aber selten wurden in der politischen Auseinandersetzung die Zahlen beider Seiten zusammen genannt, kritisierte der Journalistik-Professor Günther Rager. Statt selbst bei der Gegenseite zu recherchieren, verlassen sich immer mehr Redaktionen auf die Zulieferungen von Kommunikations- und PR-Abteilungen und verkünden nur die halbe Wahrheit – es sei denn, die Pressestelle der Gegenseite passt auf und liefert die andere Hälfte umgehend nach.

Auch das folgende Fallbeispiel ist Rager zu verdanken. Es bezieht sich auf eine Notiz der Wochenzeitung *Sonntag Aktuell*: »Wenn der Deutsche nicht arbeitet, trinkt er. Das ist das Ergebnis einer Umfrage nach den Feierabendaktivitäten der Bundesbürger. Mit 47,7 Prozent steht der Besuch einer Gaststätte an der Spitze, gefolgt von ›sich privat treffen‹ mit 45,7 Prozent und ›Freizeitsport‹ 22 Prozent. Am wenigsten sind die Deutschen für Kinobesuche (3,5 %) oder Fortbildung in Kursen (5,5 %) zu begeistern.«

Einmal abgesehen davon, dass die Meldung schwer verständlich ist, weil die Prozentwerte nicht auf- oder abgerundet wurden: Beim ersten Lesen hätte sich dem Redakteur die Frage aufdrängen müssen, warum im Text das Stichwort Fernsehen nicht vorkommt. Sollten sich in Deutschland wirklich tagtäglich mehr Leute in Gaststätten aufhalten als vor der Glotze sitzen? Also ging es vermutlich nur um Aktivitäten außerhalb der eigenen vier Wände. Dies stand jedoch nirgendwo in dem Einspalter; die Umfrage-Resultate wurden unvollständig wiedergegeben, mit der Folge sinnentstellter Ergebnisse.

Die Medien lieben Statistiken vor allem, wenn sie Überraschendes zutage fördern. Nicht alle Sozialforschungs-Institute arbeiten indes seriös. Manche von ihnen liefern ihren Auftraggebern auch auf Bestellung medienwirksame Überraschungen und geschönte Forschungsergebnisse. Wenn deshalb ein SPD-nahes Forschungsinstitut abweichend von anderen Wahlprognosen einen haushohen Wahlsieg der Sozialdemokraten vorhersagt, oder wenn in einer Pressemeldung behauptet wird, Biertrinker seien »im Durchschnitt gesünder als Personen, die Alkohol in anderer Form oder gar nicht konsumieren«, dann sollten beim Redakteur Alarmglocken schrillen. Er sollte sein Publikum wissen lassen, dass es die Partei selbst war, die Siegeszuversicht verbreiten wollte, und im anderen Fall der Verband der Brauereiindustrie die Studie anfertigen ließ. Bei wissenschaftlichen Untersuchungen und demoskopischen Umfragen ist nicht nur das Forschungsinstitut anzuführen, sondern möglichst auch der Geldgeber. Beide Angaben helfen, die Seriosität einer Studie realistisch einzuschätzen.

Ein weiteres Beispiel handelt vom Umgang mit widersprüchlichen Daten. In der *Tagesschau* um 20 Uhr heißt es: »2000 Demonstranten haben auf dem Schlossplatz gegen den Corona-Lockdown protestiert.« In den *Tagesthemen* um 22.30 Uhr ist dann von 4000 die Rede. Wie kommt so etwas zustande? Vermutlich hat sich die Redaktion unterschiedlicher Agenturquellen bedient, dies aber die Zuschauer nicht wissen lassen – und die erste Agentur folgte den Schätzungen der Polizei, während sich die zweite auf die Angaben der Veranstalter bezog. Da eine Überprüfungsrecherche kaum möglich ist und auch wenig bringen würde, sollten zumindest die unterschiedlichen Angaben und möglichst auch deren Herkunft offengelegt werden.

4.4 Forschungsmethoden beeinflussen Ergebnisse

Auch dort, wo sauber geforscht wird, können die gewählten Erhebungs- und Forschungsmethoden Ergebnisse beeinflussen. Bei Meinungsumfragen hängen die Resultate oft entscheidend davon ab, wie die Fragen gestellt wurden. Seriöse Institute verwenden deshalb größte Sorgfalt auf die Formulierung ihrer Fragebögen.

Selbst scheinbar simple Statistiken wie die Berechnung des Ausländeranteils unter Gefängnisinsassen können ganz schön vertrackt sein – so das nächste Beispiel: Der Statistik zufolge (Abb. 15 [120]) ist deren Anteil in der Schweiz mit 74,2 Prozent im internationalen Vergleich besonders hoch. Drei von vier Insassen sind Ausländer – in Deutschland ist es dagegen nur einer von vieren.

Das ist natürlich ein gefundenes Fressen für die Boulevardpresse und für rechtslastige populistische Parteien in der Schweiz, die sich am liebsten aller Ausländer entledigen würden. Aber selbst die liberal-konservative *Neue Zürcher Zeitung* veröffentlichte die Infografik als Blickfang, während sie mit den wichtigsten Zusatzinformationen erst am Ende ihres ganzseitigen Beitrags herausrückte (Kucera 2014). Bei näherem Hinsehen

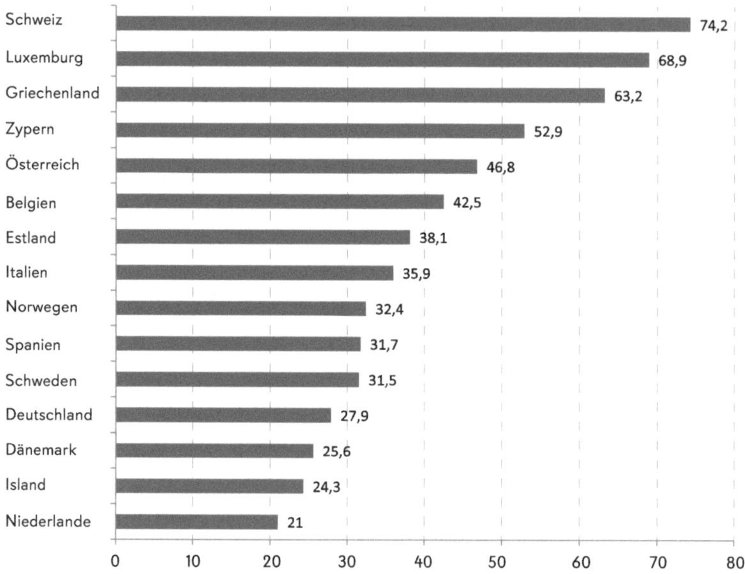

Abb. 15: Fehlende Zusatzinformationen zum Ausländeranteil unter Gefängnisinsassen (Quelle NZZ v. 28.11.2014)

relativieren sich nämlich diese Zahlen. Der Ausländeranteil in der Gesamtbevölkerung ist mit 23 Prozent in der Schweiz deutlich größer als in der Bundesrepublik mit rund neun Prozent – weil die Schweiz Ausländer frühestens nach zwölf Jahren einbürgert. So bleiben Menschen in der Statistik viel länger Ausländer; in der Gefangenenstatistik der Schweiz übrigens sogar noch nach der Einbürgerung, was die Erhebung neuerlich drastisch verzerrt.

Auch bei volkswirtschaftlichen Daten wie Arbeitslosenquoten, Inflationsraten, bei Coronainfizierten oder Verkehrstoten-Statistiken wird oft unterschiedlich gemessen. Und bei Langzeiterhebungen verändern und verfeinern sich im Lauf der Zeit die Messmethoden. Dennoch vergleichen Journalisten immer wieder und auf Teufel komm raus Daten, die auf ganz unterschiedliche Weise zusammengetragen wurden. Oftmals ziehen sie daraus auch noch weitreichende Schlüsse.

Besonders gefährlich wird es, wenn Redaktionen auf eigene Faust Umfragen starten oder gar mit Hilfe von Telefon-Rückrufaktionen glauben, Volkes Meinung erkunden zu können. Der harmlose Fall ist, dass damit Mediennutzer eingebunden, beschäftigt und oftmals mit einem vierwöchigen Gratis-Abo »belohnt« werden, es aber um letztlich Unwichtiges geht. Handelt es sich dagegen um heikle und wichtige Themen, sind repräsentative Stichproben als Grundlage von Meinungsumfragen unabdingbar. Wollen sich Redaktionen nicht lächerlich machen, sollten sie demoskopische Institute beauftragen. Journalisten sind keine Meinungsforscher. Deshalb: Hände weg von »handgestrickten« Umfragen! Das gilt im übrigen auch für solche Umfragen, welche die Verlage immer häufiger an den Redaktionen vorbei starten und mit Gratis-Probeabos verknüpfen. Oftmals werden da auch noch Fragen gestellt, welche die Leserinnen und Leser eigentlich für dumm verkaufen: So wurden *Zeit*-Leser allen Ernstes befragt, ob Donald Trump die Ausschreitungen im US-Kapitol zu verantworten hat.

Das nächste Beispiel mutet so konstruiert an, dass es schon auf den ersten Blick eher einem Statistik-Lehrbuch als dem wirklichen Leben entstammt. Es geht darum, Veränderungen des Lohnniveaus verlässlich festzustellen, und damit auch um die Wahl eines geeigneten Indikators. Ausgangspunkt sind drei Tabellen (Abb. 16).

	A		B		C	
Definition des Lohnniveaus als:	**Stundenlohn**		**Tageslohn**		**Jahresverdienst**	
	1990	2000	1990	2000	1990	2000
Mitarbeiter A	24	30	240	240	72000	56000
Mitarbeiter B	16	20	160	160	48000	38400
Mitarbeiter C	8	10	80	80	24000	19200

Alle Angaben in Euro (fiktiv)

Abb. 16: Je nach Indikator steigt oder sinkt der Lohn – oder er bleibt gleich (Quelle: in Anlehnung an Brendel/Grobe 1976: 101 f. mit weiteren Nachweisen)

Je nachdem, ob Stunden-, Tages- oder Jahresverdienst zugrunde gelegt wird, ist das Lohnniveau in den untersuchten Jahren gestiegen, gleich geblieben, oder es war rückläufig:

- Tabelle A lässt die Anzahl der Stunden, die gearbeitet wurden, außer Betracht; danach ist das Lohnniveau um 25 Prozent gestiegen.
- Tatsächlich hat sich jedoch im Untersuchungszeitraum die tägliche Arbeitszeit verändert. Dies berücksichtigt Tabelle B: In ihr ist der Stundenlohn (Wert aus Tabelle A) mit der durchschnittlichen arbeitstäglichen Arbeitszeit multipliziert. Demzufolge blieb im Untersuchungszeitraum das Lohnniveau unverändert.

- Tabelle C berücksichtigt darüber hinaus Veränderungen der Zahl der Arbeitstage pro Jahr. Danach sank das Lohnniveau um 20 Prozent. Um zu beurteilen, wie sich der Lebensstandard der Beschäftigten tatsächlich verändert hat, ist Index C am aussagekräftigsten, da er die meisten relevanten Informationen verarbeitet.

Dosis und Überdosis, Korrelationen und Kausalitäten

Ging es eben noch um die Messmethodik, so sind in den folgenden Beispielen die Untersuchungsergebnisse unstrittig. Die Frage ist indes, welche Interpretationen sie zulassen.

Beim nächsten Fall geht es um Giftstoffe in Nahrungsmitteln: Das Umweltinstitut München e.V. fand Anfang 2016 im Lieblingsgetränk der Deutschen, in 13 Biersorten, Spuren des Pestizids Glyphosat. Die Nachricht war bereits in den Medien, bevor das Bundesinstitut für Risikobewertung in Berlin Entwarnung geben konnte: Selbst von dem am stärksten belasteten Bier könne man »1000 Liter am Tag trinken«, ohne dass eine »gefährlich hohe Dosis zu Stande käme« (Hummel 2016). Ob ein Stoff gefährlich und giftig ist, ist eben meist eine Frage der Konzentration.

Die folgenden Beispiele handeln von Korrelationen. Ein Bericht in einem Medizin-Fachblatt kam zu dem Ergebnis, Milch sei krebserregend. Zugrunde lag eine vergleichende Statistik mit Daten aus den US-Staaten New England, Minnesota, Wisconsin, sowie aus England, Japan und der Schweiz. Ihr zufolge korrelierte hoher Milchkonsum mit einer hohen Rate an Krebserkrankungen. So war in Großbritannien die Rate der Krebserkrankungen unter Frauen achtmal so hoch wie unter japanischen Frauen, die kaum Milch trinken.

Bei solch einer eindeutigen Korrelation ist die Versuchung groß, auf einen ursächlichen Zusammenhang zu schließen. Im konkreten Fall ist Krebs jedoch eine Alterskrankheit. Die Lebenserwartung der Engländerinnen war zum Erhebungszeitpunkt, vielleicht ja sogar dank höheren Milchkonsums, um zwölf Jahre länger als die der Japanerinnen. So verwundert es nicht, dass sie häufiger als die Asiatinnen an Krebs litten.

Korrelationen belegen per se niemals ursächliche Zusammenhänge. Sie werden aber oft trotzdem so gelesen. Aber sind es wirklich die Klapperstörche, welche die Kinder bringen, nur weil jemand eine Statistik präsentiert, in der die Zahl der Störche drastisch sinkt – und im selben Zeitraum auch die Zahl der Geburten?

Im Extremfall kann ein Kausalzusammenhang in der umgekehrten Richtung bestehen, als vom Interpreten angenommen. Um das zu illustrieren, erzählte der Kommunikationsforscher Paul Watzlawick die Geschichte von den Laborratten. Die eine erklärt der anderen das Verhalten des Versuchsleiters mit den Worten: »Ich habe diesen Mann so trainiert, dass er mir jedes Mal Futter gibt, wenn ich diesen Hebel drücke.«

4.5 Risiken und Wahrscheinlichkeiten

Journalistinnen und Journalisten sollten auch wissen, dass Laien und Wissenschaftler mit Risiken und mit der Wahrscheinlichkeitsrechnung unterschiedlich umgehen. Merkwürdigerweise gehen wir häufig hohe Gesundheitsrisiken ein, die wir selbst beeinflussen können – etwa beim Motorradfahren oder bei Alkohol- und Nikotingenuss. Dagegen ist unsere Toleranz gegenüber Risiken sehr gering, denen wir ausgeliefert sind oder die uns oktroyiert werden – z. B. bei der Kernenergie-Nutzung oder COVID-19-Ansteckungsgefahr. Die Medien sollten auf solche Widersprüche aufmerksam machen, statt ihre Publika vor allem in Angst und Schrecken zu versetzen.

Medien nutzen Forschungsergebnisse und Statistiken sehr selektiv. Der Vorwurf des Mainzer Medienforschers Hans Mathias Kepplinger (1989a), die Medien erzeugten vielfach eine Wirklichkeit, die mit der »wirklichen Wirklichkeit« nichts mehr zu tun habe, ist zumindest in manchen Fällen durch empirische Studien erhärtet: Beispielsweise haben die Medien Umweltprobleme wie die Luft- oder Gewässerverschmutzung zu einem Zeitpunkt hochgespielt, als sich die Situation in Deutschland bereits etwas gebessert hatte.

Gerd Gigerenzer, emeritierter Direktor des Max-Planck-Instituts für Bildungsforschung in Berlin, unterhält zusammen mit Kollegen den lesenswerten Blog *Unstatistik* und spießt dort regelmäßig aktuelle Fälle auf, bei denen mit Hilfe von Statistiken Risiken falsch dargestellt und so die Realitätswahrnehmung verändert wird. Frühzeitig – bereits Ende März 2020 – wurde dort vor den Risiken der Corona-Berichterstattung im Umgang mit Statistiken gewarnt – doch das war weitgehend in den Wind gesprochen. Als besonders üble Weise, die Wirklichkeit zu verzerren und mit fetten Schlagzeilen Menschen in Angst und Schrecken zu versetzen, prangert der Blog an, Journalisten und manchmal sogar Forscher würden oftmals relative und absolute Risiken verwechseln.

Davon handelt ein weiteres Fallbeispiel. In Großbritannien gab das Committee on Safety in Medicine eine Warnung heraus, der zufolge bei neuentwickelten Antibabypillen das Thrombose-Risiko sich verdoppelt habe, also um 100 Prozent angestiegen sei. Diese Meldung wurde von den Medien viele Male verbreitet. Doch damit war eben nur das relative Risiko benannt. Die Studie basierte auf insgesamt 7.000 Frauen, von denen statt bislang einer bei der neuen Pille jetzt zwei Frauen an Thrombose erkrankten – das absolute Thrombose-Risiko war also weiterhin verschwindend gering. Der medial verbreitete Fehlalarm hat im Folgejahr allein in England und Wales zu schätzungsweise 13.000 zusätzlichen Abtreibungen geführt, was für das britische Gesundheitssystem Zusatzkosten von vier bis sechs Millionen Pfund mit sich brachte. Das menschliche Leid und die seelischen Konflikte, die mit den Schwangerschaftsabbrüchen verbunden waren, scheinen natürlich in keiner Statistik auf (Gigerenzer 2014: 5f.).

4.6 Umsetzung von Daten und Statistiken in Infografiken

Redaktionen sind auch für Illustrationen und Infografiken verantwortlich. Diese sind nicht nur als Blickfang für die Mediennutzer besonders wichtig, und in kaum einem anderen Bereich des Journalismus ist es in den vergangenen Jahren zu einem vergleichbaren Kreativitätsschub gekommen wie bei der Visualisierung. Sie erfolgt inzwischen oftmals interaktiv und animiert. Vielfach nehmen Nutzer nur die Illustrationen und allenfalls die Bildunterschriften zur Kenntnis, die zugehörigen langen Texte lesen sie dagegen nicht – vor allem, wenn sie mit ihren Smartphones im Netz unterwegs sind. Gerade deshalb müssen Journalisten aufpassen, dass Illustrationen nicht einseitig oder verzerrt Informationen vermitteln. Vor allem interaktive Grafiken sollten einen Mehrwert bieten, also nicht nur Spielerei sein – und auch hier ist darauf zu achten, dass sie auch bei mobiler Nutzung von Tablets und Smartphones funktionieren.

Die nächsten, zwar alten, aber klassischen und weiterhin aktuellen Fallbeispiele zeigen, wie sich durch das Manipulieren oder auch nur durch das Dehnen von Achsen Kurvenverläufe »aufmotzen« lassen.

Die erste Grafik (Abb. 17 [125], links) wurde in der *Welt* veröffentlicht. Es handelt sich dabei fraglos, wenn auch »verdeckt«, um PR im redaktionellen Teil. Der temporäre Auflagenzuwachs war angesichts vielerorts schrumpfender Zeitungsauflagen zwar durchaus bemerkenswert, andererseits vermelden überregionale Qualitätsblätter üblicherweise nicht auf ihrer ersten Seite, wenn Unternehmen mehr Autos oder Cornflakes verkaufen (Kapitel 5 [130ff.]). Die Auflagenentwicklung der eigenen Zeitung ist also keinesfalls »front page news«.

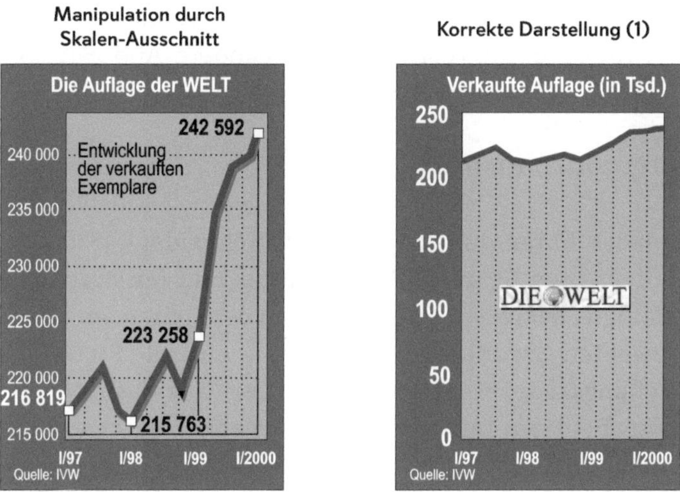

Abb. 17: Kurvenverläufe (1): Verkürzte Achse (links) (Quelle: Die Welt v. 15.4.2000, 1)

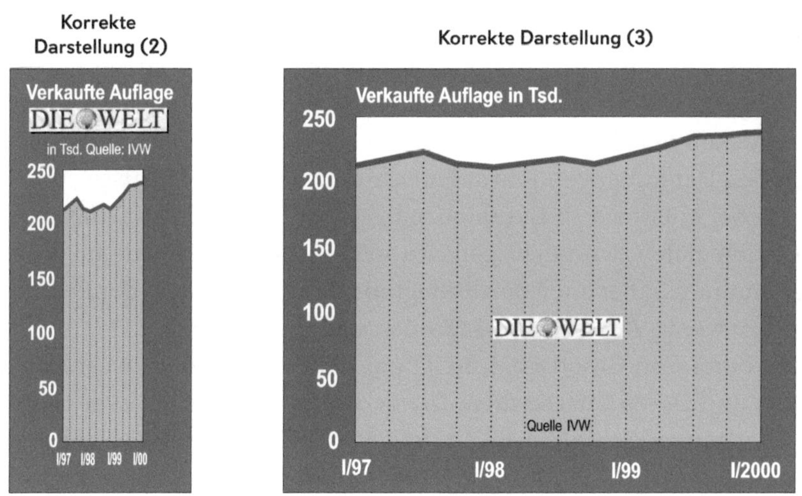

Abb. 18: Kurvenverläufe (2): Komprimiert oder gedehnt (eigene Darstellung)

Zudem ist die Darstellungsweise alles andere als seriös. Die Kurve, die den Auflagenzuwachs veranschaulicht, würde weit weniger spektakulär aussehen, wenn der Grafiker die vertikale Achse ordnungsgemäß bis zum Nullpunkt verlängert hätte (Abb. 17 [125]).

Selbst bei Verzicht auf derlei Schummel bleibt dem Infografiker noch die Möglichkeit, Achsen zu dehnen, um den Kurvenverlauf aufzupeppen und damit zu »sensationalisieren«. Die obenstehenden Schaubilder sind beide korrekt gezeichnet und basieren auf denselben Zahlen; dennoch wirkt der eine Kurvenverlauf beeindruckender als der andere (Abb. 18 [125]).

4.7 Datenjournalismus

Schon vor Jahrzehnten wünschte sich Wolf Schneider (1984, 144), »dass Redakteure über jenen Grad von Weltkenntnis und Misstrauen verfügten, der sie befähigte, bei jeder Statistik ... nach dem leitenden Interesse oder dem eingewebten Grundirrtum zu suchen – und alle Produkte des Meinungsforschungsgewerbes mit spitzen Fingern anzufassen«. Das ist allerdings bis zum heutigen Tag Wunschdenken geblieben.

Einige Lichtblicke gibt es indes. Denn mittlerweile hat sich in etlichen Redaktionen der »Datenjournalismus« als vergleichsweise neue Spezialisierung und eigenständiges Jobprofil etabliert, im Angelsächsischen ist die Rede von *data driven journalism.*

Auch bei der Aus- und Fortbildung und an den Hochschulen spielt der Datenjournalismus nun eine Rolle. Das sorgt dafür, dass später in den Redaktionen zumindest einige über sehr gute Statistik-Kenntnisse und über die Fähigkeit verfügen, selbst Daten zu erheben, diese auszuwerten und in großen Datenmengen journalistisch relevante Erkenntnisse zu gewinnen. Dabei müssen sich Datenjournalisten auf eine Vermittlungsaufgabe gegenüber gleich zwei wichtigen Gruppen gefasst machen: dem Publikum ihres Mediums, aber auch den Kolleginnen und Kollegen in der Redaktion, die oft zu wenig Verständnis für Zahlen und Daten haben.

In komplexen Gesellschaften ist ein kluger, reflektierter Umgang mit Zahlen und Daten unerlässlich. Die verbreitete Unkenntnis, gepaart mit einer seltsamen Zahlenhörigkeit, ist gefährlich. Hier müsste der Journalismus nicht nur seiner Informationsfunktion nachkommen, sondern *data literacy* (Datenkompetenz) als Bildungsaufgabe für die Öffentlichkeit begreifen.

Tipps für Einsteiger

Publika nicht mit Zahlen überfüttern – stattdessen Daten und Statistiken wohldosiert verwenden.

Überschlagsweise nachrechnen – wo immer möglich …

Besonders große oder kleine Zahlen durch nachvollziehbare Vergleiche oder Infografiken anschaulich machen!

Großzügiges Auf- und Abrunden von Zahlen und Prozentwerten ist erlaubt, solange damit nicht der Sinn der Aussage entstellt wird. Prozentwerte möglichst veranschaulichen.

Mit Prozentwerten nicht absichtsvoll jonglieren. Aber aufpassen, dass andere, die das tun, einen nicht hereinlegen. Bei Prozentangaben unbedingt prüfen, auf welche Basis/Fallzahlen sie sich beziehen.

Bei Durchschnittswerten interessiert, welche Fallzahlen und Varianzen der Erhebung zugrunde liegen.

Auf selektive Datenauswahl von interessierter Seite achten. Gegebenenfalls ist bei der Gegenseite zu recherchieren. Bei widersprüchlichen Zahlen aus verschiedenen Quellen nachrecherchieren, oder zumindest auf die unterschiedlichen Angaben verweisen und die Quellen offenlegen.

Häufig variieren die Erhebungsmethoden. Ein direkter Vergleich von Daten aus verschiedenen Erhebungen ohne Bereinigung ist dann nicht möglich. Dies gilt insbesondere beim internationalen Vergleich von Statistiken sowie bei Langzeit-Erhebungen.

Selbstgestrickte Umfragen sind nicht repräsentativ. Insbesondere Telefon-Rückruf-Aktionen und Online-Befragungen sind leicht manipulierbar.

Vorsicht bei der Interpretation von Daten: Aus Korrelationen lassen sich keine Kausalzusammenhänge ableiten.

Bei Risiko- und Wahrscheinlichkeits-Berechnungen auf die unterschiedliche Problemwahrnehmung von Laien und Wissenschaftlern hinweisen.

Bei Infografiken auf korrekte Skalierung der Messachsen achten.

Literaturtipps

Bauer, Thomas K.; Gigerenzer, Gerd; Krämer, Walter (2014): *Warum dick nicht doof macht und Genmais nicht tötet. Über die Risiken und Nebenwirkungen der Unstatistik*, Frankfurt/M., New York: Campus

Harford, Tim (2022): *The Data Detective: Ten Easy Rules to Make Sense of Statistics*. New York: Riverhead Books

Kepplinger, Hans Mathias (2021): *Risikofallen und wie man sie vermeidet*. Köln: Herbert von Halem

Lück-Benz, Julia (2022): *Statistik für Journalist:innen. Grundlagen und Praxis*. München, UVK

Petersen, Thomas (2015): *Die Vermessung des Bürgers. Wie Meinungsumfragen funktionieren*. Konstanz/München: UVK

Journalistische Arbeitsprozesse im 24/7-Rhythmus

5. Auswählen aus der Überfülle

Da der Journalismus eine öffentliche Aufgabe hat, liefert er mehr als nur ein Konsumprodukt. Dennoch müssen die Beiträge »hergestellt« werden. So gesehen, wird in jeder Redaktion etwas produziert: Inputs, z. B. Agentur- und Korrespondentenberichte, PR-Meldungen, Foto-Zulieferungen, werden zu Outputs verwandelt, also zu einzelnen Artikeln, Filmen und Clips, zu ganzen Websites, Zeitungen, Hörfunk- oder Fernsehsendungen, zu Apps und zu Postings in den sozialen Netzwerken (Abb. 19). Die nächsten Kapitel folgen den einzelnen Etappen journalistischer Produktion und zeigen zugleich, wie vielfältig journalistische Tätigkeiten sind.

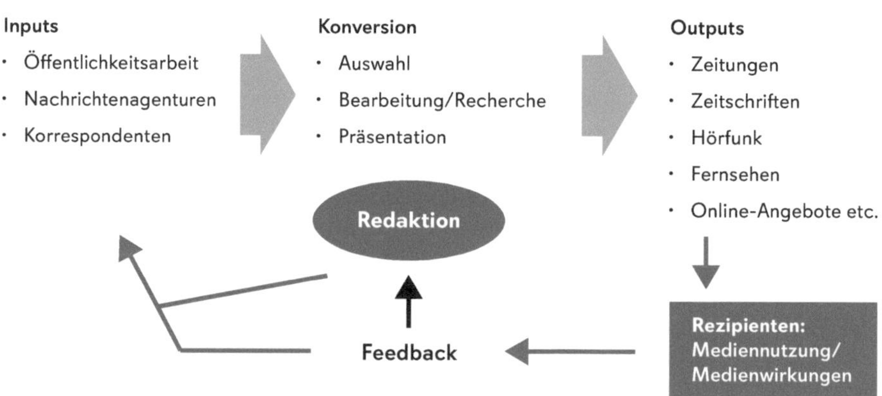

Abb. 19: Journalistischer Produktionsprozess

Im Internet sind Nachrichten in Jetztzeit jederzeit und überall verfügbar. Wir gelten inzwischen als *overnewsed and underinformed*. Die Vielfalt des Geschehens übersteigt nicht nur unser Aufnahmevermögen um ein Vielfaches, sondern auch die des globalen Mediensystems, das Nachrichten verarbeitet. Und so erfahren wir von all dem, was tagtäglich auf dem Erdball passiert, de facto nur einen winzigen Bruchteil.

Keine Medienberichterstattung kann »auch nur im entferntesten ›umfassend‹ oder ›vollständig‹ sein […]. Sie ist ihrem Wesen nach eher das Gegenteil: Ereignisse werden erst dadurch zu Nachrichten, dass sie aus der Totalität und Komplexität des Geschehens ausgewählt werden«, so der Medienforscher Winfried Schulz (1976: 8f.). Entsprechend groß ist die Aufgabe und die Verantwortung der Journalistinnen und Journalisten.

Genauso wichtig oder sogar noch wichtiger als das Schreiben von Artikeln oder das Schneiden eines Clips ist also die Nachrichten- und Themenauswahl. Dabei bedienen sich Redaktionen aus den Ideen und Angeboten eigener Mitarbeiter und Themenkonferenzen, die wiederum oft geleitet werden von dem, was Nachrichtenagenturen, die Welt im Netz, Pressemitteilungen und die Terminvorschau vorgeben. Die Redaktionen halten sich aus möglichst vielen Quellen auf dem Laufenden und müssen sich deshalb Techniken aneignen, wie sie große Informationsmengen schnell verarbeiten und auf ihren Kern reduzieren. Journalistinnen und Journalisten sind selbst intensive Mediennutzer. Oder sie sollten es zumindest sein, denn es gibt auch den Branchenkalauer: »Das bisschen, was ich lese, schreib ich selber.«

Eine der wichtigsten Nachrichtenquellen für Redaktionen sind weiterhin die Nachrichtenagenturen, deren Dienste von den Medien abonniert und vergütet werden. Inzwischen ist allerdings das meiste, was sie zu bieten haben, sehr schnell auch kostenlos im Internet abrufbar. Gleichwohl sind sie weiterhin wichtige Nadelöhre, durch welche Öffentlichkeitsarbeiter ihre Medienmitteilungen schleusen, um sie in Umlauf zu setzen. Werden sie von dpa, Reuters oder AP übernommen, verwandeln sie sich auf wundersame Weise in Journalismus, und im gesendeten oder gedruckten Endprodukt ist meist die ursprüngliche Herkunft der PR-Meldung nicht mehr erkennbar.

Dass im Internet alle Akteure auch eigenständig und an den Agenturen und Redaktionen vorbei ihre Storys, Tweets und Reels absetzen, reduziert zwar die Macht der Medien, macht diese aber keineswegs bedeutungslos. Denn noch immer wollen politische Akteure, Unternehmen, Verbände usw. von der Glaubwürdigkeit eines unabhängigen Journalismus profitieren – und sie wissen auch, dass sie auf einen Schlag weiterhin sehr viele Menschen erreichen, wenn sie in der *Tagesschau* oder in einer großen Zeitung auftauchen. Und auch wenn Soziale Netzwerke wie Facebook oder News-Aggregatoren und Online-Medien wie *Google News*, *upday* oder die *Huffington Post* Meldungen durch Algorithmen steuern, sind es in vielen wichtigen Redaktionen doch weiterhin Menschen aus Fleisch und Blut, die ständig aufs Neue entscheiden: Was ist eine Nachricht? Was ist wichtig genug, um weiterverarbeitet und dem Publikum angeboten zu werden?

5.1 Nachrichtenagenturen, Nachrichtenwerte und Gatekeeper-Forschung

Der dpa-Basisdienst, eine Art Grundversorgung mit Nachrichten durch die Deutsche Presse-Agentur (dpa), sendet täglich rund 600 Meldungen - inklusive redaktioneller Hinweise, Vorschauen, Tagesdispos. Die Nachrichten stammen von etwa 1.000 festen und freien Journalistinnen und Journalisten, darunter 130, die als Korrespondenten, Redakteure oder Reporter auf 87 Büros außerhalb Deutschlands verteilt sind. Ausgebaut wurden jüngst die Büros in London und Washington, in Lateinamerika wurden dagegen die festen Büros u. a. in Kolumbien, Ecuador, Peru und Nicaragua aufgelöst.

In Deutschland selbst erstellen sechs Landesbüros (in Hamburg, Berlin, Düsseldorf, Frankfurt, Stuttgart, München) die insgesamt zwölf Landesdienste. Die dpa hat 2017 begonnen, ein Verifikations-Team aufzubauen. Mittlerweile nutzen verschiedene Plattformen die Faktenchecks der dpa, unter anderem Facebook und WhatsApp (Meta). Sven Gösmann, der Chefredakteur der dpa, weist darauf hin, dass sein Haus »längst mehr ist als eine Nachrichtenagentur«, es sei auch ein multimediales Medienunternehmen, das Datenjournalismus, Podcasts, Videos, Webgrafiken und vieles andere in sieben Sprachen anbiete und vor allem digital wachse. Praktisch alle Zeitungshäuser und Rundfunkanstalten in Deutschland sind Kunden der dpa. Ein paar Regionalzeitungen, die vor ein paar Jahren glaubten, ohne Agentur auskommen zu können, sind zurückgekehrt.

Journalisten, die »raus in die Welt« und gerne im Ausland arbeiten möchten, haben bei der dpa größere Chancen als anderswo, sich diesen Traum zu erfüllen, so Gösmann. Der Preis dafür ist allerdings Meinungsabstinenz und weitgehende Unsichtbarkeit - Kommentare aller Art gehören nicht zum Angebot der Agentur, und man kann sich nicht öffentlich einen Namen machen und persönlich als »Marke« inszenieren. Auch in Krisenregionen wie Belarus oder Somalia hat die Agentur Berichterstatter. Um sie vor Übergriffen zu schützen, bleiben sie anonym, werden also von dpa namentlich nicht genannt.

Was dpa liefert, ist nur ein kleiner Ausschnitt aus dem internationalen Nachrichtenangebot. Auf der Welt gibt es etwa 120 Nachrichtenagenturen. Davon sind allerdings nur 20 unabhängig wie die dpa oder die Associated Press (AP), also im Besitz der Medien selbst und nicht einer politischen Macht oder eines einzelnen Konzerns. Allein AP produziert täglich ca. 15.000 Beiträge. Hinzu kommen die Angebote konkurrierender Agenturen, von Spezialdiensten, sowie Unmengen von Medienmitteilungen, die aus immer mehr PR-Abteilungen hervorquellen.

Diese Nachrichtenproduktion verblasst indes vor all dem, was im Internet tagtäglich hochgeladen wird: Jede Minute streamen YouTube-Nutzer 694.000 Videos, Instagram-Nutzer teilen 65.000 Fotos und TikTok-Nutzer gucken pro Minute 167 Millionen Videos – so *Visual Capitalist* im Jahr 2021 (vgl. auch nachstehende Illustration).

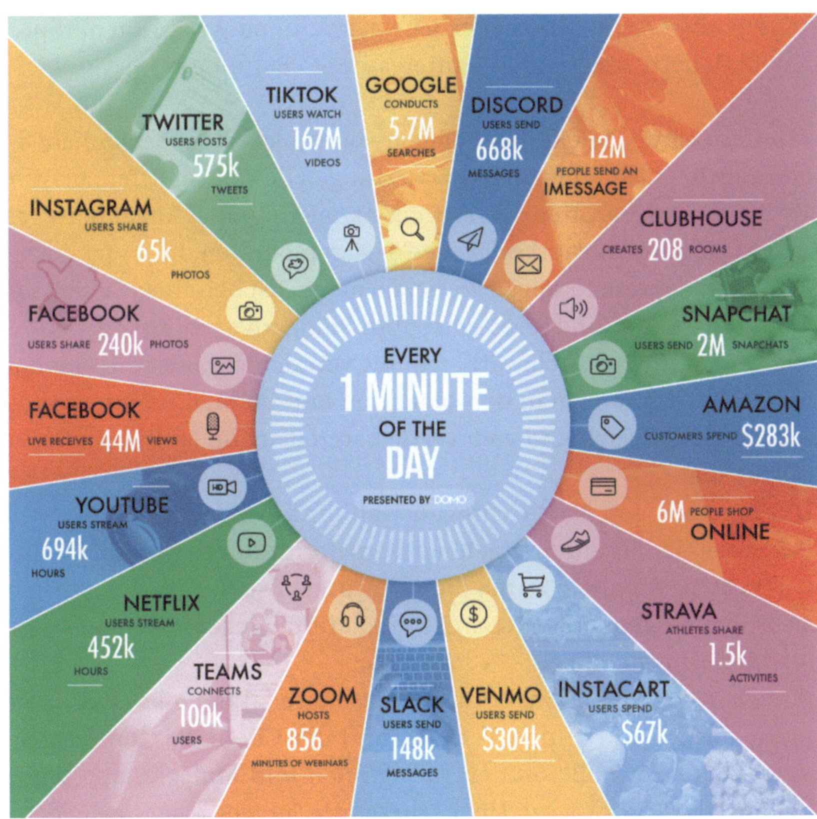

Abb. 20: Die Fülle im Internet ist überwältigend (https://www.visualcapitalist.com/from-amazon-to-zoom-what-happens-inan-internet-minute-in-2021/)

All das ist jeweils neu und Vieles tagesaktuell. Doch was ist davon wichtig und interessant? Nach welchen Kriterien sind Nachrichten auszuwählen? Wieso machen so oft unterschiedliche Redaktionen voneinander unabhängig mit denselben Themen auf? Und warum weichen sie andererseits auch häufig in der Nachrichtenbewertung voneinander ab? Diesen Fragen geht die Nachrichtenforschung auf den Grund. Eine erste pauschale Antwort lautet: Es gibt sogenannte *Nachrichtenfaktoren*, die es erlauben, Nachrichten nach ihrer Wichtigkeit zu sortieren und deren Nachrichtenwert zu bestimmen.

Dazu ein kurzer historischer Streifzug: Zuerst wurde die Frage nach den Gesetzmäßigkeiten der Nachrichtenauswahl in den 1950er-Jahren von der Gatekeeper-Forschung gestellt und beantwortet. Damals galten die einzelnen Journalistinnen und Journalisten als »Schleusenwärter«, die den Nachrichtenfluss steuern, und die Wissenschaftler glaubten, nur das individuelle Verhalten einzelner Redakteure bei der alltäglichen Arbeit beobachten zu müssen, um den Regeln der Nachrichtenauswahl auf die Spur zu kommen. Dabei gelangten sie zu interessanten Befunden:

- Teilweise ist die Selektion abhängig von subjektiven, persönlichen Erfahrungen, Einstellungen und Erwartungen des Journalisten, bis hin zu Vorlieben und Marotten, wie z. B. der Abneigung eines Redakteurs gegen Ziffern, gegen den Papst oder die Sozialdemokraten. In professionellen Redaktionen werden solche Vorlieben möglichst beiseitegelassen, selbst dort kann es aber, und sei es sehr subtil, subjektive Einflüsse geben.
- Die Auswahl wird auch mitbestimmt von den organisatorischen und technischen Zwängen in der Redaktion und im Medienunternehmen, z. B. vom Zeitdruck und vom verfügbaren Platz im jeweiligen Verbreitungskanal.
- Das Ergebnis von Nachrichtenauswahl und -verarbeitung in den Redaktionen ist bereits weitgehend vorgeformt durch die Nachrichtenlieferanten, vor allem durch die Agenturen. Die Redakteure verhalten sich dem eingehenden Nachrichtenmaterial gegenüber meist passiv (vgl. Schulz 1976: 11f.).
- Ein wichtiges Selektionskriterium ist die redaktionelle Linie, wie sie meist formell durch den Verleger und die Chefredaktion festgelegt, aber auch informell von den Kolleginnen und Kollegen und den Publika mitbestimmt wird. Über Jahrzehnte hinweg orientierte sich die Auswahl allerdings eher an den Erwartungen der Kollegen und Vorgesetzten als unmittelbar an den Publikumsbedürfnissen. Von ihnen

hatten Redaktionen in der Regel nur eine unvollkommene und kaum auf Tatsachen beruhende Vorstellung. »Der Leser will das so«, war lange Zeit das ultimative Argument, um ausufernde Diskussionen zu beenden – obschon Redaktionsleiter meist aus dem Bauch heraus entschieden, ohne sich ein klares Bild von ihrem Publikum machen zu können.

Letzteres trifft heute nicht mehr zu. Online lassen sich die Nutzerzahlen (*Unique Users*, Klicks) und die virale Verbreitung (Likes, Shares) und somit die Publikumsresonanz einzelner Beiträge sehr genau messen, sogar die sogenannte Verweildauer und damit die Intensität der Rezeption wird erfasst. Auch die Publikums- und Marktforschung (Kapitel 11.1 [253ff.]) wurde intensiviert.

Andererseits erhielten auch in der »Steinzeit«, als das Internet noch nicht existierte, Redaktionen, die am Publikum vorbei produzierten, ihre Quittung. Die Abstimmung am Kiosk oder mit der Fernbedienung hat immer funktioniert. Der Markt war, ist und bleibt somit ein ebenso verlässliches wie gnadenloses Regulativ.

Abb. 21: Nachrichtenfaktoren (eigene Darstellung in Anlehnung an Schulz 1976)

In den 1960er-Jahren wurde die Gatekeeper-Forschung konkreter: Der Medienforscher Einar Östgaard versuchte, die wichtigsten Faktoren zu identifizieren, die zur Auswahl und Weiterverarbeitung bestimmter Nachrichten führen. Sein Ansatz wurde insbesondere von Johan Galtung und Maria Holmboe Ruge (1965) weiterentwickelt. Sie listeten insgesamt zwölf Faktoren auf, die darüber entscheiden, ob Ereignisse als Nachrichten definiert und von den Medien berücksichtigt werden. Winfried Schulz (1976) systematisierte dann ein paar Jahre später die bis dato gehandelten Nachrichtenfaktoren in sechs »Faktorendimensionen«. Sie gelten in Grundzügen heute noch, wurden seither allerdings weiter differenziert (z. B. von Staab 1990, 2002; Harcup/O'Neill 2017). Zudem haben sich die Gewichte verschoben, und es ist ein siebter Nachrichtenfaktor hinzugekommen: die Umsetzbarkeit in Bilder (Abb. 21 [135]).

PRO & CONTRA

»Der Journalismus hat seine Rolle als Gatekeeper verloren.«

Pro: Man muss die heutige Nachrichtenflut, die unermessliche Vielzahl von Online-, Print, TV- und Radioangeboten nur mit der Situation in den 1950er-Jahren vergleichen, als es in der Regel eine Lokalzeitung, eine Handvoll Illustrierter, zwei TV-Programme und ein paar Radiosender gab: Dann ist sonnenklar, dass es nicht mehr wenige Journalistinnen und Journalisten sind, die als Schleusenwärter das jeweilige Tagesthema und Pausengespräch vorgeben. Algorithmen und Nutzerzahlen sind die neuen Gatekeeper: Was im Netz auf Interesse stößt, geliked und geteilt wird, beeinflusst auch sehr stark die Themenwahl in den Redaktionen. Politiker, Prominente Unternehmen und NGOs können sich jederzeit auf den Social-Media-Plattformen direkt an ihre Anhänger, Fans und Kunden wenden – und oft genug damit auch die traditionellen Medien vor sich hertreiben.

Contra: Noch immer prägen die traditionellen Massenmedien (mitsamt ihren digitalen Angeboten) in hohem Maße die öffentliche Agenda. Nur was dort auftaucht, kann die Gesellschaft und die Gruppe der »Entscheider« in Politik und Wirtschaft wirklich gut erreichen und durchdringen. Viele Menschen sind (zu Recht) skeptisch, was Informationen aus oft trüben Social-Media-Quellen angeht, und zumindest in Deutschland genießen die großen Zeitungen und Rundfunkprogramme weiterhin hohes Vertrauen. Längst sind sie auch im Internet als zentrale Quellen für aktuelle Informationen und Debatten nicht mehr wegzudenken. Viele Social-Media-Kommentare sind in Wahrheit Anschlusskommunikationen, die an das anknüpfen, was die Menschen aus professionellen journalistischen Angeboten erfahren haben.

5.2 Zeit: Aktualität, Dauer, Kontinuität

Beim Nachrichtenfaktor Zeit lassen sich Aktualität, Dauer und Kontinuität von Geschehnissen unterscheiden.

Aktualität: Sie ist das wichtigste Auswahlkriterium. Was nicht in der zeitlichen Dimension »aktuell« oder zumindest in Form von Jubiläen, Jahrestagen oder anderen Bezügen zum Tagesgeschehen aktualisierbar ist, hat kaum eine Chance auf Berichterstattung. Im Weiteren geht es also »nur« noch darum, welche Faktoren die Auswahl aus dem jeweils aktuellen Material bestimmen.

Dauer des Geschehens: Punktuelle, in sich abgeschlossene Ereignisse werden bei der Nachrichtenauswahl gegenüber lang andauernden Vorgängen bevorzugt; z. B. wird über ein Forschungsergebnis berichtet, nicht aber über den vorangehenden, oftmals langjährigen Forschungsprozess.

Kontinuität, Thematisierung, Konsonanz: Bereits eingeführte Themen rangieren vor solchen außerhalb der »Agenda«. Bei schon bekannten Themen wird Aufnahmebereitschaft des Publikums unterstellt; sie sind schon thematisiert, sie haben »Konjunktur« (z. B. der Krieg in Syrien und der Nahostkonflikt, Klimaschutz, Migration und Flucht, Euro- und Finanzkrise). Es gibt eine gewisse Kontinuität und somit auch Konsonanz der Berichterstattung zu diesen Themen in anderen Medien, und das führt im Nachrichtengeschäft zu einem sich selbst verstärkenden Prozess. Offenbar beobachten sich alle gegenseitig und unterliegen dem Herdentrieb (Fengler/Ruß-Mohl 2005: 166ff.). Alle nehmen an, den Erwartungen ihrer Publika zu entsprechen, wenn sie dasselbe Thema mehrfach aufgreifen.

Je mehr ein Ereignis den Erwartungen und Wünschen oder Bedürfnissen des Publikums entspreche, so Galtung und Ruge, desto eher werde es zur Nachricht. Überspitzt lässt sich sagen, dass Nachrichten oftmals bestätigen, was wir schon wissen oder gerne wissen möchten – *»News« are actually »olds«*.

Der Nachrichtenfaktor Kontinuität gerät dabei nur scheinbar in Widerspruch zur Orientierung auf Neuigkeiten, Sensationen, Überraschungen: Beachtet wird, was in ähnlicher oder gleicher Weise bereits Aufmerksamkeit geweckt hat, was stereotypisiert, ritualisiert ist. Der aus deutscher Sicht entlegene Reaktor von Tschernobyl wurde beispielsweise neuerlich zu einem Aufmacher des *Tagesspiegels*, obschon der zu vermeldende Brand diesmal nicht Gefahr für Leib und Leben brachte. Die Meldung konnte nur deshalb zur Top-News werden, weil den Lesern in Berlin der Schreck der vorangegangenen Reaktorkatastrophe auch Jahre später noch in den Gliedern steckte.

5.3 Nähe, Betroffenheit, Relevanz

Beim Faktorenbündel Nähe, Betroffenheit, Relevanz sind zunächst die geografisch-räumliche, die politisch-wirtschaftliche und die kulturelle Nähe eines Ereignisses zu unterscheiden. Sodann geht uns ein Ereignis nahe und ist relevant, wenn wir unmittelbar davon betroffen sind.

Geografisch-räumliche Nähe: Der Nachrichtenwert einer Meldung sinkt mit wachsender Entfernung zwischen Ereignisort und Verbreitungsgebiet des Mediums. Als zynische (natürlich so in keiner Redaktion wirklich festgelegte) Faustformel gilt für eine in Berlin beheimatete Redaktion: 100 Tote in Indien = 10 Tote in München = 1 Toter auf dem Ku'damm.

Ein Beispiel veranschaulicht, dass auch diese Faustregel noch von der (Medien-)Realität überboten wird. So berichtete die *Süddeutsche Zeitung* einst in einem Doppelaufmacher am selben Tag über ein Erdbeben in Armenien mit 10.000 Toten und einen Flugzeugabsturz bei einer Flugschau in Deutschland, bei dem fünf Menschen ums Leben kamen.

Natürlich ist dieser Zynismus kein Naturgesetz. Redaktionen, die es wollen, können sich anders entscheiden.

Politische Nähe: Der Nachrichtenwert hängt ab von den politischen und wirtschaftlichen Beziehungen, die zum Ereignisland bestehen. Beispielsweise haben Meldungen aus den USA in Deutschland meist höheren Nachrichtenwert als Nachrichten aus Nachbarländern wie Tschechien oder Dänemark. Oftmals sind sie ja auch folgenträchtiger.

Kulturelle Nähe: Der Nachrichtenwert wird von sprachlichen, religiösen, literarischen, wissenschaftlichen Verbindungen mitbestimmt, die zum Ereignisland bestehen. So ist den Deutschen Osteuropa zwar nach dem Fall des »Eisernen Vorhangs« wieder näher gerückt; die noch engere Anbindung (West-)Deutschlands an Westeuropa spiegelt sich aber darin wider, dass über die Nachbarländer Frankreich, Schweiz und Italien nach wie vor in den Medien mehr zu erfahren ist als über Polen, Tschechien und Litauen.

Relevanz: Der Nachrichtenwert wird davon beeinflusst, ob ein Ereignis die Rezipienten betrifft, ob es Relevanz für sie hat. Das kann selbst bei recht großer geografischer Entfernung der Fall sein. Der Konflikt zwischen China und Taiwan oder das Ringen um Hongkong sind gute Beispiele dafür. Was dort passiert, kann zum einen große Auswirkungen auf die Weltwirtschaft und damit auch auf den Wohlstand in Deutschland haben. Zum anderen kann sich – wie im Konflikt Russlands mit der Ukraine, mündend im Überfall auf die Ukraine – schnell ein Flächenbrand entwickeln. Und wenn man unterstellt, dass (einige? viele?) Menschen sich für echte Weltbürger mit hohen moralischen Ansprüchen halten (sich also nicht nur um sich selbst und um ihr eigenes Land kümmern), so ist für sie vieles ohnehin auch dann relevant, wenn es sie nicht unmittelbar selbst betrifft.

5.4 Status: Zentralität, Macht und Einfluss, Prominenz

Regionale/nationale Zentralität: Der Nachrichtenwert einer Meldung hängt davon ab, welchen Rang, welche weltpolitische Bedeutung die Ereignisregion hat. Weil es sich um die Hauptstädte von Weltmächten handelt, sind Nachrichten über eine Regierungsumbildung in Washington und Peking häufig wichtiger als vergleichbare Meldungen aus Warschau oder Vilnius.

Persönlicher Einfluss: Haben Personen Macht und Einfluss, steigert dies ebenfalls ihren Nachrichtenwert. Lassen Regierungschefs wie Macron oder Putin etwas verlauten, hat das größere Publizitätschancen als das Statement eines Hinterbänklers im Parlament, das allenfalls in der Lokalpresse seines Wahlkreises registriert wird.

Prominenz: Nicht nur Macht, sondern auch Bekanntheitsgrad zählen. Das gilt nicht nur für Tennis-Champions wie Novak Djokovic oder Popstars wie Lady Gaga. Es gibt auch längst eine »Klasse« von Promis, die sich ständig selbst in Szene setzen – sei es, um sich zu bestätigen, wie wichtig sie sind, sei es, weil sich Medienprominenz für sie auch finanziell rechnet. Heidi Klum, Daniela Katzenberger, Dieter Bohlen sind Beispiele für den Nachrichtenfaktor »Prominenz«. So sehr solche Figuren und der Hype, der um sie gemacht wird, nerven können: Ohne die Lieblinge der Klatsch- und Boulevardpresse wäre der (Medien-)Alltag weniger schräg und damit deutlich langweiliger.

5.5 Dynamik: Überraschung, Struktur und Intensität

Beim Nachrichtenfaktor Dynamik lassen sich die Ereignisdimensionen Überraschung, Struktur und Intensität unterscheiden.

Überraschung: Was immer an einem Ereignis unerwartet, kurios oder gar sensationell wirken mag, steigert den Nachrichtenwert - sei das der Zeitpunkt, der unvorhersehbare Verlauf, das ungewöhnliche Resultat. So kann sogar trotz großer geografischer Entfernung und kultureller Distanz ein Kussverbot an einer Universität in Peking zur Nachricht im »Vermischten« werden.

Struktur: Die Berichterstattungschance steigt, wenn ein Ereignis von geringer Komplexität ist, wenn es wenig Beteiligte und Interessen zu berücksichtigen gilt und die Thematik »eindimensional« ist. Dass sich bei den Grünen die Realos mit Cem Özdemir und die Fundamentalisten mit Anton Hofreiter um den Kabitnettsposten des Landwirtschaftsministers nach Monaten in der Partei inszenierter Harmonie gestritten haben, ist Zoff und damit Stoff vom Feinsten für die Berichterstattung. Wie dagegen die künftige Agrarpolitik oder die Rentenreform zu gestalten wäre, ist ein Thema, das sich noch nicht einmal in einem Wirtschaftsblatt in all seinen Facetten mal eben vermitteln lässt.

Intensität: Damit die Medien ein Ereignis überhaupt registrieren, muss es eine bestimmte Aufmerksamkeitsschwelle überwinden und sich in seiner absoluten Intensität oder im Intensitätszuwachs von ähnlichen Ereignissen abheben. Je länger beispielsweise ein neu errichteter Tunnel ist, desto stärker wird seine Einweihung von den Medien beachtet. Und auch der besonders grausame Sexualmord an einem entführten Kind oder die per Video dokumentierte Hinrichtung von Journalisten durch Islamisten liefert »fettere« Schlagzeilen als ein »gewöhnliches« Tötungsdelikt im Rotlichtviertel.

5.6 Valenz: »Good news« und »Bad news«

Beim Faktor Valenz geht es, salopp gesagt, um »gut« und »böse«. Unterschieden werden die Dimensionen Negativismus und Positivismus.

Negativismus: Konflikte und Kriege, Katastrophen und andere Schadensfälle, Gewaltakte und Kriminalität haben stets besonders hohen Nachrichtenwert. Zyniker in der Medienbranche kalauern deshalb: *Only bad news is good news* – nur schlechte Nachrichten sind gute Nachrichten, sowie: *If it bleeds, it leads* – frei übersetzt: Blutige Storys erzielen Aufmerksamkeit. Dass das offenbar stimmt, hat Hans Mathias Kepplinger (1998) eindrucksvoll belegt. Seine schon einige Jahre alte Analyse zeigte, dass die Zahl der Beiträge mit negativen Aussagen auch bei seriösen Medien wie der *Süddeutschen Zeitung* und der *Frankfurter Allgemeinen Zeitung* die »guten« Nachrichten oft um ein Vielfaches übertrifft.

So ist rechtsradikalen Gewalttätern in Deutschland oftmals weltweites Medienecho sicher. Zum Nachrichtenwert Negativismus kommt dann hinzu, dass es sich wegen des Bezugs zum Nationalsozialismus um ein »eingeführtes« Thema handelt.

Positivismus: Umgekehrt haben aber auch Erfolgsmeldungen, Fortschritte, bahnbrechende Entwicklungen hohen Nachrichtenwert, also zum Beispiel Friedensverhandlungen, Steuersenkungen oder ein wissenschaftlicher Erkenntnisfortschritt, wenn etwa bei der Impfstoff-Entwicklung gegen COVID-19-Mutanten Fortschritte erzielt werden oder die Raumsonde Rosetta Bilder vom Vulkanausbruch auf dem Kometen 67P/Churyumov-Gerasimenko oder vom Zwergplaneten Pluto zur Erde schickt.

Weil die meisten Medien den Negativismus überakzentuieren, haben einige erfolgreiche Journalisten und Medienmanager aus dem Faktor Positivismus regelrecht eine neue journalistische Philosophie entwickelt. Pionier war der Gründer der Tageszeitung *USA Today*, Allen Neuharth, der einen »journalism of hope«, einen Journalismus der Hoffnung propagierte. Als beispielsweise bei einem Flugzeugabsturz alle Zeitungen mit den 57 Todesopfern aufmachten, lautete die Schlagzeile von *USA Today*: »Miracle: 327 survive, 57 die« – »Wunder: 327 Überlebende, 57 Tote«.

Sehr viel konventioneller dagegen war ein Aufmacher im *Tagesspiegel*: »New York: Airbus stürzt in Hudson River«. Die eigentliche Sensation, dass die rund 150 Passagiere allesamt den Absturz und danach im Eiswasser des Flusses überlebten, war nur dem Fließtext und dem Foto zu entnehmen, das zuvor allerdings in den sozialen Netzwerken bereits um den Globus gejagt worden war.

Mitunter wird das Akzentuieren von *good news* auch zum Eiertanz und zugleich zum Clickbaiting, also zum Fischen nach möglichst vielen Klicks im Netz. So machte z. B. die *FAZ* (Abb. 22) erst in der Rubrik mit einem Zitat auf einen »Durchbruch« in der Alzheimertherapie aufmerksam, dann fragte sie im Fließtext nach der »Wende im Kampf gegen die gefürchtete Krankheit« und relativierte schließlich wohl zutreffend den Erkenntnisfortschritt: »Erstmals konnten amerikanische Pharmaforscher bei Demenzpatienten die Zerstörung des Gedächtnisses messbar verlangsamen – mehr aber auch nicht.«

Klimagipfel in Paris

Frankfurter Allgemeine
Wissen
Samstag, 30. Januar 2016

POLITIK WIRTSCHAFT FINANZEN FEUILLETON SPORT GESELLSCHAFT STIL TECHNIK & MOTOR WISS

Home › Wissen › Alzheimer-Therapie: „Es ist schon ein Durchbruch"

Alzheimer-Therapie

„Es ist schon ein Durchbruch"

Ist das die Wende im Kampf gegen die gefürchtete Alzheimer-Krankheit? Erstmals konnten amerikanische Pharmaforscher bei Demenzpatienten die Zerstörung des Gedächtnisses messbar verlangsamen - mehr aber auch nicht.

23.07.2015, von JOACHIM MÜLLER-JUNG

Abb. 22: Clickbaiting durch frisierte »gute« Nachrichten: »Durchbruch« in der Alzheimer-Therapie (Quelle: F.A.Z. v. 30. 1. 2016)

Übertreibt ein Medium mit dem hoffnungsfrohen Journalismus, wird es so langweilig wie dereinst im Realsozialismus die *Prawda* in der Sowjetunion oder das *Neue Deutschland* in der DDR. Schlechte Nachrichten kamen damals nur aus dem kapitalistischen Westen. In der eigenen Hemisphäre wurden Produktionsrekorde und politische Erfolge vermeldet. 25 Jahre nach dem Fall des »Eisernen Vorhangs« hat in Russland die Newssite *Cityreporter* das Experiment wiederholt und einen Tag lang ausschließlich »gute« Nachrichten berichtet. Die Seitenaufrufe sind prompt und drastisch zurückgegangen. Denn bei aller Begeisterung für Katzenvideos und für diverse Kuriositäten, die Websites wie *BuzzFeed* und *Mashable* bedienen, werden zu viele gute und harmlose Nachrichten schnell langweilig. Wir wollen wissen, was »wirklich los« ist in der Welt, und uns nicht einlullen lassen.

Eine Weiterentwicklung des *journalism of hope* ist der »konstruktive Journalismus«. Statt nur die Weltläufte zu beschreiben, sollen diesem Konzept zufolge die Journalistinnen und Journalisten auch nach Problemlösungen Ausschau halten (Haagerup 2015).

PRO & CONTRA

»Wir brauchen mehr ›konstruktiven Journalismus‹.«

Pro: Es ist falsch, dass alles immer schlimmer wird. Die weltweiten Erfolge beispielweise im Kampf gegen den Hunger oder bei der Alphabetisierung der Menschen sind vielen gar nicht bewusst, weil sie überlagert werden von lauter Katastrophen-Nachrichten. In den Meldungen über Länder in Afrika dominieren Kriege und Krisen, dabei gibt es auch dort viele gute Beispiele, die Mut machen. Die Missstände und Übel in der Welt dürfen natürlich nicht ausgeblendet werden, die Medien müssen darüber berichten. Wichtig ist es aber, sie ins richtige Verhältnis zu setzen – und in konstruktiver Weise auch mögliche Auswege und Lösungen zu präsentieren.

Contra: Gut gemeint ist oftmals das Gegenteil von gut. »Sagen, was ist«, dieses Leitmotiv des *Spiegel*-Gründers Rudolf Augstein, bleibt die wichtigste Herausforderung im journalistischen Alltag. Journalisten sind keine Problemlöser. Sie sollen den von uns legitimierten und gewählten Politikern die Politik überlassen. Journalisten sind gerade dann »konstruktiv«, wenn sie ihre eigene Rolle in der Demokratie als professionelle Beobachter ausfüllen und unvoreingenommen Experten »aushorchen«, damit sich Bürgerinnen und Bürger ihre eigene Meinung bilden können. Die Welt ist viel zu komplex: Journalisten »verlupfen« sich, wenn sie *fix-it-journalism* betreiben. Zu sagen, was sein *sollte*, macht aus Journalisten Aktivisten, sprich: Politiker, PR-Leute oder Missionare.

5.7 Identifikation: »Human touch«, Ethnozentrismus, Gefühlswert

Auch von den Identifikatonsmöglichkeiten, die ein Geschehen dem Medienpublikum bietet, hängt dessen Nachrichtenwert stark ab. Das gilt vor allem für die Boulevardmedien. Zu unterscheiden sind die Dimensionen Personalisierung, Ethnozentrismus und Gefühlswert.

Personalisierung: Steht ein Mensch als handelndes Subjekt oder als Ursache bzw. Betroffener eines Ereignisses im Mittelpunkt, steigt der Nachrichtenwert aufgrund des »human touch«. Nicht personalisierbares, abstraktes Geschehen ist dagegen sehr viel schwerer zu vermitteln. Deshalb haben zum Beispiel politische Programme oder Sachaussagen oft für Journalisten wenig »Sex-Appeal«, während die Frisuren von Donald Trump, Angela Merkel oder Silvio Berlusconi immer wieder Medienaufmerksamkeit erzielten. Ein schwieriges Thema wie die Bekämpfung des islamistischen Terrorismus und seines Netzwerks wurde im trauten Zusammenspiel von US-Regierung und einem Großteil der Medien über Wochen und Monate hinweg ebenfalls auf die weltweite Fahndung nach Bin Laden und später Abu Bakr al-Baghdadi sowie Ayman al-Zawahiri reduziert.

Selbst das Image weltumspannender Großkonzerne wird inzwischen von den Darstellerqualitäten des jeweiligen Vorstandssprechers im Medienzirkus bestimmt. Die Medien haben Wirtschaftsführer wie Jeff Bezos (Amazon), Elon Musk (Tesla) oder Sergio Marchionne (Fiat) regelrecht zu Pop-Ikonen stilisiert.

Ethnozentrismus: Nachrichten aus dem eigenen Kulturkreis werden bevorzugt. Dieser ethnozentrische Filter hat zur Folge, dass Nachrichten aus entfernten, kulturell fremden Ländern nur wenig von den Medien beachtet werden. Ein Busunglück in Südafrika wird erst dann zur Meldung, wenn sich unter den Toten deutsche Touristen befinden – wobei uns aus fernen Ländern noch am ehesten Nachrichten über Kriege und Katastrophen erreichen. Jeder und jede kann ehrlich an sich selbst prüfen: Was bekommen wir eigentlich mit, was in Vietnam, Ecuador oder sogar im wichtigen, gar nicht fernen Italien jenseits der ganz großen Ereignisse los ist?

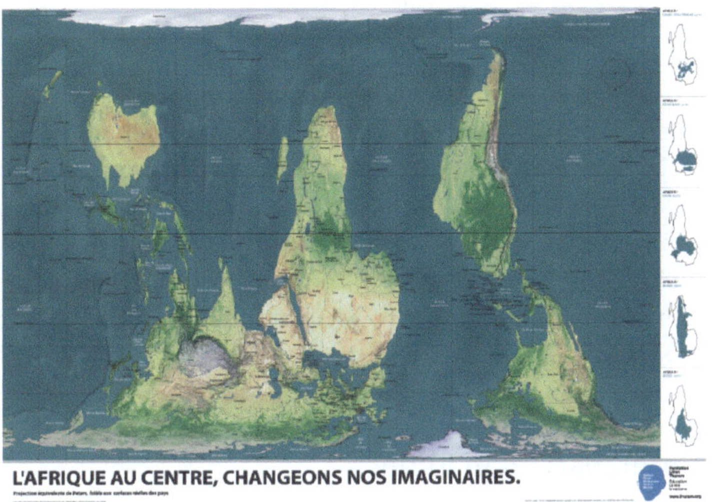

Abb. 23: Die Welt auf dem Kopf? Wie Menschen und Medien in Europa auf den Globus schauen, ist nur eine mögliche Perspektive. (Quelle: Fondation Lilian Thuram/Lépac 2015)

Gefühlswert: Sind Emotionen und menschliches Sentiment im Spiel, steigert dies den Nachrichtenwert einer Meldung. So landete Eisbär Knut vom Berliner Zoo in den Nachrichten des Fernsehens und das ausgemergelte hungernde Kind aus der Sahel-Zone großformatig im *Stern*.

Schon nicht mehr genuin mit journalistischen Nachrichtenwerten, dafür aber eine Menge mit redaktionellem Marketing, hat die Frage zu tun, welche Identifikationsmöglichkeiten ein Medium bestimmten Nutzergruppen offeriert. So dominierten in den 1980er-Jahren in den Nachrichtensendungen und auf den Titelseiten amerikanischer Zeitungen nahezu ausnahmslos *white Anglo-Saxon protestants*, während die amerikanische Gesellschaft seinerzeit bereits sehr heterogen und bunt war. Das Erfolgsgeheimnis der neugegründeten Zeitung *USA Today*: So sollten auch die Titelseiten der Zeitung aussehen. Statt lauter Konterfeis alter, weißer Männer zu zeigen, sorgte der Chefredakteur bei der Bildauswahl dafür, dass sich Frauen und Minoritäten auf der Seite 1 wiederfanden – genau die Schichten, die er als Leserinnen und Leser gewinnen wollte. Ähnlich, nur noch raffinierter und von Software unterstützt, arbeitet heute die *Financial Times*, um den Anteil von Frauen unter den Lesern zu vergrößern: Ein Bot warnt die Redaktion, wenn der Frauen-Anteil in der Berichterstattung unter ein vordefiniertes Minimum sinkt, und ein zweiter, wenn nicht genügend Frauen im redaktionellen Teil zitiert werden.

Im Vergleich dazu tun sich Redaktionen in Deutschland, wie das Forschungsinstitut MediaTenor in Zürich herausgefunden hat, noch immer schwer: Obschon inzwischen die mächtigsten Politiker Europas Politikerinnen sind und Frauen auch anderswo, zumal in den Medien, viele Führungspositionen erklommen haben, bleiben sie medial erstaunlich unterbelichtet. Ihr Anteil lag beim *Spiegel* 2020 bei 13 Prozent, in den Hauptnachrichten-Sendungen von ARD und ZDF sind es seit Jahren rund 20 Prozent, zuletzt war er auch dort wieder rückläufig.

5.8 Umsetzbarkeit in Bilder

Ein weiterer Nachrichtenfaktor ist in den vergangenen Jahrzehnten hinzugekommen: Ob sich ein Stoff oder ein Geschehen mit Bildern, vorzugsweise mit Videomaterial illustrieren lässt, ist zu einem wichtigen Kriterium der Nachrichtenauswahl geworden. Beim Fernsehen und bei Illustrierten sowieso, aber auch bei den Newssites, Social-Media-Plattformen und bei vielen Zeitungen, die heute auf opulentes Bebildern Wert legen, sind Illustrationsmöglichkeiten als eigenständiger Nachrichtenfaktor nicht mehr wegzudenken.

Der Publizistikwissenschaftler und Politologe Wolfgang Bergsdorf (1995) sprach bereits lange vor der Revolution des schnellen Internets von einem Visualisierungszwang. Dieser habe zur Folge, dass beispielsweise die Politik stark ritualisiert und »auf das Vorzeigbare« verkürzt werde. Die Situationen, in denen Politiker auf dem Bildschirm erscheinen, seien »nicht beliebig zu erweitern«. Deshalb werde das Handeln der politischen Prominenz in »wenigen, immer wiederkehrenden Situationstypen wie Staatsbesuchen, Pressekonferenzen, Sitzungsbeginn oder Diskussionsrunden gezeigt.«

Spätestens seit der Dschihadismus ebenso raffiniert wie grausam die westlichen Medien für seine Zwecke instrumentalisierte, indem er nicht nur Selbstmordattentate, sondern auch Enthauptungen von Journalisten oder Vergewaltigungen medial inszeniert hat, muss die Diskussion um die Bildauswahl neu geführt werden. Darf man Kriegsgräuel, darf man Leichenteile zeigen? Dürfen Reporterscharen mit ihren Kameras über die überlebenden Schüler eines Amoklaufs »herfallen«? Über solche Fragen wird zumindest beim öffentlich-rechtlichen Rundfunk noch nachgedacht. Allerdings nicht, ohne ein Dilemma zu offenbaren. So sagte der Terror-Experte des ZDF, Elmar Theveßen: »Je mehr wir Rücksicht nehmen auf ethische Rahmenbedingungen, desto mehr Menschen gibt es vielleicht da draußen, die sagen: Guck mal, ZDF und ARD zensieren die Wirklichkeit, die ist nämlich viel schlimmer« (zit. n. Baurmann 2015). Was ja wohl heißt, dass man sehr wohl darauf achtet, was andere, insbesondere die privaten Wettbewerber im Internet und in ihren Sendungen zeigen. Dennoch verkündete Theveßen: »Das einzige Kriterium, das keine Rolle spielen darf, ist der Wettbewerb. Das versuchen wir unseren Mitarbeitern zu vermitteln.« Ob das gelingt?

5.9 Erfolgsmessung in Echtzeit

Ein weiterer Nachrichtenfaktor ist neueren Datums: Zu den großen Errungenschaften, aber auch Versuchungen des Online-Journalismus gehört, dass Redaktionen in »Echtzeit« messen und mitverfolgen können, wie oft ein Beitrag geklickt wird. Der Umgang mit dieser neuen Möglichkeit der Erfolgskontrolle ist allerdings heikel. Er will gelernt sein. Er verleitet nämlich dazu, thematisch auf Erfolgswellen zu reiten und mehr von dem anzubieten, was nachgefragt wird – oftmals ist das dann mehr vom Gleichen und unter Gesichtspunkten der Qualität und der öffentlichen Aufgabe des Journalismus fragwürdig.

Ein Beispiel, bei dem die Nutzer-Nachfrage das Angebot mitgesteuert hat und so ein Overkill an Berichterstattung entstand, ist die Corona-Pandemie in den Jahren 2020/21. Bei vielen Medien verengte sich die Wahrnehmung der Welt zum Tunnelblick (Hennig/Gräf 2020), und das wiederum versetzte einen Teil des Publikums mutmaßlich in mehr Angst und Panik als nötig (was freilich andererseits nicht bedeutet, dass das Virus keine reale Gefahr für viele Menschen bedeutete). Die richtige Balance zu finden, auch im Ausmaß der Berichterstattung, ist gerade bei erschreckenden Themen und Nachrichten eine schwierige und heikle Aufgabe.

5.10 Zusammenfassung

Meistens sind bei der Themenauswahl mehrere Nachrichtenfaktoren gleichzeitig im Spiel, die den jeweiligen Nachrichtenwert einer Meldung bestimmen. Die genannten Faktorenbündel lassen sich auch nicht trennscharf gegeneinander abgrenzen. Bei der Selektion gibt es so etwas wie »Korridore der Professionalität«. An bestimmten Tagen sind die Nachrichtenwerte so eindeutig, dass es schlicht unprofessionell wäre, anders zu entscheiden. An anderen Tagen schälen sich dagegen keine klaren Prioritäten heraus – es gibt mehrere Möglichkeiten »richtiger« Nachrichtenauswahl.

Entscheidungen über Prioritäten bei der Nachrichtenauswahl sind allerdings zielgruppenabhängig. Überregionale Blätter oder eine TV-Nachrichten-Redaktion wählen nach anderen Gesichtspunkten aus als eine Regionalzeitung. Und manche Website macht ganz bewusst mit anderen Meldungen auf als die etablierte Presse. Nimmt man Klaus Schönbach (2007) beim Wort, hat die Zeitung »zuverlässig für Überraschung« zu sorgen. Daran gemessen, ist sogar der folgende Aufmacher gelungen: »Neuer Präsident heißt Bingu Mutharika«, titelte die linksalternative *taz* am Tag, als ein deutscher Bundespräsident in sein Amt gewählt wurde. Die Meldung aus Malawi zur Top-Story zu küren, war allerdings ein Einfall, der mit den herrschenden Nachrichtenfaktoren kaum in Einklang zu bringen ist – weshalb ihn wohl auch nur die treuesten *taz*-Leserinnen und Leser goutiert haben dürften.

Viele Journalisten sind zudem Meister darin, Storys aufzupeppen, die eigentlich keinen Nachrichtenwert haben. So bleibt es wohl das Geheimnis von faz.net, weshalb die dpa-Meldung gepostet wurde, dass in Radolfzell am Bahnhof ein Kind aus seinem Kinderwagen gefallen und zwischen Waggon und Bahnsteig geraten ist. Das Kind blieb unverletzt – womit der Vorfall eigentlich noch nicht einmal hinreichend Nachrichtenwert für die Radolfzeller Lokalausgabe des *Südkurier* gehabt hätte.

Wenn Journalismus nicht tagesaktuell sein kann, wie etwa bei Zeitschriften oder wöchentlichen Fernsehmagazinen, kommt es besonders darauf an, einer Geschichte einen bisher vernachlässigten interessanten »Dreh« zu geben. Nur so kann man sie dem Publikum noch einmal präsentieren, ohne dass es gelangweilt zu gähnen beginnt. Das gilt noch mehr für historische Stoffe: Ohne den Bezug zum Abgasskandal von VW hätte beispielsweise eine Story der *Welt* kaum Aufmerksamkeit erregt, die nachzeichnet, mit welch kriminellen Methoden die Autolobby in der ersten

Hälfte des 20. Jahrhunderts die Infrastrukturen des öffentlichen Verkehrs in den USA zerstört hat. Schon der Titel baut die Brücke zur Aktualität und weckt Neugier: »Gegen diesen Skandal ist VWs Dieselgate ein Klacks«.

Aber auch Nachrichtenfaktoren sind nichts Statisches. Die Grenzen zwischen Journalismus, Show und Unterhaltung sind fließend geworden. Was früher in seriösen Blättern allenfalls im »Vermischten« gelandet wäre, wird heute als Aufmacher vermeldet. Das Bunte, Skurrile, auch das Unpolitische sind Trumpf.

Der Themenverschleiß nimmt zu. Der Faktor Kontinuität verliert gegenüber dem Faktor Dynamik an Gewicht. Insbesondere mit Dramatik, mit Sensationellem, mit Überraschendem lassen sich Quoten, Auflagen und Klicks steigern – und natürlich mit Negativismen. Der Starkult treibt Blüten; und damit einhergehend hat der Faktor Prominenz wohl an Gewicht gewonnen.

Die Nachrichtenwerte sind nicht gottgegeben, deshalb lohnt es sich, immer wieder darüber zu diskutieren, was es wirklich wert ist, berichtet zu werden. Diese Diskussion kommt in den Redaktionen oft zu kurz. Sie ist aber auch nicht nur eine Aufgabe der Journalistinnen und Journalisten. Die Diskussion muss ebenso in der Medienforschung geführt werden, an den Hochschulen – und in der Gesellschaft. Am Ende entscheiden auch jeder Mediennutzer und jede Mediennutzerin, welchen Nachrichten und welchen Medien sie ihre Aufmerksamkeit schenken.

Literaturtipps

Haagerup, Ulrik (2015): *Constructive News: Warum »bad news« die Medien zerstören und wie Journalisten mit einem völlig neuen Ansatz wieder Menschen berühren*. Salzburg: Verlag Oberauer

Kramp, Leif; Weichert, Stephan (2020): *Nachrichten mit Perspektive. Lösungsorientierter und konstruktiver Journalismus in Deutschland*. OBS-Arbeitsheft 101, Otto Brenner Stiftung, Frankfurt/M.

Schulz, Winfried (1976; 1990, 2. Aufl.): *Die Konstruktion von Realität in den Nachrichtenmedien. Analyse der aktuellen Berichterstattung*. Freiburg: Alber

6. Quellenkritisches Recherchieren – nicht nur im Netz

Aus ohnehin schon kursierenden Informationen und Nachrichten etwas auszuwählen, ist für einen Journalismus, der etwas auf sich hält, noch zu wenig. Er will selbst etwas entdecken – und auch aufdecken, was ohne ihn verborgen bliebe. Dazu gibt es ein berühmtes Zitat: »Journalismus heißt, das zu veröffentlichen, was jemand anderer nicht veröffentlicht sehen will – alles andere ist Werbung« (oder wahlweise PR). Es wird unter anderem George Orwell, William Randolph Hearst, Katharine Graham und Lord Rothermere zugeschrieben – kluge Statements haben, wie gescheite Kinder, gelegentlich mehrere Mütter und Väter…

Die amerikanischen Medienexperten Bill Kovach und Tom Rosenstiel (2021) sprechen vom (Über-)Prüfen (*verification*) als einer Essenz des Journalismus. Recherche ist demnach das Kerngeschäft. Sie braucht es nicht nur bei den großen Skandalen und Enthüllungsgeschichten, Recherche gehört ins Zentrum jeder journalistischen Tätigkeit. Stets muss geprüft werden, ob Informationen stimmen, Fragen müssen gestellt, Angaben kritisch infrage gestellt und Quellen erschlossen werden. Jederzeit können dabei Ungereimtheiten oder Widersprüche auffallen, die dazu führen, weitere Fragen zu stellen und tiefer zu bohren. So kann dann (manchmal…) etwas zu Tage gefördert werden, was der Öffentlichkeit so tatsächlich noch gar nicht bekannt war.

Mag sein, dass diese Sichtweise einen Mythos vom unabhängigen, kritischen Journalismus kultiviert. Die Realität sieht oftmals trauriger aus, zumal im schnellen Online-Journalismus. Angesichts des 24-Stunden/7-Tage-Nachrichtenzyklus bleibt in vielen Redaktionen kaum Zeit für Recherche. Twitter und andere soziale Netzwerke verstärken zudem den Druck auf die Nachrichtenagenturen, ihre Meldungen noch schneller zu liefern. Zwar lassen sich Falschinformationen im Netz jederzeit korrigieren, sie verbreiten sich aber oft schneller und zahlreicher als die Korrekturen.

»Wer an die Quelle kommen will, muss gegen den Strom schwimmen.« Diese erste Rechercheregel stammt von Stanislaw Lec, der mit seinen »unfrisierten Gedanken« und hochfliegenden Aphorismen bekannt geworden ist - wahlweise geht sie neuerlich bereits auf Konfuzius oder Hermann Hesse zurück.

Es ist allerdings anstrengend, den Ratschlag zu befolgen. Es reicht auch nicht, nur Google zu befragen und die ganze Zeit im Büro zu hocken. »Der direkteste Kontakt zur Wirklichkeit« sei für so manche Journalisten aber »die Kantine«, holt uns der Schweizer Publizist Roger de Weck (2002) auf den Boden der Tatsachen zurück. Er möchte seinen Kolleginnen und Kollegen gerne Beine machen - wie Jahrzehnte zuvor bereits der amerikanische Journalist und Soziologe Robert E. Park, der seine Berufskollegen zum »nosing around« und zur Stadterkundung ermunterte: »Go into the district«, »Get the feeling«, »Become acquainted with people«, lauteten seine Aufforderungen (zit. n. Lindner 1990: 10), die während der Zeit im Corona-Homeoffice noch mehr als zuvor wie Ermahnungen von einem anderen Planeten klangen und gerade deshalb nichts von ihrer Aktualität verloren haben. Doch bequemer ist es allemal, in der eigenen Gerüchteküche und Filterblase zu verweilen.

Die zweite und vielleicht wichtigste Rechercheregel erschließt sich über eine Parabel, die einer der Pioniere des deutschen Fernsehjournalismus, Peter von Zahn (1988), gerne erzählte. Sie handelt von einem amerikanischen Professor, der seinen Studenten bei der Examensfeier die folgende grausame Geschichte mit auf den Weg gab:

»Eine Gruppe erster Semester begibt sich an einem kalten Oktobertag auf einen Motorrad-Ausflug. Einer will sich vor dem beißenden Wind schützen und zieht seinen Pullover verkehrt herum an, so dass der Hals bedeckt ist und der Ausschnitt hinten sitzt. In einer Kurve kommt das Motorrad auf dem Herbstlaub ins Schleudern und prallt gegen einen Baum. Der nächste Kommilitone stoppt und eilt zu Hilfe. Was er später der Polizei erzählt, lautet so: ›Als ich bei ihm war, lebte er noch. Ich nehme ihm den Helm ab und finde, dass sein Gesicht infolge des Aufpralls nach hinten verdreht ist. Da war keine Zeit zu verlieren. Ich setzte ihm mit einiger Anstrengung den Kopf zurecht, aber es war wohl schon zu spät ...‹« Der Professor schloss seine Parabel mit der Mahnung, dass es nicht genüge, hilfreich zu sein, man müsse auch scharf beobachten, um zu wissen, wie. Hätte er zu einer Klasse angehender Journalisten gesprochen, so wäre die Schlussfolgerung vielleicht gewesen: Man soll engagiert sein, aber nur nach eingehender Recherche.

Wenn also eine Nachricht ausgewählt, die Entscheidung für ein Thema gefallen ist, folgt der nächste Arbeitsschritt: die Recherche. Die wohl anspruchsvollste journalistische Tätigkeit besteht darin, Material, Fakten und Belege zusammenzutragen.

Wie wichtig das ist, wird deutlich, wenn wir uns an spektakuläre Rechercheflops erinnern, wie die vermeintlichen Hitler-Tagebücher des *Stern* oder an die von der US-Regierung Bush lancierten Berichte über Massenvernichtungswaffen und Verbindungen von Saddam Hussein zu Al Qaida oder an die Fake-Reportagen des peinlicherweise vielfach preisgekrönten *Spiegel*-Autors Claas Relotius.

Fehlende Fakten sind zu beschaffen, aber auch Bild- und Illustrationsmaterial. Möglicherweise sind Informanten aufzuspüren, also Kontakte zu knüpfen oder solche, die man bereits gepflegt hat, anzuzapfen, um Aussagen und Dokumente zu überprüfen oder Stellungnahmen einzuholen. Es gilt, nachzuforschen und zu dokumentieren.

Dabei helfen das Internet und seine Suchmaschinen, als erste Orientierungshilfe auch Wikipedia, bei umfassenderen Projekten gelegentlich noch immer das hauseigene Archiv sowie – inzwischen eher selten – auch externe Archive und Bibliotheken. Das Web eröffnet ein Rechercheparadies. Journalisten haben rund um die Uhr Primär- und Sekundärquellen: Sie können sich online direkt und weltweit ohne Zeitverlust informieren, Nachrichten und vertiefende Informationen abfragen. Meist gelingt das sogar in der Lingua franca der Moderne, auf Englisch – dank englischsprachiger Newssites, die es inzwischen in fast jeder Metropole dieser Erde gibt. Doch Vorsicht: Viele (Online-)Quellen sind wenig verlässlich. Hier tummeln sich eben Hinz und Kunz und streuen alle möglichen Halbwahrheiten. Am Ende schreibt dann obendrein jeder vom anderen ab.

»Die Recherche im Netz in personell ausgedünnten und finanziell nur noch mäßig ausgestatteten Redaktionen ist der Ersatz für die Recherche vor Ort«, konstatierte schon vor einigen Jahren der frühere PR-Chef von Porsche, Anton Hunger (2014), und fuhr warnend fort: »Clevere PR-Manager machen sich diesen Umstand zunutze«. Es besteht so die akute Gefahr, dass Redakteure den Verlockungen der PR-Experten erliegen (vgl. Kapitel 11.3 [257ff.]). Ältere Ergebnisse von Redaktionsbefragungen belegen zudem, dass Journalisten sehr einseitig, kaum anders als Laien, Suchmaschinen nutzen, »wobei andere, besser geeignete Zugangswege zu Quellen verdrängt werden« (Neuberger/Nuernbergk 2014: 32). Schon mit der »richtigen« Wahl der Suchbegriffe und dem Eingrenzen der Suche mit Operatoren und Filtern ließen sich deutlich bessere Rechercheergebnisse erzielen (Haarkötter 2015: 73 ff.).

Recherche-Tools

Für die digitale Recherche gibt es jede Menge nützlicher Software, Apps und Websites. Ein auch nur annähernd vollständiger Überblick ist hier nicht möglich, es kommt auch auf die Themen und Fragestellungen an. Journalistinnen und Journalisten tun in jedem Falle gut daran, sich auf dem Laufenden zu halten und es nicht bei der simplen Google-Suche zu belassen.

Links und Tipps

Eine hilfreiche Übersicht des American Press Institute zu diversen Recherche-Ressourcen findet sich unter
americanpressinstitute.org/trainingtools/fact-checking-resource.

Ebenfalls eine gute Einführung und Verlinkung zu diversen Tools, erstellt von den Recherche-Profis bei Bellingcat
bellingcat.com/category/resources/how-tos

Ein Handbuch, herausgegeben vom kanadischen Experten Craig Silverman, zu den Techniken der Verifikation – einfach zum Herunterladen:
verificationhandbook.com

Hilfe bei Behördeninformationen und den Auskunftsrechten:
fragdenstaat.de
correctiv.org/ratgeber-behoerden-zur-auskunft-zwingen/
auskunftsrecht.netzwerkrecherche.de/

Rekonstruieren von »gelöschten« Internsetseiten in einem Web-Archiv:
archive.org

Recherchieren von Experten und wissenschaftlicher Literatur im Netz:
scholar.google.com
plos.org
worldcat.org

Nutzen von Landkarten, Satellitenbildern:
bing.com/maps, maps.google.com
discover.maxar.com
geograph.org
mapillary.com

Erschließen von Metadaten:
github.com/hatlord/Spiderpig

Suche im Handels- und Vereinsregister:
handelregister.de

Sowohl Redaktionen als auch manche Stiftungen oder medienkritische Organisationen betreiben Faktencheck-Portale und überprüfen die Richtigkeit von Nachrichten. Mark Stencel und Bill Adair von der Duke University haben in ihrer einschlägigen Sammlung weltweit über 100 solcher Factchecking-Websites identifiziert. Die bekanntesten sind wohl PolitiFact der *Tampa Bay Times* und der Factchecker der *Washington Post*, der für besonders dreiste Lügen »Pinocchios« vergibt und Präsident Trump während seiner Amtszeit über 22.000 Mal bei der Verbreitung falscher oder missverständlicher Information ertappt hat – zum Schluss in einem Staccato von 50 Fake News täglich, so dass die Faktenchecker bei ihren Überprüfungen acht Wochen lang Trump hinterher hinkten. In Europa finden sich derzeit rund 100 solche aktiven Websites, darunter *BBC Reality Check* in Großbritannien und *Stop-Fake* in der Ukraine, sowie in Deutschland *Correctiv* und der *Volksverpetzer* sowie in Österreich *Mimikama*. Auch die ARD-*Tagesschau* hat ein eigenes Faktenfinder-Ressort – aber natürlich ist oder wäre es die Kernaufgabe jeder öffentlich-rechtlichen Nachrichtenredaktion, News auf ihren Wahrheitsgehalt zu überprüfen.

Früher haben die meisten Journalisten zumindest zu ihren Kernthemen Material in einem Handarchiv gesammelt. Ob dieses den Zugriff auf Suchmaschinen und elektronische Datenbanken heute noch sinnvoll ergänzt, muss jeder für sich selbst entscheiden. Wer sich fürs eigene Archiv entscheidet, sollte sich zumindest Rechenschaft darüber ablegen, wieviel Zeit er damit verplempert und wieviel Überflüssiges er im Lauf der Jahre sammelt. Der Radiokorrespondent Alexander Grass plädiert trotzdem für die eigene Ablage auf der Festplatte: »Sehr viele Themen tauchen ja auch immer wieder auf. Da ist man froh, wenn man bei der Suche nach einer zuverlässigen Zahl nicht fassungslos wird angesichts von 40.000 Google-Treffern. Wenn ein Thema plötzlich aktuell wird und unter Zeitdruck dennoch ein korrekter Beitrag entstehen soll, dann bringt ein solches Archiv Segen und Zeitgewinn.« Hierfür gibt es wiederum Software, die beim Speichern und Wiederfinden von Artikeln hilft, zum Beispiel das Programm »Evernote«.

Wer auf ein eigenes Archiv verzichtet, sollte sich in Zeiten PR-gesteuerter Nachrichten wenigstens ein Wiedervorlagesystem einrichten und bestimmte Themen auf Termin legen. So lässt sich bei groß angekündigten Projekten später nachhaken, was daran »heiße Luft« war. Die Nachrecherche ist überhaupt eine empfehlenswerte Arbeitstechnik. Statt Pressemeldungen einfach zu veröffentlichen, sollten sie Anlass sein, den Dingen auf den Grund zu gehen. Auch bei Archivmaterial ist übrigens Vorsicht geboten und kritische Distanz nötig: Nicht alles, was vor drei Jahren gestimmt hat, gilt auch heute noch, und mitunter wurde ja schon damals ein Sachverhalt verzerrt wiedergegeben. Wer ungeprüft Vorhandenes recycelt, verewigt die Irrtümer der Kolleginnen und Kollegen.

Saubere Recherche beginnt bei lästigen Kleinigkeiten, z. B. der korrekten Schreibweise von Eigennamen. Berufsanfänger glauben oftmals, mit diesen Dingen salopp umgehen zu können, aber das rächt sich. Ein besonders peinliches Beispiel: Amerikanische Kollegen rückten im Vorwahlkampf Barack Obama, als er noch nicht zum Superstar und späteren Präsidenten avanciert war, mehrfach als »Osama« ins Blatt. Dass Journalismus viel mit Präzision zu tun hat, zeigt sich gerade bei solchen Details. Wenn sie nicht stimmen, ist die Glaubwürdigkeit schnell beschädigt. Das Publikum schließt dann nämlich messerscharf, dass Redaktionen, die nicht einmal diese Dinge im Griff haben, auch sonst wenig zuverlässig arbeiten.

Es sind keineswegs nur Besserwisser und Oberstudienräte, die Leserkommentare schreiben und zu solchen Rückschlüssen neigen.

6.1 Vervollständigen und Überprüfen

Michael Haller (1983, 27ff.) unterscheidet verschiedene Rechercheverfahren. Seine wichtigsten Stichworte sind »vervollständigen«, »überprüfen« und »rekonstruieren«.

Beim Vervollständigen geht es darum, fehlende Informationen zu ergänzen. Insbesondere sind die sieben W-Fragen (Kapitel 2.1 [57ff.]) möglichst zu beantworten. Bei kontroversen Sachverhalten sind Gegenrecherchen bei weiteren Akteuren vonnöten, um alle relevanten Seiten zu Wort kommen zu lassen oder - noch besser - der Wahrheit näher zu kommen.

Das oberste Gebot im Nachrichtenjournalismus ist Faktentreue. Deshalb ist das Überprüfen eingehender Nachrichten wichtig. Aber wie kann ein Nachrichtenredakteur feststellen, ob eine Meldung stimmt oder nicht? Als Faustregel gilt, dass man sich auf das verlassen kann, was die Nachrichtenagenturen anliefern. Daraus erwächst allerdings ein Problem: Journalisten gelten als agenturgläubig.

Lenins Prinzip »Vertrauen ist gut, Kontrolle ist besser« ist deshalb ein gutes Leitmotto - auch im Umgang mit dpa, AP und Reuters. In größeren Redaktionen ist ein Prüfverfahren üblich, das als Kohärenzprüfung bezeichnet wird: Der Redakteur checkt, ob ein Bericht in sich stimmig ist. Zum anderen vergleicht er die Meldungen verschiedener Nachrichtenagenturen oder anderer Quellen miteinander. Auch im seriösen Online-Journalismus sowie bei Rundfunkanstalten, die mit ihren stündlichen Nachrichtensendungen Agenturmeldungen schnell an die Publika weitergeben, gilt bei sensationellen Neuigkeiten als eherne Regel: Bevor die Meldung - etwa über ein Attentat auf den Papst oder einen Flugzeugabsturz - weitergegeben wird, muss sie von einer zweiten glaubwürdigen Quelle bestätigt sein.

Das Nachrichtengeschäft ist, bedingt durch seine Hektik, fehleranfällig. Vergleichenden Untersuchungen zufolge enthalten mehr als 60 Prozent der veröffentlichten Artikel sachliche Unrichtigkeiten - nahezu egal, ob man sich amerikanische, Schweizer oder italienische Regionalzeitungen vorknüpft (Maier 2005; Porlezza et al. 2011). In den Redaktionen wird schludriger denn je gearbeitet, im Vergleich zu früheren Analysen aus den USA war die Fehlerrate noch nie so hoch.

Eine vorangehende Studie von Haller zur Berichterstattung der deutschsprachigen überregionalen Tagespresse über das Reaktorunglück in Tschernobyl hat ebenfalls Alarmierendes zutage gefördert. Dabei ist allerdings zu beachten, dass die Redaktionen in einer schwierigen Ausgangsposition waren, als sich die Katastrophe ereignete. Haller hatte zwei Physiker gebeten, die von ihm gesammelten 171 Tschernobyl-Berichte auf ihre sachliche Richtigkeit zu beurteilen. Sie kamen dabei zu dem frappierenden Ergebnis, dass sich »statistisch 1,2 inhaltliche Fehler pro Texteinheit nur schon bei der Darstellung und Deutung vornehmlich physikalisch-technischer Aspekte des Unglücks und seiner Folgen feststellen« ließen (Haller 1987: 308).

Es ist also wichtig, beim Bearbeiten von Nachrichten mitzudenken und sich immer wieder Plausibilitätsfragen zu stellen: Stimmt es tatsächlich, dass …? Wie kam es dazu, dass …? Bei komplexen Sachverhalten reicht gesunder Menschenverstand alleine nicht aus. Anspruchsvolle Redaktionen, z. B. *Geo* oder *Bild der Wissenschaft*, ziehen externen Sachverstand hinzu, um Artikel gegenlesen zu lassen und Fehler zu minimieren. Auch da ist allerdings Vorsicht geboten: »›Experte‹ klingt gut«, sagt Alexander Grass, »ist aber gelegentlich ein ›Tuttologo‹, ein ›Allwissender‹, der gut erreichbar ist und zu allem etwas sagt. Oder ein Universitätsmensch, der keine empirischen Resultate auf dem Tisch hat, dafür aber einen Kommentar im Kopf. Die Medien sind voller solcher Auskunftgeber.«

Das Prinzip »Sicherheit vor Schnelligkeit« sollte nicht nur im Straßenverkehr gelten. Angesichts des Tempos, mit dem Redaktionen um Aktualität konkurrieren, klingt diese Rechercheregel für die Nachrichtenübermittlung allerdings ziemlich altbacken. »Der Druck, Neues zu bringen, ist so groß, dass man auf Chatrooms, Community-Seiten oder Twitter-Schnipsel zugreift«, kritisiert der langjährige Chef der Schweizer Tagesschau, Heiner Hug. Die Blamage war dann allerdings gigantisch, als 2015 in kurzem Zeitabstand mehrere Medien den Tod von Ex-Bundeskanzler Kohl, Queen Elizabeth und des französischen Unternehmers Marin Bouygues vorzeitig vermeldet hatten.

6.2 Rekonstruieren

Wer Hintergründe aufhellen sowie Geschehnisse und Entwicklungen genauer erklären will, darf sich nicht aufs Vervollständigen und Überprüfen beschränken. Er muss gründlicher recherchieren und dabei Vorgänge rekonstruieren. Die Leitfrage lautet: Wie war etwas wirklich? Manchmal folgt ein schwieriges Puzzlespiel, und es sind fast schon kriminalistische Ermittlungen erforderlich, um hieb- und stichfeste Antworten zu erhalten. In unüberschaubaren Situationen kann es helfen, sich eine Rechercheliste anzulegen.

Haller (1983: 38) unterscheidet drei »Typen« von Informanten:

- Augenzeugen, die als Betroffene oder Zuschauer »dabei« waren;
- Second-Hand-Informanten, also Leute, die mit Augenzeugen und Beteiligten gesprochen haben;
- Interpreten, die als Sachverständige dazu etwas sagen können.

Fachleute wissen seit langem, dass selbst Augenzeugen schlechte Beobachter sind, zumal bei Katastrophen oder Unglücksfällen, also in Momenten großer psychischer Anspannung. Wissenschaftliche Experimente haben ergeben, dass Erinnerungen durch spätere Vorgänge systematisch verzerrt werden können. Und selbst die Art und Weise, wie gefragt wird, beeinflusst die Aussage. So wurde in einer Autounfall-Studie einer Gruppe die Frage gestellt: »Wie schnell waren die Autos, als sie aufeinander knallten?« Die Kontrollfrage an die zweite Gruppe lautete: »Wie schnell waren die Autos, als sie zusammenstießen?« Die unterschiedliche Formulierung bewirkte, dass deutlich mehr Testpersonen der ersten Gruppe bei der Folgefrage bejahten, sie hätten zerbrochenes Glas gesehen (Waldmann 1985).

Noch weniger verlässlich sind Informanten, die ein Ereignis bloß vom Hörensagen kennen. Und selbst Sachverständige helfen oftmals nur begrenzt weiter – sei es, weil sie die berühmten Scheuklappen der Spezialisten tragen, sei es, weil sie sich gegenseitig widersprechen. In solchen Fällen ist die wahrscheinlichste aller dargebotenen Versionen mitzuteilen; sodann sind Unstimmigkeiten zu nennen und Zweifel zuzulassen. Journalisten sollten ihre eigene Rolle nicht mit der des urteilenden Richters verwechseln.

Bei allen Ereignissen, die weiter zurückliegen, wissen Historiker ein Lied davon zu singen, wie sehr dem selektiven Gedächtnis von Zeitzeugen zu misstrauen ist. David Carr (2008), der legendäre, viel zu früh verstorbene Medienreporter der *New York Times*, hat dazu ein faszinierendes Buch geschrieben: Er hat seine eigene kriminelle Vergangenheit rekonstruiert – und eben nicht allein den eigenen Erinnerungen vertraut, sondern umfangreich bei Freunden und Bekannten dieses dunkelste Kapitel seines Lebens ausrecherchiert. Was dabei herausgekommen ist, ist ein faszinierendes Puzzle widersprüchlicher Aussagen – ein Buch, das eigentlich jeder angehende Journalist lesen sollte.

6.3 Fortlaufende Recherche und Rechercheökonomie

Nicht immer ist es sinnvoll zu warten, bis eine Recherche vollständig abgeschlossen ist und als letztgültige »Wahrheit« publiziert werden kann. Manchmal ist sogar die Nach-und-nach-Publikation der einzige Weg, einer Aufklärung näher zu kommen. In solch einem Fall kann es gelingen, über Crowdsourcing, also unter aktiver Beteiligung des Publikums, in der Recherche Fortschritte zu machen. Dann ist es allerdings angezeigt, Unsicherheiten offenzulegen, eventuell auch mehrere Versionen eines Geschehens mit mehreren Quellen zu nennen. Lässt sich nicht alles aufklären, so ist wenigstens Transparenz über die Intransparenz herzustellen, statt Gerüchte auszustreuen.

Soll das Publikum in die Recherche einbezogen werden, gilt es auch diesen Prozess zu planen und, vor allem, die Mediennutzer als Recherchepartner nicht zu überfordern. Der vielzitierte Klassiker: Um dreister Selbstbedienung bei den Spesenabrechnungen britischer Parlamentarier auf die Spur zu kommen, hat der *Guardian* seine Leser aufgefordert, jeweils die im Netz verfügbaren Daten ihrer Wahlkreisabgeordneten zu prüfen – eine Aufgabe, die keine Redaktion der Welt selbst hätte bewerkstelligen können, die aber eine Vielzahl von Betrugsfällen ans Tageslicht brachte.

Ein Nachteil fortlaufender Berichterstattung ist, dass in jedem neuen Artikel kurz Vorgeschichte und Stand der Dinge referiert werden müssen. Nachrichten sind eine leicht verderbliche Ware. Sie müssen schnell umgesetzt werden, und ein Recherchevorsprung gegenüber der Konkurrenz lässt sich oft nur über kurze Zeit hinweg halten. Besonders ausgeprägt ist das bei Nachrichtenagenturen. Auch der Online-Journalismus lädt geradezu zum häppchenweisen Publizieren ein – wobei es für altgediente Print-Journalisten, die gerne die besten Geschichten in ihren Zeitungen oder Zeitschriften gedruckt sehen möchten, lange Zeit schwer war, das Prinzip »online first« sowie alle damit einhergehenden Interaktionsmöglichkeiten mit den Usern zu akzeptieren.

Gefragt ist deshalb auch Rechercheökonomie. Man kann jedes Thema zu Tode recherchieren. In der Regel gilt, dass die Recherchekosten linear oder sogar exponentiell steigen – der Ertrag (im Fachjargon der Ökonomen: der Grenznutzen) zusätzlicher Recherche nimmt dagegen eher ab.

Zwei alte Praktikerregeln, so Haller, lauten daher:

- »Go with what you have got.«
- »When in doubt, leave it out.«

Werden mit scheibchenweiser Informationspreisgabe nicht nur kommerzielle, sondern auch politische Ziele verfolgt, spricht man von Kampagnenjournalismus. Ob er legitim ist, lässt sich nicht pauschal mit einem »Ja« oder »Nein« beantworten. Es hängt sicher auch davon ab, welchen Zielen die Kampagne dient und ob die verfolgte Absicht für das Publikum transparent ist.

Eher dubios war es wohl, als das mächtige Boulevardblatt *Kronen Zeitung* mit einer Serie von acht Titelseiten gegen Bettler hetzte (Abb. 24).

Tatenlose Politik trotz massiver Beschwerden:
Linz verkommt zur Bettler-Hauptstadt
Kronen Zeitung
Roxanne Rapp ist Dancing Queen

Schnorrer wollten Frau die Handtasche entreißen:
Bettler-Attacke vor Linzer Krankenhaus
Kronen Zeitung
Mühlviertler Liebe in Bad Ischl gekrönt

Banden schicken Minderjährige auf die Straßen:
Kinder müssen in Linz betteln!
Kronen Zeitung
Jackpot

Endlich viel schärfere Kontrollen in Linz:
Politik reagiert auf Bettler-Unwesen!
Kronen Zeitung
Sommerheißer Start in Badesaison

Linzer Bürgermeister fordert härtere Gesetze
Kronen Zeitung
Wann kommt das Verbot für Profi-Bettelei?

Sinnloser Polit-Zank um Profi-Banden
Bettler-Kind als Taschendieb in Linz
Kronen Zeitung
88 sehr lebendige Heimatmuseen

Pühringer und Luger an „Runden Tisch“:
Macht Schluss mit Bettler-Schande!
Kronen Zeitung
Der Traum des Cristiano Ronaldo
Wir machen doch bei PISA-Test mit

LH geht auf „Krone“-Forderung ein:
Runder Tisch zum Bettler-Unwesen
Kronen Zeitung
Historisches Jubiläum für Real

Abb. 24: Publizistischer Machtmissbrauch in Österreich: Mit einer Serie von Titelseiten machte die *Kronen-Zeitung* Stimmung gegen Bettler (Quelle: Kronen Zeitung 2014, dokumentiert von Kobuk)

Dagegen erfreute sich die Klimaschutzkampagne des *Guardian*, die der scheidende Chefredakteur Alan Rusbridger 2015 lanciert hat, öffentlicher Zustimmung weit über den engeren Leserkreis der linksliberalen Zeitung hinaus. Als der *Stern* dagegen der »Fridays for Future«-Bewegung der jungen Umweltaktivistin Greta Thunberg 2020 die redaktionelle Gestaltung eines ganzen Heftes anvertraute, interpretierten das viele Medienexperten als Abschied des Magazins vom professionellen Journalismus. Denn die Redaktion hatte die Hoheit über das Heft in andere Hände gelegt.

Abb. 25: Aktivismus statt Journalismus - der Stern auf Abwegen?

Unstrittig sollte unter Journalisten dagegen sein, dass sie sich engagieren dürfen, um Presse- und Meinungsfreiheit sowie journalistische Unabhängigkeit zu verteidigen. Diesbezügliche Kampagnen sollten angesichts der sich weltweit verschlechternden Rahmenbedingungen für Journalisten vielleicht sogar zum Pflichtrepertoire gehören (vgl. Pro und Contra, Seite 67).

In diesem Kontext sind die Enthüllungen von Edward Snowden zu den flächendeckenden Schnüffelaktivitäten der großen westlichen Geheimdienste zu nennen. Sie wurden von mehreren internationalen Leitmedien, darunter der *Guardian*, die *Washington Post* und der *Spiegel*, kampagnenartig in vielen Teilportionen an die Öffentlichkeit gebracht - sicherlich auch, um die Diskussion über die illegalen Aktivitäten der Dienste wachzuhalten, welche die Privatsphäre der Bürger und letztlich das demokratische Gemeinwesen weiterhin massiv bedrohen.

6.4 Investigativer Journalismus

Auch wenn der Alltag oft anders aussieht – die normative Vorgabe bleibt: Journalismus sollte stets ermitteln. Tut er das nicht, lässt er sich vor den Karren anderer spannen. Die Wortschöpfung vom »investigativen«, also vom »nachforschenden« Journalismus ist eigentlich »ein weißer Schimmel«, ein Pleonasmus, so Werner Holzer (1998), der frühere Chefredakteur der *Frankfurter Rundschau*. »Wirklicher Journalismus, der sich der Information der Öffentlichkeit verpflichtet fühlt, war immer nachforschend.«

Als investigativen Journalismus bezeichnet man eine besonders gründliche, lang andauernde Recherche, für die möglicherweise sogar ein ganzes Reporterteam freigestellt wird. Ziel ist es meist, einen Skandal aufzudecken.

Der investigative Journalismus genießt hohes Ansehen in der Zunft. Einige spektakuläre Fälle kennt fast jeder: Watergate – die *Washington-Post*-Redakteure Bob Woodward und Carl Bernstein brachten den US-Präsidenten Richard Nixon zu Fall. In Deutschland sind die Enthüllungen der Medien zur Flick-Affäre, zu Helmut Kohls Spendenskandal und zum Cum-Ex-Skandal zu nennen, in Großbritannien die Ermittlungen des *Guardian* im Phone-Hacking-Skandal, die dazu führten, dass Rupert Murdoch sein Boulevardblatt *News of the World* schließen musste, sowie die Recherchen der *Financial Times*, die den gigantischen Wirecard-Betrugsfall in Deutschland aufdeckte. Zu nennen ist auch *WikiLeaks* – und dessen Initiator Julian Assange, der in britischer Haft einsitzt und um dessen Auslieferung die USA immer noch kämpfen, weil er amerikanische Kriegsverbrechen an Zivilisten in Afghanistan und im Irak aufgedeckt hat.

Investigative Recherchen beginnen häufig damit, dass einer Redaktion vertrauliche Informationen zugespielt werden – wie z. B. dem *Guardian* die Dokumente zu den flächendeckenden Überwachungsaktivitäten der NSA und anderer westlicher Geheimdienste. Einige namhafte Redaktionen haben dafür extra Whistleblowing-Plattformen eingerichtet, die es Geheimnisträgern ermöglichen sollen, gefahrlos und anonym Dokumente hochzuladen, um Skandale und Korruption aufmerksam machen zu können (Di Salvo 2020).

Die *Süddeutsche Zeitung* hat in den vergangenen Jahren mehrmals Aufsehen mit großen Enthüllungen zu fragwürdigen oder sogar kriminellen internationalen Finanzgeschäften erregt – Recherchen, die unter Namen wie »Panama Papers«, »Paradise Papers« oder »Lux Leaks« bekannt geworden sind (vgl. Obermayer/Obermaier 2016). Oft hat die Zeitung dafür mit vielen anderen Medien auf der ganzen Welt zusammengearbeitet und aufwendige datenjournalistische Techniken angewendet, um aus riesigen Dateimengen die brisanten Geschichten, die in Tausenden von Zahlen und Schriftwechseln verborgen waren, herauszufischen.

Solche weltweiten Kooperationen, die in diesen Fällen unter dem Dach des »Internationalen Konsortiums investigativer Journalisten« (ICIJ) liefen, erfordern intensive Absprachen und einen langen Atem. Grundlage der Arbeit an Projekten wie den »Panama Papers« sind sogenannte »Leaks«, also Datenlecks, durch die Redaktionen in den Besitz vertraulicher Zahlen und Dokumente gelangen, in den genannten Beispielen die Daten und der Schriftverkehr von Banken und anderen Firmen des Finanzsektors. Whistleblower, deren Identität meist im Verborgenen bleibt oder bleiben soll, lieferten der Redaktion auf sicheren Übertragungswegen die heiklen Dateien, deren Inhalte dann auf Echtheit geprüft werden musste – verbunden mit der Frage, was von all dem Material von öffentlichem Interesse ist und deshalb veröffentlicht werden sollte und was dagegen als eine reine Privatangelegenheit zu behandeln ist.

Vorsicht ist im investigativen Journalismus das A und O. Oft reicht ein einziger Informant nicht aus – es sei denn, er liefert Dokumente, die hieb- und stichfest sind. Manche Quellen sind nur bedingt glaubwürdig. Vorsicht ist insbesondere dann geboten, wenn die Informanten selbst bereits nachweislich in schmutzige Geschäfte verstrickt waren. Das bedeutet zwar nicht zwangsläufig, dass ihre Informationen falsch sind, aber auch ihre Motive und Kontakte müssen kritisch beleuchtet werden.

Wie sehr Redaktionen sich schaden können, die allzu blindes Vertrauen in ihre Quellen und auch in ihre eigenen Reporter haben, kann man an zwei der größten Presseskandale in der Bundesrepublik nachvollziehen: den vermeintlichen Hitler-Tagebüchern und dem Fall Relotius.

Mit den Hitler-Tagebüchern verspielte in Deutschland der *Stern* für lange Zeit seine Reputation, weil dessen Verlagschef – zunächst an der Chefredaktion vorbei – dem Reporter Gerd Heidemann und dem Fälscher Konrad Kujau vertraut hatte. Die Hoffnung auf den großen Scoop verleitete zu unglaublichem Leichtsinn. Die Veröffentlichung der »Sensation« im

Jahr 1983 endete in einer sensationellen Schmach: Die Tagebücher wurden schnell als Fälschung entlarvt, die Illustrierte musste kleinlaut zurückrudern. Sie hatte sich hereinlegen lassen und dafür sogar noch jede Menge Geld bezahlt. Andere Medien, wie die *SZ*, beteuern dagegen, dass sie Informanten grundsätzlich kein Geld für ihre »Ware« geben - aus ethischen Überlegungen, aber auch zum eigenen Schutz, weil dies windige Typen, die mit angeblich heißen Tipps Geld machen wollen, anlocken würde.

Abb. 26: Der bislang größte Rechercheflop im deutschen Nachkriegs-Journalismus

Im Dezember 2018 flog beim *Spiegel* ein großer Betrugsfall auf. Der Reporter Claas Relotius hatte besonders infame Formen der Fälschung »kultiviert«, die wohl auch deshalb so lange unentdeckt blieben, weil sie gefällig waren und Erwartungen der Kollegen und Vorgesetzen entsprachen, also den »confirmation bias« aktivierten. So urteilte die Aufklärungskommission des Nachrichtenmagazins in ihrem Abschlussbericht: »Es geht meist darum, dass Tatsachen nicht korrekt oder nicht vollständig dargestellt wurden; entweder aus dramaturgischen Gründen, weil sich eine Geschichte geschmeidiger erzählen lässt, wenn man beim Beschreiben nicht ausschließlich an Fakten gebunden ist, oder aus weltanschaulichen Gründen, weil sich eine Geschichte stringenter erzählen lässt, wenn man widersprüchliche Fakten weglässt« (Fehrle/Höges/Weigel 2019: 143).

Eine Lehre aus dem Relotius-Skandal war für den *Spiegel* und andere Medien, die Kontrollmechanismen zu verstärken und die Dokumentationspflichten für ihre Reporter auszuweiten. Zumindest innerhalb einer Redaktion sollte möglichst große Transparenz über Recherchewege und Quellen bestehen. Dabei muss bei sensiblen Fällen dennoch der Informantenschutz gewährleistet sein. In begründeten Fällen sichern Medien ihren Informanten Vertraulichkeit zu. Dass sie der Öffentlichkeit die Herkunft einer Information oder den echten Namen eines Informanten nicht verraten, bedeutet nicht, dass die Redaktion selbst ahnungslos wäre (auch wenn in heiklen Fällen selbst in der Redaktion nur sehr wenige eingeweiht werden).

Allerdings kommt es auch vor, dass die Quelle sogar der Redaktion gegenüber anonym bleibt. Dann stellt sich die Frage, ob trotzdem eine Zusammenarbeit möglich ist. Die Antwort: Es kommt darauf an, was die Quelle liefert – ob sich die Informationen beispielsweise durch weitere Recherchen erhärten lassen, ob das gelieferte Material authentisch, brisant und von öffentlichem Interesse ist.

Die andere Seite der Medaille: Wenn eine Quelle in der Anonymität verbleiben kann, lädt dies angesichts des Wettbewerbs um Scoops dazu ein, Intrigen zu spinnen. Journalisten, und mit ihnen ihre Publika, werden auf falsche Fährten geführt; Behauptungen oder Gerüchte lassen sich streuen, die nicht hinreichend belegt sind. Gerade das Internet und seine sozialen Netzwerke eignen sich als Nährboden hierfür, und nicht nur Geheimdienste, sondern auch Wichtigtuer und professionelle Spindoktoren (samt Trollen in deren Diensten) wissen, wie sich mit solchen Methoden Gegner aus dem Weg räumen und Karrieren beenden lassen. Deshalb müssen Journalistinnen und Journalisten stets genau prüfen, ob und wer sie möglicherweise zu welchen Zwecken instrumentalisieren will.

In Zeiten flächendeckender Internet- und Telefonüberwachung durch Geheimdienste ist es wichtiger denn je, dass die Redaktionen gefährdete Quellen mithilfe von Verschlüsselungstechnologie schützen. Ob das dauerhaft gelingen kann, ist indes eine offene Frage, denn jede neue Technologie ruft wieder Leute auf den Plan, die Wege suchen, diese Technologie auszutricksen:

»Ich bin kein Nerd, sondern vertraue auf persönliche Kontakte zu meinen Quellen, die ich lange kenne«, sagt deshalb Pulitzer-Preisträgerin Dana Priest, die aufdeckte, wie in den USA nach den 9/11-Anschlägen unzählige Milliarden in eine geheime Anti-Terror-Infrastruktur investiert wurden. Und James Risen von der *New York Times* fügt hinzu, dass manche Informanten Verschlüsselung auch aus einem anderen einfachen Grund ablehnten: »Wer für eine US-Behörde arbeitet und so eine Software nutzt, ist sofort verdächtig«. Manchmal ist ein klassischer Brief oder ein persönliches Treffen an unverdächtigen und unscheinbaren (öffentlichen) Orten noch immer das Beste und Sicherste.

Der Schweizer Radiojournalist Alexander Grass korrigiert allerdings auch das »Selbstbild, dass wir Journalisten in irgendwelchen Tiefgaragen mit unseren Informanten Staatsgeheimnisse tauschen«. Das sei »ja so was von blödsinnig«. Im Alltagsgeschäft gehe es um »Dossierarbeit«, und für die »braucht es 90 Prozent Fleiß und null Prozent Abenteuer«.

Manche Enthüllungen – wie die NSA-Affäre oder die Panama Papers – beginnen tatsächlich mit einer unerwarteten Kontaktaufnahme durch einen Whistleblower. Aber sehr vieles im investigativen Journalismus beruht auf einem langjährig geknüpften Netz an Kontakten, zum Beispiel zu Politikern und ihren Referenten, zu Juristen (Verteidigern, Staatsanwälten), Unternehmern, Wissenschaftlern. Und sogar die offiziellen Pressesprecher rücken manchmal unter der Hand eine wichtige Information heraus, die zwar einem bestimmten Interesse dient, aber für eine Recherche trotzdem ein wichtiges Puzzlestück liefert.

Heiligt der Zweck die Mittel?

Nicht zuletzt ist zu klären, inwieweit beim investigativen Nachforschen eigenes Fehlverhalten zu rechtfertigen ist, um Skandale ans Licht der Öffentlichkeit zu bringen. Dahinter verbirgt sich das alte Problem, ob der Zweck die Mittel heiligt. Die Antwort darauf kann nur heißen: eher nein. Illegale Recherchetechniken – also z. B. Einbrüche, um an bestimmte Unterlagen zu kommen, aber auch Aufzeichnungen von Konferenzen oder Telefongesprächen, von denen die Betroffenen nichts wissen, sind grundsätzlich nicht zu billigen.

Allerdings können die Medien nicht immer die Hand für ihre Informanten ins Feuer legen. Wenn es um wirklich wichtige Vorgänge geht, veröffentlichen sie auch Material, das möglicherweise auf illegale Weise in die Hände einer Quelle gelangt ist. Whistleblower wie die legendäre Quelle mit dem Decknamen »Deep Throat«, die dazu beitrug, US-Präsident Nixon zu Fall zu bringen, oder Edward Snowden, der die Machenschaften der

NSA und anderer Geheimdienste enthüllte, haben, juristisch betrachtet, mindestens einen Verrat von Dienstgeheimnissen begangen. Oft gehen die Vorwürfe aber noch viel weiter, weshalb Leuten wie Snowden oder Julian Assange lange Haftstrafen drohen: Spionage, Landesverrat oder auch Hausfriedensbruch und Diebstahl können zu den Tatbeständen gehören, mit denen Whistleblower konfrontiert sind. Auch Journalistinnen und Journalisten kann der Prozess gemacht werden, wenn sie nicht aufpassen – in Staaten mit weitreichender Pressefreiheit sind sie aber oft geschützt, wenn sie nicht selbst diejenigen waren, die irgendwo brisantes Material mitgehen ließen. Trägt man es ihnen zu, müssen sie damit sehr sorgsam umgehen, aber unter Umständen ist, wenn an den Vorgängen ein hohes öffentliches Interesse besteht, eine Veröffentlichung rechtens.

So war es beispielsweise beim berühmten »Ibiza-Video«, das den österreichischen Vizekanzler Heinz-Christian Strache von der FPÖ 2019 das Amt kostete. Strache war eine Falle gestellt worden, heimlich wurde er gefilmt, wie er sich mit einer vermeintlichen russischen Oligarchin traf und im Gespräch Signale gab, die Offenheit für einen Pakt mit der Unternehmerin signalisierten und von vielen auch als Bereitschaft zur Korruption und schmutzigen Deals gewertet wurden. Das Video wurde den Redaktionen von *Süddeutscher Zeitung* und *Spiegel* angeboten, die dafür aber, wie sie betonten, kein Geld bezahlten. Angesichts der Bedeutung des Materials entschlossen sich *SZ* und *Spiegel* zu einer Veröffentlichung, für sie hatte dies keine juristischen Konsequenzen.

Solche Fälle kommen vor, sie sind aber kein Freibrief für Redaktionen. Im Alltag gilt: Journalistinnen und Journalisten stehen nicht über dem Gesetz. Ihre Methoden müssen rechtlich und ethisch sauber sein.

Undercover-Recherche

Besonders heikel ist – siehe Ibiza-Video – die sogenannte »Undercover-Recherche«, die jeweils mit einem Täuschungsmanöver gestartet wird. Der Reporter schlüpft in die Rolle eines anderen, um an bestimmte Informationen zu gelangen, und verschweigt somit seine wahre Identität. Dies ist nicht nur eine zeit- und kostenaufwendige, sondern auch moralisch zweifelhafte Recherchemethode. Ihr haftet der Makel an, andere zu täuschen und selbst Unrecht zu tun, um Unrecht aufdecken zu können – und das bei oftmals unsicherem Rechercheertrag. Von vielen seriösen Medien wird dies daher nicht oder allenfalls als ultima ratio, als letztes Mittel, akzeptiert.

In der harmlosen Spielart verkleidet sich ein Journalist beispielsweise als Bettler oder Fahrkartenkontrolleur, um in der Öffentlichkeit die Reaktionen und bestimmte Verhaltensmuster genauer beobachten zu können. Problematischer ist die »Wallraffiade«: Um das Innenleben von Unternehmen oder der *Bild*-Redaktion auszukundschaften, verschaffte sich der Publizist Günter Wallraff unter falscher Identität einen Anstellungsvertrag, täuschte also jeweils seinen Arbeitgeber und auch seine Arbeitskollegen.

Es mag Situationen geben, in denen höhere Rechtsgüter gefährdet sind, als sie durch illegale journalistische Recherchetechniken infrage gestellt werden. So hat sich der Schweizer Journalist Joel Bedetti (2015) in sozialen Netzwerken eine Nazi-Identität zugelegt, um andere Nazis beim Versenden von Hassmails beobachten zu können. Dann ist im Einzelfall abzuwägen, ob das zulässig ist (Kapitel 13 [282ff.]).

Journalisten, die Missstände aufdecken wollen, müssen mit Einschüchterungsversuchen rechnen. In vielen Ländern, z. B. in Russland oder Mexiko, ist gründliches Recherchieren nach wie vor lebensgefährlich (Kapitel 1 [17ff.]). Bei uns genügt es meist, sich im Presserecht auszukennen (Kapitel 12 [267ff.]) sowie die Rückendeckung der Chefredaktion und der Verlagsleitung zu haben, um den eigenen Recherchefreiraum zu nutzen und zu verteidigen. Aber auch der ist enger geworden, seitdem viele Medienunternehmen überall sparen und Risiken scheuen.

6.5 Grenzen der Recherche

Es gibt Situationen und Regionen, in denen Journalisten so gut wie gar nicht mehr recherchieren können. Ausgerechnet die *New York Times*, die mit ihrer immer noch riesigen Redaktion wie kaum ein anderes Medienhaus die vertiefende Recherche pflegt, hat in diesen No-Go-Zonen neue Wege zu erschließen versucht. Mit ihrem Blog *The Lede* hat sie zeitweise ungefiltert Texte und Videos von »citizen journalists«, z. B. aus dem Syrien-Krieg, ins Netz gestellt. Die Redakteure sammelten also nur noch Material, das ohnehin auf YouTube kursierte, und bündelten es ohne explizite weitere Prüfung des Realitätsgehalts.

Die beiden Journalismusforscher Melissa Wall und Sahar El Zahed (2015) haben dieses Projekt evaluiert. Sie kommen zu dem wohlwollenden Ergebnis, die Amateur- und Aktivistenvideos bezögen das Publikum ins Geschehen ein und ermöglichten es ihm, gleichsam in die Rolle des Videoreporters zu schlüpfen und auf sehr direkte, auch emotionale Weise an den Wirren des Krieges teilzuhaben. Es handele sich um eine Win-win-Situation für alle Beteiligten: Die Medien könnten Content aus für sie unzugänglichen Regionen offerieren, die Amateurjournalisten erhielten öffentliche Aufmerksamkeit, und das Publikum bekomme mehr Information. Dem Beispiel der *New York Times* folgen inzwischen – ohne vergleichbare Not – viele andere Redaktionen, die sogenannten »user-generated content« ungeprüft ins Netz stellen.

Außer Acht bleibt bei so viel »wissenschaftlichem« Lobgesang, dass damit ausgerechnet die Gralshüter journalistischer Integrität den Anspruch aufgegeben haben, Informationen auf ihren Wahrheitsgehalt zu überprüfen. Das wirft kein gutes Licht auf den »Stand der Kunst« im Journalismus. Es öffnet eben nicht nur Laienjournalisten, sondern auch Spindoktoren neue Schleusen, um »glaubwürdig« Desinformation zu verbreiten. Gegen deren Spuk sind selbst erfahrene Journalisten nicht gefeit.

Der Verhaltensökonom Daniel Kahnemann weist zudem auf einen Fallstrick hin, in den sich alle Rechercheure verheddern können: »Oftmals macht gerade das Sinn, was wir noch nicht wissen. Und dann fängt man an … zu spekulieren. Wir wissen nicht, was die Russen vorhaben, aber wir suchen nach einem Sinn ihres Tuns. Und dabei arbeiten wir mit Annahmen über Putin und seine Direktiven … Diese nehmen sich aus wie Fakten, aber in Wirklichkeit sind es eben Annahmen … So sind die Grenzen zwischen Vermutungen und Wahrheit, zwischen Vermutungen und Fakten fließend.« (Kahnemann, zit. n. Tran 2014).

6.6 Anregungen und Spielregeln für die Recherchepraxis

Die wichtigsten und einfachsten Mittel, um aktiv zu recherchieren, sind noch immer Telefon und E-Mail sowie direkte Begegnungen. Bevor man jedoch Mitmenschen mit Fragen behelligt oder um Termine bittet, gilt es, sich einen Überblick zu verschaffen und das greifbare Material zu sichten. Wer sich vorbereitet und über elementare Personenkenntnis sowie über Informationen zum jeweiligen Fachgebiet verfügt, tut sich im Gespräch leichter und wird auch nicht so leicht übertölpelt. Biografische Daten von Prominenten finden sich meist mit ein paar Mausklicks bei Google, Wikipedia oder in sozialen Netzwerken – doch dort ist es auch ohne vertiefte Kenntnisse und mit einem geringen Maß an krimineller Energie möglich,

Profile zu manipulieren. So kann es einem leicht ergehen wie den Kollegen vom *Guardian*, dem *Daily Telegraph* und der kanadischen *Globe and Mail*: Als nach der Ermordung von Benazir Bhutto deren 19-jähriger Sohn Bilawal Bhutto Zadari zum Vorsitzenden der Pakistanischen Volkspartei gewählt worden war, bedienten sich diese Blätter bei Facebook – und gingen einem Anonymus auf den Leim, der dort Bilawals Biografie gefälscht hatte.

Wer an einem Porträt oder einer größeren Geschichte arbeitet, sollte sich die Zeit nehmen, um wichtige Veröffentlichungen (bis hin zu Videoclips bei YouTube) wenigstens überschlagsweise zur Kenntnis zu nehmen. Verwendbare Kernaussagen, Thesen, Zitate werden markiert, kopiert und der eigenen Materialsammlung einverleibt.

Auch wenn die meisten Journalistinnen und Journalisten lieber auf eigene Faust recherchieren würden: Erste Anlaufstelle in Unternehmen, Behörden und anderen größeren Organisationen ist deren Pressestelle bzw. Kommunikationsabteilung. In gutgeführten Häusern dürfen Abteilungen oder Dienststellen keine Auskünfte an die Medien geben, ohne vorher die Pressestelle zu informieren. Auch an die Chefs kommen Journalisten nur über den Kommunikationsverantwortlichen heran – es sei denn, sie haben bereits einen persönlichen Draht.

Eine weitere Gelegenheit zur Recherche bieten Pressekonferenzen. Jeder teilnehmende Journalist kann dort Fragen stellen. Exklusivinformationen sind so allerdings nicht erhältlich. Im Gegenteil: Wer auf sie hofft, sollte sich um einen Telefontermin für die Anschlussrecherche bemühen, statt seine Fragen öffentlich auszuplaudern und damit auch die Konkurrenz an den Rechercheergebnissen teilhaben zu lassen. Solch eine Gesprächsgelegenheit bekommt allerdings nicht jeder; bei hochrangigen Entscheidern mit vollen Terminkalendern wird diese Gunst vor allem denen gewährt, die bei großen, meinungsbildenden Medien arbeiten. Sie sind dann meist bereits persönlich bekannt.

Vorab ist der Blickwinkel festzulegen, unter dem Informationen eingeholt und Gespräche geführt werden sollen. Ein Leitfaden hilft, beim Telefonat oder beim persönlichen Interview nichts zu vergessen. Man sollte allerdings nicht an diesem Fragenkatalog »kleben«, sondern während des Gesprächs offen bleiben für Zusatz- und Nachfragen.

Der Aufwand für ein persönliches Interview lohnt sich insbesondere, wenn man Bewegtbilder braucht. Beim Fernsehen sind sie unabdingbar, aber auch für Newssites werden Videos immer wichtiger. Vor allem wenn das Thema heikel ist, hat man nur face to face eine Chance, wirklich etwas zu erfahren. Alle anderen Auskünfte verschaffen sich Journalisten schon aus Zeitgründen möglichst telefonisch oder per E-Mail. Letztere sind allerdings risikobehaftet: »Woher wissen wir, dass der Gesprächspartner uns mailt und nicht sein Agent, die Putzfrau oder sein Hund?« fragt Christian Thiele, der für den *Playboy* ausführliche Interviews gemacht hat. Es droht auch Spontaneität verloren zu gehen, aber andererseits lassen sich Mails zeitunabhängig beantworten. Und zumindest bei hohen »Würdenträgern«, die von ihren PR-Abteilungen abgeschirmt werden, haben Journalisten oft ohnehin keine Chance, ein authentisches Statement zu ergattern.

Kommt es zu einem Gespräch, ist das Interview taktisch geschickt aufzubauen. Die TV-Moderatorin Sandra Maischberger empfiehlt, denkbare Antworten des Gesprächspartners zu antizipieren, um darauf reagieren zu können, und um die Recherche nach allen Seiten abzusichern. Auch über den verfügbaren Zeitrahmen gilt es, sich vorab Klarheit zu verschaffen.

Umgekehrt werden Profi-Interview-Partner von ihren eigenen Pressesprechern »gebrieft«, also auf die denkbaren Fragen vorbereitet. Mitunter wird der Gesprächspartner auch versuchen, vorab die Fragen abzusprechen – was dem Interview allerdings jedwede Spontaneität nimmt. Deshalb sollten auf keinen Fall schon sämtliche Fragen vorher in die Hände des Gesprächspartners gelangen, einige Hinweise zu den Themen, um die es gehen soll, sollten zur Vorbereitung genügen.

Besteht ein Interviewpartner im Vorfeld darauf, dass bestimmte Themen auszuklammern sind, empfiehlt der Schweizer Presserat, diese trotzdem anzuschneiden. Man solle in Kauf nehmen, dass die Antwort verweigert wird, und dies dann öffentlich machen. Hat man Glück, ergeht es einem wie Anne Will, die als *Tagesthemen*-Moderatorin beim Live-Interview aus Washington den damaligen Bundeskanzler Schröder hartnäckig zur Innenpolitik befragte. Schröder presste schließlich, sichtlich um Fassung ringend, hervor, dies sei »wider alle Absprachen«.

Beim Interview selbst darf einem nicht die Gesprächsführung entgleiten. Mit Kommunikationsprofis, also Politikern, PR-Leuten, Show-Stars, die ständig im öffentlichen Rampenlicht stehen, kann man anders umgehen als mit Leuten, die wenig oder gar keine Medienerfahrung haben.

Ein persönliches Gespräch beginnt am besten mit Small Talk – möglichst allerdings nicht übers Wetter, sondern zu einem Thema, das den Gesprächspartner absehbar interessiert. Es kommt darauf an, die Atmosphäre zu entspannen und Vertrauen zu gewinnen. »Solange sich der Gesprächspartner nicht halbwegs wohl fühlt, wird er allenfalls seine Hutnummer preisgeben«, so die prominente amerikanische TV-Interviewerin Barbara Walters.

Schwierige Fragen werden eher gegen Ende des Interviews gestellt, um das Gespräch nicht vorzeitig zu belasten – allerdings so rechtzeitig, dass sie noch beantwortet werden können und bei Ausweichmanövern Gelegenheit zum Nachhaken bleibt. Falls ein Rausschmiss droht, empfiehlt Christian Thiele, stets Kuschelfragen parat zu haben, z. B. »Was bedeutet Ihnen Ihre Heimat?« oder »Was war der schönste Tag in Ihrem Leben?«. Nach einem solchen Streichelintermezzo sollte der Interviewer dann freilich höflich, aber bestimmt einen zweiten Anlauf nehmen und zum heiklen Thema zurückfinden.

Wer unerfahren ist, kann sich jedes Interview kaputt machen, indem er Killer-Fragen stellt. Drei Beispiele:

1. »Sie haben doch, Herr Bundeskanzler, erst vor kurzem darauf hingewiesen ...« Beginnt ein Gespräch so, wird man nur Altbekanntes bestätigt bekommen, es sei denn, der Kanzler verfährt nach dem Adenauer zugeschriebenen Motto »Was kümmert mich mein Geschwätz von gestern?«. Die Frage ist also unnütz, weil als Antwort nichts Neues zu erwarten ist.
2. »Welche militärischen Ziele werden Sie, Herr General, als nächstes bombardieren?« Der Kriegsreporter, der sein Gegenüber mit dieser Frage behelligt, mag zwar aufs Publikum schneidig wirken, wird aber zwangsläufig eine ausweichende Antwort erhalten. Denn Militärs können nicht öffentlich, und damit auch ihren Gegnern, Auskunft über die eigene Strategie und Taktik geben, wenn sie ihre Truppe nicht gefährden wollen. Also ist die Frage unsinnig.
3. »Sagen Sie doch bitte ganz offen ...« oder »Darf ich Sie ganz indiskret fragen ...« Derlei Ouvertüren warnen den Gesprächspartner vor und signalisieren: »Vorsicht, Glatteis. Jetzt muss ich aufpassen!«

Oft würden »Interviews verwechselt mit einer journalistischen Gattung, die mit wenig Aufwand zu meistern ist«, spottet Alexander Grass: »›Kommt das überraschend?‹ – ›Wie fühlen Sie sich?‹ – ›Wie geht es weiter?‹, mit solchen Fragen werden noch und noch sachlich völlig unbelastete Interviews geführt – und fast keiner merkt es. Jeder der solche Fragen stellt, müsste einen Beitrag einzahlen in die Stiftung für Qualität im Journalismus.«

Zu vermeiden sind ferner Fragen, die sich vorab beantworten lassen. Sie enthalten für den Gesprächspartner das Signal, dass er es sich leicht machen kann, weil der Interviewer ja ohnehin nicht Bescheid weiß. So bekennt der TV-Moderator und Buchautor Ulrich Wickert, er habe so manches Mal sein Gegenüber verflucht, als er selbst interviewt wurde: »Herr Wickert, jetzt haben auch Sie ein Buch geschrieben, worum geht es denn darin?« Es sei sein zehntes Buch gewesen, und der Kollege konnte den Titel nicht korrekt nennen – »wohl nach dem Motto: Ich will mal ganz unbefangen fragen, deshalb habe ich mich nicht vorbereitet.«

Auch Suggestivfragen, die auf Bestätigung eines Vorurteils zielen, gefährden die Auskunftsbereitschaft. Wer Bewertungen wünscht, wo zunächst Sachverhalte zu klären wären, oder mit schneidig-provokanten Fragen erkennbar Widerspruch provozieren möchte, drängt den Gesprächspartner in die Defensive. Er wird dann eher abblocken als »frisch von der Leber weg« etwas Brauchbares ausplaudern.

»Offenheit scheint manchmal schwierig«, meint Alexander Grass. »Viele Gesprächspartner reagieren aber ausgesprochen professionell auf den Hinweis, dass ihr schärfster Kritiker auch im Beitrag zitiert wird«. Sie würden dann auch ein nächstes Mal mitmachen und Informationen weitergeben. Das System der »verbrannten Erde« hingegen funktioniere so: »Lange Interviews, aus denen Nebensätze zitiert werden, und dies gerne aus dem Zusammenhang gerissen.« So könne man zwar Interviewpartner »als O-Ton Lieferanten ausbeuten«, beim nächsten Mal seien diese dann allerdings »nicht mehr dabei«.

Im Fernsehen ist auch die Körpersprache und damit die Beziehungsebene zwischen Interviewer und Interviewtem für jedermann sichtbar. Peinlich wirkt es, wenn Journalisten nicht Distanz wahren und allzu nassforsch oder gar schulterklopfend auftreten. Noch ärgerlicher ist es allerdings, wenn sich Interviewer gegenüber Mächtigen zum Stichwortgeber degradieren lassen und ihnen servil begegnen. »Noch immer«, so klagte Siegfried Weischenberg einmal, »holen sich die Machthaber beim Umgang mit Journalisten eher Knutschflecken als blaue Flecken«.

Vielen heutigen Journalisten fehlt indes das nötige Wissen, um sich mit ihren Gesprächspartnern kompetent auseinanderzusetzen. Nachzubohren, wenn Fragen ausweichend oder gar nicht beantwortet werden, muss man sich allerdings antrainieren. Wie schwer es sein kann, merkt der Einsteiger erst, wenn er selbst ein Mikro in der Hand hält, sich gleichzeitig auf den Gesprächspartner konzentrieren muss und wildfremden Leuten Geheimnisse entlocken soll.

Im englischsprachigen Raum werden Interviews oft schonungsloser geführt als bei uns. Dort ist vom »grilling« die Rede – der befragte Gesprächspartner wird »gegrillt«, und das hat nicht nur mit der Wärmeeinstrahlung der Fernsehscheinwerfer zu tun. Nicht lockerlassen, dieses Credo sollten sich Interviewer zu eigen machen. Dabei kann es manchen freilich so ergehen wie Ulrich Wickert bei einem Live-Gespräch mit Angela Merkel. Als er nachhakte und feststellte, dass sie seine Frage nicht beantwortet hatte, antwortete sie lakonisch: »Ja«. Das habe auf ihn wie eine Watsche gewirkt: »Falsch gefragt, Herr Wickert«.

Oftmals interessanter als der Umgang mit medienerfahrenen Profis und Promis sind Recherchen bei Normalbürgern. Journalisten haben die Möglichkeit, in die verschiedensten Lebenswelten einzudringen und neugierig Leute »auszuquetschen« – vorausgesetzt, man hat einen Anlass oder eine gute Idee für eine Story.

Weil Unglücke und Katastrophen hohen Nachrichtenwert haben, gehört es auch zum Reporterdasein, Menschen in ihren schwierigsten Lebenslagen mit Fragen behelligen zu müssen. Natürlich ist es in der Branche seit jeher umstritten, ob man der Mutter, die soeben ihr Kind bei einem Verkehrsunfall verloren hat, ein Mikrofon unter die Nase halten muss, um sie auszuhorchen und dummdreist zu fragen, was sie empfindet. Aber zum Job eines Polizeireporters gehört es wohl doch, immer wieder mit Angehörigen von Unfall- oder Verbrechensopfern zu reden. Schon an die Leute heranzukommen, ist oft nicht ganz einfach. Edna Buchanan, die als Polizeireporterin in Miami zu insgesamt mehr als 5.000 gewaltsamen Todesfällen recherchiert hat, verrät einen Trick: Wenn sie von einem Angehörigen am Telefon beschimpft wird oder dieser den Hörer auflegt, ruft sie eine Minute später nochmals zurück: »Wir sind getrennt worden«, sagt sie dann, und bekommt im zweiten Anlauf erstaunlich oft ihr Interview. Wenn für einen Beitrag etwas mehr Zeit ist, kann es sich auch anbieten, in einem klassischen Brief oder einer Email zu beschreiben, was man vorhat. Ehrliches Interesse zu signalisieren und das Vertrauen der Menschen zu gewinnen, ist natürlich auch mit einer Verantwortung verbunden. Es ist beschämend, wenn Redaktionen die Menschen und ihre Schicksale für eine »Story« rücksichtslos ausbeuten.

Außenstehende empfinden es meist nur als takt- und gefühllos, wenn Reporter die Betroffenen in solchen Momenten behelligen. Journalisten rechtfertigen ihr Tun dagegen nicht nur mit dem Interesse der Öffentlichkeit an Information, sondern auch damit, dass sie manchmal den Opfern helfen können. Erst die Berichterstattung gebe dem Ereignis seine Bedeutung, und wenn der Leser oder Fernsehzuschauer die Betroffenen als vom Leid gezeichnete Menschen erlebe, würde wenigstens das, was passiert sei, nicht nur in der Verbrechens- oder Unfallstatistik aufscheinen. Das sei gerade bei großen Katastrophen wichtig. Reporter rechtfertigen ihr Tun auch damit, dass solche Gespräche für die Betroffenen manchmal einen therapeutischen Effekt hätten und helfen könnten, das für sie Unfassbare zu bewältigen. Das klingt allerdings fadenscheinig, wenn man bedenkt, dass bei schlagzeilenträchtigen Unglücksfällen Reporterscharen wie die Heuschrecken über Augenzeugen und Angehörige herfallen.

Regeln im Umgang mit Interviewpartnern

Bei allen Formen der Recherche gilt es, im Umgang mit Informanten bestimmte Spielregeln zu beachten. Wenn Alexander Grass es mit einem Interviewpartner zu tun bekommt, tritt für ihn »ein unsichtbarer Vertrag in Kraft: Ich gehe davon aus, dass ich korrekt informiert werde, dass der Interviewpartner mich auch auf wichtige fehlende Fakten hinweist. Er verlässt sich umgekehrt darauf, dass sein veröffentlichtes Zitat seine Anliegen korrekt – wenn auch verkürzt – wiedergibt«.

Üblich ist, dass der Gesprächspartner erklären kann, wie er seine Mitteilungen behandelt wissen will (Abb. 27 [176]).

Gesprächsvereinbarungen	
»unter eins«	zu beliebiger Verwendung
»unter zwei«	zur Verwertung ohne Nennung des Auskunftsgebenden
»unter drei«	streng vertraulich (auch »off the record«) – der Informant möchte dem Journalisten Hintergrundinformationen zukommen lassen, die aber nicht zur Veröffentlichung bestimmt sind.

Abb. 27: Was vereinbart wurde, ist bindend (eigene Darstellung)

Es gibt Situationen, in denen Rechercheure nur »unter zwei« an Informationen herankommen, also indem sie versprechen, ihre Quelle nicht preiszugeben. Ist für den Informanten ein unzumutbares persönliches Risiko mit der öffentlichen Namensnennung verbunden und steht zum Beispiel der Arbeitsplatz auf dem Spiel, kann eine solche Geheimhaltung gerechtfertigt sein.

Anonyme Informanten haben allerdings nicht immer lautere Motive. Mitunter wollen sie gezielt desinformieren und ihre oftmals partei- oder hausinternen Gegner diskreditieren. Auf die Offenlegung ihrer Quelle sollten Journalisten deshalb nur aus triftigem Grund verzichten. Gegen dieses Prinzip sündigen sie gerne, und das hat nicht nur damit zu tun, dass an bestimmte Informationen anders nicht heranzukommen ist. Oft ist Wichtigtuerei und Autonomiestreben der Journalisten im Spiel: Mit der Zahl anonymer Informanten wächst der eigene Manövrierraum gegenüber der Redaktion und den Vorgesetzten, so der amerikanische Journalismusforscher Stephen Hess.

Umgekehrt plustern Informanten sich und ihre Sache auf. Im Gespräch bleiben ist im Zirkus der Mediendemokratie bekanntlich alles. Belanglose Informationen, die der engste Mitarbeiter eines Ministers nach draußen durchsickern lässt, erscheinen bedeutsamer, wenn er sie für geheim erklärt. »Mit dem Etikett vertraulich lässt sich alles verkaufen«, meint Hans Leyendecker, der viele Jahre als Investigativreporter für den *Spiegel* und dann für die *Süddeutsche Zeitung* gearbeitet hat.

Die jeweils vereinbarten Spielregeln sind einzuhalten. Hat ein Journalist seinem Informanten Anonymität oder gar Verschwiegenheit zugesichert, so muss er diese auch gewährleisten, bis hin zum Zeugnisverweigerungsrecht, auf das er sich vor Gericht berufen kann. Andernfalls verschüttet er seine Quellen, weil sich solch ein Regelverstoß wie ein Lauffeuer in der Branche herumspricht. Er schadet dem Journalismus und der

Öffentlichkeit, denn Mitwisser geben Informationen zu Skandalen und kriminellen Vergehen nur preis, wenn sie zuverlässig wissen, dass sie sich nicht selbst gefährden.

Allerdings sollten Journalistinnen und Journalisten sich vorher gut überlegen, worauf sie sich einlassen, und sich möglichst selten auf anonyme Quellen, also die »Umgebung des Ministers« oder auf »informierte Kreise in der Hauptstadt« berufen. Denn das Publikum hat zur eigenen Urteilsbildung Anspruch darauf, zu erfahren, woher eine Information stammt (Kapitel 2 [56ff.]).

Sich gar »unter drei« ins Vertrauen ziehen und zugleich knebeln zu lassen, lehnen manche Journalisten rundweg ab, weil es ihrem professionellen Rollenverständnis widerspricht. Gleichwohl können Informationen, die nicht für die Öffentlichkeit bestimmt sind, wichtig sein, um einen Sachverhalt besser einschätzen zu können. Es gilt also auch hier, im Einzelfall abzuwägen.

TIPPS

Tipps für Einsteiger

Zu den unverzichtbaren Recherchehilfen zählen Suchmaschinen (es gibt nicht nur Google!), E-Mail und Telefon, Datenbanken, Archive, Bibliotheken, Adressenverzeichnisse, z. B. Oeckl (https://www.oeckl-online.de/); Krolls Pressetaschenbücher (alle jährlich, auch als App); (Online-)Lexika, Hand- und Wörterbücher mit biografischen Informationen, z. B. Kürschners Gelehrtenkalender-online; Munzinger-Archiv (https://www.munzinger.de); Vorsicht bei Open-Source-Angeboten wie Wikipedia, deren Inhalte leicht manipulierbar sind!

Interviews gründlich vorbereiten: Auf Online-Material (Wikipedia nur zur Erstinformation, Suchmaschinen, YouTube-Videos), Archiv, Handbücher und Veröffentlichungen zurückgreifen. Material beschaffen und sichten, Gesprächsleitfaden skizzieren.

Erste Anlaufstelle in Organisationen ist die Pressestelle bzw. PR-Abteilung.

Bei Pressekonferenzen gegebenenfalls Telefontermin für Anschlussrecherche vereinbaren.

Bei »heiklen« Themen statt Telefon- oder E-Mail-Kontakt möglichst das persönliche Gespräch suchen.

Gesprächsstrategie festlegen: Zeitrahmen klären. Eine Frage nach der anderen stellen, nicht mehrere zusammen. Killer-Fragen, unnötige Fragen und Suggestivfragen vermeiden.

Sich nicht an den eigenen Gesprächsleitfaden versklaven. Der Interviewer muss auch offen bleiben und auf neue Sichtweisen und Informationen reagieren, die der Gesprächspartner beisteuert.

Kurz und sachlich fragen. Nicht weitschweifig Vorträge halten, sondern den Gesprächspartner aushorchen. Nicht im Ungefähren herumstochern, sondern präzise Fragen stellen – eine nach der anderen, nicht mehrere gleichzeitig.

Gespräche möglichst mit einem Tonträger aufzeichnen. Damit muss der Gesprächspartner allerdings einverstanden sein. Aufnahmegerät vorher testen!

Auf der Beziehungsebene Distanz wahren, auf Körpersprache (Mimik, Gestik) achten. Bei Ausweichmanövern und nicht beantworteten Fragen: nachhaken! Trotzdem das Gespräch nicht in ein Verhör ausarten lassen.

Vereinbarte Spielregeln im Umgang mit Informanten sind einzuhalten. Wer Informantenschutz zusagt, hat auch entsprechende Vorkehrungen zu treffen, um diesen wirksam zu gewähren (z. B. Datenverschlüsselung).

Für Quellen- und Recherchetransparenz sorgen: Möglichst selten anonyme Quellen nutzen, und sie auf jeden Fall durch eine zweite Quelle überprüfen.

Bei Recherchen für Hörfunk und Fernsehen: Auf O-Töne und Geräuschkulissen, Belichtungsverhältnisse, Kameraperspektiven und Kameraführung achten. Ohne brauchbares Bild- und Tonmaterial sind bei diesen Medien viele Recherchen wertlos.

Literaturtipps

Gigerenzer, Gerd (2021), Kapitel »Fakt oder Fake«. In: ders.: *KLICK. Wie wir in einer digitalen Welt die Kontrolle behalten und die richtigen Entscheidungen treffen*. München: C. Bertelsmann 2021, 311-350

Haarkötter, Hektor (2015): *Die Kunst der Recherche*. Konstanz: UVK

Haller, Michael (2008, 8. Aufl.): *Recherchieren. Ein Handbuch für Journalisten*. Konstanz: UVK

Prinzing, Marlis; Wyss, Vinzenz (Hrsg.) (2014): *Recherche im Netz*. Zürich: Europa Verlag

7. Schreiben und Redigieren

Ist die Recherche abgeschlossen, muss die Geschichte geschrieben und illustriert oder das Film- und Tonmaterial geschnitten und betextet werden. Das Recherchierte ist jetzt in Form zu bringen – geordnet, der Darstellungsform und dem Medium entsprechend, unter Berücksichtigung von Zeit- und Platzvorgaben. Das geschieht am Bildschirm.

Schreiben, komponieren, produzieren macht für viele die eigentliche »Kunst« und den Reiz des Berufs aus. Gewiss sollte jeder Journalist und jede Journalistin gut texten können. Es gibt aber Legionen von Redakteuren, die fast nie selber schreiben, weil sie entweder nur Vorarbeiten leisten (recherchieren), nur die Nacharbeit besorgen (redigieren), nur vor dem Mikrofon plaudern (moderieren) oder aber den Produktionsprozess koordinieren (planen, produzieren). Auch wer kein talentierter Schreiber ist, kann sich in einer Redaktion unentbehrlich machen, muss allerdings aushalten, dass die »Edelfedern« manchmal etwas hochmütig auf das Fußvolk, die Plaudertaschen und sogar auf die Redaktionsmanager herabschauen. Auch wer mit seinem Namen oder seinem Gesicht nicht sichtbar fürs Publikum auftaucht, leistet aber oft Entscheidendes für das Gelingen (oder Misslingen) einer Sendung, Zeitung oder Newssite.

7.1 Texten

Schreibtechniken gibt es viele: Genies haben alle Informationen im Gedächtnis gespeichert und diktieren ellenlange Stücke druckreif herunter. Gewöhnliche Sterbliche – durchaus auch Profis – sitzen erstmal vor einem leeren Bildschirm und bringen längere Zeit keinen brauchbaren Satz zustande. Frühaufsteher schreiben ganze Bücher, bevor andere aus dem Bett steigen, und so mancher Nachteule kommen erst abends beim ersten

Glas Rotwein kluge Gedanken. Patentrezepte gibt es nicht, aber doch ein paar Tipps, die den Einstieg erleichtern.

Wer gründlich recherchiert hat, wird sich von einem beträchtlichen Teil des gesammelten Materials trennen müssen. Der verbleibende Rest ist so »zusammenzubauen«, dass der Beitrag der Zielgruppe, dem Medium und dem Genre gerecht wird. Das erleichtert eine Gliederung, die man im Kopf haben oder auch zu Papier bringen sollte. Je länger ein Stück werden darf, desto wichtiger ist solch ein »roter Faden«.

Während bei der Nachricht die Pyramidenstruktur vorgegeben ist, sind bei Reportage, Feature oder Kommentar »kompositorische« Fähigkeiten gefragt. Beim Interview muss sprachlich geglättet und Überflüssiges gestrichen werden. Das geht leichter, wenn man bereits beim Gespräch einem Leitfaden gefolgt ist und sich nicht verzettelt hat.

Stimmt der Duktus eines Stücks, können Journalisten beim Texten gedankliche Sprünge machen und von Absatz zu Absatz neue Überlegungen einbringen, ohne krampfhaft nach Überleitungen zu suchen. Leserinnen und Leser hüpfen dann mit und merken noch nicht einmal, welche Abgründe sie überqueren. Dagegen wirken Regieanweisungen, was warum als nächstes kommt, oft hinderlich und werden zur Lesebarriere.

Schnellschreiber sollten gelegentlich Denkpausen einlegen – das hilft, die Textqualität zu verbessern. Perfektionisten zwingen sich dagegen bitte schön, erst einmal eine Rohfassung zu Papier zu bringen, statt bereits auf Anhieb Satz für Satz Endgültiges liefern zu wollen. Wer sich zunächst mit Vorläufigem begnügt, muss dann allerdings sein Elaborat in ein oder zwei weiteren Durchgängen sorgfältig bearbeiten und es in die definitive Form bringen.

Alexander Grass verrät »ein kleines Geheimnis mit großer Wirkung«, das ihm den Umgang mit Stress erleichtert: »Ich beobachte mich, wie lange ich brauche, um bestimmte Arbeitsabschnitte hinter mich zu bringen: Recherche abschließen, Material organisieren, erste Version schreiben, überarbeiten, Abgabe.« Das Texten sei manchmal »ein Langstreckenlauf«, da müsse »man seine Zwischenzeiten kennen und früh abschätzen können, ob es bis zum Abgabetermin locker, gerade noch oder gar nicht reicht.« Dies zu wissen, reduziere die Anspannung, und »kaum ist der Stress überwunden, kann man seine Kräfte viel freier ausspielen, man ist nicht blockiert.«

Der fertige Beitrag sollte vom Autor, möglichst auf Papier ausgedruckt, nochmals in Ruhe und »am Stück« gegengelesen werden. So übersieht man weniger Fehler und erkennt klarer, ob die Geschichte wirklich »rund« ist. Hilfreich ist es auch, Texte laut zu lesen – denn so lässt sich hören, wo die Sätze nicht rund laufen.

TIPPS

Tipps für Einsteiger

Erst denken, dann texten: Vor dem Schreiben Material sichten, systematisch ordnen, gliedern.

Erst texten, dann perfektionieren: In zwei Arbeitsschritten kommt man leichter zum gewünschten Ergebnis als in einem. Die Rohfassung bedarf dann allerdings sorgfältiger Überarbeitung.

Vor Abgabe: Nochmals sorgfältig gegenlesen und prüfen.

7.2 Redigieren

Die Regeln für den Umgang mit journalistischer Sprache und mit Zahlen sind beim Texten zu beherzigen – und auch beim nächsten Arbeitsschritt, beim Redigieren. Schon die Berufsbezeichnung »Redakteur/in« für festangestellte Journalistinnen und Journalisten deutet darauf hin, dass es sich dabei um eine verantwortungsvolle Tätigkeit handelt: das Bearbeiten von Manuskripten am Computer mit dem Ziel, eine publikationsreife Fassung zu erstellen.

Dabei ist noch einmal zu prüfen:

- Inhaltlich: Stimmt alles (Plausibilitäts-Check, Vergleich mehrerer Quellen und Agenturen, eventuell weitere Recherchen – Kapitel 6 [150ff.])?
- Sprachlich: Was lässt sich einfacher oder eingängiger sagen? Können Missverständnisse entstehen (Aufbau, Stil, Grammatik, Rechtschreibung, Länge – Kapitel 3 [90ff.])?
- Formal: Ist das Genre durchgehalten? Stimmt die Form? Sind Nachricht und Kommentar, redaktioneller Teil und Werbung getrennt (Kapitel 2 [56ff.])?
- Rechtlich und ethisch: Wurde der Beitrag regelkonform erstellt? Könnte es Rechtsverletzungen geben? Sind Gegendarstellungsansprüche zu erwarten (Kapitel 12 [267ff.] und Kapitel 13 [282ff.])?

Danach ist der Beitrag auf der Newssite, im Blatt oder Programm zu platzieren, mit Überschriften, Illustrationen oder einer Anmoderation zu versehen und dabei gegebenenfalls nochmals zu kürzen und zu glätten, ohne den Sinn zu entstellen. Online gilt es außerdem als Zusatzservice, Links und Quellen für vertiefende Informationen einzubinden (Kapitel 8.4 [205ff.]).

Der Autor sollte möglichst sein Stück nicht selbst weiter bearbeiten. Dass nun jemand anderes am Zug ist, gehört zur Qualitätskontrolle, denn vier Augen sehen bekanntlich mehr als zwei. Damit stellt sich die Frage: Wieviel darf der Redakteur hinein- oder herausredigieren? Dafür gibt es eine einfache Grundregel: Er sollte so nahe am Originaltext bleiben, wie möglich, und er muss so viel umschreiben, wie nötig. Auf jeden Fall muss er darauf achten, dass das Ergebnis professionellen Standards genügt, ins Blatt oder Programm passt und zielgruppengerecht aufbereitet ist.

Andererseits gilt es aber auch, dem Autor gerecht zu werden, seine Aussagen und seinen Stil möglichst nicht zu verfälschen. Um Konflikte zu vermeiden, hat Shelby Coffey III, der vormalige Chefredakteur der *Los Angeles Times*, seinen Redakteuren den gospel of pre-editing gepredigt: Sie sollten mit ihren Autorinnen und Autoren engen Kontakt halten und hinsichtlich der Länge und der inhaltlichen Akzente klare Absprachen treffen. Coaching ist besser als fixing, sagen die Amerikaner, vorbeugendes Qualitätsmanagement erspart Ärger, zeitraubende Redigierarbeit oder gar – auch das hat es in grauer Vorzeit einmal gegeben – Ausfallhonorare.

Trotzdem sind Meinungsverschiedenheiten unausweichlich. Aus der Sicht des Autors »verschlimmbessert« der Redakteur nicht selten den Beitrag. Sprache ist tückisch und oftmals mehrdeutig: Wird ein Text nicht behutsam redigiert, besteht Gefahr, dass sich Fehler einschleichen, die der Originaltext nicht enthielt. Das ist für den Autor besonders ärgerlich. Denn er steht mit seinem Namen dafür gerade, während der Redakteur meist anonym bleibt.

Werden Kürzungen nicht abgesprochen, streicht der Redakteur häufig gerade den Satz aus dem Skript heraus, der dem Autor besonders am Herzen liegt. Oder im Text wird an einer späteren Stelle just auf den Absatz Bezug genommen, der weggekürzt wurde – und so reißt dann der rote Faden plötzlich ab. Oder ein Zitat ist sinnentstellend wiedergegeben, weil der zugehörige Kontext fehlt.

Oftmals geht es um mehr als ums sprachliche Glätten. Da der Autor über sein Thema besser Bescheid wissen sollte als der Redakteur, empfiehlt es sich, zumindest größere Kürzungs- oder Umschreibaktionen im Zusammenspiel mit ihm zu erledigen, sofern der Zeitrahmen das irgend zulässt. Gelegentlich feilen Autor und Redakteur eben nicht nur an Inhalten, sondern müssen auch um sie feilschen. Meist gelingt es ja, Meinungsverschiedenheiten gütlich auszuräumen. Im Extremfall können sie auch einmal vor dem Kadi landen.

Die Frage, so Alexander Grass, »ist nicht: Wie hätte ich den Text geschrieben/gestaltet/aufgebaut? Nicht notwendige Umstellungen im Text, reine Geschmacksfragen oder die Streichung von Passagen mit jenem Gesprächspartner, der für den Reporter als Türöffner wirkte: Das ist Gift in solchen Diskussionen. Redakteure werden auf die komplizierte Kommunikation mit den Autoren kaum vorbereitet, und wenn dann zwei Hartschädel miteinander zu tun haben, ist alles im Eimer.«

Zum Redigieren und journalistischen Präsentieren gehört, sich gegen juristische Risiken und Gegendarstellungsansprüche abzusichern (Kapitel 12 [267ff.]). Da es bei Schadenersatz und Schmerzensgeld um erhebliche Summen gehen kann, sollten im Zweifel auch erfahrene Redakteure lieber den Justiziar konsultieren, es sei denn, man hat Angst vor dessen Übervorsicht und möchte bewusst ein Risiko eingehen.

Es gibt ein paar Tricks, mit denen sich Journalistinnen und Journalisten gerne aus der Affäre ziehen. Statt etwas definitiv zu behaupten, wird dann geschrieben »es heißt«, »offenbar«, »wie gemunkelt wird«. Gern wird auch die Frageform eingesetzt: So titelte die *Bunte* in großen Lettern: »Prinzessin Caroline – wieder schwanger?« Und darunter stand in deutlich kleinerer Schrift: »Ihre Figur sorgt für neue Gerüchte.« Diese Frage, so urteilte das Landgericht Offenburg, sei nicht gegendarstellungsfähig. Nur weil etwas rechtlich zulässig ist, handelt es sich deshalb aber noch lange nicht um eine journalistisch saubere Leistung.

TIPPS

Tipps für Einsteiger

Rollen trennen: Autor und Redakteur sollten nicht identisch sein. Vier Augen sehen mehr als zwei!

Bei Auftragsvergabe: Möglichst klare Absprachen zwischen Autor und Redakteur treffen (»gospel of pre-editing«).

Letztmalig überprüfen: Inhalt, Sprache, Form, ethische und rechtliche Unbedenklichkeit. Bei Zweifeln den Justiziar konsultieren.

Behutsam vorgehen: So wenig wie möglich, so viel wie nötig am Originaltext ändern.

Vorsicht beim Kürzen: Es drohen Sinnentstellung, Kontextverlust.

Auf Silbentrennung achten: »Er-kunden« und »be-fassen« liest sich leichter als »erkun-den« und »befas-sen«. Besonders verwirrend sind Trennungen, wenn sich vor dem Trennungsstrich ein komplettes Wort ergibt – aber ein anderes als vom Autor intendiert und vom Sinnzusammenhang des Textes her erwartbar, z. B. bein-halten; Fleischer-satz; Beschützerin-stinkte.

Nicht nur aufs Rechtschreibprogramm verlassen: Solche Software macht das sorgfältige Redigieren keinesfalls überflüssig. Erstens melden die Programme manchmal falschen Alarm, weil sie Begriffe oder Satzkonstruktionen nicht kennen. Zweitens sind sie schlecht darin, die Zeichensetzung zu überprüfen. Und drittens haben sie kein eigenes Stilempfinden – dafür braucht es die Autoren und Redakteure.

Literaturtipps

Brunner, Stefan (2011): *Redigieren: Praktischer Journalismus*. Konstanz: UVK

Clark, Roy Peter (2014): *Kurz und gut schreiben – Texthandwerk für schnelle Zeiten*. Berlin: Autorenhaus-Verlag

Häusermann, Jürg (2011, 3. Auflage): *Journalistisches Texten: Sprachliche Grundlagen für professionelles Informieren*. Konstanz: UVK

Wolff, Volker; Schultz, Tanjev; Kieslich, Sabine (2021, 3. Aufl.): *Zeitungs- und Zeitschriftenjournalismus: Schreiben für Print und Online*. Köln: Herbert von Halem

8. Präsentieren – offline und online

Präsentieren, das ist die – Achtung: abgegriffene Metapher! – »sichtbare Spitze des Eisbergs« namens Journalismus und zugleich jene Redaktionsarbeit, bei der sehr stark medienspezifische Besonderheiten zu berücksichtigen sind. Handelt es sich um eine Newssite oder um ein Printmedium, muss der Beitrag getitelt, illustriert und auf der jeweiligen Seite »eingerichtet« werden: Dabei geht es nicht nur um Ästhetik und optische Auflockerung, sondern auch um Orientierungshilfe und Leseanreize. Für Hörfunk- und TV-Beiträge sind Moderationen zu gestalten. Besonders wichtig ist stets der Einstieg – mit ihm gilt es, Neugier zu wecken. Dann sind die einzelnen Sendungen und das gesamte Programm so zu komponieren, dass die Neugier anhält und niemand auf die Idee kommt, abzuwandern. Noch schwieriger ist das bei Online-Video- und Online-Audio-Angeboten, weil sich der User ja nicht einfach berieseln lässt, sondern mit der Maustaste oder den Fingern Kommandos gibt und die Konkurrenz nur einen Klick oder Wisch entfernt ist.

8.1 Zeitungen und Zeitschriften

In der Konkurrenz um Aktualität sind gedruckte Zeitungen und Zeitschriften gegenüber anderen Medien hoffnungslos unterlegen. Beim Einordnen und Aufzeigen von Hintergründen sind Printmedien dagegen oft im Vorteil. Texte erlauben mehr Ruhe und Reflexion und eignen sich gut zur Darstellung abstrakterer Gedanken und Zusammenhänge. Die großen Tageszeitungen sind in der Art und Weise, wie sie Nachrichten präsentieren, zu täglich erscheinenden Wochenmagazinen geworden. Ihr Auflagenschwund scheint – im Vergleich zur stabilen oder positiven Entwicklung von Wochentiteln wie der *Zeit* – indes zu signalisieren, dass ein wichtiger Teil des Publikums zwar weiterhin auf Gedrucktes und damit auf die gründlichere Analyse Wert legt, aber nur noch ein oder zweimal pro Woche. Fürs Tägliche reichen dann Newssites und das, was die sozialen Netzwerke anspülen. Allenfalls kommt in Österreich oder der Schweiz die handliche Gratiszeitung hinzu, die in zehn Minuten in der S-Bahn durchgelesen ist.

Einen Großteil ihrer Reichweite erzielen frühere Printmedien heute durch ihre digitalen Angebote. Abgesehen von ihren Webseiten spielen dabei zunehmend digitale Abos eine Rolle, die den Leserinnen und Lesern auch den vollen Zugriff auf die Inhalte der gedruckten Ausgaben bieten. Jenseits der mittlerweile auch schon alt wirkenden »E-Paper«-Ausgabe, in der die Inhalte in pdf-Dateien in derselben Optik wie in der gedruckten Zeitung erscheinen, bieten die Verlage mehr oder weniger ausgeklügelte App-Versionen an, die für die Nutzung mit dem Smartphone oder Tablet optimiert sind und visuell und in der Benutzerführung mehr hermachen. Abgesehen davon, dass dort manchmal zusätzliche Bilder eingestellt werden und auch interaktive Grafiken möglich sind, gleichen sich in der Regel die Texte mit denen der Printversionen. Die Zeitung lebt im Digitalen fort - und zwar keineswegs nur auf Webseiten, sondern auszugsweise auch in Suchmaschinen und sozialen Netzwerken. Deshalb ist die pauschale These, die Zeitung sei tot oder werde bald sterben, schlicht Unfug.

Sogar das klassische Print-Angebot könnte noch etwas länger leben, als manche glauben. Vor allem ältere Leserinnen und Leser greifen immer noch gern zum Papier. Die Satz- und Drucktechnik und mit ihr die Präsentationsformen haben sich in den vergangenen Jahrzehnten geradezu revolutioniert. Verglichen mit Zeitungen aus den 1990er-Jahren sind die Blätter heute Feuerwerke der visuellen Präsentation. Es gab einen Siegeszug der Farbe, der großflächigen Fotos und der Infografiken.

Den Zeitungsdesignern und Blattmachern unterlaufen trotzdem auch heute noch handwerkliche Fehler. Erkenntnisse aus Eyetracking-Experimenten, mit denen gemessen wird, wohin die Augen der Leser wandern, wenn sie eine Zeitung oder eine Webseite anschauen, können zeigen, dass sich die Menschen anders verhalten, als von den Blattmachern gedacht. Der Blick gleitet über die Illustrationen, Überschriften und Bildzeilen, bevor sich jemand entscheidet, an welcher Stelle er in einen Beitrag »einsteigt«. Vor allem Infokästen werden oft missverstanden. Viele Leser erwarten dort Zusammenfassungen, während Journalisten dorthin gerne spezielle Details und sperriges Zahlen- und Faktenmaterial auslagern, das den Haupttext ergänzt.

Mit einer weiteren Methode, dem Readerscan, hat Carlo Imboden einst die Forschung revolutioniert und zahlreichen Zeitungen zu neuen Erkenntnissen verholfen. Testleser erhalten einen Scanner, mit dem sie wie mit einem Textmarker festhalten, welche Artikel sie wie weit gelesen haben. Ein Computer wertet die Ergebnisse aus, und so können Printjournalisten am Folgetag sogar noch genauer als ihre Online- und TV-Kollegen erfahren, wieviel »Quote« sie gemacht haben. So haben die Forscher beispielsweise vor Jahren herausgefunden, dass die hochgelobten Lokalsportseiten bei der Regionalzeitung *Main-Post* ähnlich wenig Leser hatten wie das Feuilleton, unterboten nur noch von den Ankündigungen der Gottesdienste.

Wichtig ist es, durch die Präsentationsformen

- Leseanreize zu schaffen,
- den Leserinnen und Lesern die schnelle Auswahl zu erleichtern (Leserführung) und
- den Stoff in unterschiedlicher Tiefenschärfe aufzubereiten (»layering«).

Der Adressat des Gedruckten ist das Auge. Jedenfalls steigen die meisten über Illustrationen in die Lektüre einer Zeitungsseite ein. Die *FAZ*, die vor Jahrzehnten ganz ohne Fotos und Farbe auf der Titelseite auskam, hat diese Erkenntnis längst verinnerlicht. Täglich wartet sie auf der Seite 1 mit einem oft überraschenden, meist bunten Bild auf und »dichtet« als Unterzeile dazu ein kleines Feuilleton, das mal zum Schmunzeln, mal zum Nachdenken anregt und obendrein meist zu interessanten Beiträgen im Blattinneren führt. Ein geschickter Schachzug: Sie setzt damit der *Süddeutschen Zeitung*, die seit Jahrzehnten mit ihrem »Streiflicht« auf ihrer ersten Seite brilliert, einen illustrierten Geistesblitz entgegen (Abb. 28).

Was mit »layering« gemeint ist, veranschaulicht der italienische Journalist Adriano Farano mit seiner Wortschöpfung vom »Lasagne-Journalismus«: Information soll auf mehreren Ebenen und damit eben auch in unterschiedlicher Tiefe dargeboten werden. Im traditionellen Journalismus waren das einmal die Rubrik (Überschrift), der Vorspann und danach die in Pyramidenform präsentierte Nachricht.

Durchgesetzt hat sich als Präsentationstechnik auch, lange Texte in mehrere Stücke aufzubrechen, wenngleich dies manchmal als Häppchenjournalismus beklagt wird.

Frankfurter Allge

ZEITUNG FÜR DEUTSCHLAND

HERAUSGEGEBEN VON WERNER D'INKA, JÜRGEN KAUBE, BERTHOLD KOHLER, HOLGER

Royal High Five

God save the Queen! In Großbritannien ist nicht alles gut, eigentlich nicht einmal allzu viel, wie auf **Seite 17** zu lesen ist, und doch gibt es eine Frau, um die man die Briten beneiden darf: Es gibt die Königin. Sie ist eine von nur zwei Frauen auf der Welt, die allein des Einsatzes ihrer Hände wegen unverwechselbar sind. Die Grazie der erhobenen Hand, die Würde des Winkens. Das werden die Deutschen nun wieder bestaunen dürfen, heute trifft sie zum Staatsbesuch ein – und sie wird auch die andere Frau mit einem weltberühmten „signature move" treffen: die Rauten-Kanzlerin. **Seite 3**

Abb. 28: So inszenierte die *FAZ* den Staatsbesuch der britischen Königin (Quelle: *Frankfurter Allgemeine Zeitung*, 23. 6. 2015)

Die Gestaltungsmöglichkeiten hängen ab vom Format, der Drucktechnik und der Papierqualität. Printmedien mit ambitioniertem Layout sind zusehends dazu übergegangen, große Beiträge oder Themenseiten ganz- oder doppelseitig zu illustrieren, Bilder freizustellen, mit Fotomontagen zu arbeiten und mitunter auch den Satz selbst als Mittel grafischer Gestaltung zu nutzen. Im Großformat macht das optisch oft noch mehr her als in herkömmlichen Zeitschriften.

Alles bisher Gesagte gilt erst recht für den Zeitschriften- und Magazinjournalismus und immer mehr für Newssites. Die Optik genießt Vorrang. Zeitschriften sind meist dem Dilemma enthoben, mehrere Beiträge auf einer Seite platzieren zu müssen. Newssites müssen sich darauf einstellen, dass die kleinen Bildschirme von Smartphones als Endgeräte dienen, was den Gestaltungsspielraum drastisch einengt – und die Redaktionen dazu zwingt, nicht nur auf allen Verbreitungskanälen präsent zu sein, sondern ihr Angebot für jeden dieser Kanäle optisch ansprechend zu gestalten (Abb. 29).

Verschiedene Informationstiefen

Typisch für das Layout und den textdesignerischen Umgang mit komplexen Themen ist diese Sonderseite der *Vorarlberger Nachrichten*. Der Großbrand in der Wiener Hofburg ist Anlaß, dieses für Österreich bedeutende Ereignis umfassend darzustellen. Die Zeitungsmacher in Bregenz splitten den Themenkomplex so auf, daß sich der Leser Schritt für Schritt vorarbeiten kann, bis sein Informationsbedürfnis befriedigt ist. Die Aufmachung der Beiträge und die aussagekräftigen Überschriften verschaffen beim Überfliegen der Seite die schnelle Orientierung darüber, was in welchem Text zu erwarten ist. Sechs Texte, fünf Fotos und eine Informationsgrafik ergänzen sich in ihren Aussagen so gut, daß sich der Leser aus diesen Mosaiksteinen ein Bild vom Ort des Geschehens, vom Vorgang und von der Bedeutung des Ereignisses machen kann. Aktuelle Informationen, Hintergründe und historische Zusammenhänge werden vorbildlich auf einer Seite angeordnet. Leser, die diese Art der Darstellung nicht gewohnt sind, können allerdings nicht auf den ersten Blick erkennen, daß die Seite nur ein Thema behandelt. Auch wenn die Rubrizierung »Spezial« darauf hinweisen mag, fehlen der eindeutige Hinweis auf die monothematische Präsentation und ein großer integrierender Vorspann zur optimalen Lösung.

Farbige Informationsgrafik. Die große Grafik zeigt die Sicht auf den Wiener Stadtteil aus der Vogelperspektive. Die Textinformationen beinhalten die wichtigsten Nachrichten.

Solobilder. Zwei Farbfotos mit farbigen Rahmen dienen der zusätzlichen Veranschaulichung. Zugleich werden mit wenigen Bildzeilen weitere Einzelinformationen in prägnanter Form vermittelt.

Hintergrund. Ein kompakter, eingerahmter Text schildert die historische Bedeutung der Redoutensäle. Die Leser erfahren, welche Ereignisse die besondere Bedeutung dieses Ortes ausmachen.

Foto, Zitat und Kurzmeldung. Kurz und knapp wird mit drei Mini-Informationen die Dimension des Ereignisses dargestellt.

Aufmacher mit Aufmacherfoto. Der vierspaltige Block wirkt wie ein Magnet auf der farbigen und lebendig gestalteten Seite. Nach dem Vorspann mit den wichtigsten Nachrichten kann man sich entscheiden, ob man weitere Fakten zum Brand lesen möchte.

Chronik. Die drei größten Brandkatastrophen der vergangenen 25 Jahre in Wien werden in kurzen Meldungen in Erinnerung gerufen.

Textbeitrag mit Foto. Der Artikel über die bekannten Lipizzaner-Pferde wird aus dem Haupttext ausgeklammert und gewinnt als Einzelbeitrag mehr Bedeutung.

Abb. 29: Wie sich Storys zu Kurzbeiträgen »herunterbrechen« lassen (Quelle: Blum/Bucher 1998)

Im Zeitschriftenjournalismus, der nicht tagesaktuell sein kann, ist es beim Konzipieren eines Beitrags besonders wichtig, an einer »Geschichte« einen interessanten Aspekt zu entdecken, einen neuen Blickwinkel zu finden. Dies sollte sich bereits im Blickfang – also in der zugehörigen Illustration und im Titel widerspiegeln. Nur wenn das gelingt, darf die Redaktion hoffen, dass sich ihre Leserinnen und Leser neuerlich mit einem Thema befassen, welches andere Medien schon Tage vorher »abgefeiert« haben.

TIPPS

Tipps für Einsteiger

Jedes Blatt und jede Newssite hat eigene Gestaltungsprinzipien. Doch ein paar Grundregeln gelten für alle:

Bild und Text sind einander klar zuzuordnen. Ein Bild sollte nicht zwischen zwei oder drei Beiträgen stehen. Es muss auf den ersten Blick erkennbar sein, welchen Beitrag es illustriert, oder ob es für sich alleine steht.

Überläufe sind in Zeitungen möglichst zu vermeiden. Die Leserinnen und Leser verweigern sich dem Umblättern, und so wird die Lektüre auf der nächsten Seite oftmals nicht fortgesetzt.

Verwendete Schriften sollen leicht lesbar sein. Texte oder Überschriften in Versalien (Großbuchstaben) sind zu vermeiden. Gefettete Schriften stören meist das ästhetische Erscheinungsbild. Kursiv-Schriften sind schwer lesbar und sollten allenfalls zur gelegentlichen Hervorhebung einzelner Schlagworte oder kurzer Textpassagen verwendet werden.

Ein oder zwei großflächige Fotos machen auf einer Zeitungsseite oder Homepage mehr her als ein buntes Sammelsurium von Illustrationen. Auch die Bildunterschriften müssen stimmen. Am besten, sie sind »kurz und knackig« und wiederholen nicht, was der Nutzer eh schon beim Blick auf die Illustration gesehen hat, bevor er den Begleittext liest.

Leerraum ist wichtig: Eine Zeitungs- oder Webseite wird ansprechender, wenn sie nicht nur aus Text besteht. Dabei kommt es auf Ästhetik im Detail an: So dürfen beispielsweise Überschriftzeilen nicht zu »volllaufen«, aber auch nicht zu kurz geraten.

Die Kunst der Titelei

Für Joseph Pulitzer, einen der erfolgreichsten amerikanischen Verleger, waren Schlagzeilen die »Nackttänzerinnen, die das Publikum in die Missionskathedrale der Zeitung locken«. Das Bild wirkt heute nicht nur deshalb schief, weil es aus einer Macho-Zeit stammt, in der Frauen nicht als Leserinnen, sondern als Animierdamen galten. Wer sich Pulitzers Krawallblätter anschaut, stellt auch fest, dass sie keineswegs Kathedralen für christliche Erbauungslektüre waren. Es ging da ganz schön irdisch zu.

Was man aber sagen kann: Was gelesen oder zumindest angelesen wird, hängt stark von der »Verpackung« ab. Bieten Illustration und Überschrift keinen Anreiz zum Verweilen, blättern oder klicken die Leserinnen und Leser einfach weiter.

Im Fachjargon heißen Überschriften Rubriken oder Titel; die wichtigste Überschrift auf der Titelseite ist der Aufmacher oder die Schlagzeile. Wer eine Zeitung durchblättert oder auf einer Newssite scrollt, hat am Ende viel mehr Überschriften als Artikel gelesen. Rubriken sind demnach als Orientierungshilfe äußerst wichtig, bei Boulevardblättern können sie über den Verkaufserfolg entscheiden.

Inzwischen »lesen« allerdings Überschriften nicht nur wir, die Rezipienten, sondern auch Suchmaschinen. Deren Algorithmen selektieren nach anderen Kriterien als das menschliche Gehirn. Eine Herausforderung für Redaktionen besteht somit darin, sowohl »leserfreundlich« als auch »suchmaschinengerecht« zu titeln. Während das menschliche Gehirn Anspielungen und Metaphern verarbeiten kann, ist die Suchmaschine darauf nicht geeicht. Deshalb sollten Titel im Netz die wichtigsten Stichworte enthalten, die es der Suchmaschine erlauben, den Beitrag »zuzuordnen« und auffindbar zu machen. Auch für die mobilen Abrufe per Tablet oder Smartphones hat es sich bewährt, in den Überschriften und der »Verpackung« der Beiträge schnell klarzumachen, worum es geht – denn auf diesen Geräten ist nicht viel Platz, und die Unterwegs-Nutzung geht bei den Nutzern oft mit Ungeduld einher. Für feuilletonistisch rätselhafte Rubriken und umständliche Anspielungen bleibt da wenig Zeit und Raum. So war beispielsweise ein Kommentar zur Corona-Berichterstattung in der Printversion der *SZ* mit »Herdentrieb« überschrieben, was mit einem zweiten Beitrag »Heldenschutz« auf derselben Seite allitterierte und sich erst durch den Untertitel in seiner Bedeutung erschloss: »Ein Overkill an Corona-Berichterstattung verzerrt die Maßstäbe dafür, was alles relevant ist. So verbreitet sich eine gefährliche Angst.« In der Online-Version hieß es dagegen knapp und auch für die Suchmaschinen eindeutig: »Das Corona-Panikorchester« (Russ-Mohl 2020a).

Überschriften sind »Wegweiser im Wörterwirrwarr der überinformierten Gesellschaft«, so schon der frühere Chefreporter der Münchner *Abendzeitung*, Werner Meyer (1983): »Die Leser brauchen eine deutliche Inhaltsangabe, ein Etikett, eine Kurzfassung der zu erwartenden Nachricht, kurzum ein ›Monogramm des Inhalts‹, wie Arthur Schopenhauer […] den idealen Titel nannte.« Daran gemessen, liegt der *Tagesspiegel* mit dieser Rubrik haarscharf daneben:

Abb. 30: Schnoddriger Euphemismus statt Information.

Denn wenn die Inflationsrate erstmals seit Jahrzehnten über fünf Prozent springt, ist die Aussage »Das Leben bleibt teuer« ein Euphemismus, der die Tatsachen vernebelt – und obendrein alles andere als ein Leseanreiz. Wenn dann im nachfolgenden Vorspann noch ein Wirtschaftswissenschaftler zitiert wird, der die Inflationserwartungen fürs folgende Jahr dämpft, obschon nahezu zeitgleich bekannt wurde, dass die Geldentwertung in den USA bereits zehn Prozent erreicht hat, gewinnt man den Eindruck, dass die Redaktion mit ihrer beschwichtigenden Berichterstattung von der Europäischen Zentralbank ferngesteuert wurde, statt sich um ein realistisches Bild der wahrscheinlichen Entwicklung zu bemühen. Die Rubrik sollte aber zur jeweiligen Darstellungsform passen. Eine Meldung braucht eine sachliche Überschrift, ohne Wertung, ein Kommentar eine Rubrik, die bereits die Tendenz der Meinung anzeigt und am besten auch noch das Thema erkennen lässt (oft steht das Thema in einer sogenannten Dachzeile). Eine Reportage verdient eine stimmungsvolle Überschrift, ein Interview wird mit einem schmissigen Zitat, das auch einen zentralen Punkt aus dem Gespräch trifft, angekündigt.

Aufpassen müssen Redaktionen auch beim Betexten von Bildern (Abb. 31): Die Unterschrift unter dem Facebook-Beitrag der *FAZ* lässt den Leser unweigerlich assoziieren, dass der Lega-Chef Matteo Salvini selbst den tödlichen Schuss abgegeben hat. So war es aber nicht.

Abb. 31: Missverständlich - eine Rubrik, die als Bildunterschrift gelesen wird.

Witz und Kreativität sind erlaubt und werden sogar verlangt, wo die Form des Beitrags dazu passt. »Blattern gehen um«, titelte die Schweizer Werbewoche in ihrem Editorial, um dann fortzufahren: »Früher erkrankten Menschen an der Pest, heute leiden wir am Blatter.« Das traf kurz vor dem überfälligen Rücktritt von FIFA-Chef Sepp Blatter in der Sache zu und war dennoch daneben, denn im seriösen Journalismus ist es verpönt, mit Eigennamen zu spielen. »No jokes with names«, lautet die Regel. Der verstorbene SPD-Fraktionschef Herbert Wehner hat im Bundestag zwar Heiterkeit ausgelöst, als er den CDU-Abgeordneten Wohlrabe als »Herrn Übelkrähe« und Entwicklungshilfeminister Todenhöfer mit »Hodentöter« titulierte. Das war aber auch im Hohen Haus nicht gerade guter Stil. In die

Medien gehört so etwas nur dann, wenn ein Politiker es gesagt hat, und nicht, wenn dem Redakteur selbst Vergleichbares einfallen sollte. Nicht einmal in einer Glosse sind Namenswitze üblich.

Ein Merkmal des Journalismus - und eines seiner Probleme - ist der Hang zur Übertreibung. In den Überschriften ist dieser oft besonders sichtbar, sogar bei seriösen Zeitungen, die nicht unbedingt auf Krawall gebürstet sind. Sogar die *FAZ* übertreibt gelegentlich: »Ermittler in Mexiko finden nach Mord an Bürgermeisterin Massengrab«, hieß es in einer Schlagzeile auf der Website (6.1.2016), und drei Zeilen weiter ist dann im Text von einem »Grab mit fünf Leichen« die Rede.

Ein weiterer Trend: Statt Fakten sind dramatisierende und spekulierende Fragen sehr in Mode gekommen: »Kommt nach Omikron ein Killervirus?«, »Schreckt Putin vor dem Atomkrieg zurück?«. Das ist eigentlich *kein* seriöser Journalismus, generiert aber zuverlässig Klicks...

TAGESSPIEGEL

Anmelden ABO

T+ Politik Berlin Gesellschaft Wirtschaft Kultur Wissen Gesundheit Sport Meinung Potsdam

Panorama Medien Queer Familie Geschichte Reise Reportage

Gesellschaft | Medien | "Make Love" im ZDF: Mit dem Zweiten vögelt man besser

"Make Love" im ZDF Mit dem Zweiten vögelt man besser

Erst im MDR, jetzt im ZDF: Neue Folgen von „Make Love - Liebe machen kann man lernen". Die Aufklärungsreihe ist keinesfalls ein camouflierter Porno - es geht darum, stabile Partnerschaften zu stiften - mit Sex.

Abb. 32: Humor in Überschriften - bei manchen Themen kein Tabu.

Ein bisschen Witz ist erlaubt, wenn das Thema nicht bierernst ist. Den Vogel abgeschossen hat der *Tagesspiegel* (28.7.2015): »Mit dem Zweiten vögelt man besser« titelte er augenzwinkernd eindeutig-zweideutig und für ein aufgeklärtes Berliner Publikum sicherlich vertretbar (Abb. 32). Mit dem

»Zweiten« war kein Sexpartner gemeint, sondern das ZDF, das sonst eher im Ruf steht, ein Seniorenprogramm auszustrahlen. Im Beitrag ging es immerhin um eine Sendung, die den Zuschauern auf behutsame Weise sexuelle Freuden näherbringen sollte.

Kreative Überschriften sind oft Geschmackssache. Es kann schnell zu albern werden, was zwar in der Redaktion am Newsdesk kurzzeitig die Stimmung aufhellt, aber nicht immer dem Image einer Zeitung guttut. Schön ist es, wenn ein Wortspiel wirklich neu ist und gut zum Thema passt - zu oft aber bedienen sich die Redakteure bei schon hundertmal verwendeten bekannten Film-, Roman- oder Songtiteln. Einer der Autoren hat eine ganze Sammlung von Überschriften, in denen auf den französischen Filmklassiker *Die fabelhafte Welt der Amélie* angespielt wird. Es ist erstaunlich, worauf eine Redaktion so alles kommt, doch irgendwann nutzt sich das ab und wirkt abgenudelt: »Die fabelhafte Welt der Amelia« (*SZ* über eine besondere Geburt in München), »Die fabelhafte Welt der Natalie« (*SZ* über Natalie Portman), »Die fabelhafte Welt der Annerose« (*SZ* über eine Zauberschule), »Die fabelhafte Welt der nachtaktiven Räuber« (*SZ* über ein Filmfest) usw. Ähnliches lässt sich für viele Film- und Roman-Klassiker finden, die unentwegt in Überschriften für eine Anspielung herhalten müssen, sei es *Das Schweigen der Lämmer*, *Schöne neue Welt* oder *Schuld und Sühne*.

Abb. 33: Sensationalisierender Titel: Begräbnis für den VW-Konzern (*Spiegel* Nr. 40 v. 26.9.2015)

Überschriften texten – das ist wahrlich hohe journalistische Kunst, auch wegen der unfreiwilligen Komik, die aus missverständlichen Formulierungen resultiert. Gefährlich sind auch Titel, die mit erkennbar überzogenen Bewertungen Auflage machen sollen – wie etwa jener des *Spiegel*, der mit dem Aufmacher »Der Selbstmord« für den VW-Konzern ein Begräbnis inszenierte (Abb. 33 [195]). Doch siehe da, der Konzern lebt immer noch – und seine Autos werden – Diesel-Skandal hin, Diesel-Skandal her – weiterhin massenhaft gekauft.

TIPPS

Tipps für Einsteiger

Wolf Schneider und Detlef Esslinger richten fünf Forderungen an die Überschrift:

»1. Die Überschrift muss eine klare Aussage enthalten.

2. Diese Aussage sollte die zentrale Aussage des Textes sein.

3. Sie darf den Text nicht verfälschen.

4. Sie muss korrekt, leicht zu fassen und unmissverständlich formuliert sein.

5. Sie sollte einen Lese-Anreiz bieten.« (Schneider/Esslinger 2015: 5)

Aus Sicht der Online-Manager und SEO-Spezialisten sollten Überschriften Stichworte enthalten, die es der Suchmaschine erleichtern, den Text bei entsprechenden Anfragen auszuweisen.

8.2 Hörfunk und Podcasts

Lange Zeit war das Radio ein unterschätztes Medium, dabei hat es den Alltag vieler Menschen geprägt – und tut das auch heute noch. Mit der Digitalisierung scheint das Radio als lineares Programm an Bedeutung zu verlieren, doch zugleich erlebt das gesprochene Wort durch Podcasts und Hörbücher eine neue Blütezeit. Und das keineswegs nur in Unterhaltungsformaten, sondern durchaus auch bei journalistischen Debatten- und Rechercheangeboten. Nach Jahren, in denen Musikteppiche und »Magazinitis« vorherrschten, wird der Wert von Audio neu entdeckt oder wiederentdeckt. Durch den digitalen Abruf können sich nun auch leichter regelrechte Fangemeinschaften bilden, die dann einen Politik-Podcast wie *Lage der Nation* oder *Rice and Shine* zu einem kollektiven Hörerlebnis machen.

Gerade bei jüngeren Menschen erfreuen sich Podcasts großer Beliebtheit. Im Jahr 2020 gab es 26 Millionen Podcast-Nutzer in Deutschland, 76 Prozent von ihnen nutzen dieses Medium vor allem zu Hause. Unter den 14-29-Jährigen gibt 2021 bereits jeder Dritte an, mindestens einmal pro Woche Podcasts zu hören (Media Perspektiven Basisdaten 2021). Audio-Angebote werden nun auch zunehmend von Redaktionen produziert, die mit dem klassischen Radio nichts zu tun haben. Verlage, die primär für ihre Zeitungen bekannt sind, beschäftigen längst auch Journalistinnen und Journalisten, die sich mit Audio-Formaten auskennen und das Publikum über das gesprochene Wort erreichen.

Journalistisch Gehaltvolles bieten zudem die öffentlich-rechtlichen Informationssender. Dazu gehören »Info-Wellen« wie *BR24* oder *hr-info*, oder der Deutschlandfunk und das Radioangebot der Schweizer SRG. Hier gibt es immer wieder auch aufwendig produzierte Reportagen, Essays, Magazinsendungen und längere Interviews. Die Informationssendungen im Deutschlandfunk werden auch von vielen Medienleuten gehört und können Einfluss auf die Nachrichtenagenda haben.

Abgesehen von diesen Angeboten dominiert im Radio allerdings das Seichte – ein »Dudelfunk« mit viel Musik, Jingles, Quizspielen und eher oberflächlichen Nachrichten. Informationen werden hier meist sehr knapp präsentiert. In der Kürze liegt die Würze. Für die meisten Beiträge stehen weniger als drei Minuten zur Verfügung. Zur Orientierung: In einer Minute versenden sich etwa 15 Zeilen Text (860 Zeichen); es gibt also wenige Beiträge, die – nach Länge und damit auch Informationstiefe bemessen – über einen Zweispalter in einer Zeitung hinaus reichen.

Obendrein wird zumindest bei privaten Sendern fast alles im Plauderton dargeboten. Viele Menschen hören Radio »nebenbei«. Sie widmen ihm im Tagesablauf zwar mehr Zeit als dem Fernsehen, aber selten ist die Aufmerksamkeit ungeteilt: Während sie Radio hören, bügeln sie, kochen, putzen ihre Zähne oder kämpfen sich im Auto durch den Stadtverkehr. Also soll es locker und leicht daherkommen – so jedenfalls die Überzeugung vieler Programmmacher. Sie vernachlässigen damit allerdings eine bildungshungrige Minorität. Der Erfolg von Hörbüchern und anspruchsvolleren Podcasts könnte hier zu denken geben.

Manche Podcasts erzielen trotz oder gerade wegen detailreicher Informationen und Hintergründe große Reichweiten. Eines der Erfolgsrezepte: die Präsentation der Gespräche als scheinbar lockere Unterhaltungen, die von der Authentizität der Moderatorinnen und Moderatoren und von einer persönlichen, alltagsweltlichen Sprache leben. Es gibt mittlerweile eine enorme Vielfalt an Podcast-Formaten, darunter penibel recherchierte und produzierte, die ein Beleg dafür sind, dass die Digitalisierung und die neuen Formate und Verbreitungswege keineswegs zu einer allseitigen Verflachung führen.

Wie bei digitalen Texten ist im Radio seit jeher das »Teasing« wichtig. Was kommt als nächstes? Und welcher Sender ist das gerade? Die Hörerinnen und Hörer sollen bei der Stange gehalten werden. Dementsprechend werden Beiträge angekündigt und portioniert, manchmal über Werbeeinschaltungen hinweg. Das Publikum soll das Gefühl haben, das Wichtigste kommt nach dem nächsten Spot oder der nächsten Unterbrechung durch die Nachrichten und Staumeldungen. Viele Sender übertreiben es allerdings damit, dann verkommt das Programm zu einer Dauerwerbesendung in eigener Sache.

Das Zuhören erleichtern

Das Ohr ist weniger aufnahmefähig als das Auge. Hörfunksprache ist gesprochenes Wort, keine Schriftsprache. Während in Schriftmedien auch mal Schachtelsätze vorkommen dürfen, stört das bei Audiobeiträgen. Es gibt eine Reihe von Regeln, um das Zuhören zu erleichtern. Einige weichen sogar von der sonst gültigen Grammatik der deutschen Sprache ab. Zum Beispiel ziehen manche Hörfunksprecher Verben, die in der Schriftsprache erst am Satzende kommen, nach vorne. Das soll das Verständnis beim Zuhören erleichtern. Andere halten das allerdings für künstlich.

Generell gilt: Schachtelsätze machen sich in Radio und in Podcasts nicht so gut. Die Sprache sollte klar sein, die Aussagen nicht zu überfrachtet. Das bedeutet auch, dass Zahlen und Details sparsam eingesetzt werden müssen - die Auswahl sollte hier besonders sorgfältig sein. Was ist besonders wichtig und eingängig, was würde eher ablenken? Abgesehen vom Inhalt ist auch der Rhythmus wichtig. Und natürlich kommt es im Radio und in Podcasts auch auf eine angenehme oder interessante Stimme an - und auf eine klare Aussprache. Es mag Naturtalente geben, die meisten, die regelmäßig in ein Mikrofon sprechen, profitieren aber von einem professionellen Stimmtraining, in dem auch Atemtechniken geübt werden.

Tipps für Einsteiger

Sich gründlich mit der Aufnahmetechnik vertraut machen, bevor man anderen Menschen ein Mikrofon unter die Nase hält: Man sollte sie im »Schlaf« beherrschen, denn in der Gesprächssituation gilt es, sich auf den Interviewpartner zu konzentrieren.

Möglichst natürlich, aber nicht planlos: Viele Podcasts und Radiosendungen wirken lässig, die Moderationen und die Gespräche wie natürliche Unterhaltungen. Völlig frei und spontan ist die Rede aber selten, es braucht durchaus einen Plan und gute Vorbereitung. Gerade für journalistische Angebote gilt auch im Radio und in Podcasts: Gehaltvolles entsteht auf der Grundlage sorgfältiger Recherche.

Kurz und prägnant formulieren ist eines der Geheimnisse erfolgreicher Hörfunk- und Podcast-Kommunikation.

Mittel der Auflockerung nutzen, also mit Sprecherwechsel, O-Tönen, Geräuschkulissen und Magazinform arbeiten.

Was sich live senden lässt, live senden – das macht das Radio authentisch und »lebendig«.

Format und Musikfarbe binden die Hörerinnen und Hörer, aber auch die Persönlichkeit der Moderatoren. Nicht nur klassische Formate des Dudelfunks, wie die allgegenwärtigen Morningshows, leben von populären Moderatoren, auch seriöse Informationspodcasts setzten auf Charisma und Personalisierung.

8.3 Audiovisueller Journalismus

Die Digitalisierung hat auch das Fernsehen stark verändert. Vor allem hat sie dazu geführt, dass jenseits des starren, linearen TV-Programms eine Vielfalt an weiteren audiovisuellen Angeboten entstanden ist. Streaming-Dienste, YouTube-Kanäle, Webseiten mit eingebetteten Videoclips, Videowände in der U-Bahn, »Public Viewing« – Bewegtbild-Angebote haben sich längst vom alten Fernsehgerät gelöst. Er ist nicht mehr wie einst das mediale »Lagerfeuer«, vor dem sich die Familie und die Nation versammelt. Die Angebote und die Nutzungsweisen haben sich ausdifferenziert und sind flexibler geworden. Die TV-Sender reagieren darauf, stellen ihre Beiträge und Sendungen häufig schon vorab in »Mediatheken« oder auf eigenen YouTube-Kanälen zum Online-Abruf bereit und produzieren mehr und mehr auch reine Digitalangebote. Dabei bedienen sie inzwischen auch kleine Marktnischen.

Dennoch zielen viele audiovisuelle Angebote noch immer auf eine möglichst große Reichweite. Der Erfolg von Netflix, Sky oder Amazon

Prime beruht unter anderem darauf, dass einige Serien dort Kultstatus bei einer beträchtlichen Zahl an Menschen erreichen - und sich teure Produktionen deshalb wirtschaftlich lohnen. Als Massenmedium war das Fernsehen schon immer stark an Einschaltquoten orientiert und stärker als beispielsweise die Zeitungen auf Unterhaltungsangebote gepolt. Die journalistischen Informationssendungen mussten sich auch früher schon gegen die oft seichte Unterhaltungsware behaupten.

Entgegen der Vorstellung, alle schauten nur noch Shows und Serien und niemand interessiere sich mehr für harte Informationen, sind die Reichweiten der großen Nachrichtensendungen und Magazine, wie *Tagesschau* und *Tagesthemen* (ARD), *Heute* und *Heute Journal* (ZDF), *RTL Aktuell* oder *Zeit im Bild* (ORF), weiterhin beachtlich. Sie erreichen jeden Tag mehrere Millionen Menschen. Die *Tagesschau* gibt es mittlerweile auch auf Instagram ebenso wie auf TikTok, auf beiden Plattformen hat es das Flaggschiff des öffentlich-rechtlichen Journalismus mit einem weitgehend seriösen Angebot zu beachtlichem Erfolg gebracht. Der Bayerische Rundfunk lässt auf Instagram in einer »News-WG« junge Journalistinnen und Journalisten über Nachrichten sprechen, und *funk*, das »junge Angebot« von ARD und ZDF, konzentriert sich auf YouTube-Formate.

Die Social-Media-Plattformen werden mittlerweile sehr professionell bespielt, hier entstehen neben vielfältigen Unterhaltungsangeboten neue Informationsformate, die vor allem jüngere Menschen ansprechen sollen. Dieser Entwicklungsprozess wird von den großen Sendeanstalten mittlerweile mit beträchtlichem Aufwand betrieben. Im besten Falle werden die veränderten Bedürfnisse und Erwartungen in der Mediennutzung mit den Anforderungen an einen guten und gehaltvollen Journalismus in Einklang gebracht. Im schlechtesten Fall produzieren die Sender an den Interessen des Publikums vorbei, oder sie verraten die eigenen Qualitätsansprüche. Es ist, so viel steht fest, für den Journalismus und speziell auch für den audiovisuellen Journalismus eine ungemein bewegte Zeit, in der sich vieles verändert und kreative Ideen gefragt sind, wie sich bewährte Tugenden des Journalismus mit der digitalen Dynamik verbinden lassen.

Viel Geld fließt allerdings weiterhin auch in Quatsch, Trash und Shows aus dem Unterhaltungsangebot, und auch für Sportrechte bezahlen die Sender hohe Summen, bei deren Anblick viele Journalistinnen und Journalisten, die für Ressourcen zum Recherchieren kämpfen müssen, erblassen oder vor Zorn erröten. Dabei zeigt sich, dass gut gemachte und aufwendig recherchierte Dokumentationen durchaus auch ein großer Publikumserfolg werden können. Davon zeugen in Deutschland beispielsweise die Politik-Dokus von Stephan Lamby oder lange Filme über Politiker wie Kevin Kühnert oder weit über den Sport hinaus interessante Weltstars wie den Boxer Muhammad Ali. Auch die Magazine und Reportagen des Fernsehens, beispielsweise im *Auslandsjournal* (ZDF) oder dem *Weltspiegel* (ZDF), liefern journalistische Qualität und bemühen sich, Zusammenhänge und Hintergründe zum Weltgeschehen zu zeigen.

Oft ringen audiovisuell arbeitende Journalistinnen und Journalisten mit den Beschränkungen ihres Mediums: technischen Zwängen, fehlenden Bildern, aufwendiger Logistik. Die Aufmerksamkeitsspanne des Publikums gilt, wenn es um Standardsendungen des Fernsehens geht, als sehr kurz: Wo einstmals fünf- oder zehnminütige Berichte möglich waren, dominieren heute 1.30- oder sogar 0.30-Schnipsel. Vielleicht auch deshalb, weil die Redaktionen dem Publikum zu wenig zutrauen. Gewöhnt sich das Publikum nur an das, was ihm serviert wird? Erstaunlich ist immerhin, wie erfolgreich einige sehr ausführliche und langatmige Podcasts, YouTube-Videos und TV-Dokumentationen sind, denen es offenbar trotz oder gerade aufgrund ihrer Länge und Ausführlichkeit gelingt, den Nerv einer Zielgruppe zu treffen.

Starke Bilder und die Emotionen, die audiovisuell transportiert und erzeugt werden können, machen beim Publikum oft großen Eindruck. Im Vergleich zu textorientierten Formaten kann der audiovisuelle Journalismus eine Unmittelbarkeit schaffen (oder suggerieren), die den Menschen sehr nahe geht. Die Macht der bewegten Bilder ist eine große Chance auch für den anspruchsvollen Journalismus. Nur sollte sie nicht missbraucht werden. Jeder TV- oder Videojournalist sollte um die Macht der Bilder wissen. Durch Kameraführung und Schnitt lässt sich die Wahrnehmung des Dargestellten stark beeinflussen: Zeigt das Video einen Politiker, der von 50 Journalisten und Kameras umringt ist, so werde »dem Publikum unbewusst suggeriert: Der Politiker ist wichtig. Alle wollen ein Statement von ihm«. Werde derselbe Politiker »in Großeinstellung nur mit einem einzigen Mikrofon« vorgeführt, entstehe der Eindruck, dieser sei »einsam«, so Heiner Hug (2009), vormals Chef der Schweizer *Tagesschau*.

Auch die Blickrichtung des Interviewten spricht Bände: »Wenn der Journalist größer ist, dann muss der Interviewte aufschauen – wie ein treuherziger Dackel, der sein Herrchen bestaunt. Entsprechend wirkt das auch auf das Publikum«, so Hug. Politiker, die klein von Wuchs waren, wie

Richard Nixon, Helmut Schmidt und Nicolas Sarkozy, hatten mit diesem Problem zu kämpfen.

Mit kurzer Schnittabfolge lässt sich Tempo oder auch Hektik erzeugen. Schwenks, Zooms und Kamerafahrten sind weitere Gestaltungsmittel, die einen Film interessant machen können - vor allem Zooms sollten allerdings sparsam und gezielt eingesetzt werden, weil sie nicht unseren »normalen« Wahrnehmungsgewohnheiten entsprechen und deshalb einen verfremdenden Effekt zeitigen.

Bilder wirken oftmals lange nach. »Bildeinstellungen können brutaler sein als Worte. Bilder können jemanden demaskieren und der Lächerlichkeit preisgeben«, warnt Hug und fügt als Beispiele an: »Ein Victory-Zeichen des Chefs der Deutschen Bank belastet ihn noch jahrelang. Das Kopftuch der Schweizer Außenministerin bei einem Iran-Besuch wurde lange kontrovers diskutiert.«

Text-Bild-Schere

Spezifisch für die audio-visuelle Kommunikation ist, dass stets zwei Sinnesorgane gleichzeitig angesprochen werden. Beide Medienkanäle sollen sich dabei ergänzen. Allerdings wirken Bilder im Regelfall stärker als die Wortinformation.

Gerade weil die Hauptaufmerksamkeit des Publikums den Bildern gilt, muss der Fernsehjournalist sein Augenmerk dem begleitenden Text widmen. Er soll möglichst die Bildinformation unterstützen. Was zu sehen ist, wird durch das Wort verstärkt oder eingeordnet. Dazu kommen dann noch weitere Gestaltungsmittel wie Musik und »Atmo« (Geräusche wie Straßenlärm, Klappern einer Tastatur usw.).

Ist das Bild eindeutig, darf der Text nicht den Bildinhalt beschreiben, sondern sollte erläutern, was das Bild nicht aussagen kann. Beispielsweise zeigt die Filmsequenz, wie ein Flugzeug gelandet ist, als nächstes die Gangway herangeschoben wird und sich die Tür öffnet. Im Begleittext ist es damit unnötig zu erläutern, was ohnehin zu sehen ist (also im Text bzw. im Ton nicht sagen: »Die Tür des Flugzeugs öffnet sich...«). Stattdessen könnte ein sinnvoller Text lauten: »Am Mittwoch landete das Forscherteam in Mogadischu.«

Ein gegenteiliger Fehler besteht darin, dass die Textinformation nicht zum Bild passt. Dann spricht man von einer Text-Bild-Schere. Ein Beispiel dafür wäre zur obigen Flugzeugszene der folgende Text: »Das Gefälle zwischen Industrie- und Entwicklungsländern wird immer größer. Lag das Pro-Kopf-Einkommen in Deutschland im vergangenen Jahr schon bei knapp 41.000 Euro, so erreichte es in Somalia nur 270 Euro.«

Die Bild-Ton-Schere, die schon Bernward Wember Mitte der 1970er-Jahre (Wember 1976) beschrieben hat und deren Vermeidung bis heute eine Herausforderung im Alltagsgeschäft des audiovisuellen Journalismus ist, bewirkt zweierlei: Entweder der Text wird falsch verstanden, weil der Text ohne Bezug zum Bild formuliert wurde. Oder aber die Text-Bild-Information wird gar nicht verstanden, weil das Bild zu attraktiv und der Text zu kompliziert ist und die Aufmerksamkeit des Zuschauers beides nicht bewältigen kann. In beiden Fällen stehen sich die Wahrnehmungskanäle gegenseitig im Weg, statt sich zu ergänzen. Die Verständlichkeit nimmt ab, der Zuschauer langweilt sich oder fühlt sich überfordert, er schaltet ab oder um.

Moderatoren als »Anker«

Auch für journalistische Angebote, wie Nachrichtensendungen, politische Magazine und Talk-Shows, gilt: Beim Fernsehen prägen Persönlichkeit und Ausstrahlung der Moderatorinnen und Moderatoren das Programm. Aus gutem Grund heißen sie im Amerikanischen »anchors«: Bei ihnen ist das Programm verankert, sie sind für das Publikum Identifikationsfiguren. Deshalb treten sie in den USA, obschon beim Personaleinsatz kühl gerechnet wird, schon seit vielen Jahren häufig im Gespann auf, typischerweise eine Frau und ein Mann.

Das erste und wichtigste Merkmal dieser Moderatorinnen und Moderatoren, so Heike Hupertz (2002), sei Autorität; darüber hinaus hätten sie den gesunden Menschenverstand zu verkörpern: »Making sense of it all«, sei ihre Hauptaufgabe, und es sei »kein Zufall, dass das Englische von ›Sinn machen‹ spricht, wo die deutsche Sprache nahelegt, etwas habe gleichermaßen ›von sich aus‹ Sinn«.

Die Fernsehkamera zeigt jedes Minenspiel, jede Geste und gibt somit Raum für allerlei »mitschwingende« Botschaften, die mit dem jeweiligen Thema, also der Sache selbst, gar nichts zu tun haben. »Ein Bild sagt mehr als tausend Worte. Und deshalb liegt im Bild des Auftritts die eigentliche Botschaft, geht doch ein Großteil der Wirkung eines Fernseh- oder Redeauftritts unmittelbar auf die Körpersprache und auf die Bilddramaturgie zurück« (Keinath 2002). Im günstigen Fall trägt dieses Bilderspiel dazu bei, dass das Publikum zu seriösen Journalistinnen und Journalisten ein Vertrauen entwickelt, das nicht missbraucht wird und dabei hilft, sich komplizierten und trockenen Themen auszusetzen. Die Medienpsychologie spricht von »parasozialen« Interaktionen, wenn Rezipienten die Fernsehpersönlichkeiten betrachten wie vertraute, greifbare Menschen aus ihrem Alltag.

Solche Beziehungen können aber auch verführbar machen. Das zeigen die seltsamen Bibelprediger oder die politischen Populisten in den Krawallsendungen des US-Fernsehens, die teilweise große Fangemeinden haben. Und selbst dort, wo die Konsequenzen nicht so weitreichend sind, können die Personalisierung, die für viele audiovisuelle Formate prägend ist, und die Oberflächlichkeit vieler Bilder zum Problem werden, weil sie dem Verstehen von Nachrichten und Zusammenhängen eher abträglich sind. Das betrifft auch den schnellen Themenwechsel, der für viele Sendungen typisch ist. Der *Spiegel*-Reporter Cordt Schnibben (1988: 52) hat dies einmal so karikiert: »(K)aum hat der Zuschauer … das Wort ›Welternährungslage‹ verdaut, ist der Bericht schon bei den jährlichen Ausgaben von weltweiten Heuschreckenvernichtungsaktionen. Die Nachrichtenfachleute haben, um diese Schwäche zu überspielen, in jahrelanger Routine eine Fremdsprache entwickelt, die in möglichst kurzer Zeit möglichst viele Informationen transportieren soll, präzise und unparteilich. Leider hat diese … den Nachteil, dass sich der Zuschauer nach der Sendung nur an 22 Prozent der Nachrichten erinnern und nur jeder zehnte Zuschauer ihren Inhalt auch korrekt wiedergeben kann«.

Printjournalisten, aber auch Medienforscher, die gegenüber Fernsehleuten gerne ihre intellektuelle Überlegenheit herauskehren, übersehen leicht »die Chance, die in der Anschauung liegt – um mit Goethe zu sprechen«, so der Schweizer TV-Journalist und langjährige Presserats-Vorsitzende Peter Studer. Er erinnert als Beispiel an die eindringlichen Bildberichte zum Fall des »Eisernen Vorhangs«, die inzwischen wieder aus den Archiven gekramt wurden. Den Spagat zwischen Qualität und Quote beim öffentlich-rechtlichen Fernsehen habe er als »lustvoll« empfunden.

Gerade bei historischen Ereignissen haben audiovisuelle Formate und insbesondere die Live-Berichterstattung ihre großen Momente. Die Kollegen vom Fernsehen »leben im Äther«, so der frühere *FAZ*-Herausgeber Frank Schirrmacher (2009): »In den entscheidenden, den großen Live-Momenten des Mediums, die wir Zuschauer ersehnen und um die alles kreist, geht es um Millisekunden. Sie entscheiden darüber, ob wir die Vogelperspektive einnehmen können oder abstürzen – und vor dieser Herausforderung des Fernsehjournalismus habe ich großen Respekt.«

Mittlerweile stellen sich auch Journalistinnen und Journalisten in den Zeitungshäusern dieser Herausforderung, denn immer mehr Verlage investieren in Videoabteilungen. Die Redaktionen von Zeitungen und Zeitschriften denken längst nicht mehr nur an Texte, für ihre Webseiten und Social-Media-Plattformen produzieren sie auch Videoclips und nutzen die Vorteile audiovisueller Formate im »Storytelling«. So haben auch Zeitungsredaktionen mittlerweile kleine Filmstudios eingerichtet. Wer heute und morgen journalistisch arbeiten will, sollte am besten nicht nur Texte schreiben, sondern auch mit Audio und Video umgehen können.

TIPPS

Tipps für Einsteiger

Filmkameras, Scheinwerferlicht und Studio-Atmosphäre verändern Gesprächssituationen weit mehr als das Mikrofon des Hörfunk-Reporters.

Das eigene Auftreten vor laufender Kamera, also Gestik, Mimik, Sprechweise, üben und kontrollieren, und zwar unter fachkundiger Anleitung und mit Hilfe von Videokameras, die eine Selbstbeobachtung ermöglichen.

Text-Bild-Schere vermeiden: Bilder dominieren den Begleittext, dieser sollte die Bildinformation sinnvoll ergänzen.

Fernsehpublika sind Massenpublika: Beim Texten noch mehr als bei Print und Hörfunk auf Verständlichkeit, einfache Wortwahl, Prägnanz und Kürze achten.

8.4 Soziale Netzwerke, Apps

Neuerfunden wird der Journalismus nicht in Printmedien, Radio und TV, sondern im Internet, und auch da immer weniger auf Websites, auf denen die alten Medien irgendwie konvergieren, sondern in sozialen, interaktiven Netzwerken, auf Plattformen wie Facebook oder Instagram sowie von mittlerweile gar nicht mehr so neuen Newcomern wie *Buzzfeed*, t-online.de oder netzpolitik.org. Das alte, biblische Matthäus-Prinzip gilt dabei vermehrt im digitalen Raum: Wer hat, dem wird gegeben. Soll heißen: Angeklickt wird, was bereits tausendfach angeklickt wurde.

Zu Beginn der Internet-Ära sah Online-Journalismus noch fast genauso aus wie Offline-Journalismus. Text dominierte, das Publikum hat die Inhalte konsumiert, ohne selbst etwas beizusteuern. Es gab nur rudimentäre Mobiltechnologie und noch keine sozialen Netzwerke. Dann begannen die Redaktionen allmählich, sich daran zu gewöhnen, dass auf den neuen

Plattformen Text, Videos und Audios nicht nur koexistieren, sondern sich auch im Multimedia-Storytelling verknüpfen lassen. Online verschmelzen somit die klassischen Medien und damit auch die Präsentationsformen. Anders als die »neuen« Medien des vorigen Jahrhunderts, Radio und Fernsehen, ergänzen sie nicht nur die bereits vorhandenen Printmedien. Vielmehr saugt das Internet »alle bestehenden Massenmedien in sich auf, deutet sie um und definiert deren Ausdrucksformen und publizistische Wirkung neu«, so Stephan Weichert und Christian Zabel (2009: 27). Die ersten Best-Practice-Beispiele solch aufwändiger Präsentationsformen gingen 2012/13 um die Welt – z. B. das immer wieder zitierte *Snow Fall*-Projekt der *New York Times* und das Projekt *Keine Zeit für Wut*, in dem die *Neue Zürcher Zeitung* dem Schicksal von vier Fukushima-Opfern nachspürte.

Doch schon war die nächste Revolution in vollem Gange und zwang die Redaktionen dazu, sich auf mobile Kommunikation und somit auf winzige Bildschirme einzustellen sowie auf die Verbreitung von Inhalten über Suchmaschinen und soziale Netzwerke mit ihren Algorithmen. Einzelne Beiträge werden damit aus dem Kontext gelöst und verbreiten sich viral, je nachdem, wie oft sie z. B. auf Facebook »geliked« und »geshared« werden.

Mit den Kommunikations- und Ortungsmöglichkeiten, die Smartphones ihren Nutzern bieten, entstanden neue Formen des Austauschs, der Vernetzung und damit auch des Journalismus. Prinzipiell ist vieles möglich, was noch vor wenigen Jahren undenkbar war, aber so wie bei den alten ist es auch bei den neuen Medien: Nicht alles, was möglich ist, ist professioneller oder gar hochwertiger Journalismus.

Auf den ersten Blick sind Tablets und Smartphone-Apps erst einmal zusätzliche Distributionskanäle. Doch damit gehen eben auch neue Präsentationstechniken einher: Innerhalb einer Sekunde entscheidet sich, ob ein Beitrag angeklickt wird – und das wiederum hängt allein davon ab, ob eine Illustration und ein minimalistischer Begleittext hinreichend neugierig machen. Kevin Sutcliffe von *Vice News* bringt die Herausforderung so auf den Punkt: »Ich musste lernen, wie die drei Worte, die man zu einem Thumbnail, sprich: zu einem Vorschaubildchen, dazu setzen kann, darüber entscheiden, ob man Traffic generiert oder nicht.«

Texte müssen regelrecht inszeniert, ja ausgestellt werden. Dazu braucht es sogenannte Teaser, eben Leseanreize. Und die müssen noch knackiger, noch kürzer werden, wenn sie auch auf dem kleinen Smartphone-Bildschirm »funktionieren« sollen. Idealiter hat solch ein Teaser drei Elemente: Reiz, These und Abschussrampe. Der Reiz erzeugt Neugier und Spannung, die These klärt pointiert darüber auf, worum es inhaltlich geht – und die Abschussrampe katapultiert den User in die Geschichte hinein.

Ein älteres Beispiel aus dem *Spiegel*: Der Reiz besteht aus einer Frage: »Prüdes Bayern?« Die These: »Von wegen!« Und mitten hinein in die Story führt dann der folgende Satz: »Der Freistaat bezuschusste mit staatlichen Geldern eine Porno-Plattform ...« (Abb. 34).

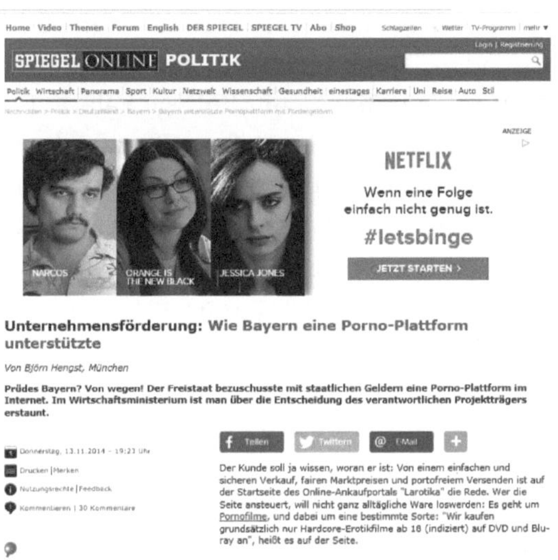

Home | Video | Themen | Forum | English | DER SPIEGEL | SPIEGEL TV | Abo | Shop

SPIEGEL ONLINE POLITIK

Politik | Wirtschaft | Panorama | Sport | Kultur | Netzwelt | Wissenschaft | Gesundheit | einestages | Karriere | Uni | Reise | Auto | Stil

ANZEIGE

NETFLIX

Wenn eine Folge einfach nicht genug ist.

#letsbinge

JETZT STARTEN >

NARCOS

ORANGE IS THE NEW BLACK

JESSICA JONES

Unternehmensförderung: Wie Bayern eine Porno-Plattform unterstützte

Von Björn Hengst, München

Prüdes Bayern? Von wegen! Der Freistaat bezuschusste mit staatlichen Geldern eine Porno-Plattform im Internet. Im Wirtschaftsministerium ist man über die Entscheidung des verantwortlichen Projektträgers erstaunt.

Donnerstag, 13.11.2014 – 19:23 Uhr

Drucken | Merken

Nutzungsrechte | Feedback

Kommentieren | 30 Kommentare

Teilen | Twittern | E-Mail

Der Kunde soll ja wissen, woran er ist: Von einem einfachen und sicheren Verkauf, fairen Marktpreisen und portofreiem Versenden ist auf der Startseite des Online-Ankaufportals "Larotika" die Rede. Wer die Seite ansteuert, will nicht ganz alltägliche Ware loswerden: Es geht um Pornofilme, und dabei um eine bestimmte Sorte: "Wir kaufen grundsätzlich nur Hardcore-Erotikfilme ab 18 (indiziert) auf DVD und Blu-ray an", heißt es auf der Seite.

Abb. 34: Klassischer Teaser mit »Reiz, These und Abschussrampe« (Quelle: Spiegel Online v. 13. 11. 2014)

Die Mobile-Nutzung führt allerdings dazu, dass selbst für die Teaser oft sehr wenig Platz bleibt und die Redaktionen statt des Dreiklangs Reiz-These-Rampe nur eines dieser Elemente nutzen können. Die Gefahr der »Überreizung« (Schultz 2018a) ist hier groß, aber gerade die seriöseren News-Medien haben in den vergangenen Jahren auch gelernt, dass es sich auszahlt, etwas mehr Ruhe in den Online-Journalismus zu bringen. Dass dies vom Publikum belohnt wird, zeigen zum Beispiel die digitalen Seiten der *Zeit*, die sich offensichtlich darum bemüht, nicht zu viel Drama und Hype zu erzeugen.

Gleichwohl ist unverkennbar, dass die Schlagzeilen insgesamt im Online-Journalismus lockerer geworden sind. Negativ formuliert: boulevardesker und seichter. Positiv formuliert: eingängiger und überraschender. So titelte kurz nach dem Höhepunkt der griechischen Schuldenkrise faz.net fröhlich mit einem Zitat des seinerzeitigen Finanzministers Yanis Varoufakis: »Liebling, ich habe die Banken geschrumpft«.

Bei erfolgreichen Online-Plattformen abgeguckt sind auch sogenannte »Listicles« (eine Wortschöpfung aus list und article), die inzwischen im Netz allerorten dazu dienen, möglichst viele Nutzer zum Klicken einer Website zu bewegen (im Fachjargon: Clickbaiting, sprich: Klicks ködern). Auch wenn Journalisten ihren Kollegen gute Ratschläge im Umgang mit sozialen Medien erteilen, ist diese Präsentationsform offenbar cool: »5 Dinge, die Journalisten vom Dschungelcamp lernen können« offerierte etwa Thomas Knüwer, und sein italienischer Kollege Valerio Bassan zuvor ganz ähnlich »13 things newsrooms can learn from Buzzfeed«.

Web 2.0, 3.0, 4.0.... und Smartphones haben die journalistischen Präsentationsmöglichkeiten radikal verändert. Damit verschärft sich aber auch der Wettbewerb zwischen Redaktionen und anderen Informationsanbietern, z. B. Bloggern und Aggregatoren wie *Google News* oder *Huffington Post*. Konkret heißt das:

- Der Aktualitätsdruck nimmt zu. Im Prinzip kann man übers Internet weltweit bei allen wichtigen Ereignissen »live« dabei sein, und Online-Redaktionen möchten natürlich schneller sein als die Konkurrenz. Redaktionen, die sich im aktuellen Nachrichtenjournalismus mit Rücksicht auf ihre Printausgaben nicht auf »online first« als Arbeitsmaxime einlassen, spielen sich im wichtigsten Verbreitungskanal ins Abseits. Online-Präsenz verleitet allerdings auch dazu, Informationen ungeprüft zu übernehmen: »Der Druck, Neues zu bringen, ist so groß, dass man auf Chatrooms, Community-Seiten oder Twitter-Schnipsel zugreift, die oft magere Enten sind«, klagt Heiner Hug.
- Einerseits zwingen die Bildschirmseiten und vor allem die Smartphone-Fensterchen noch mehr als Zeitungs- oder Illustrierten-Formate zur Portionierung, was dem Häppchenjournalismus weiteren Vorschub leistet. Andererseits ist der Platz im Netz unbegrenzt. Auch lange Dokumente lassen sich im Originalwortlaut publizieren und der Allgemeinheit zugänglich machen. Nur: Je kleiner die Bildschirme, desto unwahrscheinlicher, dass sie dort auch gelesen werden – wobei aber auch hier wohl die Jüngeren die Gerätschaft ganz anders nutzen als die Älteren.
- Aus der Einbahnstraße vom Sender zum Empfänger ist Zweiweg-Kommunikation geworden. In keinem anderen Medium lässt sich das Pub-

likum besser einbeziehen und können Journalisten mit ihren Publika direkter »auf Augenhöhe« kommunizieren als im Internet.

- Seit dem Web 2.0 werden Text und audiovisuelle Darstellungsformen neu miteinander verknüpft.
- Über Links, also Hinweise auf Web-Adressen, auf denen sich weitere Informationen finden, entstehen Querverbindungen zwischen einzelnen Websites: Der pyramidenförmige Aufbau von Nachrichten verliert damit partiell seinen Sinn und wird durch netzförmige Strukturen ersetzt. Online-Links sind beim »layering« sozusagen als eine weitere Lasagne-Schicht hinzugekommen. Bei Videos und für die Träger von Google-Brillen gibt es dann noch die Schicht der *augmented reality* – sprich: eingeblendete Erläuterungen zu allem, was man sich gerade anguckt.

Ein erheblicher Teil des Verkehrs auf einer Newssite entsteht heute über Klicks sowie indirekt über Likes und Shares auf Facebook, Instagram und in anderen sozialen Netzwerken und Plattformen. Hier gilt es, präsent zu sein und auf interessante Beiträge aufmerksam zu machen. Mit dem Sharing im Netz entwickeln sich neue Spielregeln für den Journalismus: Von dem amerikanischen Journalismus-Guru Jeff Jarvis (2007) stammt der Tipp: »Cover what you do best. Link to the rest« – »Berichte das, was du am besten kannst, und verlinke zu allem anderen.«

Ein Vorteil des Online-Journalismus ist, dass der Stoff einer Geschichte nicht mehr linear präsentiert werden muss, sondern vernetzt dargeboten werden kann: Statt sich als Leser oder Leserin am roten Faden vom Anfang zum Ende zu hangeln, kann ein User Puzzlestücke herauspicken und selbst entscheiden, wie sich diese zu einem Bild fügen. Wenn das gelingen soll, bedarf er allerdings der Navigationshilfe: Vom Aufbau der Website und den Links in einem Text hängt es ganz entscheidend ab, ob der Nutzer den Überblick behält und sich schnell und gezielt dorthin bewegen kann, wo er sich vertieft informieren will. Orientierung im Netzlabyrinth ist mindestens genauso wichtig wie in der Tageszeitung. Und genauso, wie eine gute Zeitung klar strukturiert ist, bedarf auch die Website einer klaren Struktur.

Andererseits wird inzwischen ein erheblicher Teil des Verkehrs nicht mehr über die Homepage, sondern über Suchmaschinen und soziale Netzwerke generiert, also über Kanäle, die gezielt zu einzelnen Beiträgen einer Newssite verlinken.

Wer verlinkt werden möchte, muss auch selber verlinken. Dieser Service hat allerdings seine Tücken: Zum einen führen solche Verknüpfungen häufig auf fremde Websites. Das galt lange als unerwünschter Effekt, denn zumindest Netzanbieter mit kommerziellen Ambitionen leben davon, dass ihre Klientel das eigene Online-Angebot möglichst intensiv nutzt. Inzwischen hat sich allerdings herumgesprochen, dass User klug gesetzte Links zu schätzen wissen. Deshalb darf, wer sich beim Verlinken Mühe gibt, auch damit rechnen, dass die Nutzer wieder zur eigenen Seite zurückfinden.

Links müssen, wenn sie nützlich sein sollen, sorgfältig überprüft, gepflegt und manchmal aktualisiert werden, was arbeitsaufwändig ist. Und auch die Interaktion mit den Nutzern kostet Zeit: Ein Dialog entsteht ja nur dann, wenn User nicht nur Kommentare zu einem Artikel beitragen können, sondern auf ihr Feedback neuerlich eine Antwort bekommen, sich also der Autor am Diskurs über seinen Beitrag beteiligt.

In der Tat gilt es, die Kommentarbereiche zu kuratieren. Doch das kostet Zeit. Einige renommierte Medien, darunter die *SZ*, das Newsnet-Portal mehrerer großer Schweizer Zeitungen und auch die Newssite der britischen Nachrichtenagentur Reuters, haben die Kommentierungsmöglichkeiten drastisch eingeschränkt, in soziale Netzwerke wie Facebook ausgelagert oder temporär bzw. sogar ganz abgeschafft. Zu groß ist der Moderationsaufwand, um die Spreu vom Weizen, die konstruktiven und bereichernden Statements vom Schrott, von Beleidigungen und rassistischen oder sexistischen Hassmails zu trennen.

Obendrein passiert im schlimmsten Fall das, was besorgte Redakteure und Verlagsmanager seit langem vermutet haben: Vulgäre Kommentare färben auf das journalistische Produkt ab und beschädigen die Reputation eines Mediums. Dies haben inzwischen Medienforscher empirisch nachgewiesen (Prochazka et al. 2015).

In der »Gratis«-Kultur des Netzes sind Empfehlungen zur harten Währung geworden. Sie entscheiden über die virale Verbreitung von Storys und damit auch über Werbeerlöse, die sich mit Online-Angeboten erzielen lassen. Es herrschen also andere Gesetze als dort, wo Abonnenten und Kioskkunden - und inzwischen erfreulicherweise ja auch User - noch oder wieder Geld für guten Journalismus zahlen. Und das erklärt, weshalb *Buzzfeed*, *Bored Panda* oder die Schweizer Newssite *20Minuten* hochwertigen journalistischen Webangeboten das Leben so schwer machen. Mit Listicles, Rankings, Hitlisten und auch Quiz-Offerten, aber auch mit Katzenvideos und hanebüchenen Verschwörungstheorien lässt sich im Netz Aufmerksamkeit generieren. Der Spagat für Journalisten besteht darin, die neuen Präsentationsformen zu nutzen, ohne die alten Ansprüche an Relevanz und Wahrhaftigkeit preiszugeben. Start-ups wie *Watson* in der Schweiz oder *Politico* und *Quartz* in den USA tun sich damit oft leichter als große Tanker, die unter der Print-Erblast leiden. Das gilt selbst für Branchenführer wie den *Guardian* oder die *New York Times*, die *Welt* oder den *Spiegel*, die frühzeitig online zur Priorität erklärt haben.

Die Gestaltungsprinzipien von Online-Angeboten verändern sich schnell. So gab es vor ein paar Jahren noch die Empfehlung, einspaltige Layouts würden sich durchsetzen, weil das Auge auf der Bildschirmseite von oben nach unten wandere. Zwei- oder gar mehrspaltige Auftritte mögen »zwar für Designer gut aussehen«, würden aber beim Scrollen für das Auge des Nutzers zum Hindernislauf. Inzwischen haben wir uns längst an »horizontale Abstecher« gewöhnt. Die *Huffington Post* kommt zwei-, vier- und sechsspaltig daher, die *New York Times* oszilliert bei ihrer Online-Offerte ebenfalls zwischen einem ein- bis sechsspaltigen Layout, und die kürzlich geliftete Website der *Neuen Zürcher Zeitung* operiert mit ein bis drei Spalten.

Die nächste Journalismus-Revolution ist bereits absehbar: Mehr und mehr Angebote sind inzwischen hinter Bezahlschranken verschwunden, und mit Micropayments oder Abos für ganze Titel oder individuelle zugeschnittene Info-Pakete und Newsletter verdienen die Medienunternehmen nun auch online Geld. Es gelingt allmählich, anspruchsvolle, zahlungsbereite Zielgruppen auch auf digitalen Wegen mit hochwertigem Journalismus zu versorgen.

TIPPS

Tipps für Einsteiger

Die spezifischen Gestaltungsmöglichkeiten des Web 2.0 ff. nutzen: Aktualität und Interaktivität, portionierte Darstellung, Links statt linearer Präsentation, Web-Design und Multimedia, also Blogs, Podcasts und Videos – sowie die unbegrenzten Möglichkeiten der Dokumentation und Archivierung.

Schaufelware vermeiden: Man merkt es einer Website an, ob sie spezifisch fürs Netz gemacht ist oder nur aus Inhalten besteht, die aus einem Printmedium übernommen wurden. Also möglichst nicht Artikel aus dem gedruckten Medium ins Netz stellen, ohne die Möglichkeiten der Online-Präsentation auszuschöpfen.

Bei den Leseanreizen nicht übertreiben (Clickbaiting): Es ist eine beliebte Methode, User neugierig zu machen und sie an der Nase herumzuführen, indem man sie zu wiederholten Klicks zwingt, obschon sich auch »alles« auf einer einzigen Bildschirmseite berichten ließe. Das kann aber auch, ähnlich wie Pop-up-Inserate, Verärgerung hervorrufen.

Links direkt setzen und nicht ans Beitragsende stellen – auch wenn sie den Lesefluss unterbrechen und vom Nutzer eine Entscheidung erzwingen, ob er weiterlesen oder den Link nutzen soll.

Links auf fremde Websites gezielt setzen: Sie führen vom eigenen Angebot weg, sind aber für den User hilfreich, wenn sie sinnvolle ergänzende Information liefern. Zwei gute Links sind nützlicher als 25 beliebige, die sich mit jeder Suchmaschine finden lassen.

Möglichst vermeiden, was Nutzer ärgert: Nicht aktualisierte Sites, »tote« Links und »Baustellen« (»Seite im Aufbau«).

Suchmaschinen-Optimierung: Der Erfolg von Online-Journalismus wird stark davon bestimmt, dass Suchmaschinen die jeweiligen Angebote finden: Um dies zu erreichen, sind Beiträge mit sogenannten »Tags« zu versehen, d. h. »Etiketten«, welche die Suchmaschinen unterstützen, ähnlich wie Schlagwortverzeichnisse einem Bibliotheksbenutzer helfen, Bücher zu einem bestimmten Thema zu orten.

Im Online-Journalismus sollten dieselben Qualitätsstandards und Prüfverfahren wie offline gelten. Vieles, was im Netz und anderswo publiziert wird, hat indes leider mit Journalismus nichts zu tun.

Literaturtipps

Präsentation Printmedien

Küpper, Norbert (2015): *Zeitungsdesign und Leseforschung*. Meerbusch: Edition Editorial Design

Reiter, Markus (2009, 2. Aufl.): *Überschrift, Vorspann, Bildunterschrift*. Konstanz: UVK

Schneider, Wolf; Esslinger, Detlef (2015, 5. Aufl.): *Die Überschrift. Sachzwänge – Fallstricke – Versuchungen – Rezepte*. Wiesbaden: Springer

Wong, Donna M. (2011): *Die perfekte Infografik: Wie man Zahlen, Daten, Fakten richtig präsentiert – und wie nicht*. München: Redline Verlag

Yau, Nathan (2014): *Einstieg in die Visualisierung. Wie man aus Daten Informationen macht*. Weinheim: Sybex-Wiley VCH Verlag

Hörfunk und Podcasts

La Roche, Walther von; Buchholz, Axel (Hrsg.) (2017, 11. Aufl.): *Radio-Journalismus: Ein Handbuch für Ausbildung und Praxis im Hörfunk*. Wiesbaden: Springer VS

Malak, Yvonne (2015): *Erfolgreich Radio machen*. Konstanz/München: UVK

Wachtel, Stefan (2013, 5. Aufl.): *Schreiben fürs Hören. Trainingstexte, Regeln und Methoden*. Konstanz: UVK

Witschi, Kurt (2015): *Die Zeit: 12.30 Uhr. 90 Jahre Nachrichten im Schweizer Radio*, Zürich: Verlag Neue Zürcher Zeitung

Audiovisueller Journalismus

Buchholz, Axel; Schupp, Katja (2020, 10. Aufl.): *Fernsehjournalismus. Ein Handbuch für TV, Video, Web und mobiles Arbeiten*. Wiesbaden: Springer VS

Ordolff, Martin; Moj, Daniel (2015, 2. Aufl): *Fernsehjournalismus*. Konstanz: UVK

Internet und Web 2.0

Haarkötter, Hektor (2019): *Journalismus.Online. Das Handbuch zum Online-Journalismus*. Köln: Herbert von Halem

Hejnk, Stefan (2011, 2. Aufl.): *Texten fürs Web: planen, schreiben, multimedial erzählen,*. Heidelberg: dpunkt Verlag

Hooffacker, Gabriele (2020, 5. Aufl.): *Online-Journalismus. Schreiben und Gestalten für das Internet*. Wiesbaden: Springer VS

IV. Redaktionsmanagement

9. Die Redaktion im Medienunternehmen

Im vierten Abschnitt geht es um die Strukturen und Arbeitsabläufe, präziser: um die Organisation, die Arbeitsteilung und das Management in der Redaktion, aber auch um die Beziehung zum Publikum und damit ums »redaktionelle Marketing«.

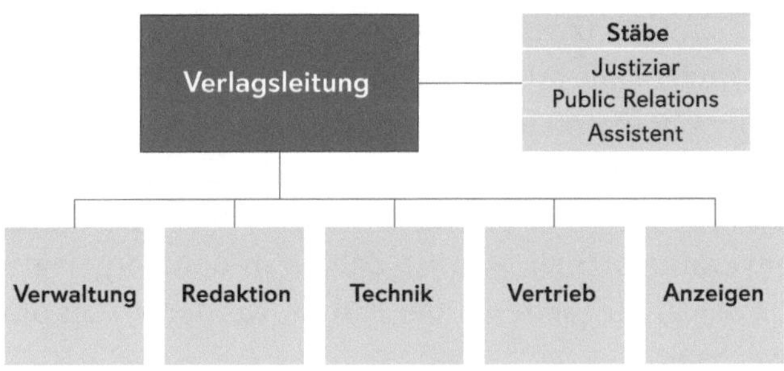

Abb. 35: Organigramm eines Medienunternehmens (eigene Darstellung)

Die Organisationsstruktur eines Medienunternehmens lässt sich am besten mit einem Organigramm darstellen (Abb. 35). Neben der Redaktion gibt es in Verlagshäusern je nach Größe meist vier weitere Säulen: die Technik, den Vertrieb, die Anzeigenabteilung sowie eine Verwaltung, die den Laden zusammenhält (Personalabteilung, Buchhaltung, etc.). Bei Rundfunkstationen oder reinen Online-Anbietern entfällt ein eigener Vertrieb - nicht aber das Marketing, um Hörer, Zuschauer oder User auf das jeweilige Angebot aufmerksam zu machen. Die öffentlich-rechtlichen Rundfunkanstalten sind große Apparate, in denen viele Leute zum Beispiel auch mit dem Rechtemanagement (Urheberrecht, internationale Produktionen usw.), der Verwaltung der Immobilien und diversen technischen Leistungen beschäftigt sind. Mit Journalismus hat das dann gar nichts mehr oder nur noch wenig zu tun. Die zentrale Herausforderung, der sich die meisten Medienunternehmen in den vergangenen Jahren zu stellen hatten, war und ist das Verbinden von Online- und Offline-Aktivitäten und die Gestaltung der Digitalisierung. Das ist nicht allein ein Problem der Organisation von Arbeitsabläufen, die erst in Newsrooms zusammengeführt wurden, um sie dann coronabedingt ins Homeoffice zu verlagern. Vielmehr gilt es, unterschiedliche Denkweisen und Kulturen zu integrieren, und das birgt hohes Konflikt- und Blockadepotenzial.

9.1 Linienorganisation und Stabsfunktionen

Organisationen sind in aller Regel hierarchisch strukturiert. Im Fachjargon ist von einer *Linienorganisation* die Rede. An der Spitze gibt es einen Chef oder eine Chefin, im Medienunternehmen z. B. den Verlagsleiter oder die Intendantin, und darunter die Chefredaktion. Immer häufiger ist das Medienunternehmen inzwischen Teil eines Konzerns und wird dann meist von der Konzernzentrale aus als sogenanntes »Profit-Center« geführt. Das heißt, selbst die Chefs sind in die Konzernhierarchie eingebunden; sie haben Manager vor der Nase sitzen und nicht etwa Eigentümer, Gesellschafter oder einen Aufsichts- bzw. Verwaltungsrat. Sie handeln aber so lange relativ eigenverantwortlich, wie die Zahlen in den vorgelegten Bilanzen stimmen. Da das immer seltener der Fall ist, werden sie oft ohne Federlesens ausgewechselt.

An die Führungsebene von Medienunternehmen sind typischerweise sogenannte »Stabsstellen oder -abteilungen« angehängt: Justiziare, PR-Experten und persönliche Referenten entlasten die Top-Manager. Sie nehmen zugleich Funktionen wahr, die sich nur schwer in die Linienorganisation integrieren lassen. Sie sind also nicht Teil der Hierarchie; sie leiten deshalb in der Regel keine oder nur eine vergleichsweise kleine eigene Abteilung. Sie sind aber deshalb einflussreich, weil sie direkten Zugang zur obersten Entscheidungsebene haben.

9.2 Die Redaktion – in relativer Autonomie

Die *Redaktion* erbringt die journalistischen Leistungen in einem Medienunternehmen. Sie ist eine von mehreren Abteilungen der Linienorganisation, genießt indes in gut geführten Häusern relativ große Autonomie. Denn nur dort, wo journalistische Unabhängigkeit gewährleistet ist, ist eine Redaktion glaubwürdig und kann die Interessen ihrer Publika wahrnehmen. Andernfalls wird sie schnell zum Instrument parteilicher oder kommerzieller Einflussnahme - sei es der Eigentümer, sei es politischer Gruppierungen oder der Anzeigenkunden. Um diese Autonomie zu unterstreichen, ist in Amerika häufig von der »Chinesischen Mauer« zwischen der geschäftlichen Seite eines Medienunternehmens und seiner Redaktion die Rede. Diese ist allerdings vielerorts bröckelig geworden.

Früher ging das so weit, dass die Redaktionsspitze sich ausschließlich um das publizistische Angebot zu kümmern hatte und die Redaktion nach außen repräsentierte. Der Chefredakteur kommentierte als »Edelfeder« die Weltläufte oder agierte, wie das der amerikanische Verleger Joseph Pulitzer emphatisch beschrieben hat, als »Lotse auf der Brücke des Staatsschiffs«.

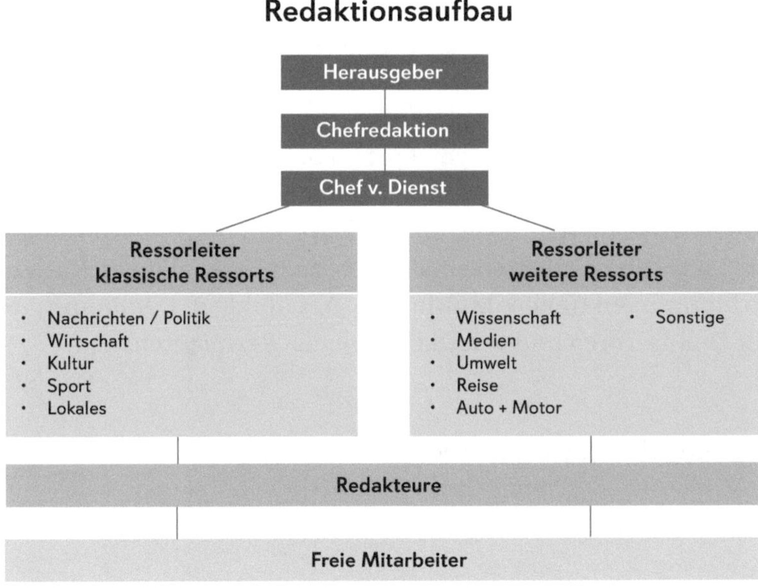

Abb. 36: Organigramm einer Redaktion (eigene Darstellung)

Inzwischen sind Chefredakteure in vielen Fällen selbst zu Managern geworden. Sie bilden das Scharnier zwischen Verlag und Redaktion (wofür es zusätzlich oft noch die Position des »Chefs vom Dienst« gibt); sie zwingen publizistische und ökonomische Notwendigkeiten unter einen Hut.

Im Idealfall haben sie Visionen und verlieren vor allem ihre Publika nicht aus dem Auge, aber verstehen sich trotzdem aufs Erbsenzählen. Sie sollten jedenfalls in wirtschaftliche Entscheidungsprozesse einbezogen sein, andererseits aber die Autonomie ihrer Redaktion verteidigen. Stimmen die Zahlen, gelingt ihnen das meist. Geraten die Auflage, die Klicks und Shares oder die Einschaltquoten ins Trudeln, sitzen Chefredakteure auf dem Schleudersitz.

Redaktionen sind meist ebenfalls, wie das gesamte Medienunternehmen, hierarchisch strukturiert. Ihre Abteilungen nennt man *Ressorts*. In der Regel gibt es nur zwei oder drei Hierarchieebenen. Fachleute sprechen deshalb von einem »flachen Hierarchiekegel« (Abb. 36).

Zuschnitt und Größe der einzelnen Ressorts unterscheiden sich stark, je nachdem, welche Zielgruppen zu bedienen und welche Ressourcen verfügbar sind. Je mehr sich Medien selbst als Sparten- und Special-Interest-Anbieter sehen, desto thematisch »spezialisierter« sind auch die einzelnen Redaktionsabteilungen. In den vergangenen Jahren sind die Hierarchien in manchen Redaktionen teils flacher, teils komplexer geworden. Es wurden »Team«-Strukturen eingeführt und die festen Zuordnungen zu Ressorts teilweise gelockert. Denn bei vielen Themen ist mehr denn je eine projektförmige Zusammenarbeit unterschiedlicher Kräfte gefragt: Da arbeitet dann ein »Datenteam« gemeinsam mit einer Redakteurin aus dem Wirtschaftsressort und einem freien Mitarbeiter des Wissenschaftsressorts an einer Recherche. Quer zu den klassischen Themen-Ressorts sind weitere Redaktionseinheiten entstanden, zum Beispiel Investigativteams, Entwicklungsredaktionen, Multimedia-Abteilungen, Community-Manager (für Online-Foren und den Dialog mit den Rezipienten) usw.

9.3 Besonderheiten der Redaktionsarbeit

Redaktionsarbeit ist von einigen Besonderheiten geprägt:

- Der *Produktionszyklus*, innerhalb dessen ein neues Produkt zu erstellen ist, ist sehr kurz. In anderen Industrien beschränkt sich die Produktinnovation zwischen Produktionszyklen häufig auf die Verpackung, nicht auf das Produkt selbst, also den »Inhalt«. In der redaktionellen Produktion bleiben dagegen nur die Gefäße (Zeitungs- oder Homepage-Titel sowie Programm-Trailer, Signets, bestimmte Rubriken) über längere Zyklen unverändert, während die einzelnen Ausgaben mit immer neuen Beiträgen ständig neu zu erstellen sind.

- Das jeweilige Medienprodukt muss sich in aller Regel *auf zwei Märkten* durchsetzen: Es gilt erst einmal, das redaktionelle Angebot – also Nachrichten, Informationen, Unterhaltung – an die Publika heranzutragen und dann diese an die werbetreibende Wirtschaft zu verkaufen. Dabei konkurrieren die meisten privaten Medienunternehmen im Rundfunk und online auf dem ersten Markt nicht so sehr um das Geld, sondern überwiegend oder sogar ausschließlich um die Aufmerksamkeit und um die Zeitbudgets der Publika; auf dem zweiten Markt gelingt oder misslingt sodann die erfolgsentscheidende »Monetarisierung« eines Medienangebots.
- Zu den Besonderheiten des herkömmlichen Medienbetriebs gehört auch das Prinzip strikter *Trennung von Redaktion und Anzeigen- bzw. Werbespot-Akquisition.* Diese Errungenschaft ist um der publizistischen Glaubwürdigkeit willen wichtig. Unter den veränderten Wettbewerbsbedingungen online steht sie jedoch mehr und mehr zur Disposition: Journalistische Angebote werden von Werbe-, PR- und Propagandabotschaften nicht mehr sauber getrennt: Medienunternehmen sind zunehmend auf Einkünfte aus dem sogenannten *native advertising* angewiesen. Dabei bezahlen Werbetreibende für Beiträge, die dem redaktionellen Angebot »untergejubelt« werden. Diese lassen sie selbst, ihre Produkte und Botschaften in positivem Licht erscheinen. Oft sind Redaktionen auch aus Personal- und Zeitmangel auf Medienmitteilungen, also PR-Material, angewiesen, das sie dann nahezu unredigiert mit wenigen Mausklicks in »Journalismus« verwandeln (siehe Kapitel 11.3 [257ff.]).
- Redaktionen sind zumeist Organisationseinheiten mit *motivierenden Zwecken.* Es kann mit der *intrinsischen* Motivation, also einer inneren, eigenen Arbeitsmotivation der Mitarbeiterinnen und Mitarbeiter gerechnet werden. Das verleitet Medienunternehmen dazu, Redakteure schlecht zu bezahlen. Auch dem Betriebsklima und der redaktionellen Personalpolitik wird zu wenig Aufmerksamkeit geschenkt. Moderne Methoden der Personalführung hielten verspätet Einzug. Medienbetriebe sind an diesem Punkt allen Organisationen vergleichbar, die ebenfalls auf eine hohe Identifikation ihrer Mitarbeiter mit dem Organisationszweck vertrauen können, z. B. Kirchen, politische Parteien, Gewerkschaften, Universitäten und Kulturinstitutionen, Nichtregierungsorganisationen oder das Rote Kreuz.

- Journalisten gehören nach strengen Maßstäben keiner Profession an, weil ihr Ausbildungsweg und der Zugang zum Beruf nicht geregelt ist. Dennoch betrachten sie sich selbst als »Professionals«, und sie nehmen für sich und ihre Redaktionen Autonomie in Anspruch, wie sie die Angehörigen klassischer Professionen für sich reklamieren, z. B. Ärzte, Rechtsanwälte, Professoren. Ein konkurrierendes Leitbild mit ähnlichen Implikationen für den beanspruchten Freiraum, aber noch weniger Selbstverpflichtung auf überprüfbare Qualitätsnormen, ist allenfalls das des *Künstlers* - und damit eines Individualisten, zu dessen Merkmalen oft Starallüren und ausgeprägte Selbstdarstellungsbedürfnisse gehören, der aber im Idealfall auch ein kritischer Geist ist. Solche Selbstbilder sind jedenfalls weit entfernt vom angestellten »organization man«, dem abhängigen und weisungsgebundenen Mitarbeiter in einem bürokratischen Apparat, auch wenn die arbeitsteilige Wirklichkeit im Newsroom eher letzterem entspricht.
- Redaktionen sind mehr als andere Organisationseinheiten durch intensiven Außenkontakt geprägt. Ihre Umweltbeziehungen sind »doppelter« Natur: Sie beobachten ihre Umgebung nicht nur für sich selbst, also im Dienst und Interesse ihrer Organisation, sondern im Auftrag ihrer Publika. Außenkontakt haben sie mit allen, die Neuigkeiten zuliefern (Informanten, insbesondere Pressestellen, Nachrichtenagenturen, Korrespondenten, freie Mitarbeiter sowie immer häufiger: andere Medien und Blogger), deutlich weniger dagegen mit der Vielzahl ihrer Kunden, den Rezipienten. Einige von ihnen, die sogenannten »citizen journalists«, sind inzwischen allerdings auch zu Quellen und Konkurrenten der Journalistinnen und Journalisten geworden. Sie überschütten manche Redaktionen geradezu mit Bildern, die sie mit ihren Smartphones aufgenommen haben. Damit wiederum stellt sich für die Redaktionen die neue und keineswegs simple Herausforderung, das angelieferte Material auf Authentizität zu überprüfen (vgl. Kapitel 6 [150ff.]).
- Zugleich verschwinden angesichts der Medienkonvergenz die traditionellen Demarkationslinien zwischen den Medien, auch zwischen Print- und audiovisuellen Medien sowie zwischen den Ressorts. Dem Medienverbund sowie flexiblen Teams gehört die Zukunft. Die Zusammenführung der Onliner mit den Kolleginnen und Kollegen der »alten« Medien Print, Hörfunk und TV erwies sich allerorten als schwierig - und ist, obwohl das Internet nun wahrlich kein »Neuland« mehr ist, in manchen Redaktionen noch immer nicht vollendet. Nicht zuletzt

werden Online-Journalisten teilweise noch immer schlechter bezahlt, während die altgedienten Print-Kollegen die alten, besseren Verträge haben. Es geht dabei nicht nur um das, was »rational« im Interesse der Rezipienten und auch der Zukunft des Medienunternehmens sinnvoll wäre, sondern immer auch um Macht, Status und teils berechtigte, teils überzogene Eigeninteressen der Mitarbeiter.

- Je mehr Alternativen verfügbar sind, desto mehr spitzt sich aber auch der Wettbewerb um User und Inserenten zu. Gerade im Internet ist der Konkurrent meist nur einen Mausklick entfernt.
- Den Optimismus, dass der Einsatz von »Robotern«, sprich: von Computern, Software und Algorithmen, in den Redaktionen Ressourcen für wichtigere Aufgaben wie die Recherche freisetzen könnte, muss man nicht unbedingt teilen. Maschinengenerierte News könnten vor allem dazu führen, dass Personal abgebaut wird.
- Journalismus gilt als eine öffentliche Aufgabe – zwar nicht in dem Sinne, dass er von der öffentlichen Hand zu finanzieren wäre, aber doch als eine Funktion des öffentlichen Lebens. Er sollte dem Gemeinwohl verpflichtet sein und nicht allein privatwirtschaftlicher Kapitalverwertungslogik folgen. Dies ist in einem weithin kommerzialisierten Mediensystem wohl nur bedingt möglich. Offensichtlich ist allerdings auch, dass im öffentlich-rechtlichen Rundfunk ebenfalls Eigeninteressen gegenüber dem öffentlichen Interesse durchschlagen. Weil niemand in der Lage ist, konsensfähig zu definieren und zu entscheiden, was das Gemeinwohl ist (Downs 1962), sind auch Versuche schwierig, zu überprüfen, ob sich Journalisten oder Redaktionen im Interesse des Gemeinwohls verhalten.

Besteht also an der Aufgabe des Journalismus, die Öffentlichkeit zu informieren, überhaupt ein öffentliches Interesse, wie es in Deutschland aus normativer Sicht u. a. das Bundesverfassungsgericht sagt? Und wenn ja, ist es größer als beispielsweise das öffentliche Interesse daran, dass Bäckereibetriebe die Bevölkerung mit dem Grundnahrungsmittel Brot versorgen? Die Kluft zwischen hehrem journalistischem Anspruch und tatsächlichem Verhalten im Redaktionsalltag provoziert solche Fragen. Unstrittig ist sicher, dass Redaktionen gesellschaftliche Verantwortung haben.

Im Bewusstsein der meisten Journalistinnen und Journalisten ist die Rückbindung der eigenen Tätigkeit an einen »öffentlichen«, dem Gemeinwohl verpflichteten Auftrag stark ausgeprägt. Dies hat erhebliche Implikationen: Es erschwert häufig die Kooperation von Redaktionen mit anderen Abteilungen des Medienunternehmens, die für die kommerziellen Aktivitäten zuständig sind. Im Konflikt mit dem auf Kostensenkung und Effizienz dringenden Management wird der Aspekt der öffentlichen Aufgabe gerne von der Redaktion unterstrichen. Demgegenüber messen Medienmanager der Gemeinwohlverpflichtung vor allem dann Bedeutung bei, wenn medienbetriebliche Privilegien zu verteidigen sind, z. B. der sogenannte Tendenzschutz, die reduzierte Mehrwertsteuer sowie die Umweltverschmutzung bei der Papierproduktion.

Literaturtipps

Altmeppen, Klaus-Dieter (2012): *Journalistik: Grundlagen eines organisationalen Handlungsfeldes*. München: Oldenburg

Wyss, Vinzenz (2002): *Redaktionelles Qualitätsmanagement: Ziele, Normen, Ressourcen*. Konstanz UVK

10. Redaktionelles Marketing und Newsroom-Management

»Redaktionelles Marketing und Management-Fähigkeiten gehören zum Berufsbild von Journalistinnen und Journalisten, das lässt sich gar nicht mehr wegdenken«, sagt Alexandra Föderl-Schmid, stellvertretende Chefredakteurin der *Süddeutschen Zeitung.* »Deshalb ist es notwendig, sich auch Fähigkeiten in diesem Bereich anzueignen.«

Letztlich geht es bei den Stichworten des Redaktionsmanagements und des redaktionellen Marketings um Freiräume, die im Interesse des Publikums besser genutzt werden sollten: Es gilt, die vorhandenen Ressourcen möglichst effektiv und effizient einzusetzen (redaktionelles Management). Redaktionelle Konzepte sind außerdem so zu entwickeln und zu verwirklichen, dass die redaktionellen Leistungen für die Rezipienten »sichtbar« werden und deren Bedürfnissen und Wünschen Rechnung tragen (redaktionelles Marketing).

Dies ist im Redaktionsalltag oft, aber keineswegs immer deckungsgleich mit den Selbstverwirklichungsmotiven der Journalistinnen und Journalisten. Und es deckt sich auch nicht zwingend mit den kurzfristigen wirtschaftlichen Eigeninteressen des jeweiligen Medienunternehmens. Jedenfalls hat es nichts mit *native advertising, branded content* und anderen Formen von Schleichwerbung zugunsten Dritter zu tun. Sehr wohl geht es allerdings darum, die redaktionellen Leistungen nicht nur zu steigern, sondern auch im Bewusstsein der Nutzer zu verankern, ohne dabei aufdringlich Eigenwerbung zu betreiben.

Zielkonflikte gilt es offenzulegen, ohne sie zu stark zu akzentuieren: Wenn Medienunternehmen Geld verdienen wollen, handelt es sich nicht, wie viele Journalisten und auch Kommunikationsforscher glauben, um eine »eingebaute Schizophrenie«, einen Systemfehler unserer freiheitlichen Medienordnung. Das Interesse des Verlagsmanagements, einen Gewinn zu erzielen, steht nicht zwingend im Gegensatz zu den Interessen der Mediennutzer und der Journalisten – im Gegenteil: Redaktionelle Autonomie und damit glaubwürdige Information setzen finanzielle Unabhängigkeit voraus. Und diese kann, wenn sie nicht durch eine gemeinnützige Organisation erreicht wird, die über Geld aus sauberen Quellen verfügt, vor allem durch die wirtschaftliche Stärke und das Prosperieren eines Medienunternehmens gewährleistet werden. Es geht also um einen Interessenausgleich.

Wer sich von der Medienforschung Entscheidungshilfen erhofft, solch einen Ausgleich zu bewerkstelligen und zugleich Redaktionsabläufe zu verbessern, wird allerdings eher enttäuscht. Diese Forschungsrichtung steckt noch immer in den Kinderschuhen, trotz erster Anläufe, die inzwischen Jahrzehnte zurückliegen (Fink 1988; Giles 1988; Reiter/Ruß-Mohl 1994; Meier 2002). Andererseits wäre schon viel erreicht, wenn das, was Organisationssoziologen und Managementexperten, aber auch Sozialpsychologen und Verhaltensökonomen teils seit Jahrzehnten wissen, auch in Redaktionen beherzigt würde (vgl. Dobelli 2011).

10.1 Redaktionelles Marketing: Rückkopplung mit dem Publikum

Marketing heißt, ein Produkt oder eine Dienstleistung entsprechend den Kundenbedürfnissen anzubieten und, damit einhergehend, auch die gesamte Organisation, die dieses Produkt oder diese Dienstleistung erstellt, so kundenfreundlich wie irgend möglich »auszurichten«. Kundenzufriedenheit wird also zur Leitmaxime des Managements und damit auch der Redaktion, weil ohne zufriedene Rezipienten auf Dauer der Bestand und die Zukunft eines Medienunternehmens nicht zu sichern sind und damit auch der genannte Interessenausgleich nicht erzielbar wäre.

Marketing basiert auf strategischer Planung und auf einem integrativen Konzept, das alle Organisationseinheiten eines Unternehmens im Blick auf die Kunden zu koordiniertem Handeln bewegen soll. Strikt ökonomisch betrachtet, sind allerdings für viele Medienunternehmen die Rezipienten nicht die wichtigste Kundschaft, denn die Haupterlöse stammen aus dem Geschäft mit den Werbetreibenden. Dabei sprudeln die Einkünfte von dort allerdings nur so lange, wie die Inserenten glauben, über das jeweilige Medium ihre Zielgruppen preisgünstig zu erreichen. Und bei traditionellen Verlagshäusern haben sich die Verhältnisse durch den digitalen Strukturwandel tatsächlich stärker weg vom Anzeigenmarkt und hin zu den zahlenden Rezipienten entwickelt, ein immer größerer Anteil der Einnahmen speist sich aus den Abos und dem Einzelverkauf an die Leserinnen und Leser.

Auf die Redaktion übertragen, heißt Marketing, dass das redaktionelle Angebot die Informations- und Unterhaltungsbedürfnisse der jeweiligen Nutzer möglichst gut befriedigen soll. Das setzt voraus, über diese Zielgruppen und ihre Bedürfnisse Bescheid zu wissen: In den journalistischen Produktionsprozess (Kapitel 5 [130ff.] bis Kapitel 8) sind deshalb »Rückkopplungsschleifen« einzubauen. Das geschieht heute mit Hilfe diverser Analyse-Programme und Social-Media-Angebote.

»Der Leser will das so.« Jeder, der an Redaktionskonferenzen teilgenommen hat, kennt das Zauberwort, das oftmals Konflikte entscheidet und keinen Widerspruch duldet. Über Jahrzehnte hinweg war es freilich nur eine wohlfeile Floskel. Denn was der Leser bzw. das Publikum wirklich wollte, dafür gab es allenfalls aus langjähriger Berufstätigkeit gespeiste Anhaltswerte. Wirklich »gewusst« hat es so gut wie kein Journalist, alles war eine Frage der Intuition. Erfolgreiche Blatt- oder Programmmacher unterschieden sich von anderen vor allem durch ihr »Bauchgefühl«, ihren siebten Sinn für die Publikumswünsche.

Heute kann man mehr wissen: Die Markt- und Mediennutzungsforschung ermittelt regelmäßig Quoten und Reichweiten und beobachtet die Publika, und das längst nicht mehr nur fürs Fernsehen. Zum Beispiel mit Copytests, Blickaufzeichnungsgeräten, »Lesewert«-Studien oder Readerscan (vgl. Kapitel 8 [185ff.]) wird das Rezeptionsverhalten genauer analysiert. Heute bewegt sich im Anzeigen- und Werbegeschäft kaum noch etwas ohne genaue Zielgruppenkenntnis. Keine Redaktion kann es sich mehr leisten, ihre Nutzer nicht zu kennen und nicht ernst zu nehmen. Zumindest die Klicks und Wischs, welche die eigene Newssite oder einzelne Postings erzielen, die Zahl der unique users und der Suchmaschinen-Abrufe sowie die Like- und Share-Häufigkeiten bei Facebook kann inzwischen jede Journalistin und jeder Journalist abrufen – teilweise sogar in Echtzeit, was zum Beispiel in der Corona-Berichterstattung die Redaktionen dazu verführt hat, immer mehr vom Gleichen anzubieten. Die Markt- und Medienforschung mag durch die Hintertür in die Redaktionen vorgedrungen sein, ihre Ergebnisse prägen gleichwohl die redaktionellen Angebote und bestimmen damit auch die journalistischen Spielräume. Umso wichtiger ist es, dass die Redaktion mit solchen Daten klug und im

Sinne *journalistischer* Ziele und journalistischer Qualität umgeht und es nicht den Managern überlässt, das Verhalten der Nutzer zu analysieren.

Pathologie? Massagesalon? Wunschkonzert?

Unter heutigen Bedingungen zerfällt das Publikum in immer mehr Zielgruppen. Was sie wollen, ist eben nicht von Natur aus in Redakteursgehirnen abgespeichert, lässt sich aber inzwischen zumindest online ziemlich genau messen.

Vielerorts wäre indes ein anderer hausinterner Umgang mit vertiefenden Studien der Publikumsforschung erforderlich. Hierarchen, die ihr Herrschaftswissen für sich behalten, werfen das Geld ihres Arbeitgebers zum Fenster hinaus. Wer einschlägige Daten nur der Anzeigenabteilung zugänglich macht, statt sie gemeinsam mit der Redaktion zu diskutieren, versündigt sich an den Nutzern, an seinen Mitarbeitern und gefährdet die Zukunft des Unternehmens.

Wunder sind indes von der Marktforschung nicht zu erwarten. Ob sich etwa ein neues Medienprodukt durchsetzen wird, ist vorab nur schwer abzuschätzen. Haben mehrere konkurrierende Häuser dieselbe Marktnische »entdeckt« und besetzen sie wie die Lemminge alle gleichzeitig mit »gelifteten« oder neuentwickelten Angeboten, wie etwa in Deutschland die Nachrichtenmagazine und Wochenzeitungen den Samstag als angeblich bestgeeigneten Verkaufstag, dann ist die vermeintliche Nische bald keine mehr. Dann ist es wohl klug, stattdessen – wie Gabor Steingart – am Sonnabend mit Podcasts daherzukommen, für die an einem normalen Werktag die Zeit zum Zuhören fehlen würde.

Gegen das Konzept eines publikums- und marktorientierten Journalismus gibt es fraglos Einwände. Bereits in Vor-Internetzeiten sprach Dagobert Lindlau, ein angesehener Fernsehreporter, von einer »Pathologie« und spitzte zu, es handle sich um Formen des »Trendjournalismus«, der »die Leute happy macht, statt sie zu informieren. Publiziert werden soll, was das Volk lesen will, nicht, was wirklich los ist. Journalismus als Massagesalon oder als Wunschkonzert.« *Stern*-Chefredakteur Henri Nannen hielt schon zuvor dagegen: »Was nützt die schönste Predigt, wenn die Kirche leer bleibt?« Um seinem Publikum zu sagen, »was wirklich los ist«, musste auch Lindlau es erst einmal abholen, interessieren, in Bann schlagen und fesseln. Der Blatt- und Programmmacher mit Intuition wird also trotz aller Daten und Umfragen eine gesuchte Rarität bleiben: Denn ohne

Fantasie, die von Trendanalysen kreativ Gebrauch macht, nützt auch die teuerste Marktforschung wenig.

10.2 Entwicklung und Umsetzung redaktioneller Konzepte

Um fürs redaktionelle Marketing gewappnet zu sein, bedarf es mithin genauer Daten über die Zielgruppen. Immerhin haben sich in den vergangenen Jahren ein paar übergreifende Trends herausgeschält, die nach Ansicht von Fachleuten journalistische Arbeit weiterhin prägen werden: Die Stichworte sind Serviceorientierung, Interaktivität und Infotainment. Im Folgenden wird herausgeschält, wie sich diese in redaktionellen Konzepten niederschlagen können.

Serviceorientierung

Themenangebot und Präsentationsformen orientieren sich stärker an den Bedürfnissen der Nutzerinnen und Nutzer. Weil diese mobiler und ihre Zeitbudgets für Informationsverarbeitung knapper werden, ist das »Scannen« und damit ein selektiver Zugriff auf einzelne Angebote zu erleichtern.

In der Tendenz heißt dies:

- Nutzwert und *news you can use* sowie bei tagesaktuellen Medien mehr lokale und regionale Berichterstattung. Publikumsanalysen zufolge kommen strukturierte Angebote, die Orientierung bieten, gut an: anschauliche Erklärstücke und Frage-Antwort-Formate (z. B. bei unklarer Nachrichtenlage: »Was wir wissen/nicht wissen«).
- Themenverschiebungen weg von der »großen« Politik, hin zu »soft news«, z. B. zu Lebenshilfe, Fitness und Gesundheit, Lifestyle-Themen und verbrauchernaher Wirtschaftsberichterstattung. Vor allem online sind hier neue Möglichkeiten entstanden.
- Der Markt für zielgruppenspezifische Information wächst (Special-Interest- und Sparten-Angebote online und bei Printmedien, partiell auch im audio-visuellen Bereich).
- Es wird mehr Orientierungshilfe erwartet, um Medienangebote selektiv nutzen zu können: Bei Printmedien geht es um übersichtliches Layout, Lesehilfen und Querverweise auf den ersten Seiten der jeweiligen

Ressorts. Online geht es um sinnvolle Links und Zusatzelemente (interaktive Grafiken u.ä.).
- Die Berichterstattung über Medien und Journalismus wäre auszubauen, um das Qualitätsbewusstsein der Rezipienten für Journalismus zu schärfen. Ohne solches Differenzierungsvermögen lassen sich hochwertige Medienprodukte kaum vermarkten.
- Die Beiträge in Print- und Onlinemedien werden tendenziell kürzer, die Bilder großflächiger und die Infografiken zahlreicher. Leseanreize werden wichtiger, ebenso differenzierter Farbeinsatz (»gedrucktes Fernsehen«). Entgegen dem auch in Redaktionen verbreiteten Vorurteil, dass nur kurze Beiträge gewünscht werden, funktionieren aber auch sehr lange Artikel und Stücke sehr gut – wenn sie originell und gut gemacht sind (das belegen u. a. sogenannte »Lesewert«-Studien der Verlage).
- Online vermischen sich Text, Audio und Video zum multimedialen Storytelling, Bewegtbilder mit Unterhaltungswert werden unverzichtbar.

Interaktivität

Statt der traditionellen Einbahnstraßen-Kommunikation von der Redaktion hin zu den Mediennutzern herrscht jetzt »Gegenverkehr«. Online schwindet die Distanz zwischen Redaktion und Rezipienten. Soziale Netzwerke und Blogs sind den herkömmlichen Medien weit voraus, aber auch letztere haben vielfältige Möglichkeiten, Interaktivität zu fördern:

- *Leseraktionen:* Die Redaktion offeriert Gesprächsforen und Diskussionsplattformen, z. B. über kommunal- und gesellschaftspolitische Themen, aber auch über Kindererziehung, Ernährung oder Alterssicherung oder bietet Experten als persönliche Gesprächspartner auf (Anrufaktionen).
- *Aktivierung von Mediennutzern:* Redaktionen engagieren sich philanthropisch, karitativ und/oder anwaltschaftlich zugunsten bestimmter Zwecke oder Gruppen und fordern ihre Rezipienten zum Mittun auf. Das Aktionsspektrum ist denkbar breit. Es reicht von der medialen Unterstützung einer Lichterkette gegen Rassismus bis hin zu Spendenkampagnen in der Adventszeit für karitative oder kulturelle Zwecke. Mitunter lassen sich Nutzer sogar mobilisieren, um den Bestand des eigenen Mediums zu sichern. So waren Aufrufe der *taz* zur Kapitalbeteiligung der Leser erfolgreich, aber auch Spendenaufrufe und Mit-

gliedschaftsmodelle von Newssites wie *krautreporter.de* oder *republik.ch,* die sich über Crowdfunding im Internet finanzieren.

- *Zweiweg-Kommunikation* zwischen Redaktionen und Rezipienten ist indes nicht so neu, wie Internet-Gurus das gerne hätten. Bert Brecht (1932) und Hans Magnus Enzensberger (1970) propagierten sie in emanzipatorischer Absicht. Lange zuvor hatten geschäftstüchtige Verleger und Radiomacher bereits Interaktivität und Publikumsbeteiligung entdeckt, nicht zuletzt in Form von populistischem Aktions- und Kampagnenjournalismus. Das Internet erleichtert sie allerdings und eröffnet ganz neue Möglichkeiten (Kapitel 8.4 [205ff.]).
- *Einbezug der Rezipienten in die eigene redaktionelle Arbeit:* Auch dies haben viele Redaktionen praktiziert, bevor im Netz der *citizen journalism* zum Hit wurde. Zu nennen sind Sendungen und Kolumnen, bei denen die Nutzer den Berichterstattungsstoff liefern (*Aktenzeichen XY ungelöst; Wir rütteln die Behörden wach*), Projekte wie »Zeitung in der Schule«, bei denen Redakteure gemeinsam mit Jugendlichen Zeitungsseiten gestalten, sowie Lokalredaktionen, die Leserfotos nutzen, um sich den teuren eigenen Fotoreporter zu ersparen. PR-Aktionen gehören ebenfalls dazu, z. B. Einladungen an Prominente, einen Tag lang die Redakteure beim Blattmachen zu unterstützen; Diskussionsveranstaltungen, bei denen Rezipienten Redakteure, Herausgeber und Verlagsmanager befragen können; oder die pfiffige Idee der links-alternativen *taz,* den damaligen *Bild*-Chefredakteur Kai Diekmann für einen Tag als Blattmacher zu engagieren.
- *Leserresonanz* sollte sorgfältig und systematisch erfasst werden, insbesondere kritische Rückmeldungen zur redaktionellen Arbeit: Posteingang, Mails und Anrufe sind hier zu bündeln und auszuwerten. Häufig äußert sich Unzufriedenheit indes nicht als Widerspruch, sondern artikuliert sich durch »Abwanderung« (Hirschman 1974). Deshalb erfragen die Marketingabteilungen vieler Verlage inzwischen systematisch Abbestellgründe, und einige Häuser wie z. B. die *Main-Post,* der *Spiegel* und die *Süddeutsche Zeitung* leisten sich eine Ombudsstelle, die Beschwerden aus dem Publikum nachgeht und in Konflikten mit der Redaktion vermittelt.
- *Echo lässt sich auch stimulieren,* indem man z. B. Leserbriefe oder -kommentare optisch aufwertet und sie in der Zeitung »gleichberechtigt« auf der Kommentarseite platziert. In der italienischen Tageszeitung *La Repubblica* beantwortete der langjährige Chefredakteur Eugenio Scalfari Woche für Woche Leserpost persönlich. Inzwischen hat er auch im deutschen Sprachraum Nachahmer gefunden. Begeben sich die Ma-

cher »auf Augenhöhe« mit ihren Lesern, so binden sie diese stärker an ihr Medienprodukt.
Notorische Leserbriefschreiber, die sich zu allem und jedem äußern, sind in Redaktionen allerdings gefürchtet. Rekordverdächtig ist etwa Leif Boysen, der über 18 Jahre hinweg 1617 Briefe versandt haben soll. Wer seinen Rezipienten das Gefühl vermitteln will, dass sie ernst genommen werden, muss also auch einen Weg finden, um nicht Querulanten, Hasspredigern und Einfaltspinseln zu unangemessener Resonanz zu verhelfen. Vor allem in den Kommentarspalten des Internets sind »Blitzhass, Knalldummheit und offen rausgerotzte Gewaltbereitschaft«, so der Medienkritiker Sascha Lobo (2015), zum Problem geworden, um das sich Redaktionen kümmern müssen, wenn sie nicht das Ansehen ihres Mediums gefährden möchten.
- *Aufbau von Communitys*: Manche Medien setzen darauf, ihr Publikum in eine exklusive Community zu verwandeln, für die eigene Kommunikationsräume geschaffen werden, und das nicht unbedingt nur im Netz. In Deutschland schlug schon vor Jahren die von Jakob Augstein betriebene Wochenzeitung *Der Freitag* diese Richtung ein, der frühere *Spiegel*-Journalist und *Handelsblatt*-Chef Gabor Steingart entwickelte das von manchen in der Branche als Luftnummer belächelte Konzept eines Redaktionsschiffs, auf dem nicht nur Journalisten, sondern auch exklusive Gäste und Leser über die Spree in Berlin schippern. Peter Turi hält »Community-Journalismus« für die Zukunft, allerdings ist schwer vorstellbar, dass solche Konzepte massenkompatibel sind – und letztlich muss eine Redaktion auch weiterhin inhaltlich etwas zu bieten haben.

Dass die sozialen Medien als Kanal eine immer stärkere Rolle spielen, um Medieninhalte auszuspielen und auch zu verkaufen, darauf weist Alexandra Föderl-Schmid von der Chefredaktion der *Süddeutschen Zeitung* hin: »Das ist im Interesse der Redaktion, die sich auch stärker darauf ausrichtet, wie dort Inhalte aufbereitet werden. Und sich auch Gedanken darüber macht, wie auf redaktionelle Inhalte auf Twitter oder Facebook hingewiesen wird.« Zahlen würden zeigen, wann die besten Zeitpunkte sind, um Geschichten online auszuspielen oder in den sozialen Medien darauf hinzuweisen – beispielsweise mit einem Push, der nach einem starken News-Ereignis auf einen Kommentar hinweist, oder am Wochenende auf »lebensnahe« Stücke wie Ratgeberthemen.

Auch Abo-Kündigungen, die mit journalistischen Inhalten begründet werden, wird inzwischen nachgespürt. Bei der *Süddeutschen Zeitung* wird beispielsweise jede an die Chefredaktion weitergeleitet, und auch in Redaktionskonferenzen gibt es Diskussionen über diese Rückmeldungen.

So wertvoll das Wahrnehmen von Wünschen und Reaktionen aus dem Publikum ist, so wichtig ist es, sich davon nicht treiben zu lassen. Der Blick auf Reichweiten, Likes und Shares muss einhergehen mit einem klaren Verständnis des journalistischen Profils und der journalistischen Qualität (vgl. Günther/Schultz 2021).

Infotainment und Unterhaltung

Journalismus soll und darf unterhaltsam sein. Seit jeher sind Medien erfolgreich, die genau nach dieser »Masche« gestrickt sind, von *Bild*, *Spiegel* über *Die Zeit* und die *Süddeutsche Zeitung* bis hin zur links-alternativen *taz*. Die publizistische Bedeutung dieser Leitmedien ließ sich nie allein an ihrem Käufer- und Abonnentenstamm ablesen, sondern auch daran, dass sie in den meisten Redaktionen gelesen werden – womöglich gerade wegen ihres hohen Unterhaltungswerts.

Unterhaltsamkeit und Showeffekte sind nicht gleichzusetzen mit Trivialisierung. Wer sich um Vielfalt journalistischer Formen, um Farbe und Visualisierung bemüht, macht oft das »bessere« Webangebot, Blatt oder Programm. Wird indes Unterhaltung zum Selbstzweck, entstehen Gegenbewegungen. Auch die Marktnische für verdichtete Hintergrundinformation, wie sie etwa der *Economist*, die *Financial Times*, die *FAZ* oder die *Neue Zürcher Zeitung* offerieren, wird es neben und vermischt mit dem Unterhaltungsjournalismus weiterhin geben.

Umsetzung im Redaktionsalltag

Serviceorientierung, Interaktivität, Infotainment – was immer als Konzept entwickelt wird, ist im redaktionellen Alltag umzusetzen, trotz aller Klagegesänge über mangelndes Personal und knappe Redaktionsetats. Letztere werden selten grundlos intoniert, seit viele Redaktionen schrumpfen. Gleichwohl sticht die Schutzbehauptung erst, wenn vorhandene Ressourcen bestmöglich genutzt werden. In manchen Redaktionen, vor allem beim öffentlich-rechtlichen Rundfunk, schlummern weiterhin Reserven.

Doch wie lassen sich Motivation und Kreativität mobilisieren? Lässt sich Teamgeist stärken und der Redaktionsalltag so organisieren, dass weder Routine das Regiment führt, noch unproduktives Chaos überhandnimmt? Soweit diese Diskussion ernsthaft geführt wird, dreht sie sich um die wiederkehrende Kernfrage, welche Führungsstile und welche Organisationsmodelle sich für welche Arbeitssituationen besonders eignen.

Generell gilt als Management die Leitungs- und Führungsaufgabe, vorhandene Ressourcen im Sinne der Zielerreichung zu kombinieren. Dies soll auf möglichst effektive und effiziente Weise geschehen. Dabei steht Effektivität für den Grad der Aufgabenerfüllung, während Effizienz das Verhältnis von Aufwand und Ertrag misst. Effektiv ist also eine Maßnahme, wenn mit ihr ein vorgegebenes Ziel erreicht wird. Effizient ist sie erst, wenn das Ziel mit möglichst geringem Aufwand verwirklicht wird.

Im Einzelnen lassen sich, anwendbar nicht nur auf Redaktionen, die in Abb. 37 dargestellten Managertätigkeiten unterscheiden. Die einzelnen Aufgaben sind nicht präzise gegeneinander abzugrenzen, und noch ist nichts darüber ausgesagt, wie sich diese unter den spezifischen Bedingungen des Medienbetriebs wahrnehmen lassen.

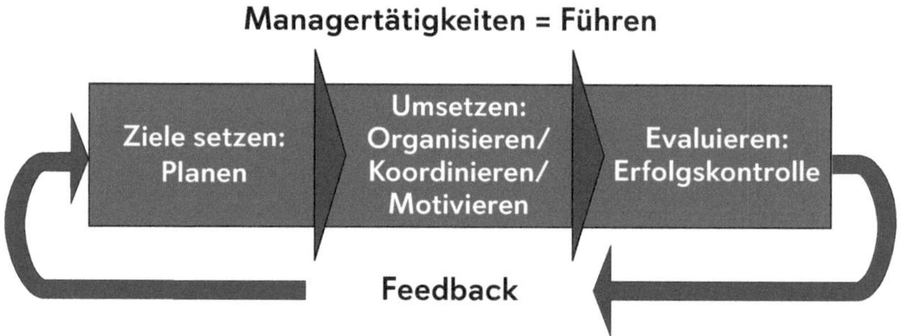

Abb. 37: »Managen« in der Redaktion (eigene Darstellung)

Eine der trivialsten Botschaften der Managementlehre deckt sich mit dem, was kluge Juristen auf knifflige Fragen zu antworten pflegen: »Es kommt immer darauf an.« Vom *situativen Management* ist im Fachjargon die Rede. Ein partizipativer Führungsstil kann also genauso falsch sein wie ein autoritärer oder patriarchalischer. Ähnliches gilt für Organisationsstrukturen: Bestimmte Modelle sind nicht universell anwendbar; die Strukturen müssen wie ein gutsitzender Anzug jeweils fallbezogen »maßgeschneidert« werden.

Noch etwas sollten sich eifrige Neuerer einprägen: Arbeitsprozesse zu optimieren, ist zwar ein löbliches Ziel; so komplex, wie die heutige Arbeitswelt ist, ist es aber schwer erreichbar. Optimierung würde umfassende oder vollständige Information über alle Bedingungsfaktoren der Arbeitsprozesse voraussetzen, einschließlich der jeweiligen Alternativen, die es gibt. Solche Transparenz ist meist nicht herstellbar, weil es zu teuer wäre, die erforderlichen Informationen zu beschaffen.

Auch im privaten Alltagsleben haben wir ja nicht den Ehrgeiz, z. B. den »optimalen« Flachbildschirm zu erwerben. Vielmehr brechen wir den Suchvorgang ab, wenn wir ein Modell gefunden haben, das uns vom Preis-Leistungs-Verhältnis her zufriedenstellt. Die Ressortchefin, die die redaktionelle Arbeit steuert, sollte ebenso abwägen, ob die Kosten weiterer Suche nach besseren Lösungen angesichts erwartbarer Rationalisierungsgewinne vertretbar sind. Der amerikanische Ökonom und Nobelpreisträger Herbert A. Simon riet zu Bescheidenheit: Wir sollten uns eingestehen, dass wir uns meist mit den *zweitbesten Lösungen* zufriedengeben. Nicht das optimale, sondern ein befriedigendes Ergebnis sei das Ziel rationalen Handelns (*satisficing* statt *maximizing*).

DIE SÜDOSTSCHWEIZ

www.suedostschweiz.ch

AUSGABE GRAUBÜNDEN

MONTAG, 15. DEZEMBER 2014 | NR. 342 | AZ 7000 CHUR | CHF 3.30

HWSGR

HEUTE 19.00 UHR INFOABEND.

Die Disentiser Edelski Zai sind technologisch ein Erfolg – finanziell noch nicht.

Die ZSC Lions erteilen dem chancenlosen NLA-Leader HC Davos eine Lektion.

Vals: Hoteljury hat noch kein Ergebnis

Windpark Surselva nimmt erste Hürde

Keine Aussicht auf Schnee

Hoffnung auf Frieden in der Ostukraine

Jöri Kindschi im Halbfinal gescheitert

Federers sechster Streich

Keine Überraschung bei den Credit Suisse Sports Awards. Im Publikumsvoting setzte sich gestern Roger Federer vor Dario Cologna durch. Zur Sportlerin des Jahres gewählt wurde die Olympia-Abfahrtssiegerin Dominique Gisin (Bericht Seite 19).

KOMMENTAR

DEN KRIEG KANN SICH NIEMAND MEHR LEISTEN

südostschweiz

REGION

Die Narren sind los

In Domat/Ems ist mit dem Til da Bagordas die Fasnacht zu Ende gegangen, dafür geht ab heute in Chur und Untervaz die Post ab.

KULTUR

Bündner Literatur

Die jenische Autorin Mariella Mehr erhält den Bündner Literaturpreis.

SPORT

Kondition gebüffelt: FC-Zürich-Trainer Sami Hyypiä glaubt dank verbesserter Physis an mehr Siege.

NACHRICHTEN

Wikileaks-Gründer Julian Assange will sich heute in London festnehmen lassen – nachdem er drei Jahre in der Botschaft von Ecuador verbracht hat.

Neu bauen und renovieren

CS und Swisscom streichen beide Hunderte Stellen. Die Hintergründe könnten unterschiedlicher kaum sein.

Ein sicherer Gotthard für die ganze Schweiz.

Abb. 38: Zuviel des Guten – ein riskanter Relaunch: *Südostschweiz* alt und neu (v. 15.12.2014 und v. 5.2.2016)

Und noch etwas ist wichtig: Menschen und damit auch Mediennutzer sind Gewohnheitstiere. Allzu radikale Veränderungen im Auftritt eines Mediums verstören das Stammpublikum. Eine Bindung des Publikums an ein Medium entsteht auch über Vertrautheit mit dem Erscheinungsbild und der Struktur eines Medienangebots. Zugleich erleichtert dies die Orientierung. Auch im Supermarkt ärgern sich die Kunden bekanntlich, wenn die Milch nicht mehr am gewohnten Platz zu finden ist. Deshalb sollte man auch bei Medienangeboten einen Relaunch eher behutsam vornehmen. Die *Südostschweiz* hat sich über solche Bedenken hinweggesetzt und sich 2015 als Regionalblatt radikal »neu erfunden«. Die Leserinnen und Leser scheinen das allerdings nicht goutiert zu haben, so berichtete die neue Chefredakteurin Martina Fehr nur wenige Monate später 2016 beim Dreikönigstreffen der Schweizer Verleger (Abb. 38 [233]).

10.3 Planung in der Redaktion: Routinisierung des Unerwarteten

An Kreativität herrscht in Redaktionen selten Mangel. Schwieriger wird es schon, diese systematisch statt nur zufällig zu aktivieren, um redaktionelle Konzepte zu entwickeln. Noch komplizierter ist es, diese Konzepte im redaktionellen Alltag unter Stress und oftmals widrigen Rahmenbedingungen umzusetzen. Das geht jedenfalls nicht ohne *redaktionelle Planung*.

Tagesaktueller Journalismus lebt allerdings von der Improvisation: Vieles lässt sich nicht im Voraus planen. Ohne sorgfältige Koordination unter den Mitarbeitern und Abstimmung der Arbeitsabläufe gäbe es allerdings weder den 24/7-Service einer Newssite noch um 20 Uhr die *Tagesschau* oder am nächsten Morgen eine Zeitung. Die Produktionsplanung ist freilich Routine geworden – ein Trott, der es erschwert, irgendetwas anders zu planen als bisher üblich.

Journalismus ist »die Routinisierung des Unerwarteten«, so die amerikanische Medienforscherin Gaye Tuchman (1973/74). Und gerade weil dies im tagesaktuellen Geschäft binnen Stunden, mitunter sogar in ein paar Minuten gelingen muss, stellen eingefahrene Abläufe ein kostbares, unsichtbares Kapital dar. Vielleicht erklärt dies sogar, weshalb Medienunternehmen als überaus konservative, veränderungsresistente Organisationen gelten, ganz unabhängig davon, wie die Redaktionen politisch ausgerichtet sein mögen.

Dabei sind die Hauptanteilseigner am »Kapital« eingefahrener Routinen die alteingesessenen Mitarbeiter, so der Soziologe Niklas Luhmann. An bestimmte Prozeduren sind auch Bequemlichkeiten, mitunter sogar zäh erkämpfte Privilegien geknüpft. Neuankömmlinge haben an diesem Kapital dagegen noch keinen Anteil. Wenn sie »alles« oder mitunter auch nur Kleinigkeiten anders machen wollen, erleben sie Überraschungen: Ihre Vorschläge stoßen auf offenen oder versteckten, jedenfalls hinhaltenden Widerstand, so vernünftig sie auch sein mögen. In der anhaltenden digitalen Transformation kann es in Redaktionen heute aber auch einen Gegentrend geben: Gezielt und manchmal fast schon verzweifelt werden jüngere Menschen gesucht, die mit Social Media aufgewachsen sind und die Sprache ihrer Generation sprechen.

Das Statusbewusstsein in Organisationen ist hochempfindlich, und fein ist das Gespür für die Rückwirkungen von Ereignissen oder Handlungen auf den eigenen und fremden Rang. Alle Neuerungen werden, so Luhmann, »in dieser Perspektive argwöhnisch geprüft«. Viele Reaktionen sind nur unter diesem Blickwinkel erklärbar, auch wenn sie offiziell anders begründet werden. »Statuserhebliche Ansprüche und Gegenansprüche werden so diskutiert, als ob es sich um die Rationalisierung der Organisation und der Geschäftspraxis, um notwendige Arbeitsmittel oder verbesserte Entscheidungsprogramme handle, während die Erörterung dessen, was man für die Wirklichkeit hält, kleineren, intimeren Zirkeln vorbehalten bleibt«, beobachtete der Altmeister der Organisationssoziologie (Luhmann 1964: 168).

Viele Journalisten sind beruflich stark engagiert und identifizieren sich mit ihrer Arbeit. *Intrinsische Motivation* wirkt indes oftmals als Innovationsbarriere: Werden redaktionelle Konzepte oder gar Unternehmensziele neu definiert, ist eben auch das professionelle Selbstverständnis der Betroffenen tangiert, und das lässt sich nicht so ohne weiteres ändern.

Über Möglichkeiten und Grenzen der Planung hat es langanhaltende Kontroversen unter Sozialwissenschaftlern gegeben, die im Ergebnis eher skeptisch stimmen. Es gilt, zwischen »superman planning« (Downs 1967) und schierem Sich-Durchwursteln (»muddling through« – Lindblom 1959), einen Mittelweg zu finden.

Dabei lehrt die Erfahrung, dass Innovationen unter »Normalbedingungen« meist nur in »inkrementalen«, kleinen Schritten durchsetzbar sind. Allenfalls Krisen, in die Medienunternehmen etwa durch Technologieschübe oder Disruption von Märkten geraten, beschleunigen den Prozess und eröffnen die Chance größerer Innovationssprünge.

Häufig werden Planungen auch von unvorhergesehenen Ereignissen durchkreuzt. Oft sind dies die »nicht-antizipierten Folgen gesellschaftlichen Handelns«, so der amerikanische Sozialforscher Robert K. Merton (1936), also Konsequenzen des eigenen Planens und Verhaltens, mit denen man nicht gerechnet hat und die einem in die Quere kommen.

Planung sollte deshalb flexibel und revidierbar sein. Das gilt im Journalismus, der vom Außergewöhnlichen und von der Aktualität lebt, mehr als anderswo. Dennoch würde Planungsverzicht die Preisgabe von journalistischem Handlungsspielraum bedeuten. Das schönste redaktionelle Konzept bleibt indes Makulatur, wenn es nicht immer wieder in realisierbaren Etappenzielen – etwa bei der Themenplanung – umgesetzt wird.

Viele Redaktionen behelfen sich heute mit einer Planungssoftware wie »DeskNet«. Diese erlaubt es, den Überblick zu behalten und die Konferenzen kurz zu halten, weil alle Ressorts und Teams ihre Pläne für die anderen sichtbar dort eintragen. Klassische Funktionen der Konferenzen, wie das Koordinieren von Themen und das Vermeiden von Doppelangeboten, können damit effizient erfüllt werden. Allerdings entstehen gute Ideen oft erst im direkten Austausch miteinander, deshalb bergen solche Programme auch die Gefahr, kreative Prozesse zu behindern und Themen und Beiträge nur noch zu verwalten.

10.4 Flexibilisierung der Organisationsstrukturen

Es gibt mannigfaltige Möglichkeiten, den Redaktionsbetrieb zu organisieren. Zumindest sporadisch sollte auch über die Redaktionsstrukturen und den Ressortzuschnitt neu nachgedacht werden. Bei der *Süddeutschen Zeitung* (*SZ*) haben sie vor wenigen Jahren beispielsweise ein neues Meinungsressort eingeführt, das die Kommentarseite und Gastbeiträge betreut. In US-Zeitungen sind solche Meinungsressorts (*editorial boards*) seit langem üblich. Und schließlich hat die *SZ* auch die Trennung zwischen innen- und außenpolitischem Ressort aufgegeben und ein allgemeines Politikressort gebildet – aus Sicht früherer Redakteure eine kleine Revolution.

In sparsamen Zeiten stehen alle Strukturveränderungen in Redaktionen verständlicherweise unter dem Verdacht, in erster Linie geldgetrieben zu sein und letztlich auf Kürzungen hinauszulaufen. Ganz falsch ist das leider selten, aber daraus zu folgern, dass es gar keine Veränderungen geben sollte und sich manchmal nicht auch das Sinnvolle mit dem Nützlichen verbinden ließe, wäre auch falsch.

Üblicherweise unterscheidet die Managementlehre vier Grundmodelle formaler Organisation: die (Ein-)Linienorganisation, das Stab-Linien-Modell, das Mehrlinien-Modell und die Matrix-Organisation (Abb. 39 [237]).

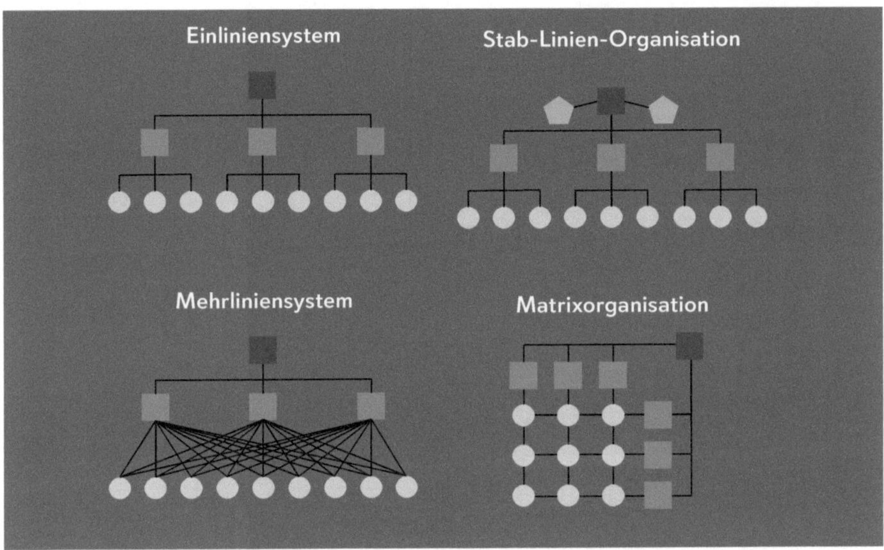

Abb. 39: Grundmodelle der Organisation – auch für die Redaktionsarbeit (eigene Darstellung in Anlehnung an Staehle 1989: 88ff.)

Sogenannte »Organigramme« zeigen, wie die einzelnen Organisationseinheiten hierarchisch zugeordnet sind, und diese Struktur prägt zugleich das Kommunikationsverhalten zwischen den Einheiten.

In Redaktionen hat sich auffällig häufig die klassische Linienorganisation durchgesetzt: Das Rückgrat der meisten Redaktionen bilden die *Ressorts*, also Abteilungen, an deren Spitze ein Ressortchef und sein Stellvertreter stehen, wobei diese wiederum hierarchisch der Chefredaktion unterstellt sind. Diese Strukturen werden allerdings in den Newsrooms (Abb. 40) aufgeweicht, die allerorten entstanden sind: Großraumarchitektur ersetzt Einzelbüros, im Zentrum der Redaktion befindet sich – gleichsam als Dirigentenpult – der Newsdesk, und Print- und Online-Redaktionen verschmelzen. Die Ressorts, die bisher oftmals nebeneinanderher gearbeitet haben, vernetzen sich. Kleinstressorts wurden und werden auch aufgelöst oder zusammengelegt. Vor allem gilt es, eine neue »Denke«

zu etablieren, sowohl ressortübergreifend als auch im Blick auf die verschiedenen Distributionskanäle. Vielerorts gibt es neue Teamstrukturen und mehr Durchlässigkeit für flexible Projektarbeit. Diese hat sich beispielsweise bei großen Themen wie der Coronakrise bewährt, in der die Kompetenzen aus unterschiedlichen Arbeitsgebieten zusammengeführt werden mussten (u. a. Wissenschaft, Politik, Statistik).

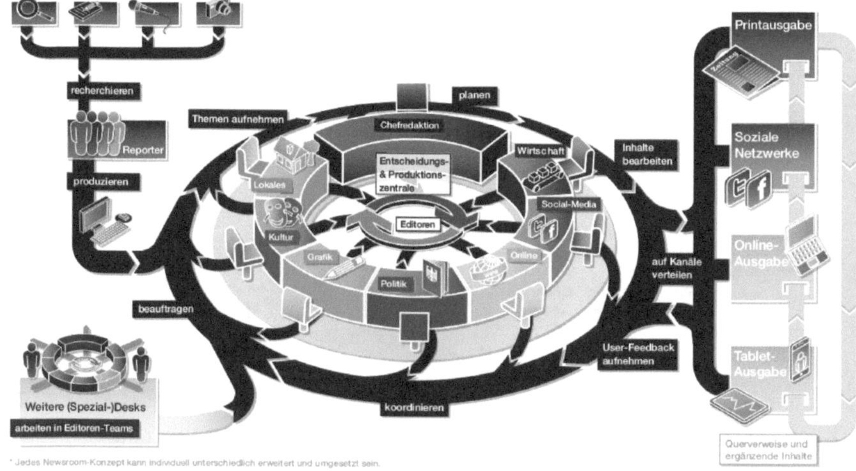

Abb. 40: Newsroom mit Newsdesk (Quelle: www.bpb.de, Herausgeber: Bundeszentrale für politische Bildung/bpb)

Variantenreich sind die Konstruktionen an der Redaktionsspitze: Da gibt es die Dreierspitze aus Chefredakteur/in, Stellvertreter/in und Chef/in vom Dienst (CvD), die direkt der Unternehmensleitung unterstellt ist, aber auch – je nach Größe des Hauses – noch zwischengeschaltete Hierarchieebenen (z. B. Programmdirektoren, Herausgeber), bei denen wirtschaftliche und publizistische Zuständigkeiten zusammenlaufen. Bei der *Frankfurter Allgemeinen Zeitung* trifft zum Beispiel ein Gremium von vier Herausgebern die redaktionellen Letztentscheidungen.

Eine Schlüsselfigur ist meist der Chef vom Dienst (CvD). Er koordiniert an der Schnittstelle zwischen den Ressorts sowie zwischen der Redaktion und den anderen Abteilungen des Hauses die tagesaktuelle Produktion. Er trifft die erforderlichen, tagesaktuellen Absprachen. In manchen Häusern ist er auch fürs Budget und für Fragen des Personaleinsatzes zuständig. Weil hier so viele Fäden zusammenlaufen, ist er mitunter die »graue Eminenz« der Redaktion – und manchmal intern mächtiger als Chefredakteure und Herausgeber.

Der Autonomiegrad der einzelnen Ressorts variiert stark. In öffentlich-rechtlichen Rundfunkanstalten gibt es so etwas wie die (Gesamt-)Redaktion erst gar nicht. Aber auch bei Blättern wie der *Zeit*, der *Süddeutschen Zeitung* oder der *Neuen Zürcher Zeitung* erwächst deren Profil gerade daraus, dass die einzelnen Ressorts, »Fürstentümern« gleich, ein Eigenleben entfalten. Oftmals dominiert jedenfalls auf Redaktionskonferenzen die Negativkoordination: Einflusssphären werden täglich neu nach dem Grundsatz abgegrenzt, dass jedes Ressort im Prinzip tun und lassen kann, was es will, solange es damit nicht die Interessen eines anderen Ressorts oder der gesamten Redaktion negativ tangiert. Bei anderen Medien, etwa einem Boulevardtitel wie *Bild* oder einem Nachrichtenmagazin wie dem *Spiegel*, kommt es darauf an, das Gesamtprodukt auf eine bestimmte Linie hin zu trimmen.

Insgesamt wird Teamarbeit statt Abgrenzung wichtiger. Vor allem müssen Journalisten eng mit den IT-Experten in der Redaktion zusammenarbeiten, wenn sie online mit Multimedia-Produktionen und in sozialen Netzwerken Erfolg haben wollen: Spezialisten für Datenanalyse, Social-Media-Manager, Programmierer, Interactive/Interaction-Designer haben in Redaktionen Einzug gehalten, es sind neue Jobprofile entstanden, die den klassischen Redakteur ergänzen, aber teilweise auch verdrängen.

Wenig wurde in Redaktionen bisher mit Modellen der funktionalen Organisation und der Matrixorganisation experimentiert. Anderswo hat man sie eingeführt, weil herkömmliche Linienorganisationen sich schwertun, die Kompetenzen zwischen den Abteilungen abzugrenzen: Oft lassen sich keine klaren Trennlinien ziehen. Im Alltagsgeschäft führt das zu Koordinationsproblemen: Bei Fragen im Grenzbereich zweier Abteilungen fühlen sich mal beide, mal keine so richtig zuständig. Dies kann zu Konflikten und Reibungsverlusten, zu Doppelung, aber auch zu Untätigkeit führen. Ein und dasselbe Thema wird dann womöglich im Wirtschafts- und im Lokalressort bearbeitet, ein anderes fällt dagegen durch das Wahrnehmungsraster beider Ressorts durch. Auch mehrfach hintereinander geschaltete Konferenzen vermögen mitunter nicht, solche Koordinationsmängel zu korrigieren. Hier könnten Organisationsmodelle helfen, die systematische Kompetenzkreuzungen vorsehen.

In großen Medienunternehmen, z. B. bei Springer, bei Gruner + Jahr und auch in der Funke Mediengruppe, wurden in den vergangenen Jahren mehrere Redaktionen zu einem Newsroom zusammengeführt, der dann diverse publizistische Produkte erstellt. In solchen Fällen sind dann Doppelzuständigkeiten nahezu unumgänglich.

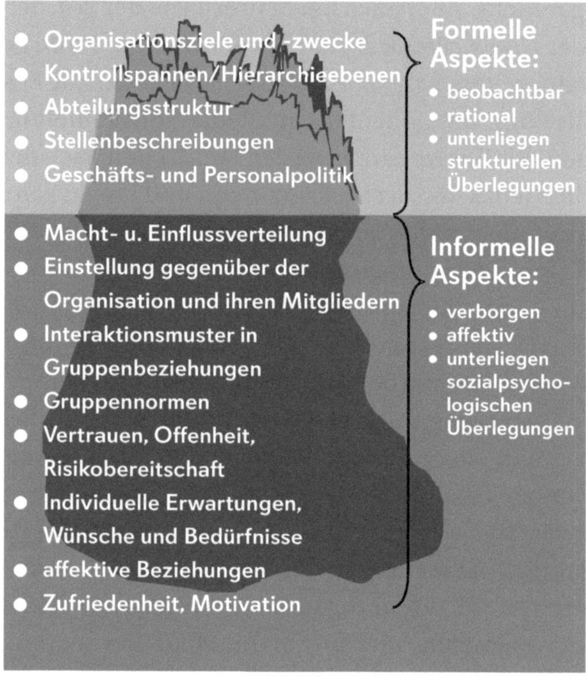

Abb. 41: Das Eisberg-Modell der Organisation (Quelle: in Anlehnung an Staehle 1980)

Je größer eine Redaktion ist, desto schwieriger wird allerdings die redaktionelle Feinabstimmung. Das organisatorische Grunddilemma redaktioneller Arbeit lässt sich im tagesaktuellen Journalismus kaum lösen, sondern allenfalls mildern: Die Arbeit erfolgt unter großem Zeitdruck und hochgradig routinisiert. Den Erkenntnissen der Managementlehre zufolge sind in solchen Situationen straffe Organisationsformen mit klaren Kompetenzabgrenzungen und Weisungsbefugnissen angesagt. Andererseits sind Ideenreichtum und Kreativität nötig. Dies wiederum spräche eher für eine flache Hierarchie mit weniger klar definierten Zuständigkeiten, querlaufenden Kommunikationsströmen, nivelliertem Ranggefälle sowie Nischen für originelle »Spinner« und temporäre Projekte.

Vor allzu viel Reorganisationseifer ist angesichts dieses Dilemmas zu warnen: Die materiellen wie immateriellen Kosten von Umstrukturierungen werden leicht unterschätzt, auch weil Hierarchie- und Organisationsmodelle durch informelle Strukturen überlagert werden. Sie unterlaufen die vertikalen »Weisungsketten«, vermögen aber oftmals Funktionsmängel der Organisation auszugleichen (Abb. 41 [240]).

Mehr Flexibilität und intensivere ressortübergreifende Zusammenarbeit ist oft eher durch verstärkte redaktionsinterne Personalrotation als durch Veränderungen im Ressortzuschnitt erzielbar: Der Wissenschafts- oder Wirtschaftsredakteur, der freiwillig, also nicht »strafversetzt« ein paar Wochen oder Monate im Feuilleton oder in der Lokalredaktion gearbeitet hat, wird dies als Bereicherung empfinden und eher für eine Zusammenarbeit über Ressortgrenzen hinweg zu gewinnen sein.

Angesichts des häufigen Themenwechsels will es gut überlegt sein, neue Themen in Form von Ressorts oder gar eigenen Seiten bzw. Programmplätzen institutionell zu »verankern«. Sinnvoll ist das ohnehin nur bei Themen, die langfristig die öffentliche Diskussion prägen (z. B. Ökologie/Klimaschutz, sozialer Ausgleich zwischen den Generationen, Gleichberechtigung der Geschlechter oder Diversität/Multikulturalität und -ethnizität). Selbst dann spricht, abgesehen von den Kosten, noch manches gegen das eigene Ressort. Zwar erweitert sich der Aufmerksamkeitshorizont der Redaktion, und ein Themenfeld wird so künftig kontinuierlich in die Berichterstattung einbezogen. Andererseits gettoisiert ein eigenes Ressort aber Themen, die oftmals ressortübergreifend behandelt gehörten. Und dem Leser ist eben nicht mit einer donnerstags erscheinenden Öko-Seite gedient, wenn tagesaktuell samstags oder montags über Umweltthemen zu berichten wäre.

Als Fazit bleibt festzuhalten: Passgenaue Organisationsstrukturen erleichtern die stressreiche redaktionelle Alltagsarbeit. Wichtiger als die »richtige« Ressort- und Kompetenzabgrenzung ist es indes, die Strukturen zu flexibilisieren, was vor allem mit Newsdesks erreicht werden soll. Bei Bedarf sollten sich schnell und temporär Teams bilden lassen, die sich um ein brisantes Thema kümmern. Außerdem kann eine gut geführte Redaktion stets auf einen Pool freier Mitarbeiter zugreifen, die dort Kompetenz einbringen, wo es in der Redaktion selbst an Fachwissen mangelt. Ressortzuschnitt und Organisationsformen können allerdings meist nur bedingt wettmachen, was bei der Auswahl und Förderung der Mitarbeiter in der Redaktion versäumt wurde.

10.5 Redaktionskonferenzen als Koordinationsinstrument

Wichtigstes Abstimmungsinstrument in und zwischen den Ressorts sind, abgesehen von spezieller Planungssoftware (wie DeskNet), die Redaktionskonferenzen. Während an Ressortkonferenzen in der Regel alle Redakteurinnen und Redakteure teilnehmen, sind in größeren Häusern ressortübergreifende Konferenzen meist den Ressortchefs und anderen leitenden Redakteuren vorbehalten. In den meisten Medienunternehmen gibt es ein regelrechtes Konferenzsystem (Abb. 42), das allerdings einhergehend mit der Corona-Pandemie eingeschränkt und durch Online-Koordination ersetzt wurde.

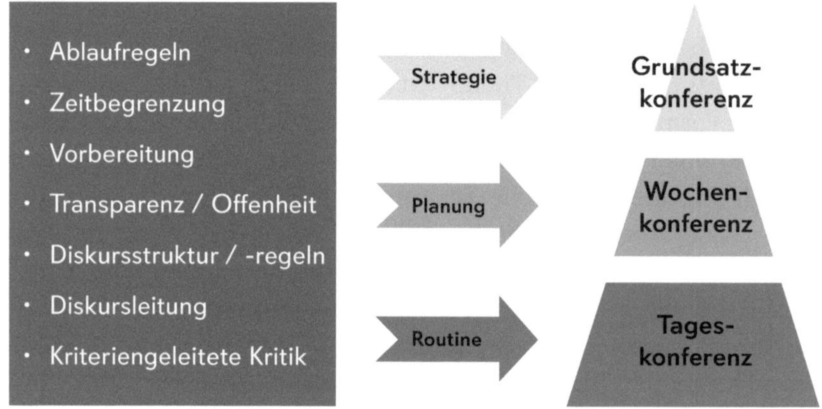

Abb. 42: Konferenzsystem (in Anlehnung an: Meckel 1998)

Was passiert auf Konferenzen üblicherweise? Themen sind abzustimmen und Aufgaben zu verteilen. Die Berichterstattung ist zu koordinieren, um Doppelungen zu vermeiden. Man verständigt sich über die voraussichtlichen Aufmacher, vergibt die Kommentare, klärt gelegentlich auch deren inhaltlichen Tenor. In gut geführten Redaktionen ist Blatt- bzw. Programmkritik ein Pflichtpunkt auf der Agenda. Manchmal werden in Konferenzen auch prominente Gäste zu Hintergrundgesprächen empfangen.

Die Eigendynamik von Konferenzen hat schon vor Jahrzehnten augenzwinkernd ein Anonymus eingefangen: »Wer annimmt, in der Konferenz fände vorwiegend das Weltgeschehen statt, befindet sich im Irrtum. Nur in seltenen Fällen fällt es mit dem Geschehen in der Konferenz zusammen. Das Weltgeschehen hat die Zeitung ohnehin täglich im Griff. Das Geschehen lässt sich sortieren, redigieren, verteilen, kürzen, kommentieren oder in den Papierkorb befördern. Es hört nie auf. Um sich vor seiner Zudringlichkeit zu schützen, haben die Journalisten den Zynismus adoptiert und die Fähigkeit liebevoller Konzentration auf die Abseitigkeiten der großen Welt. Ob es der Gebrauch des Konjunktivs, eine fette Linie oder die Schreibweise Khomeinis ist, alle diese Probleme werden mit großer Gründlichkeit und unter großem Einsatz aufgearbeitet ...« (Bruch 1987: 120f.). Es ist also durchaus typisch, dass die eigentlich wichtigen Themen schnell aus dem Blickfeld geraten. Der Soziologe Amitai Etzioni nannte das *Zielverschiebung*, das war von ihm allerdings nicht allein auf Redaktionen gemünzt.

So sind Konferenzen manchmal leider auch nur ein Schaulaufen der Eitelkeit, ein Forum zum »Abwatschen« eines aus Sicht des Chefs allzu kessen Ressortleiters oder ein Ort, um eine Dauerfehde zwischen zwei Abteilungen fortzusetzen. Aber davon sollten sich gerade die Jüngeren nicht abschrecken lassen – und es, wenn sie mehr mitreden dürfen, besser machen. Im besten Fall nämlich sind die Konferenzen nicht nur lustig und anregend, sondern auch journalistisch produktiv: Gemeinsam kommt die Runde auf neue Ideen, schmiedet Pläne für ein besonderes Multimedia-Projekt oder entwickelt einen Ansatz für ein Dialogformat mit dem Publikum. In Redaktionen, die erkannt haben, wie sehr sie jüngere Stimmen benötigen, zeichnet sich längst eine Demokratisierung in der Konferenzkultur ab. Trauten sich früher nur die altgedienten Redakteure, das Wort zu führen, können sich jetzt auch Volontäre und Jungredakteure einbringen, ohne schief angeschaut zu werden. Während der Corona-Pandemie hatten manche Ältere auch Schwierigkeiten, mit der Technik der Videokonferenzen klarzukommen, es entstanden neue soziale Dynamiken, die auch die Konferenzkultur verändert haben.

10.6 Nachholbedarf in Personalentwicklung und -führung

Redaktionen lassen sich nicht wie eine Großbrauerei oder die Abteilung einer Bank führen. Das »Humankapital« ist aber die wichtigste Ressource, um eine gute Newssite oder ein vorzeigbares Programm zu machen: Redaktionen leben von qualifizierten Mitarbeitern. Aus dieser trivialen Einsicht wurden indes nicht immer die nötigen personalpolitischen Konsequenzen gezogen.

Das hat eine Reihe von Gründen:

- »Gute« Leute stießen nahezu von selbst zu den Redaktionen. Und weil es ja »um die Sache ging« (intrinsische Motivation), war das Klima nicht so schlecht. Oder der Idealismus und damit die Leidensbereitschaft waren so groß, dass auch qualifizierte Kräfte mit der Abwanderung zögerten, wenn ein cholerischer Chefredakteur drauflos polterte. Schlimmstenfalls ließen sich Mitarbeiter meist ohne hohen Suchaufwand und Einarbeitungskosten ersetzen.
- Chefredakteure verließen sich bei Personalentscheidungen eher auf Intuition als auf rationale Auswahlverfahren. Die Möglichkeit, Posten freihändig zu vergeben, nutzten Redaktionschefs auch gerne, um Gefälligkeitsgeschäfte auf Gegenseitigkeit abzuwickeln, und man sicherte sich so wechselseitig gegen Risiken und prekäre Lebenslagen ab, in die gerade Journalisten leicht hineingeraten können.
- Journalisten wechselten häufig den Job. Wenn es nicht gelang, Redakteure im eigenen Haus zu halten, lohnten sich auch Investitionen in ihre Weiterqualifizierung nur bedingt. Aus betrieblicher Sicht war die Wahrscheinlichkeit groß, dass damit nicht die Qualität der eigenen Publikationen und Programme gesteigert, sondern die Konkurrenz finanziert wurde.

Das alles ist heute anders. Je mehr Medienunternehmen zu Großkonzernen zusammenwachsen, desto intensiver widmen sie sich der Talentsuche. Andererseits bleiben gerade in großen Redaktionen Begabungen unentdeckt und häufen sich Burnout-Syndrome. Weil die meisten Redaktionen seit Jahren schrumpfen, werden Heerscharen von freien Mitarbeitern, die auf eine Festanstellung hoffen, unter unwürdigen Bedingungen eher hingehalten als gefördert. Die festen Stellen werden reduziert und bisher in der Redaktion erbrachte Leistungen »outgesourct«. Bedingt durch den Angebotsüberhang auf dem Arbeitsmarkt, ist qualifizierter Nachwuchs noch immer relativ leicht zu finden.

Auffällig ist, wie sehr in Deutschland inzwischen hauseigene »Brutstätten« das Bild bestimmen: Private, zu Medienkonzernen gehörende Journalistenschulen und qualifizierte Programme der Volontärsausbildung haben sich durchgesetzt – meist zusätzlich zum Hochschulstudium. Dadurch entstanden überlange Ausbildungszeiten.

In den USA sind dagegen die Journalistenschulen an Colleges und Universitäten, zumindest die »ersten Adressen« unter ihnen, anerkannte Partner der Medienindustrie. Letztere ist froh darüber, dass sie einen Großteil der Ausbildungskosten auf die Allgemeinheit oder in Form von Studiengebühren auf die Auszubildenden und deren Eltern abwälzen kann. Durch die rigiden Auswahlverfahren der Hochschulen wird dort der Medienindustrie bereits ein Teil der aufwendigen Talentsuche abgenommen.

Bei der Personalrekrutierung böte sich die Chance, im Generationswechsel durch besser ausgebildeten Nachwuchs einen Qualitätsschub im Journalismus zu bewirken: Die Redaktionen können von Bewerbern hohe Qualifikationen einfordern. Als zusätzliches Auswahlkriterium könnte z. B. ins Blickfeld rücken, wie eine Redaktion sich nach Alter, Geschlecht und Fachkompetenz und auch ethnischer Herkunft zusammensetzt. Aus dem Bewerberkreis gälte es nicht nur die oder den jeweils Beste(n) herauszufischen, sondern diejenigen, die am sinnfälligsten das vorhandene Team und Redaktionsprofil ergänzen. Weil allenthalben an Gehältern gespart wird, ist es aber auch schwieriger geworden, junge Leute für den Journalismus zu begeistern.

Welche Persönlichkeitsmerkmale zeichnen »gute« Journalistinnen und Journalisten aus? Hilfreicher als Tugendkataloge ist ein Klassifikationsschema, mit dem der amerikanische Ökonom Anthony Downs versuchte, die Vielfalt menschlicher Möglichkeiten und Charaktereigenschaften ein wenig übersichtlicher zu machen. Auf Regierungsapparate gemünzt, aber auf Redaktionen übertragbar, unterschied er fünf Mitarbeiter-Idealtypen:

- *Karrieristen (climbers)* versuchen, ihre Macht, ihr Einkommen und ihr Prestige zu maximieren.
- *Bewahrer (conservers)* suchen primär, ihre Sicherheit und Bequemlichkeit zu sichern.
- Als *Eiferer (zealots)* agieren Mitarbeiter, die ganz spezifische Ziele verfolgen, und zwar unabhängig davon, auf wie viel Widerspruch sie stoßen. Ihre Vorstellungen sind eng im Fokus, aber sowohl inhaltlich als auch zeitlich stabil, trotz wechselnder Rahmenbedingungen.
- *Staatsmänner (statesmen)* interpretieren das Gemeinwohl anders, nämlich als Verfolgung breit angelegter Ziele, die sie zur Richtschnur ihres Handelns machen. Sie sind also mehr auf Ausgleich bedacht, ihre Ziele sind aber ebenfalls inhaltlich stabil.
- *Advokaten (advocates)* setzen sich jeweils Ziele, die eng mit ihrer spezifischen Position verknüpft sind, die sie gerade innehaben. Ihre Vorstellungen von Gemeinwohl variieren folglich in der Breite ihres Fokus, sie sind den jeweiligen Umständen entsprechend sowohl inhaltlich als auch zeitlich flexibel.

Wie alle Idealtypen, werden auch diese der Vielfalt realer Möglichkeiten nicht gerecht. Immerhin macht die Typologie deutlich, dass Personalpolitik für einen ausgewogenen Mix von Persönlichkeitsmerkmalen sorgen sollte. Einige aufstiegsorientierte Mitarbeiter tun der Redaktion gut, selbst wenn sie mit Ellenbogen bewehrt sind. Treten sich dagegen die Karrieristen nur noch gegenseitig auf die Füße, wird kein gedeihliches Arbeitsklima entstehen. Ein paar Bewahrer mögen die Redaktion vor allzu sprunghaftem Zick-Zack-Kurs abhalten, ein Überhang lässt sie indes in Unbeweglichkeit erstarren. Eiferer können sehr belebend wirken, sind jedoch für eine Organisation nur sozialverträglich, wenn sie nicht scharenweise auftreten.

Zumindest große Häuser pflegen inzwischen intensiver ihren Personalbestand, weil allzu häufiger Wechsel einer kontinuierlichen Redaktionsarbeit und damit dem publizistischen Profil nicht guttut. Es gilt, qualifizierte Mitarbeiter ans eigene Unternehmen zu binden. Dies beginnt bei Versuchen, die Leistungsbewertung transparenter, systematischer und »gerechter« zu gestalten, auch wenn kreative Leistungen schwer zu beurteilen sind. Es setzt sich fort durch Mitarbeiterbefragungen, mit denen das Betriebsklima evaluiert wird. Mit ihrer Hilfe sucht sich die Personalabteilung ein Bild davon zu machen, wie Vorgesetzte »von unten« wahrgenommen werden. Und es endet mit Gratifikationssystemen, die Beförderungen, Gehaltserhöhungen und nicht-monetäre Gehaltsbestandteile, wie z. B. einen Dienstwagen, davon abhängig machen, ob vorgegebene Ziele erreicht wurden.

Andererseits haben Redaktionen Blutauffrischungen nötig. Sie sollten, soweit sich das planen lässt, eher kontinuierlich als schubweise erfolgen. Es gilt aber auch, die Balance zu halten, also ältere, erfahrene Redakteure nicht einfach kaltzustellen oder wegzuekeln. Wichtiger als die nächste Gehaltssteigerung oder außertarifliche Sozialleistungen ist für die Bleibe-Entscheidung meist das Arbeitsklima in der Redaktion und damit das, was im Managementjargon als Unternehmenskultur bezeichnet wird. Beides lässt sich nicht verordnen, sondern allenfalls entwickeln.

Womöglich kann die Typologie von Downs auch dazu beitragen. Die fünf Idealtypen veranschaulichen, dass Diskussionen um den einen, »richtigen« Führungsstil sinnlos sind. Im Grunde gilt es, sich Kollegen und Mitarbeitern gegenüber jeweils situationsgerecht zu verhalten. Dabei können unterschiedliche Führungstechniken zum Einsatz kommen – das Kontinuum reicht vom guten Zureden über Anreize bis hin zu Weisung und Sanktion. De facto findet Führung jedenfalls nicht nur von oben nach unten statt; schon Niklas Luhmann (1971: 69) sprach deshalb zutreffend davon, dass Untergebene über recht wirksame Methoden verfügen, ihre Vorgesetzten zu »unterwachen«.

In jedem Fall ist auf Drittwirkungen zu achten: Verhaltensweisen zeitigen nicht nur beim unmittelbar Betroffenen Wirkungen, sondern ebenfalls bei Kolleginnen und Kollegen. So entstehen zum Beispiel Solidarisierungseffekte, aber auch Motivationsverluste.

Die Redaktionskultur wird im Übrigen mehr, als dies anderswo der Fall sein dürfte, von der Qualität der Außenkontakte bestimmt. Ein Teil des Redaktionsmanagements müsste also darauf zielen, Beziehungen zu Nutzern, Informanten und freien Mitarbeitern sorgfältig und systematisch auszubauen, statt sie nur zufällig zu pflegen.

Viele freie Mitarbeiter klagen darüber, dass ihre Vorschläge in den Redaktionen oft ignoriert, manchmal auch abgekupfert werden. Externe Autorinnen und Autoren leisten dabei einen vergleichsweise »preiswerten« Beitrag zur Qualitäts- und Vielfaltssicherung. Ein publizistisches Produkt gewinnt nicht zuletzt durch den gezielten Einsatz freier Mitarbeiter Kontur – vorausgesetzt, man lässt sie nicht nur vor sich hin wursteln. Statt nur zu nehmen, was diese anliefern, sollten Redakteure sie in die redaktionelle Arbeit einbeziehen und zugleich sorgfältig darauf achten, dass diese seriös arbeiten. Doch bislang will kaum ein Verleger oder Medienmanager begreifen, dass Outsourcing nicht allein der Kostensenkung dienen könnte.

10.7 Mehr als ein Zahlenwerk: der Redaktionsetat

Qualität kostet Geld, und daran mangelt es den meisten Redaktionen. Deshalb ist in den Führungsetagen vieler Medienbetriebe das Bewusstsein dafür zu schärfen, dass sich Investitionen in die Redaktion und in die publizistische Qualität lohnen – zumindest in bestimmten Marktsegmenten, insbesondere wenn sich der Wettbewerb verschärft oder Nutzer zu anderen Medien abzuwandern drohen.

Solche Überzeugungsarbeit haben Chefredakteure vermehrt zu leisten. Redaktionen müssen mit Vorgaben von der Managementseite rechnen, die auf Profitabilität zielen, schon weil dem Management häufig anonyme Aktionäre im Genick sitzen, die mehr als herkömmliche Eigentümer-Unternehmer auf Rendite bedacht sind.

Heute kann es sich in privaten Medienunternehmen aber auch kein Redaktionschef mehr leisten, sich nicht für den kommerziellen Erfolg seines Mediums zu interessieren. Damit einhergehend nimmt der Druck zu, den Redaktionsetat immer wieder zu durchforsten, statt einfach die Budgetansätze aus dem Vorjahr fortzuschreiben und um ein paar Prozentpunkte aufzustocken oder zu reduzieren.

Letzteres, das sogenannte »inkrementale« Budgetieren, ist natürlich der bequemere Weg. Solange unterm Strich mit einem Objekt verdient wird, spricht manches für die routinemäßige Fortschreibung von Etats. Das Konfliktpotenzial zwischen den konkurrierenden Abteilungen entschärft sich, wenn der jeweilige Haushaltssockel des Vorjahres als unantastbar gilt und sich so der Streit darauf begrenzt, Zuwächse zu verteilen oder Kürzungsvorgaben proportional zu erfüllen. In der Praxis kann man kaum jede Haushaltsposition alljährlich von neuem in Frage stellen; das mündet in einen übermäßigen Begründungsaufwand und damit in Bürokratisierung, und so verschärfen sich im Unternehmen die Verteilungskonflikte.

Andererseits ist die bloße Fortschreibung von Haushaltsansätzen problematisch. Die Rahmenbedingungen für die redaktionelle Arbeit ändern sich in atemberaubendem Tempo, sei es dank neuer Themen, sei es durch eine veränderte Konkurrenzsituation, technische Innovationen oder wegbrechende Erlöse.

Die Neigung der Redaktion, den eigenen Etat zu durchforsten, ließe sich beträchtlich steigern, würden Anreizsysteme entsprechend gestaltet. Weiß ein Chefredakteur, dass eingesparte Summen dem Redaktionsetat nicht abhandenkommen, wird er sich anders verhalten, als wenn sein Budget um das jeweils Eingesparte schrumpft. Doch meistens läuft es ja umgekehrt: Von oben kommt eine Kürzungsvorgabe, die dann die Redaktion zu erfüllen hat.

Das Bewusstsein für alternative Verwendungsmöglichkeiten von Etatmitteln ist unter diesen Umständen zu schärfen: Soll eine freiwerdende Redakteursstelle wiederbesetzt werden? Oder ist der Etat für freie Mitarbeiter aufzustocken, um mehr publizistische Qualität zu erzielen? Lässt sich eine Nachrichtenagentur einsparen und durch spezialisierte Informationsdienste oder Gratisangebote im Internet ersetzen? Solche Fragen stellen sich immer wieder. Der Etat ist weit mehr als ein Rechenwerk und lästige Buchhaltung. Richtig genutzt, kann er auch ein Steuerungsinstrument sein, um Effektivität und Effizienz der Redaktionsarbeit zu steigern.

10.8 Ausblick: neues Selbstverständnis?

Wer sich mit Konzepten redaktionellen Marketings und Managements auseinandersetzt, beginnt auch, die Berufsrolle und die Eigeninteressen der Journalistinnen und Journalisten, insbesondere der Festangestellten, zu überdenken.

Es wird darüber zu streiten sein, wem die primäre Loyalität eines Redakteurs gebührt: dem Medienbetrieb, dem er als Mitarbeiter angehört, oder den Mediennutzern (Kapitel 13 [282ff.]). Eine dritte, besonders idealistische Antwort, die aber dem öffentlichen Auftrag des Journalismus entspricht, lautet: Die primäre Loyalität müsste der Demokratie und ihren Bürgerinnen und Bürgern gelten (vgl. Kovach/Rosenstiel 2021: xxvii).

Die Grundthese der Ökonomen, dass menschliches Handeln letztlich – auch oder primär – von Eigeninteressen bestimmt ist, ist diskussionswürdig, auch wenn sie mit dem Selbstbild eines idealistischen Menschen nicht vereinbar erscheint, das viele Journalisten von sich und ihrem Berufsstand hegen und pflegen. Allerdings gibt es mit der Verhaltensökonomie inzwischen eine Forschungsrichtung, welche diese Grundannahme der Ökonomie, Menschen handelten eigeninteressiert und rational, relativiert und genauer einzugrenzen versucht, wann sie gilt und wann nicht. Zu den Herausforderungen für die Medienforschung der nächsten Jahre zählt es, genauer herauszufinden, wie Redaktionsarbeit von »berechenbar irrationalen« Verhaltensmustern geprägt wird, also beispielsweise von Herdentrieb und Gruppenparanoia *(groupthink)*, von Kontrollillusion und übersteigertem Selbstvertrauen *(overconfidence)* oder von der Überbewertung vorhandenen Produktionskaptitals *(endowment effect)* (Kahnemann/Tversky 2000; Ruß-Mohl 2010, 2015, 2020; Dobelli 2011).

Die fünf von Downs skizzierten Mitarbeiter-Idealtypen unterscheiden sich vor allem darin, dass sie Eigeninteressen unterschiedlich definieren. Journalisten, die zu selbstkritischer Rollenbestimmung fähig sind, sind eher in der Lage, unter den sich verändernden Rahmenbedingungen ihre redaktionelle Unabhängigkeit zu verteidigen, und zwar im wohlverstandenen professionellen Eigeninteresse ebenso wie im Interesse ihres Publikums und im Interesse der öffentlichen Aufgabe in der Demokratie.

Dies ist wohl nur eine notwendige und keine hinreichende Bedingung, um redaktionelle Autonomie zu bewahren. Auf beiden Seiten, in der Redaktion wie im Management, müssen die publizistischen und die geschäftlichen Ziele präsent sein, zusammen mit dem Bewusstsein, dass sie nur bei wechselseitigem Verständnis und gemeinsamer Anstrengung erreichbar sind.

Der Medienmanagement-Experte Conrad C. Fink sagte frühzeitig voraus, dass unter sich verschärfendem Wettbewerb die strategische Unternehmensplanung auch die heiligen Hallen der Redaktion mit einbeziehen wird - mögen die Journalisten noch so sehr auf ihre Unabhängigkeit pochen. Finks Forderung ist aktueller denn je: Er möchte Journalisten ebenso wie Manager eines Medienunternehmens mit einem »Sensus für die journalistische und gesellschaftspolitische Verantwortung als auch für die betriebswirtschaftlich-ökonomischen Notwendigkeiten« ausgestattet wissen. Mit letzteren sollten sich vor allem Journalisten intensiver beschäftigen. Tun sie es nicht, übernehmen die Betriebswirte und Marketingexperten in den Redaktionen mehr und mehr das Regiment.

Literaturtipps

Fink, Conrad C. (1988/1996 Neuaufl.): *Strategic Newspaper Management*. Boston u. a.: Allyn & Bacon

Friedrichsen, Mike et al. (2015): *Strategisches Management von Medienunternehmen. Einführung in die Medienwirtschaft mit Case-Studies*. Wiesbaden: Springer Gabler

Meckel, Miriam (1998): *Redaktionsmanagement. Ansätze aus Theorie und Praxis*. Opladen/Wiesbaden: Westdeutscher Verlag

Meier, Klaus (2002): *Ressort, Sparte, Team. Wahrnehmungsstrukturen und Redaktionsorganisation im Zeitungsjournalismus*. Konstanz: UVK

Simons, Anton (2007): *Redaktionelles Wissensmanagement*. Konstanz: UVK

V.

Externe Einflussnahme versus Eigenverantwortung

11. Externe Einflussnahme auf Journalismus

Wer nimmt auf Journalismus Einfluss? Was ist »guter« Journalismus? Was dürfen Journalisten, wo sind ihnen Grenzen gesetzt? Und wie lässt sich sicherstellen, dass Journalismus »funktioniert«, dass die Pressefreiheit nicht missbraucht wird? Was kann man gegen Scharlatane tun, ohne die Pressefreiheit zu gefährden?

Um solche Fragen zu beantworten, bedarf es

- einer Analyse, wie unabhängig der Journalismus und die Medien sind und wer mit welchen Motiven und Instrumenten von außen Redaktionsarbeit zu beeinflussen sucht (Kapitel 11 [252ff.]);
- einer Skizze des rechtlichen Rahmens, der bestimmte Mindestanforderungen an den Journalismus und die Medien festschreibt und sanktioniert – und zwar auf eine Weise, die Pressefreiheit nicht stranguliert und keine staatlichen Zensurinstanzen auf den Plan ruft (Kapitel 12 [267ff.]);
- eines Überblicks über ethisch-professionelle Normen, also über die Anstandsregeln, die Journalisten bei ihrem Berufshandeln beachten müssen (Kapitel 13 [282ff.]);
- eines Diskurses über journalistische Qualität und Professionalität und damit eines fortdauernden öffentlichen oder fachöffentlichen Nachdenkens über die Maßstäbe und Normen journalistischen Handelns und Entscheidens, sowie eines Systems von Infrastrukturen und Selbstkontrollinstanzen, mit denen im Vorfeld der Justiz, also außergerichtlich, auf Normverstöße reagiert werden kann (Kapitel 14 [311ff.]).

Journalismus und Medien erfreuen sich in westlichen Demokratien großer Autonomie. Die Pressefreiheit ist in Deutschland, Österreich und in der Schweiz - zumindest im internationalen Vergleich - weitgehend Verfassungswirklichkeit.

Andererseits ist öffentliche Aufmerksamkeit ein knappes, begehrtes Gut. Deshalb wird vermehrt und mit immer raffinierteren Methoden versucht, den Journalismus und die Berichterstattung der Medien zu beeinflussen - oder auch an den Redaktionen vorbei, insbesondere in sozialen Netzwerken wie Twitter und Facebook, Desinformation zu verbreiten. Im folgenden Abschnitt wird ausgelotet, inwieweit das gelingt und wie die Chancen des Journalismus stehen, seine relative Unabhängigkeit zu bewahren.

11.1 Politische Einflussnahme/Medienpolitik

Politikerinnen und Politiker bemühen sich stets, Redaktionen für ihre Zwecke einzuspannen oder gar zu ihrem Sprachrohr zu machen. Das ist schwieriger, wenn die Medien wirtschaftlich unabhängig und staatsfern organisiert sind. In Deutschland sind nahezu alle Redaktionen direkter politischer Steuerung entzogen. Auf den öffentlich-rechtlichen Rundfunk können die jeweils Regierenden jedoch zumindest über Personalpolitik Einfluss nehmen. Das Parteibuch oder die Nähe zu einer Partei kann dort für die Karriere wichtig sein, nicht notwendigerweise, aber zumindest unterstellbar auf Kosten journalistischer Professionalität.

In der Geschichte des öffentlich-rechtlichen Rundfunks waren solche Einflüsse immer wieder zu spüren, auch wenn sich seit einigen Jahren Anzeichen für eine fortschreitende Emanzipation der Sender abzeichnen. Noch immer bestehen aber, wenn es um die Besetzung von Spitzenposten in den Sendern geht, heikle Einflusszonen, die schnell zum Problem werden können, wenn die politische Kultur eines Landes insgesamt in eine illiberale Richtung driftet und Staatschefs ihre Macht gnadenlos ausspielen. Wie der Rundfunk dann flugs zur Beute der Regierung wird, zeigt das Beispiel Ungarns unter Ministerpräsident Viktor Orbán.

Sieht man von Jahrhundertentscheidungen wie der Einführung des dualen Rundfunk-Systems ab (dual bedeutet: öffentlich-rechtliche plus private Sender), so haben sich Versuche, über Medienpolitik den Journalismus zu steuern, in der Bundesrepublik als relativ stumpfes Schwert erwiesen. Hier sitzen die Medien einfach am längeren Hebel. Politikerinnen und Politiker beeinträchtigen ihre Wiederwahlchancen, wenn sie mächtige Medien oder die Blogger-Community im Internet gegen sich aufbringen. In Nachbarländern wie Österreich, Tschechien und Polen oder auch Frankreich und Italien sieht das allerdings anders aus, ganz zu schweigen von Rumänien, Russland oder der Türkei.

Einzelne Journalisten haben in Deutschland und der Schweiz selten Politiker-Machtworte zu fürchten, die ihre Existenz oder Karriere ernsthaft gefährden könnten. Manch ein Redakteur biedert sich zwar liebedienerisch Politikern an. Wer es nicht tut, gewinnt jedoch bei den Kolleginnen und Kollegen Respekt.

Allerdings begreifen sich manche Journalisten auch selbst als politische Akteure, die ihre parteipolitischen Präferenzen in die Berichterstattung einfließen lassen. Dies führt zu der Frage, ob der Journalismus insgesamt zu sehr in eine Richtung tendiert.

PRO & CONTRA

»Die Medien in Deutschland sind erkennbar (zu) links.«

Pro: Aus jahrzehntelanger Forschung wissen wir, dass die Journalistinnen und Journalisten im deutschsprachigen Raum mehrheitlich »links von der Mitte« und damit auch links vom Durchschnitt der Bevölkerung angesiedelt sind. Bei der Nachwuchsrekrutierung für den öffentlich-rechtlichen Rundfunk haben sich die Präferenzen noch weiter nach links-grün verschoben: Gemäß einer kleinen Umfrage unter ARD-Volontären aus dem Jahr 2020 würde eine Mehrheit (57%) von ihnen die Grünen wählen, auch die Linke würde gut abschneiden (über 23%). Die SPD käme dagegen auf über 12, die Union nur auf drei Prozent der Stimmen, die FDP auf etwas über ein Prozent. Man braucht kein Anhänger von Quoten zu sein, um zu erkennen, dass damit erhebliche Teile der Bevölkerung nicht mehr im Journalismus »repräsentiert« sind – und die tonangebenden Journalisten in den Leitmedien auch Gefahr laufen, sich zu einer »Kaste« zu entwickeln, die in ihrer Twitter-Blase und im links-grünen Großstadtmilieu »unterwegs« ist und den Draht zu den Normalbürgern und ihren Nöten und Problemen verliert.

Contra: Dass Konservative den Medien einen Linksdrall vorwerfen, ist wenig überraschend. Linke Kritiker werfen dem Journalismus dagegen vor, sich schon vor Jahrzehnten einem neoliberalen Zeitgeist angepasst zu passen. Stimmt es etwa nicht, dass die großen Medien ziemlich brav gegenüber den Wohlhabenden und den Wirtschaftseliten auftreten? Das Meinungsklima wird stark geprägt von der Wirtschaftspresse, die nicht links ist, zudem von einem Boulevardblatt wie *Bild* (keineswegs links), den großen TV-Sendern (insgesamt eher politisch mittig) und von den Regionalzeitungen, von denen viele ebenfalls eher moderat oder konservativ ausgerichtet sind. Auch bei den überregionalen Blättern gibt es mit der *FAZ* und der *Welt* oder der *NZZ* weiterhin starke liberal-konservative und »rechte« Stimmen – von linker Meinungsdominanz keine Spur. Werden einzelne Journalisten befragt, verzerrt das die Ergebnisse, denn viele von ihnen haben mit der politischen Berichterstattung wenig zu tun. Einige wenige sind in den Chefredaktionen und als Meinungsmacher wirklich prägend für die politische Tendenz der Redaktionen.

11.2 Werbung und »Native Advertising«

Weniger rosig ist es um die wirtschaftliche Basis redaktioneller Unabhängigkeit bestellt. Es gibt fraglos eine strukturelle Abhängigkeit der meisten Medien von der Werbewirtschaft: Privatfernsehen und Gratiszeitungen finanzieren sich zu nahezu 100 Prozent aus Werbung, aber auch klassische Printmedien wie Zeitungen oder Zeitschriften erzielen oft mehr als die Hälfte ihrer Einkünfte aus dem Anzeigengeschäft. Bis vor wenigen Jahren waren Werbeerlöse eine sichere Einnahmequelle, aus der sich Redaktionen großzügig finanzieren ließen. Das hat sich geändert. Nicht nur Kleinanzeigen sind ins Internet gewandert, alle Werbetreibenden haben online vielfältige Alternativen. Sie können jetzt dank der Datensammelwut der Betreiber von Suchmaschinen und sozialen Netzwerken ihre Zielgruppen billiger und ohne größere Streuverluste erreichen.

Wer kein Werbeumfeld und keine Zielgruppen liefert, die gute Geschäfte verheißen, hat auf dem Werbemarkt das Nachsehen. Obendrein inseriert seit jeher so manches Großunternehmen lieber im konservativ-wirtschaftsliberalen *Focus* oder in der *Welt* als im *Spiegel* oder gar in der links-alternativen *taz*.

Einzelne Inserenten hatten in der Vergangenheit bei großen Medienhäusern weniger Einfluss auf Medieninhalte, als Außenstehende annahmen. Koppelgeschäfte – also ein Anzeigenauftrag, verknüpft mit der Zusage, im redaktionellen Teil wohlwollend über das beworbene Produkt zu berichten – kamen zwar vor, galten aber als unseriös. Neben dem Mode-, Reise- und Motorjournalismus war die Pharma- und Medizinpresse anfällig für solche Deals. Die meisten Medienunternehmen verdienten indes so gut, dass sie es nicht nötig hatten, auf diese Weise ihren Vertrauenskredit beim Publikum zu verspielen. Allerdings überlegte es sich auch in dieser »guten, alten Zeit« ein um seinen Job bangender Regionalzeitungs-Chefredakteur möglicherweise dreimal, bevor er einen Discounter wie Lidl oder Aldi attackierte, der als Anzeigen-Großkunde über Wohl und Wehe der Zeitung mitbestimmte.

Heute wird leider vielfach nicht mehr strikt zwischen redaktionellem Angebot und Werbung unterschieden. Mit »native advertising« und »branded content« setzen sich – von der Gratiszeitung *20Minuten* übers *Handelsblatt* bis hin zur *New York Times* – gesponserte redaktionelle Angebote, sprich: Schleichwerbung immer mehr durch. Werbende Texte lassen sich kaum noch von redaktioneller Berichterstattung unterscheiden und unterminieren so die Glaubwürdigkeit des Journalismus (Abb. 43 [257]).

Auch Medienpartnerschaften gefährden die Unabhängigkeit der Berichterstattung: Ein Medienunternehmen, das als Sponsor oder Mitveranstalter von Events öffentlich in Erscheinung tritt, kann zumindest über diese Ereignisse nicht mehr glaubwürdig mit der nötigen Distanz berichten. Nicht nur im Wirtschafts-, auch im Sportjournalismus ist das ein großes Problem. Kaum ein lokaler Medienverlag lässt es sich nehmen, gemeinsame Sache mit einem Bundesliga-Verein zu machen. Die Spitzen von Verein und Verlag sitzen dann womöglich auch noch gemeinsam in der VIP-Lounge beim Spiel.

Problematische Abhängigkeiten und Interessensvermischungen kann es sogar dort geben, wo die Medien nicht auf Gewinne aus sind. Es gibt eine Reihe von interessanten Modellen im Journalismus, sich vom Profitinteresse und den Renditeerwartungen privater Unternehmer und Anleger zu lösen und sich allein an publizistischen Zielen zu orientieren. Stiftungen, Crowdfunding, Genossenschaften – sie können dazu beitragen, den Journalismus unabhängig von Werbeeinnahmen zu machen und ihn noch

The New York Times

BrandStudio

NETFLIX

Women Inmates: Why the Male Model Doesn't Work

As the number of women inmates soars, so does the need for policies and programs that meet their needs

By Melanie Deziel

ILLUSTRATIONS BY OTTO STEININGER

Over the past three decades, the number of women serving time in American prisons has increased more than eightfold.

Today, some 15,000 are held in federal custody and an additional 100,000 are behind bars in local jails. That sustained growth has researchers, former inmates and prison reform advocates calling for women's facilities that do more than replicate a system designed for men.

"These are invisible women," says Dr. Stephanie Covington, a psychologist and co-director of the Center For Gender and Justice, an advocacy group based in La Jolla, Calif. "Every piece of the experience of being in the criminal justice system differs between men and women."

At the most basic level, women often must make do with jumpsuits that are made from men's designs rather than being cut for female bodies. And standard personal-care items often don't account for different skin tones or hair types.

Abb. 43: Native Advertising von Netflix in der *New York Times*

stärker auf das Gemeinwohl auszurichten. Doch das bedeutet nicht, dass es nicht auch hier ökonomische oder politische Interessen oder Zwänge geben kann, die auf die redaktionelle Arbeit einwirken, beispielsweise durch das Profil und die Ausrichtung einer Stiftung und ihrer Geldgeber.

11.3 Public Relations/Kommunikationsmanagement und Influencer

»Auch wenn es gestrenge Vertreter der publizistischen Lehre« nicht wahrhaben wollen, gebe es »mehr Schnittstellen zwischen Journalismus und PR, als die landläufige Meinung zulässt«, so Heinz M. Fischer, der stolz darauf ist, an der Fachhochschule Joanneum in Graz den wohl ersten Studiengang Österreichs zu leiten, in den Journalismus und PR als Lehrangebot integriert sind. Andere, wie das Journalistische Seminar in Mainz, halten zwar viel davon, dass Journalisten darüber Bescheid wissen, wie PR (Public Relations) funktioniert, legen aber Wert darauf, die Trennung zwischen den Berufen bereits in der Ausbildung abzubilden. Das bedeutet nicht, dass den Studierenden beigebracht wird, sie sollten hochnäsig oder gar feindselig auf PR-Leute blicken, im Gegenteil.

Die Berufe ergänzen sich, manchmal ziehen sogar beide Seiten am selben Strang, wenn es darum geht, mürrische, den Medien nicht unbedingt wohlgesinnte Chefs eines Konzerns, einer Klinik oder eines Instituts davon zu überzeugen, dass eine journalistische Idee gut ist und die Institution sich dafür öffnen und Material und Zugänge gewähren sollte. Mit Zuckerbrot ist in der Tat meist mehr zu erreichen als mit der Peitsche. Das wissen auch die PR-Profis, die ein Interesse daran haben, ihren Arbeitgeber in gutes Licht zu rücken. So ist die Gratiszulieferung von Informationen die wirkungsmächtigste Methode, um den Journalismus zu beeinflussen. Dafür ist Öffentlichkeitsarbeit zuständig, neudeutsch: Public Relations (PR), Corporate Communication (CC) oder Kommunikationsmanagement. In den meisten Ländern Europas ist der PR-Sektor in den letzten Jahrzehnten rapide gewachsen. Pressestellen und -abteilungen für Unternehmenskommunikation wurden hochgerüstet, Redaktionen vielerorts dagegen ausgedünnt. Wohl nicht nur in den USA kommen inzwischen auf einen Journalisten vier bis fünf PR-Leute.

Imagepflege und öffentliche Aufmerksamkeit ist Unternehmen, Behörden und auch Non-Profit-Organisationen längst mehr wert, als Medienbetriebe aufbringen können, um Journalismus zu finanzieren. Selbst Häuser, die Wert auf journalistische Qualität legen, statt ihre Medien nur als Goldesel zu betrachten, tun sich schwer, ihre Redaktionen so auszustatten, dass sie sich noch der Flut der Medienmitteilungen erwehren können.

PR »wird vom Journalismus unabhängiger, während der Journalismus immer mehr in die Abhängigkeit von der PR gerät«, fassten John Lloyd und Laura Toogood bereits 2014 die Ergebnisse ihrer Studie für das Reuters Institute for the Study of Journalism in Oxford zusammen. Sie loteten aus, wie sich im digitalen Zeitalter das Verhältnis von Journalismus und PR verändert hat. Zwar brauche die PR den Journalismus weiterhin, um ihren Botschaften »von dritter Seite« Glaubwürdigkeit zu verleihen. Sie habe heutzutage aber auch andere, oftmals »mächtigere Bundesgenossen« im Kampf um die Kommunikationshoheit im öffentlichen Raum.

Lloyd und Toogood haben mit cirka 40 Kommunikationsprofis und Journalisten vor allem im angelsächsischen Raum Expertengespräche geführt. Ihre Gesprächsergebnisse geben einen spannenden Überblick, wie PR-Strategen Einfluss nehmen. Vor allem Suchmaschinen und eben die sozialen Netzwerke seien zu mächtigen neuen Kommunikationsinstrumenten geworden. Sie erlaubten es Unternehmen, Regierungsapparaten und Non-Profit-Organisationen, um Journalisten einen Bogen zu machen und direkt mit ihren Zielgruppen zu kommunizieren.

Wie das passiert, lehrt alle Beobachter das Gruseln, die sich um die Zukunft demokratischer Gesellschaften sorgen. Zwei besonders eindrückliche und schlüpfrige Beispiele dafür, wie Spindoktoren heutzutage den Journalismus zunächst umgehen und in den sozialen Netzwerken selbst Geschichten viral verbreiten, um dann durch die Hintertür doch in den Massenmedien aufzutauchen, nannte Jacob Harris, ein Softwarearchitekt der *New York Times*: Die US-Demokraten würden »mehr Pornographie konsumieren als die Republikaner«, vermeldete etwa das Porno-Webportal Pornhub. Oder: »Die Mexikaner und die Nigerianer sind im Sex am besten« – einem Ranking zufolge, das der Kondomhersteller Durex in Umlauf brachte. Solche Berichte platziere die PR-Branche gezielt, um ihren Kunden zu öffentlicher Aufmerksamkeit zu verhelfen. Vor allem Online-Medien griffen die Meldungen begierig auf, konstatierte Harris (2014): »Wenn du ein Reporter bei einem Nachrichten-Start-up bist, der beim Posten ununterbrochen für Nachschub sorgen muss, warum solltest du auf solche Stories verzichten? Alle sind glücklich, auch wenn die Daten nicht stimmen.«

Wenn die Mächtigen dieser Welt ihre Erfüllungsgehilfen, darunter ihre Trolle und Spindoktoren, strategisch einsetzen, aber Journalisten immer seltener halbwegs verlässlich den Wahrheitsgehalt von Botschaften, die im Netz zirkulieren, prüfen können, dann entstehen Parallelwelten und bizarre Facebook-Glaubensgemeinschaften.

Der rationale, auf Fakten bauende Diskurs hat dann kaum noch eine Chance, wie auch Forschungsergebnisse aus Italien bestätigen. Ein Forscherteam um Walter Quattrociocchi hat dort analysiert, wie sich Nonsens und Verschwörungstheorien im Vergleich zu halbwegs verlässlicher oder gar wissenschaftlich »geprüfter« Information in sozialen Netzwerken wie Facebook ausbreiten. Zu diesem Zweck untersuchten die Wissenschaftler einen Korpus von über 270.000 Postings auf 73 Facebook-Seiten. Das ernüchternde Fazit: Offenbar haben gegen gezielte oder geschrotete Desinformation jene Forscher und Journalisten kaum eine Chance, die altmodisch als Aufklärer unterwegs sind. Unfug wird schlichtweg schneller und intensiver »geliked« und »geshared« als seriöse Information.

Manche Redaktionen lagern journalistische Leistungen an freie Mitarbeiter aus, oft zu miserablen Konditionen. Diese haben kaum Zeit für Recherchen und nutzen deshalb vermehrt PR-Zulieferungen. Häufig bestreiten sie mit Öffentlichkeitsarbeit sogar ihren Lebensunterhalt, denn wer allein auf journalistische Honorare angewiesen ist, nagt schnell am Hungertuch. So durchdringen sich Journalismus und PR mehr und mehr, gelegentlich eben bis hin zur Unkenntlichkeit des Journalismus.

Noch größer wird das Gefälle zwischen PR und Journalismus, wenn man Ausbildungsniveau, Berufserfahrung und Gehälter miteinander vergleicht. Oftmals wechseln ja gerade erfahrene Journalistinnen und Journalisten auf die andere Seite. Bekannte Beispiele dafür sind die Regierungssprecher der Ampelkoalition, Steffen Hebestreit (früher DuMont Redaktionsgemeinschaft), Christiane Hoffmann (früher beim *Spiegel*) und Wolfgang Büchner (früher beim *Spiegel*, dpa, RND), oder Jörg Eigendorf (früher Chefreporter der *Welt*, der als Konzernsprecher zur Deutschen Bank wechselte). Die Liste ließe sich leicht fortsetzen.

Gelegentlich gab und gibt es Medienprofis, die nach Jahren intensiver PR-Tätigkeit in journalistische Positionen zurückkehren. Aufgrund ihrer vorangegangenen Tätigkeit sind sie eigentlich nicht mehr hinreichend unabhängig, jedenfalls nicht, wenn sie als Journalisten über ihren früheren Brötchengeber berichten. In der Politik gibt es immerhin Regelungen zu Karenzzeiten, in denen ehemalige Regierungsmitglieder nicht bei einem Unternehmen anfangen dürfen – für den Journalismus, der sonst schnell mit dem erhobenen Zeigefinger auf die anderen zeigt, ist davon nichts zu sehen.

Ungeachtet der eigenen Anfälligkeiten sind im Journalismus Misstrauen und Skepsis gegenüber der Öffentlichkeitsarbeit auch heute noch weitverbreitet.

Determiniert PR den Journalismus?

Die Kommunikationsforschung begann erst in den 1980er-Jahren, sich systematisch mit den Spielarten und dem Einfluss von Public Relations zu befassen. Barbara Baerns (1985) trieb als erste die Klärung solcher Fragen empirisch voran. Ihr wichtigstes Forschungsresultat lautete: Öffentlichkeitsarbeit hat Themen und Timing der Medienberichterstattung weitgehend unter Kontrolle. Knapp zwei Drittel aller Agenturmeldungen sowie aller Nachrichten in Zeitungen, Hörfunk- und Fernsehprogrammen basierten schon damals auf PR-Zulieferungen.

Die von den Nachrichtenagenturen weitergereichten Meldungen gingen außerdem zu rund 85 Prozent auf eine einzige Quelle zurück. Die Medien legten es in den seltensten Fällen offen, wenn sie Material aus der Öffentlichkeitsarbeit nutzten. Selbst Zeitungen mit viel redaktionellem Platz verschwiegen bei drei Viertel ihrer Nachrichten, auf welche PR-Quellen sie sich stützten. Journalistische Recherche finde kaum noch statt, so Baerns bereits 1985. Auch Nach- und Zusatzrecherchen sowie Leistungen der Stoffintegration seien im Redaktionsalltag zu vernachlässigende Größen.

Das alles ist, wie neuere Studien bestätigen, nicht besser geworden. Michael Haller konnte zeigen, dass sich bei drei norddeutschen Regionalzeitungen innerhalb von nur vier Jahren der Anteil der PR-Meldungen im Lokalteil massiv ausweitete. Auch Prominenten-Storys mit eindeutig kommerziellen Botschaften nahmen deutlich zu. Und spätestens seit den Lügengespinsten, die Präsident Bush über Saddam Husseins Zugriff auf Massenvernichtungswaffen oder Präsident Putin über faschistische Kriegstreiber in der Ukraine verbreiten ließen, ist klar, dass Regierungen Journalisten hemmungslos täuschen.

Die Kosten für das Erstellen von Nachrichten und von Recherche verlagern sich somit zusehends auf Träger der Öffentlichkeitsarbeit. Der amerikanische PR-Forscher Oscar H. Gandy Jr. sprach deshalb von *information subsidies*, von subventionierter Information. Mediennutzer durchschauen die starke Abhängigkeit der Redaktionen und ihrer Berichterstattung von solchen Quellen so gut wie gar nicht.

Allerdings sind die skizzierten Forschungsergebnisse zu relativieren. Folgestudien erhärteten, dass auch umgekehrt der Journalismus starken Einfluss ausübt. Die Medien prägen nämlich ihrerseits das Verhalten der PR-Zulieferer, so Günter Bentele (1997). Öffentlichkeitsarbeit ist demnach gerade dann »erfolgreich«, wenn sie sich mit ihren Pressemeldungen an den herrschenden Nachrichtenwerten orientiert (Kapitel 5 [130ff.]). In diesen wiederum drücken sich Vorgaben des Mediensystems aus.

Symbiose statt Determination?

Viele Medienforscher vertreten mittlerweile die These, Symbiose sei der Normalfall im Verhältnis zwischen PR und Journalismus. Dank der »neuen Unübersichtlichkeit« der Weltläufte sind Öffentlichkeitsarbeiter als Partner der Journalisten unentbehrlich geworden.

Viele Journalisten widersprechen dem allerdings heftig, weil dies mit ihrem Selbstverständnis und Selbstwertgefühl nicht in Einklang zu bringen ist. Ein Forscherteam um Thomas Koch verglich Journalisten und PR-Experten direkt als Berufsgruppen miteinander und zeigte, wie krass sich die Wahrnehmung unterscheidet. So empfanden nur rund ein Viertel der Journalisten die wechselseitige Beziehung als »eng« und knapp 40 Prozent von ihnen als »vertrauenswürdig«, während jeweils fast doppelt so viele PR-Praktiker diese Prädikate vergaben. Knapp 50 Prozent der PR-Experten glaubten realistischerweise, dass sie einen »großen Einfluss« auf journalistische Arbeit haben, aber nur knapp 20 Prozent der Journalisten wollten das wahrhaben. Nicht einmal ein Drittel der Journalisten konzedierte, dass ihre Arbeit »viel schwieriger« wäre ohne PR-Zulieferungen; diese Sichtweise bestätigten dagegen die befragten PR-Leute mit einer satten Zwei-Drittel-Mehrheit (Koch/Obermaier/Riesmeyer 2020). Man muss kein Verhaltensökonom oder Sozialpsychologe sein, um aus diesen Zahlen herauszulesen, wie miserabel es offenbar um die Selbsteinschätzung in beiden Berufsgruppen bestellt ist, wie sehr sie der Illusion frönen, »alles unter Kontrolle« zu haben, und wie systematisch sich vor allem Journalisten verkalkulieren, wenn sie den Einfluss von PR-Experten bewerten.

Daran knüpft nahtlos der frühere Kommunikationschef von Porsche, Anton Hunger, an, der selbst auch jahrelang als Wirtschaftsjournalist gearbeitet hat. Die »Crux am PR-Job« sei es, dass »diejenigen, die berufsmäßig Pressesprecher kontaktieren«, Beeinflussungsversuche ganz und gar nicht mögen. »Sie sind ja die Helden der vierten Gewalt, unterliegen der Wahnvorstellung einer vorurteilslosen Aufklärung und ignorieren dabei geflissentlich ihre eigene Selbstüberhöhung in diesem Geschäft«, so Hunger. Schlimm ist es, wenn Journalisten noch nicht einmal mehr merken, wie sehr ihre Kommunikation durch Zulieferungen und Dauerberieselung ferngesteuert wird. Tim Röhn von der *Welt* schaudert es, wenn Berufskollegen in der Corona-Krise »sich dazu berufen fühlten, die Kritik als Unsinn abzustempeln und als Verteidiger der Mächtigen einzutreten, sie gegen jeden Zweifel und jede Skepsis zu verteidigen, als wären sie ihre PR-Manager« (zit.n. Bartl 2021). PR-Experten beobachten, beeinflussen und kontrollieren sich allerdings auch gegenseitig. So reagiert die Presseabteilung der SPD fast schon reflexartig auf Verlautbarungen der CDU, und natürlich registriert die Volkswagen AG im Abgasskandal sehr sorgfältig, welche öffentlichkeitswirksamen Aktivitäten Daimler, Greenpeace oder amerikanische und europäische Regulierungsbehörden entfalten. Die Redaktionen brauchen also gar nicht derartig weitreichende Kapazitäten, um jede Medienmitteilung zu überprüfen. Teilweise besorgen dies die Kommunikationsabteilungen der jeweiligen Wettbewerber. So reduziert sich das Problem der Einflussnahme auf Journalismus ein wenig. Es gibt jedoch große

Asymmetrien in der Ausstattung und Macht von PR-Abteilungen. Manche Organisationen wie Amnesty International, der Tierschutzbund oder das Rote Kreuz stoßen allerdings bei Journalisten auch auf viel Sympathie und behaupten sich so mitunter als kleine Davids erfolgreich gegenüber den Giganten der Pharma- oder Autoindustrie.

Für das Zusammenspiel zwischen Öffentlichkeitsarbeitern und Journalisten gilt, was der Soziologe Niklas Luhmann (1973) den »entlastenden Effekt von Vertrauen« genannt hat: Journalisten konnten sich lange Zeit insoweit auf PR-Profis verlassen, als diese selten die blanke Unwahrheit verbreiteten. Wer dies versuchte und Journalisten »linkte«, gefährdete seine Karriere, weil ihm keiner mehr traute, nachdem er erwischt worden war. Inzwischen haben wir dank der Netzwerke im Internet einen Zustand erreicht, in dem sich ganz offensichtlich auch das Verbreiten von blanker Propaganda und Desinformation auszahlen kann – vor allem, wenn Akteure wie Wladimir Putin, Recep Erdoğan oder Xi Jinping die Medien in ihrem eigenen Land kontrollieren und über Heerscharen von Spindoktoren und Trolle auch international beharrlich absurde Falschmeldungen weiterverbreiten lassen.

Für die Funktionsfähigkeit der Demokratie wäre es wichtig, dass im Bedarfsfall genügend journalistische Recherchekapazität bereitsteht, um die Kritik- und Kontrollfunktion der Medien wahrzunehmen und gut organisierter Propaganda Paroli bieten zu können. Spektakuläre »Aufklärungserfolge«, wie sie die Medien hin und wieder erzielten, bestätigen dies, so z. B. mehrfach der *Guardian* beim Skandal um die Hacking-Aktivitäten des Boulevardblatts *News of the World* oder bei der Aufklärung der flächendeckenden Überwachung vonseiten der NSA und anderer Geheimdienste.

Die Kommunikationsforscher Henrike Barth und Wolfgang Donsbach (1992) belegten am Beispiel von Umweltthemen, dass Journalisten in der Routineberichterstattung häufig den Verlautbarungen der Pressestellen folgen. Dagegen gäben sie in Krisensituationen deutlich seltener die »zentrale Botschaft« der Veranstalter von Pressekonferenzen ungefiltert in den Medien wieder. In Krisen tendiert PR obendrein zu Panikreaktionen: Sie mutiert dann häufig zur Öffentlichkeits-Verhinderungsarbeit und versagt, indem sie zu »übersteuern« versucht und gerade deshalb leerläuft. Öffentlichkeitsarbeit macht somit eher in der von Kooperation geprägten Alltagsroutine als unter den Bedingungen konflikthaften »Ausnahmezustands« ihren eigentlichen Einfluss geltend.

Entscheidungsträger antizipieren andererseits journalistische Recherchen. Sie beziehen sie, ähnlich wie Ermittlungen des Rechnungshofes oder

der Staatsanwaltschaft, als Möglichkeit in ihr Entscheidungskalkül mit ein. Dies wiederum hilft, so manchen Fehltritt und Korruptionsskandal zu verhindern. Es gibt also einen fortdauernden Machtkampf zwischen PR und Journalismus. Öffnen Redaktionen zu weit die Schleusen für PR-Botschaften, unterminiert das nicht nur die journalistische Glaubwürdigkeit, sondern untergräbt auch ihre Finanzierungsbasis: Zum einen nimmt die Zahlungsbereitschaft der Rezipienten bei schlechter journalistischer Qualität ab. Zum anderen versuchen Werbetreibende, ihre Botschaften billiger und glaubwürdiger über PR und damit über redaktionelle Angebote an ihre Publika heranzutragen, statt mit teuren Anzeigen Journalismus quer zu finanzieren.

Letztlich ging es beim Zusammenspiel von Journalismus und Öffentlichkeitsarbeit bisher um reelle Tauschakte in der »Aufmerksamkeitsökonomie« – sozusagen um ein marktwirtschaftliches Bilderbuchgeschäft, bei dem sich beide Seiten besserstellen. Die PR-Seite offeriert Informationen mit Nachrichtenwert. Die Gegenleistung des Journalismus ist ebenfalls immateriell und trotzdem viel Geld wert, denn sie besteht aus einem besonders knappen Gut: Die Medien verleihen öffentliche Aufmerksamkeit. Sie bringen damit einen eigenen, neuen Wirtschaftskreislauf in Gang, so Georg Franck (1998).

Das setzt allerdings voraus, dass Journalismus Aufmerksamkeit nicht meistbietend versteigert, sondern sie unbestechlich nach den eigenen professionellen Kriterien zuteilt. Um dies zu leisten, muss er mit hinreichender eigener Recherchekapazität agieren können – und nicht in Abhängigkeit davon, wie umfangreich und gut die PR-Zulieferungen sind. Tut er das nicht, entstehen »externe Effekte«: Betrogen werden die Publika, denen die Medien vorgaukeln, sie lieferten hochwertigen Journalismus, während sie in Wirklichkeit »billige« PR weiterverwerten.

Das Zusammenspiel von Journalismus und PR lässt sich im Rahmen eines Marktmodells betrachten: Es gibt Angebot und Nachfrage, Wettbewerb und Konkurrenzsituationen sowohl zwischen verschiedenen Redaktionen als auch zwischen den unterschiedlichsten PR-Abteilungen und -Agenturen. Es gibt auch auf den PR- und Nachrichtenmärkten Einzelkämpfer und Allianzen sowie Ungleichgewichte und Vermachtungstendenzen bis hin zur Oligopol- und Monopolbildung. Allerdings unterscheidet sich die »Ware« Information und die »Dienstleistung« medialer Aufmerksamkeitsgewährung von anderen Produkten und Serviceangeboten durch ganz spezifische Eigenheiten.

Lothar Rolke hat mit seiner Formel von der »antagonistischen Partnerschaft« die delikate Beziehung zwischen PR und Journalismus zutreffend beschrieben. Der tatsächliche Einfluss von PR bleibt dabei trotz anerkennenswerter Forschungsanstrengungen nur schwer bestimmbar – auch weil die beteiligten Akteure nicht immer rational, sondern, wie verhaltensökonomische Studien inzwischen vielfach belegen, mitunter auch »berechenbar irrational« agieren (Ariely 2008).

Neu zur Öffentlichkeitsarbeit hinzugekommen sind mit den sozialen Netzwerken die Influencer. Das sind Akteure, die bei Facebook, Instagram und TikTok große Follower-Scharen um sich versammeln und damit nicht nur herkömmlichen Medien Konkurrenz machen, sondern diese gelegentlich auch zur Berichterstattung animieren: Nicht nur in der Modebranche, auch in der Politik sind solche Figuren einflussreich geworden: Der YouTuber Rezo (mehr als eine Million Abonnenten) hat die CDU das Fürchten gelehrt, aber auch Klimaaktivistinnen wie Luisa Neubauer (mehr als 400.000 Follower auf Instagram) umgehen in den sozialen Netzwerken die klassischen Medien und umgarnen sie zugleich.

Fassen wir zusammen: Öffentlichkeitsarbeit ist im öffentlichen Diskurs allgegenwärtig. Sie bestimmt weit mehr die redaktionellen Inhalte, als dies Medienpolitiker, Werbetreibende oder sogar die Eigentümer der Medien tun. Andererseits ist Öffentlichkeitsarbeit weithin »unsichtbar« geblieben. Ein Indiz für ihren Einfluss könnte gerade darin zu sehen sein, dass bisher eine öffentliche Diskussion über PR kaum stattgefunden hat. Die Qualität von Journalismus wird künftig nicht mehr davon abhängen, ob sich die Macht der Öffentlichkeitsarbeit im Nachrichtengeschäft zurückdrängen lässt. Wenigstens sollte sie aber den Publika gegenüber offengelegt werden.

11.4 Publika und soziale Netzwerke

Obschon die Rezipienten direkt nur wenig oder gar nichts für Medienprodukte bezahlen, beeinflussen sie auf subtile Weise die Redaktionen. Sie sind es, die mit der Fernbedienung, einer Wischbewegung auf dem Smartphone oder bei der Abstimmung am Kiosk über Wohl und Wehe von Medienangeboten entscheiden.

Wer am Publikumsgeschmack vorbei produziert, ist auf die Dauer nicht lebensfähig. Dieser Mechanismus limitiert sowohl den Einfluss der Eigentümer als auch der Journalistinnen und Journalisten auf die inhaltliche Ausrichtung ihrer Medienprodukte. Wer seine Medien missionarisch für politische Zwecke einspannt, verliert damit oftmals an Publikumsgunst. Ein Lehrstück hierfür ist die sehr unterschiedliche Entwicklung der Häuser Springer und Bertelsmann. Während sich Springer stets auch politisch positioniert hat, hat Bertelsmann versucht, möglichst viel Geld zu verdienen und ist damit viel schneller gewachsen als die Konkurrenz.

Dank des Internets können sich Rezipienten Gehör verschaffen; als Aktivisten in sozialen Netzwerken, Blogger oder Bürgerjournalisten werden sie vielfach zu Medienkritikern und zur Gegenmacht, aber auch zu Nachrichtenlieferanten und direkten Wettbewerbern der Profi-Journalisten. Anders als bei Politikern, Werbetreibenden und PR-Leuten sind die Publika allerdings die direkten Adressaten journalistischer Arbeit. Egal, ob man sie im Rahmen eines Marktmodells als Kunden oder aus demokratietheoretischer Perspektive als Staatsbürger begreift, sind sie allemal der »Souverän«, dem Journalismus zuvörderst dienen sollte.

So ist es im Prinzip erfreulich, wenn die Rezipienten Einfluss auf den Journalismus gewinnen. Zu hoffen bleibt allerdings, dass sie in den Kommentarspalten und in den sozialen Netzwerken zu einem zivilisierten Umgangston zurückfinden. Wünschenswert wäre ferner, dass die Rezipienten ihren Einfluss auch in Form von Zahlungsbereitschaft geltend machen. Solange es bei zu vielen Menschen an dieser Einsicht oder diesem Willen fehlt, droht der Journalismus aus Ressourcenmangel im Bermudadreieck zu verschwinden (vgl. Kapitel 1 [17ff.]).

Literaturtipps

Altmeppen, Klaus-Dieter et al. (Hrsg.) (2004): *Schwierige Verhältnisse. Interdependenzen zwischen Journalismus und PR.* Wiesbaden: VS

Hunger, Anton (2014): *Die Wahrheit liegt auf dem Platz. Journalisten und PR-Leute inszenieren gemeinsam die mediale Welt – auch wenn sie ihre gegenseitige Abneigung lustvoll pflegen.* Salzburg: Edition Oberauer

Lloyd, John; Toogood, Laura (2014): *Journalism and PR. News Media in the Digital Age.* London: I.B. Tauris & Co.

Ruß-Mohl, Stephan (2014): Die antagonistische Partnerschaft auf dem Prüfstand. (Verhaltens-)Ökonomische Erkundungen zum Verhältnis von Journalisten und PR-Experten. In: *prmagazin* Nr. 6/2014, S. 58–63

12. Medienrecht

Grundsätzlich bedarf der Journalismus zweier Regelungssysteme: des Rechts und der Ethik. Beide prägen – teils sich überlappend, teils sich ergänzend – die alltägliche Redaktionsarbeit.

Presse- und Meinungsfreiheit gehören zu den Errungenschaften der bürgerlichen Revolution. Durch das Grundgesetz sind die Informationsfreiheit und die Rundfunkfreiheit verfassungsrechtlich gewährleistet. Diese sogenannten Kommunikationsgrundrechte sind Grundvoraussetzungen für eine funktionsfähige Demokratie – oder, wie es das Bundesverfassungsgericht ausdrückt, für die freiheitlich demokratische Grundordnung schlechthin konstituierend. In Deutschland, Österreich und der Schweiz sind diese Freiheiten als Grundrechte in der Verfassung festgeschrieben (Abb. 44).

Grundgesetz Artikel 5	
(1)	Jeder hat das Recht, seine Meinung in Wort, Schrift und Bild frei zu äußern und zu verbreiten und sich aus allgemein zugänglichen Quellen ungehindert zu unterrichten. Die Pressefreiheit und die Freiheit der Berichterstattung durch Rundfunk und Film werden gewährleistet. Eine Zensur findet nicht statt.
(2)	Diese Rechte finden ihre Schranken in den Vorschriften der allgemeinen Gesetze, den gesetzlichen Bestimmungen zum Schutze der Jugend und in dem Recht der persönlichen Ehre.
(3)	Kunst und Wissenschaft, Forschung und Lehre sind frei. Die Freiheit der Lehre entbindet nicht von der Treue zur Verfassung.

Abb. 44: Höchste Rechtsgüter: Presse-, Rundfunk-, Meinungs- und Informationsfreiheit

Der sachliche Schutzbereich der Pressefreiheit ist weit zu verstehen; er erstreckt sich von der Recherche bis zur Verbreitung der Nachricht und Meinung. Ebenso ist der Vertriebsweg selbst geschützt, auch das Pressegrosso, also der Vertrieb der Presseprodukte durch selbstständige Unternehmen. Ohne zuverlässigen Weg zum Endverbraucher liefe der Schutz des Pressewesens leer.

Die Pressefreiheit umfasst das Redaktionsgeheimnis ebenso wie den Schutz der Informationsquelle als Grundlage der journalistischen Arbeit. Die Rundfunkfreiheit hat den gleichen Umfang wie die Pressefreiheit, reicht also von der Recherche bis zur Ausstrahlung der Nachricht und Meinung. Damit ist der rechtliche Rahmen weit gesteckt. Einschränkungen der Presse-, Rundfunk- und Meinungsfreiheit sind nur denkbar, wenn ihre Ausübung in Konflikt mit den »allgemeinen Gesetzen« oder den gesetzlichen Bestimmungen zum Schutze der Jugend oder dem Recht der persönlichen Ehre geraten.

Die wichtigste Schranke für die Kommunikationsgrundrechte bilden die »allgemeinen Gesetze«. Darunter sind nur solche Bestimmungen zu verstehen, die sich nicht gegen die Meinungsfreiheit, die Pressefreiheit oder die Rundfunkfreiheit an sich oder gegen die Äußerung einer bestimmten Meinung richten, sondern vielmehr dem Schutz eines schlechthin, ohne Rücksicht auf eine bestimmte Meinung, zu schützenden Rechtsguts dienen, wie etwa dem Persönlichkeitsrecht oder der Menschenwürde. Als Ausnahme erkennt das Bundesverfassungsgericht nur Vorschriften an, die darauf zielen, eine propagandistische Affirmation der nationalsozialistischen Gewalt- und Willkürherrschaft zwischen den Jahren 1933 und 1945 zu verhindern.

Bei der Einschränkung der Kommunikationsgrundrechte gelten für den Gesetzgeber und den Rechtsanwender wiederum Schranken, die sogenannten Schranken-Schranken. Dazu zählt insbesondere der Grundsatz der Verhältnismäßigkeit, wonach Eingriffshandeln des Staates die Anforderungen der Eignung, Erforderlichkeit und Angemessenheit erfüllen muss. Im Rahmen der Angemessenheit erfolgt die eigentliche Abwägung der betroffenen Rechtsgüter.

Im Zusammenhang mit der Abwägung im konkreten Einzelfall geht das Bundesverfassungsgericht davon aus, dass im Zweifel der freien Rede und damit der Meinungs-, Presse- bzw. Rundfunkfreiheit Vorrang gebührt. Diese Vermutung bedeutet aber keine Vorfestlegung zu Lasten des allgemeinen Persönlichkeitsrechts, wenn dieses, wie in zahlreichen Fällen, in Konflikt mit den Kommunikationsgrundrechten gerät. Vielmehr zielt sie darauf ab, der Meinungsfreiheit dann zur Durchsetzung zu verhelfen, wenn es sich bei einer Äußerung um einen Beitrag zur öffentlichen Meinungsbildung in einer die Öffentlichkeit wesentlich berührenden Frage handelt.

Abgesehen von diesen wenigen Begrenzungen können Redaktionen drucken, posten und senden, was sie wollen, ohne dass Gesetzgeber oder Behörden eingreifen würden. Zwar verpflichten die Pressegesetze Journalisten auf Faktenprüfung und Wahrhaftigkeit. »Wahrheit der Berichterstattung« lässt sich aber kaum durch Rechtsvorschriften erzwingen. Rechtliche Überprüfungen finden, wenn überhaupt, nur nach einer Veröffentlichung statt und entfalten somit nur noch eingeschränkt Wirkung. Eine Vorabzensur ist verfassungsrechtlich untersagt.

Trotzdem sind Presse- und Rundfunkfreiheit immer wieder gefährdet und müssen stets neu erkämpft werden. Einschüchterungsmanöver von Rechtsanwälten sowie von staatlichen Instanzen, zumal von Geheimdiensten, nehmen zu: In Großbritannien erzwang die Regierung die Zerstörung des Computers, auf dem der *Guardian* geheime Dokumente von Edward Snowden gespeichert hatte. Das Gehäuse des Rechners lässt sich heute in einem Museum besichtigen. Und in Deutschland ermittelte Generalbundesanwalt Harald Range gegen die Blogger von netzpolitik.org wegen Landesverrats. Sein Versuch, mit Kanonen auf Spatzen zu schießen und die Pressefreiheit zu unterminieren, endete allerdings mit seiner Entlassung.

Ein größer werdendes Problem für die Presse- und Rundfunkfreiheit in liberalen Demokratien sind militante Bürger. Oft ist es gar nicht unbedingt der Staat, der den Journalistinnen und Journalisten das Leben schwer macht, es sind radikalisierte Demo-Teilnehmer, Neonazis und Internet-Trolle. Persönliche Bedrohungen und Angriffe nähmen zu, beklagen Journalistenorganisationen. Teilweise werden Reporter nun von Sicherheitskräften begleitet, wenn sie von einer Demonstration berichten. Die Organisation »Reporter ohne Grenzen«, die Länderrankings zum Stand der Pressefreiheit erstellt, hat Deutschland seit dem Jahr 2021 von der Spitzengruppe auf einen seither nur noch befriedigenden Platz zurückgestuft. In diesem Zusammenhang spielt die Schutzpflicht des Staates für die Presse- und Rundfunkfreiheit eine wichtige Rolle. Danach sind der Gesetzgeber und die Exekutive, also etwa die Polizei, verfassungsrechtlich gehalten, sich schützend und fördernd vor die Presse- und die Rundfunkfreiheit zu stellen und die ungestörte Arbeit der Journalistinnen und Journalisten zu gewährleisten.

In der Regel lassen sich Journalisten nicht leicht einschüchtern, zu ihrem Ethos gehört es, Widerstände auszuhalten. Aber das bedeutet natürlich nicht, dass sie Helden sein müssen, und manche Bedrohungen sollten auch nicht auf die leichte Schulter genommen werden.

Redaktionen legen Wert darauf, sich von niemandem vorschreiben zu lassen, wie und worüber sie berichten. Ganz so einfach ist das in der Praxis allerdings nicht. Mehr als ein Wörtchen mitzureden haben bei der Ausgestaltung journalistischer Unabhängigkeit immerhin die Eigentümer eines Medienunternehmens. »Wer zahlt, schafft an«; diese Lebensweisheit gilt auch im Journalismus, allerdings mit Einschränkungen. Die Kapitalvertreter, also bei privatwirtschaftlichen Medien entweder der klassische Verleger, der Inhaber des Rundfunkunternehmens oder das Management, das treuhänderisch im Auftrag der Eigentümer handelt, haben de jure nur begrenzten Einfluss aufs redaktionelle Alltagsgeschäft. Allerdings sieht der im deutschen Presserecht garantierte Tendenzschutz vor, dass sie die redaktionelle Grundlinie bestimmen können. Im Kern üben die Eigentümer, ähnlich den pluralistisch besetzten Aufsichtsgremien im öffentlich-rechtlichen Rundfunk, denen nur im begrenzten Maß, nämlich höchstens ein Drittel, dem Staat und den Parteien zuzurechnende Mitglieder angehören dürfen, jedoch über Personalpolitik viel Einfluss auf die Redaktion aus: Wer Chefredakteure beruft und auswechselt, kontrolliert so auch tendenziell die Inhalte.

Auch Betroffene, denen durch unlauteren, nicht wahrheitsgemäßen Journalismus materieller oder immaterieller Schaden entsteht, können sich wehren. Wer sich etwa in seinem allgemeinen Persönlichkeitsrecht durch Medienberichte verletzt fühlt, hat unter bestimmten Voraussetzungen die Möglichkeit, das Gegendarstellungsrecht zu beanspruchen, für die Zukunft die Unterlassung von Aussagen oder Bildveröffentlichungen zu verlangen oder auf Schadenersatz zu klagen.

Medienrecht ist im föderalistischen System Deutschlands Ländersache, viele Fragen sind in den Landespresse- bzw. Landesmediengesetzen, die inhaltlich weitgehend übereinstimmen, und, soweit es um elektronische Medien geht, im gemeinsamen Medienstaatsvertrag der Länder geregelt. Weitere, besonders wichtige bundeseinheitliche Vorgaben finden sich im Bürgerlichen Gesetzbuch sowie im Strafgesetzbuch. Diese Bestimmungen sollten Journalisten kennen.

12.1 Gegendarstellung

Das in den Landespresse- bzw. Landesmediengesetzen geregelte Gegendarstellungsrecht dient dem Schutz des Persönlichkeitsrechts der von Berichterstattung Betroffenen und soll es ihnen ermöglichen, Beiträgen zu entgegnen, die aus ihrer Sicht falsche Tatsachenbehauptungen enthalten. Das Gegendarstellungsrecht bezieht sich also allein auf Tatsachenbehauptungen, nicht aber auf Meinungen und Werturteile (Dörr/Schwartmann 2019, Rn. 347; Löffler 2015, § 11 LPG Rn. 88ff.).

Es sind allerdings bestimmte Voraussetzungen zu erfüllen, damit eine Gegendarstellung zwingend veröffentlicht werden muss: Nur ein unmittelbar Betroffener kann den Anspruch geltend machen. Er muss die Gegendarstellung persönlich unterzeichnen. Es genügt also nicht, dass der Rechtsanwalt unterschreibt. Er wird aber gleichwohl meist eingeschaltet, um die Formalia zu erfüllen und um zu verhindern, dass die Redaktion die Gegendarstellung ablehnt und der Publikationsanspruch gerichtlich durchgesetzt werden muss.

Die Gegendarstellung muss sich ihrerseits auf tatsächliche Angaben beschränken. Zudem muss sie sich auf die Tatsachenbehauptung, gegen die sie sich richtet, beziehen, und dieser entgegentreten bzw. diese ergänzen (Löffler 2015, § 11 LPG Rn. 120ff. u. 126ff.).

Erfüllen Form und Inhalt die gesetzlichen Voraussetzungen, kommt die Redaktion nicht darum herum, die Gegendarstellung zu publizieren, ohne dass irgendeine Instanz über deren Wahrheitsgehalt zu befinden hätte. Die Redaktion darf den Text auch nicht eigenmächtig verändern. Sie hat indes die Möglichkeit, mit einem sogenannten »Redaktionsschwanz« ihre Sicht zu bekräftigen, wenn sie die Gegendarstellung für unwahr hält. Diese Stellungnahme darf ebenfalls nur Tatsachenbehauptungen enthalten und nicht durch ihren Umfang die Gegendarstellung selbst entwerten (Löffler 2015, § 11 LPG Rn. 162).

Abb. 45: Gegendarstellung: oftmals ein stumpfes Schwert
(Quelle: *Bunte* v. 18.6.1995)

Prinzessin Caroline von Monaco und ihr Anwalt Matthias Prinz erstritten erstmals, dass eine Illustrierte auf ihrer Titelseite eine Gegendarstellung drucken musste. Allerdings kann der Redaktion niemand verwehren, damit kreativ umzugehen und die Gegendarstellung in eine neue verkaufsfördernde Titelstory einzubauen, wie das beispielsweise die *Bunte* in einer weiteren Auseinandersetzung mit der monegassischen Prinzessin getan hat (Abb. 45).

Manchmal wirkt der Inhalt eines Pressestreits geradezu kurios. So erwirkte der Medienanwalt Christian Schertz eine Gegendarstellung gegen einen Artikel des *Manager Magazins* (November 2021), in dem behauptet worden war, der bekannte Jurist trage einen »Walter-Ulbricht-Bart« und schließe sein Hemd gelegentlich erst ab dem vierten Knopf. Schertz war es wichtig, per Gegendarstellung klarzustellen, dass er einen »Vollbart« trage. Zudem sei sein Hemd immer nur bis zum zweiten Knopf geöffnet.

Eine Gegendarstellung ist für Außenstehende nicht per se überzeugend und zwingend. Sie kann auf denjenigen zurückfallen, der sie anstrengt. Sie nährt also keineswegs nur Zweifel an der Glaubwürdigkeit der attackierten Redaktion. Obendrein wird diese verärgert, obschon man sie oftmals weiterhin als Kooperationspartner braucht. Deshalb verzichten PR-Profis oft auf Gegendarstellungen, selbst wenn sie sachlich gerechtfertigt wären. Sie verhindern damit, dass ein für ihren Auftraggeber negativer Tatbestand erneut ans Licht der Öffentlichkeit gezerrt wird.

Erfahrene Öffentlichkeitsarbeiter nutzen andere Möglichkeiten, um Dinge zurechtzurücken – auch um den Preis, dass das Publikum unaufgeklärt bleibt und die andere Version der »Wahrheit« gar nicht erfährt. Das Pochen auf einer Gegendarstellung hat vor allem dann einen Sinn, wenn man unbedingt im öffentlichen Gespräch bleiben möchte (Baerns 1997).

Bei der Gegendarstellung gilt der Grundsatz der Waffengleichheit, das heißt gleiche Größe, Schrift und Position wie bei der Ausgangsmitteilung. Ein Nachteil aber bleibt: Es steht Aussage gegen Aussage, ohne dass geklärt wird, welche Seite recht hat (es sei denn die Redaktion räumt im »Redaktionsschwanz« ein, dass sie einen Fehler gemacht hat). Deshalb ist die Gegendarstellung auch nur eine Art »Erste Hilfe«, die der Gesetzgeber vorgesehen hat – ein ergänzender Abwehranspruch neben den eigentlichen Rechtsvorschriften, auf die sich Betroffene stützen können, um ihre Rechte zu wahren. Die Gegendarstellung ist nicht mit einer Berichtigung zu verwechseln.

12.2 Berichtigung, Widerruf, Unterlassung und Schadensersatz

Werden in einer Veröffentlichung Tatsachenbehauptungen aufgestellt, die sich als unwahr erweisen und Persönlichkeitsrechte des Betroffenen beeinträchtigen, kann dieser nach § 823 des Bürgerlichen Gesetzbuchs (BGB) in Verbindung mit § 1004 BGB von demjenigen, der für die beanstandete Veröffentlichung verantwortlich ist, also dem Medienunternehmer, Berichtigung bzw. Widerruf verlangen. Auch dieser Anspruch ist nur gegen Tatsachenbehauptungen möglich. Der Betroffene hat die Beweislast dafür, dass die in der Veröffentlichung aufgestellte Tatsachenbehauptung unwahr ist (zu den Voraussetzungen im Einzelnen Löffler 2015, § 6 Rn. 286ff.). Droht die Wiederholung einer unwahren Tatsachenbehauptung, steht dem Betroffenen ein Unterlassungsanspruch zu. Er besteht zudem nicht nur gegen unwahre Tatsachenbehauptungen, sondern auch gegen Werturteile, wenn diese Rechte des Betroffenen, etwa das allgemeine Persönlichkeitsrecht, in rechtswidriger Weise beeinträchtigen, etwa im Falle der Schmähkritik (zu den Voraussetzungen im Einzelnen Löffler 2015, § 6 Rn. 260ff.).

Darüber hinaus kommen Ansprüche auf Schadensersatz in Betracht, wobei zwischen materiellen und immateriellen Schäden zu unterscheiden ist. Materielle Schäden können etwa durch eine rechtswidrige Berichterstattung über ein Unternehmen entstehen. Ein Beispiel ist die von *Focus* (v. 16.1.1995) in Umlauf gebrachte Schlagzeile: »Exklusiv – Hamburger Privatbank in Not. Kunden zittern um ihr Geld.« Die Behauptung, die Mody Bank stehe kurz vor der Pleite, erwies sich als Selffulfilling Prophecy; die Bankkunden kündigten noch am selben Tag scharenweise ihre Einlagen und hoben elf Millionen Mark von ihren Konten ab. Die Bank wurde zahlungsunfähig (Wanckel 2002). Allerdings wurde die daraus resultierende Prozess-Serie vom Bundesgerichtshof zugunsten der Pressefreiheit entschieden. In einem Urteil des Hanseatischen Oberlandesgerichtes wurden einige Grundsätze hervorgehoben, wie Journalisten mit Gerüchten und Verdachtsmomenten umzugehen haben:

- Unternehmen müssen sich öffentliche Kritik an ihrer wirtschaftlichen Situation gefallen lassen, wenn sich daraus Gefahren für Verbraucher ergeben, auch wenn dies geschäftsschädigend sein kann. Die Grenze des Zulässigen ist erst bei bewussten Fehlurteilen und Verzerrungen erreicht.
- Die Anforderungen an die Prüfung des Wahrheitsgehaltes von Informationen steigen mit dem Umfang des Schadens, der durch die Verbreitung der Meldung voraussichtlich eintritt. Deshalb müssen sich

Journalisten ernsthaft bemühen, ihnen zugetragene Informationen zu verifizieren.

- Die Recherchen müssen so dokumentiert werden, dass sie »gerichtsfest« sind, also der Beweis der Richtigkeit mittels Zeugen, Dokumenten und sonstigen Aufzeichnungen geführt werden kann (Wanckel 2002: 93).

Seit der sogenannten »Herrenreiter-Entscheidung« des Bundesgerichtshofs (BGHZ 26, 349, 354ff.) und der Soraya-Entscheidung des Bundesverfassungsgerichts (BVerfGE 34, 269, 279ff. – Soraya) ist anerkannt, dass im Falle schwerer Persönlichkeitsverletzungen und einem Verschulden des Schädigers entgegen dem Wortlaut des § 253 BGB ein Anspruch auf Entschädigung in Geld (früher Schmerzensgeld) besteht. Ob eine schwerwiegende Verletzung des Persönlichkeitsrechts gegeben ist, hängt insbesondere von der Bedeutung und Tragweite des Eingriffs, von Anlass und Beweggrund des Schädigers sowie von dem Grad seines Verschuldens ab (zu den Einzelheiten vgl. Löffler 2015, § 6 LPG Rn. 332ff.).

In den letzten Jahrzehnten ist es gelungen, dem Persönlichkeitsschutz bei schwerwiegenden Verletzungen stärker als früher zur Geltung zu verhelfen. So erreichte etwa der Hamburger Medienanwalt Matthias Prinz wiederholt, dass seine meist prominenten Mandanten hohe Entschädigungen für immaterielle Nachteile zugesprochen bekamen (eingehend zur Höhe der Entschädigung Löffler 2016, § 6 LPG Rn. 341). Das ist im Blick auf die erhöhten Risiken, die Medienunternehmen eingehen, wenn sie leichtfertig das Persönlichkeitsrecht schwerwiegend verletzen, eine erfreuliche Entwicklung. Früher waren die Ersatzleistungen so niedrig bemessen, dass die Konzerne sie aus der Portokasse finanzierten und durch erhöhte Verkaufsauflagen oder Einschaltquoten locker hereinspielten.

Andererseits ist die Frage nach der Gerechtigkeit aufgeworfen. Opfer von Verkehrsunfällen oder ärztlichen Kunstfehlern, die lebenslänglich schwere gesundheitliche Beeinträchtigungen erleiden, erhalten häufig weit geringeren Schadensersatz zugesprochen als Prinz Ernst August oder das monegassische Fürstenhaus für den seelischen »Schaden«, der ihnen durch einen maliziösen Pressebericht oder die unerlaubte Publikation eines Paparazzo-Fotos entstanden sein mag.

12.3 Strafrechtliche Regelungen

Auch Medienschaffende stehen nicht nur unter dem Einfluss des Zivilrechts, sondern müssen sich auch an die Vorgaben des materiellen Strafrechts halten (Dörr/Schwartmann 2019 Rn. 354ff.).

Zu den wichtigen der im Strafgesetzbuch (StGB) verstreuten Vorschriften, die für Medienschaffende Relevanz haben, zählen zunächst die Verbote, Schriften, Ton und Bildträger oder Abbildungen zu verbreiten, die insgesamt den demokratischen Rechtsstaat beschädigen (§§ 86, 86a StGB; §§ 130 Abs. 2, 4, 130a, 131 StGB). In der Verantwortung stehen dabei außer den einzelnen Verursachern unter bestimmten Umständen auch der Anbieter, in der Presse, also auch der Verleger oder der verantwortliche Redakteur, und im Bereich der neuen Medien der Diensteanbieter.

Zentrale Bedeutung haben zudem die Vorschriften zum Schutz der Ehre (§§ 185 ff. StGB) anderer, also die Beleidigungstatbestände. Bei ihrer Anwendung müssen die Strafgerichte aber stets die Bedeutung der Meinungs-, Presse- und Rundfunkfreiheit berücksichtigen, sie also im Lichte der Bedeutung dieser für die Demokratie schlechthin konstituierenden Grundrechte auslegen und anwenden.

Schließlich dürfen laut Strafgesetzbuch (StGB)

- nicht-öffentlich gesprochene Worte weder abgehört noch auf Tonträgern aufgezeichnet werden (§ 201 StGB);
- Bildaufnahmen von Personen, die sich in Wohnungen oder in sonstigen gegen Einblicke geschützten Räumen befinden, nicht unbefugt hergestellt oder verbreitet werden, wenn dadurch der höchstpersönliche Lebensbereich verletzt wird (§ 201c StGB);
- verschlossene Schriftstücke nicht geöffnet und auch keine technischen Mittel eingesetzt werden, um unbefugt von deren Inhalt Kenntnis zu erlangen (§ 202 StGB);
- elektronisch gespeicherte Daten nicht ausgespäht werden;
- Privatgeheimnisse nicht ausgeplaudert werden, egal ob sie Ärzten, Apothekern, Psychologen oder Pflegern, aber auch Rechtsanwälten, Steuerberatern oder Wirtschaftsprüfern anvertraut wurden. Dasselbe gilt auch für Ehe-, Erziehungs- oder Suchtberater, Sozialarbeiter und -pädagogen sowie für Versicherungsangestellte und Mitarbeiter der öffentlichen Verwaltung (§ 203 StGB).

Allerdings kennt auch das Strafgesetz die berühmte Ausnahme von der Regel: Es gestattet ausnahmsweise die genannten, rechtswidrig gewonnenen Materialien zu verwenden, wenn dies das öffentliche Interesse gebietet. Ein Beispiel hierfür ist das Ibiza-Video, das den österreichischen Vizekanzler Heinz-Christian Strache zu Fall brachte.

12.4 Recht am eigenen Bild

Was den journalistischen Umgang mit Bildern anlangt, regelt § 22 Kunsturhebergesetz (KUG) von 1907, dass es grundsätzlich untersagt ist, ohne Einwilligung des Abgebildeten Bilder zu verbreiten oder öffentlich zur Schau zu stellen (Dörr/Schwartmann 2019, Rn. 335). Lässt sich der Abgebildete für das Bild entlohnen, so hat er damit allerdings auch der Veröffentlichung zugestimmt. Ansonsten ist die Veröffentlichung von »Bildnissen der Zeitgeschichte« erlaubnisfrei möglich. Das sind Aufnahmen, die mehr oder weniger prominente Persönlichkeiten in Zusammenhang mit einem informationswürdigen Thema zeigen. Dazu gehörte beispielsweise auch das Nazi-Tattoo des NPD-Kreistagsabgeordneten Marcel Zech, das dieser 2015 in einem Schwimmbad zur Schau gestellt hatte.

Davon abzugrenzen sind Aufnahmen, die bloße Neugier befriedigen. Die frühere Abgrenzung zwischen »relativen« und »absoluten Personen der Zeitgeschichte« hat die deutsche Rechtsprechung wegen der Entscheidungen des Europäischen Gerichtshofs für Menschenrechte (EGMR) aufgegeben. Dabei bildete das Urteil des EGMR im Fall Caroline von Hannover im Jahr 2004 den Ausgangspunkt, das die Pressefreiheit restriktiv interpretierte und den Schutz der Privatsphäre in Deutschland als nicht ausreichend ansah. Einigkeit besteht darüber, dass es darauf ankommt, ob Fotos und dazu gehörige Presseartikel einen Beitrag zu einer Diskussion von allgemeinem Interesse leisten und dass auch prominente Personen ein Recht auf Privat- und Familienleben haben.

12.5 Urheberrecht

Das Urheberrecht soll geistiges Eigentum schützen und verhindern, dass dieses ohne Gegenleistung von fremder Seite verwertet wird. Der Medienrechtler Udo Branahl weist darauf hin, dass dies für Journalisten von doppelter Bedeutung ist: Das Urheberrecht begrenzt die Möglichkeit, fremde Texte, Zeichnungen, Fotos, Filme und andere Werke zu übernehmen, aber es schützt auch davor, dass andere die eigenen Werke ohne Einwilligung beliebig für ihre Zwecke nutzen (Branahl 2006: 174). Weil mit vielen Medienprodukten, auch mit kostspieligeren journalistischen Beiträgen, nur noch im Rahmen sogenannter Verwertungsketten gute Geschäfte zu machen sind, drängen die großen Verlagshäuser vor allem ihre freien Mitarbeiter, jeweils die gesamten Verwertungsrechte an ihren Beiträgen an den Verlag abzutreten.

Das Urheberrecht ist derzeit heftig umstritten. Bedingt durch technische Innovationen, insbesondere das Internet, ist es durchlöchert worden. Online-Tauschbörsen, Aggregatoren und der Suchmaschinen-Gigant Google, der mit seinem Projekt Google Books alles Wissen dieser Welt online zugänglich machen möchte, haben sich darüber hinweggesetzt und damit den bisherigen Inhabern der Verwertungsrechte schweren Schaden zugefügt. Darüber hinaus unterminiert auch die Open-Access-Bewegung die Urheberrechte. Zugleich kann sie aber, nicht zuletzt in der Forschung, dazu beitragen, Wissen zu verbreiten und allgemein nutzbar zu machen.

Kurt W. Zimmermann (2009), Kolumnist der Schweizer *Weltwoche* und selbst einmal im Vorstand des mächtigen Schweizer Medienkonzerns Tamedia, hat Recht: »Das frühere Copyright ist im Internet tatsächlich zu einer Art right to copy geworden. Jeder klaut bei jedem«. Dann fügt er allerdings hinzu, was in Vergessenheit zu geraten droht: Man müsse »aber sehen, wer diesen Raubzug begonnen hat. Es waren die Verlagshäuser, und die Google-Gründer Sergey Brin und Larry Page haben von ihnen gelernt. In den neunziger Jahren enteigneten die Verlage ihre Journalisten und ihre freien Mitarbeiter. Diese mussten – bei Kündigungsdrohung – neue Verträge unterzeichnen und ihr Copyright an die Medienhäuser abgeben. Die Verlage … stellten dann diese enteigneten Inhalte gratis ins Netz. Mit wenigen Ausnahmen wurde das zum Misserfolg«.

Einige wenige Schranken sieht das Urheberrecht etwa zugunsten der Berichterstattung über Tagesereignisse (§ 50 UrhG) und für Zitate aus geschützten Werken (§ 51 UrhG) vor. Andererseits dürfen Zeitungsartikel unter bestimmten Voraussetzungen erlaubnisfrei in internen Pressespiegeln verbreitet werden (§ 49 UrhG).

12.6 Auskunftsanspruch

Presse- und Rundfunkfreiheit werden dann ihre Wirkungskraft voll entfalten, wenn sie von der Gesellschaft, der Wirtschaft und vor allem von staatlichen Institutionen mitgetragen werden, diese also Journalisten bei der Recherche aufgeschlossen und wohlwollend unterstützen. Medienspezifische Auskunfts- und Informationsansprüche ergeben sich aus Landespressegesetzen und Landesmediengesetzen. Für Rundfunkveranstalter regelt § 5 des Medienstaatsvertrags (MStV) ein Auskunftsrecht gegenüber Behörden, das für öffentlich-rechtliche wie private Rundfunkveranstalter gleichermaßen gilt.

Zur Auskunftspflicht von Behörden gehört, dass sie Redaktionen gleichbehandeln, also amtliche Bekanntmachungen allen interessierten Redaktionen zum gleichen Zeitpunkt zukommen lassen. Die Auskunftspflicht ist nicht schrankenlos. So können Behörden Auskünfte verweigern, wenn

- ein schwebendes Verfahren absehbar nicht mehr sachgemäß weitergeführt werden könnte, also vereitelt, erschwert, verzögert oder gefährdet würde;
- Geheimhaltungsvorschriften tangiert sind, die es an zahlreichen Stellen unserer Rechtsordnung gibt;
- ein überwiegendes öffentliches Interesse oder auch ein schutzwürdiges privates Interesse verletzt würde oder
- ihr Umfang das zumutbare Maß überschreitet.

Zudem bestehen nach den Informationsfreiheitsgesetzen des Bundes und der Länder allgemeine Auskunftspflichten der Bundes-, Landes- und Kommunalbehörden.

Die gesetzlich festgeschriebenen Auskunftspflichten haben in der Praxis eher symbolische Bedeutung. Redaktionen arbeiten unter Zeitdruck, die Mühlen der Justiz mahlen im Ernstfall langsam. Gewiefte Behördenchefs und Pressesprecher verstehen es, die Medien selektiv mit Informationen zu füttern. Andererseits lassen sie sich aber kaum Angst einjagen, wenn ein Journalist auf seinen gesetzlichen Auskunftsanspruch pocht. Es macht oft nur bedingt Sinn, diesen einzuklagen – doch bei wichtigen Themen kann es manchmal nötig und wirkungsvoll sein. Die Redaktionen sitzen in vielen Fällen am längeren Hebel. Öffentliches Ansehen von Institutionen und Persönlichkeiten wird stark von deren Medienpräsenz beeinflusst. Die nächste Gelegenheit kommt somit bestimmt, bei der Journalisten kooperationsunwilligen Pressemuffeln eins auswischen können.

12.7 Zeugnisverweigerungsrecht und Beschlagnahmeverbot

Derlei Sanktionspotenzial der Redaktionen reicht indes nicht aus, um unabhängige Berichterstattung zu gewährleisten. Die Informationsbeschaffung der Medien bedarf des Schutzes vor staatlichem Zugriff. Deshalb umfasst das Grundrecht des Art. 5 GG auch das Redaktionsgeheimnis und das Zeugnisverweigerungsrecht. Es schützt somit das Vertrauensverhältnis zwischen Informanten und Redaktion, um ungehinderten Informationsfluss zu sichern.

Gemäß § 53 Abs. 1 Strafprozessordnung (StPO) brauchen Journalisten gegenüber Ermittlungsbehörden und vor Gericht ihre Gewährsleute, denen sie Informationen verdanken, nicht preiszugeben. Und auch Redaktionsunterlagen dürfen gemäß § 97 Abs. 5 StPO nicht beschlagnahmt werden, wenn ein Zeugnisverweigerungsrecht besteht. Von Journalisten selbst recherchiertes Material darf von den Strafverfolgungsbehörden zudem nicht beschlagnahmt werden. Hierzu gehören Dokumente, Datenträger und sonstige Materialien, die sich in den Räumen von Redaktionen, Verlagen oder Druckereien befinden.

Die Interessen der Redaktion können allerdings mit Erfordernissen der Rechtspflege in Konflikt geraten, die der Staat und die Justiz zu gewährleisten haben. Dann sind Einzelfälle abzuwägen, was im Rahmen dieser Einführung nicht weiterverfolgt werden kann.

Die Identität von Quellen zu schützen, ist im Übrigen leichter gesagt als getan. Die neuen Technologien ermöglichen heutzutage eine flächendeckende Überwachung, und selbst in westlichen Demokratien wie den USA und Deutschland wurden unter dem Vorwand der Terrorbekämpfung die Bürgerrechte ausgehöhlt. Zwar gibt die Pressefreiheit Journalistinnen und Journalisten einen gewissen Schutz vor den Ausspähaktivitäten der Behörden, aber dieser Schutz hat Lücken und Löcher. Um die eigenen Recherchen zu schützen, müssen Medien wachsam sein und viele Sicherheitsvorkehrungen treffen. Die Kommunikation über verschlüsselte E-Mails, Messenger-Dienste und eigens gesicherte Plattformen gehört dazu, aber auch oft der Verzicht auf Mobiltelefone und das Internet, wenn viel auf dem Spiel steht. Vor ein paar Jahren hat Peter Berger, der einst die

Website der *Financial Times Deutschland* aufgebaut hatte, in einem Buch notiert, Journalisten müssten »wie Geheimdienstler agieren« und ihre Spuren verwischen; ohne besondere Vorkehrungen hinterlasse ein Reporter im Internet »mehr Spuren als ein Elefant in der Steppe« (Berger 2008: 8).

Literaturtipps

Bölke, Dorothee; Zimmermann, Felix W. (2021, 2. Aufl.): *Presserecht für Journalisten*. München: dtv

Dörr, Dieter; Schwartmann, Rolf (2019, 6. Aufl.): *Medienrecht*. Heidelberg: Verlag C.F: Müller

Fechner, Frank (2021, 21. Aufl.): *Medienrecht. Lehrbuch des gesamten Medienrechts unter besonderer Berücksichtigung von Presse, Rundfunk und Multimedia*. Tübingen: Mohr-Siebeck UTB

Löffler, Martin (2015, 6. Aufl.): *Presserecht, Kommentar*. München: C.H. Beck

Schiwy, Peter; Schütz, Walter J.; Dörr, Dieter (Hrsg.) (2010, 5. Aufl.): *Medienrecht. Lexikon für Praxis und Wissenschaft*. Köln: Carl Heymanns Verlag

13. Ethik und professionelle Normen

»Bei aller Sympathie für die Verantwortung des Einzelnen, die an der ersten Stelle stehen muss, braucht unsere Gesellschaft auch einen institutionell verankerten moralischen Kompass. Dass ist eine Kernaufgabe des Journalismus«, sagt Miriam Meckel (2015: 120), damals Chefredakteurin der *Wirtschaftswoche* und inzwischen als Medienforscherin zurück an der Universität St. Gallen. So notwendig und wünschenswert das sein mag, es stellt sich die Gegenfrage, ob Meckel damit die Messlatte für ein kommerzielles Mediensystem nicht unrealistisch hoch ansetzt. Ihr Kollege Giovanni di Lorenzo (2015: 102) jedenfalls bescheinigt seinem Berufsstand »manchmal die gefährliche Neigung, in unserer Berichterstattung jedes Maß zu verlieren« sowie »einer Empörungswelle nach der nächsten hinterher zu hecheln« und dabei Gefahr zu laufen, »die wirklich wichtigen Dinge aus dem Blick zu verlieren«.

Soll die Errungenschaft der Pressefreiheit nicht durch Missbrauch gefährdet werden, bedarf es professioneller Normen und einer wirksamen Selbstkontrolle – gerade weil die Außenkontrolle des Journalismus durch Rechtsvorschriften aus guten Gründen nur schwach institutionalisiert ist. Wo das Recht und die Rechtsprechung nicht greifen, sollten also zumindest ein Verhaltenskodex und ein entsprechendes Ethos das Handeln der Journalistinnen und Journalisten steuern. Dieser Kodex muss klare Vorstellungen davon vermitteln, was im Journalismus »professionell« ist und was nicht. Medienpraktiker brauchen ein Geländer, an dem sie sich festhalten können, wenn sich vor ihnen Abgründe auftun. Vorsicht ist allerdings beim Versuch oder der Versuchung geboten, wissenschaftlich begründete, »eindeutige« Antworten auf ethische Fragen zu geben. Die Aufgabe der Wissenschaft kann es aber sein, die Probleme systematisch darzustellen und zu durchdringen.

13.1 Grundprinzipien und Folgenbewusstsein

Immerhin sind im Kodex des Deutschen Presserates Prinzipien festgehalten, die Journalisten bei ihrer Arbeit anleiten (Abb. 46 [284f.]), und ganz ähnlich auch in der »Erklärung der Pflichten und Rechte der Journalistinnen und Journalisten« des Schweizer Presserats und in den »Grundsätzen für die publizistische Arbeit« des Österreichischen Presserates sowie in vielen weiteren ähnlichen Leitlinien unserer europäischen Nachbarländer. Der Presserat ist eine Organisation, die der freiwilligen Selbstkontrolle der Presse (Print- und Online-Medien) dient.

In Deutschland ist der Presserat ein Verein, der von den beiden großen Verlegerverbänden (BDZV, MVFP) und den beiden großen Journalistengewerkschaften (dju, DJV) getragen wird. Sie entsenden Vertreterinnen und Vertreter in die Gremien des Presserats. In seinen sogenannten Beschwerdeausschüssen beraten sie über etwaige Verstöße gegen die publizistischen Grundsätze, also den Pressekodex. Jeder Mensch kann sich beim Presserat über Beiträge in den professionellen Print- und Online-Medien beschweren (für den Rundfunk ist der Verein nicht zuständig, dort müssen Beschwerden an die Landesmedienanstalten oder direkt an die öffentlich-rechtlichen Sender gerichtet werden). 4085 Personen wandten sich 2020 an den Deutschen Presserat, 2021 waren es 2556. Anders als bei vielen Bestimmungen des Presserechts, bei denen nur diejenigen klagen können, die als Personen direkt selbst betroffen sind (also in der Berichterstattung genannt werden), sind Beschwerden wegen einer Verletzung des Pressekodex allen Bürgerinnen und Bürgern möglich.

In Deutschland besteht der Pressekodex aus 16 Ziffern, die zum Teil in mehrere Unterpunkte und sogenannte »Richtlinien« unterteilt sind. Einiges ist eher allgemein gehalten, anderes sehr konkret, zum Beispiel die Regel, dass Pressemitteilungen (also Mitteilungen aus PR-Abteilungen) als solche gekennzeichnet werden müssen, wenn sie ohne Bearbeitung durch die Redaktion veröffentlicht werden (Ziffer 1, Richtlinie 1.3.). Stellt der Presserat Verstöße gegen den Kodex fest, kann er eine Redaktion rügen. Diese Rügen werden vom Presserat veröffentlicht, und auch das betroffene Medium soll die Rüge veröffentlichen. Unterhalb der Rüge kann der Presserat, bei weniger schweren Verstößen, eine »Missbilligung« oder einen »Hinweis« aussprechen. Schärfere Sanktionen, wie Geldstrafen o.ä., gibt es bisher nicht, der Presserat ist deshalb schon oft als »zahnloser Tiger« verspottet worden. Er ist eben nur ein Organ der freiwilligen Selbstkontrolle und kann die Vorgaben des Presserechts oder des Straf- und Zivilrechts nicht ersetzen oder verschärfen, er kann sie - mit seinen weniger verbindlichen Regeln - allenfalls sinnvoll berufsethisch ergänzen.

Publizistische Grundsätze des Deutschen Presserats (»Pressekodex«)

(hier die übergeordneten Ziffern, verkürzt auf Kernaussagen, vollständige Fassung unter: presserat.de/pressekodex.html)

1. Wahrheit und Menschenwürde sind zu achten, wahrhaftige Unterrichtung anzustreben.
2. Recherche ist unverzichtbar. Nachrichten sind sorgfältig zu prüfen und sinngetreu wiederzugeben, Symbolfotos, Gerüchte und Vermutungen als solche kenntlich zu machen.
3. Falschmeldungen sind unverzüglich richtigzustellen.
4. Nachrichten, Bilder und Daten dürfen nicht auf unlautere Weise beschafft werden, verdeckte Recherche ist nur in Ausnahmefällen gestattet.
5. Die Presse wahrt das Berufsgeheimnis. Um Informanten zu schützen, ist vom Zeugnisverweigerungsrecht Gebrauch zu machen. Vereinbarte Vertraulichkeit ist grundsätzlich zu wahren.
6. Journalisten und Verleger üben keine Tätigkeiten aus, die die Glaubwürdigkeit der Presse in Frage stellen könnten. Das betrifft z. B. eine Doppeltätigkeit als Journalist und Politiker.
7. Redaktionelle Angebote dürfen nicht durch geschäftliche Interessen Dritter oder wirtschaftliche Eigeninteressen der Journalisten beeinflusst werden. Auf klare Trennung zwischen redaktionellem Text und Veröffentlichungen zu werblichen Zwecken ist zu achten. Es darf auch keine Schleichwerbung geben. Betreffen Veröffentlichungen ein Eigeninteresse des Verlages, muss dieses erkennbar sein.
8. Das Privatleben, die Intimsphäre der Menschen sowie die Persönlichkeitsrechte Unbeteiligter sind zu achten. Bei einer identifizierenden Berichterstattung muss das Informationsinteresse der Öffentlichkeit die schutzwürdigen Interessen von Betroffenen überwiegen.
9. Menschen dürfen nicht mit unangemessenen Darstellungen in Wort und Bild in ihrer Ehre verletzt werden.
10. Die Presse schmäht nicht religiöse, weltanschauliche oder sittliche Überzeugungen.
11. Auf unangemessene Darstellung von Gewalt, Brutalität und Leid ist zu verzichten, der Jugendschutz zu beachten.

12. Niemand darf wegen seines Geschlechts, einer Behinderung oder seiner Zugehörigkeit zu einer ethnischen, religiösen, sozialen oder nationalen Gruppe diskriminiert werden.
13. Die Berichterstattung über Ermittlungs-, Straf- und sonstige förmliche Verfahren muss vorurteilsfrei erfolgen. Der Grundsatz der Unschuldsvermutung von Angeklagten gilt auch für die Presse.
14. Bei Berichterstattung über medizinische Themen ist Sensationalisierung zu vermeiden, die unbegründete Befürchtungen oder Hoffnungen wecken könnte.
15. Es sind keine Vorteile zu gewähren oder anzunehmen, die das Ansehen der Presse schädigen oder die unabhängige Berichterstattung beeinträchtigen könnten. Wer sich für die Verbreitung oder Unterdrückung von Nachrichten bestechen lässt, handelt unehrenhaft und berufswidrig.
16. Rügen des Presserats sind abzudrucken, insbesondere von den betroffenen Medien.

Abb. 46: Pressekodex (Quelle: www.presserat.de/pressekodex.html)

Von Zeit zu Zeit werden die Kodizes von Organisationen wie dem Presserat aktualisiert. So sind zum Beispiel 2015 in Deutschland die Richtlinien für den Online-Journalismus und insbesondere für den Umgang mit Nutzerkommentaren neu gefasst worden. Jetzt heißt es dort: »Die Presse trägt Verantwortung für ihre Angebote, auch für die von Nutzern beigesteuerten Inhalte (*user generated content*). Von Nutzern zugelieferte Beiträge müssen als solche klar erkennbar sein. Die Redaktion stellt die Einhaltung der publizistischen Grundsätze sicher, wenn sie Verstöße durch Nutzerbeiträge selbst erkennt oder darauf hingewiesen wird.« Damit ist klargestellt, dass die Redaktionen auch für die Kommentarspalten Verantwortung tragen und es nicht zulassen dürfen, dass dort in Wild-West-Manier Hass gesät und Unflat breitgetreten wird.

Die Frage ist, wie wirkungsstark Grundsätze sein können, die nicht als Rechtsnormen für alle verbindlich sind. Können sie in einer pluralistischen Gesellschaft Verhalten beeinflussen? Ethik-Kodizes und Berufsnormen sind relativ schwache Steuerungsmittel. Und manchmal drängt sich bei Außenstehenden auch der Eindruck auf, der Presserat ergreife einseitig Partei zugunsten der Medien oder schrecke vor einer klaren Position zurück. So hat er etwa die Glosse einer *taz*-Journalistin, die die Polizei abschaffen und alle Ex-Polizisten auf die Mülldeponie befördern wollte, nicht gerügt und erklärte, diese Sichtweise sei durch Meinungsfreiheit gedeckt. Das mag stimmen, zumal die Grenzen der Meinungsfreiheit im Falle einer Glosse, die einerseits als Kommentar, andererseits als eine Form der Satire gelten kann, besonders weit gesteckt sind – nur: Der Pressekodex wäre überflüssig, wenn er sich darauf beschränken würde, festzustellen, was rechtlich noch zulässig ist. Das besorgen ja bereits die Gerichte und das Recht. Vielmehr soll es ihm um berufsethische Normen gehen – und ethisch betrachtet, ist der Vorschlag, Polizisten auf der Mülldeponie zu entsorgen, eben doch ziemlich daneben.

Es gehört zur Aufgabe der Medien, auch Fehlverhalten und Missstände aufzudecken und zu kritisieren, die juristisch betrachtet entweder verjährt sind oder rechtlich gar nicht beanstandet werden können. Was legal ist oder nicht mehr mit strafrechtlichen Mitteln verfolgt werden kann, muss deshalb noch keineswegs moralisch »sauber« und gesellschaftlich vertretbar sein. Dennoch ist es oft ein schmaler Grat, den Journalistinnen und Journalisten hier beschreiten. Sind sie zu unkritisch, kommen sie ihrer Warn- und Kontrollfunktion im Sinne eines »Wachhunds« nicht nach – und sie kippen hinunter in allzu zahmes Medien-Geplänkel. Sind sie jedoch zu bissig, wittern überall Bösewichte, spielen sich als Staatsanwälte und Richter auf und übertreiben es im Skandalisieren von Verfehlungen, so überdehnen sie ihre Rolle – sie landen dann im Feld von Selbstgerechtigkeit und fehlender Fairness.

Deshalb ist es wichtig, gerade beim journalistischen »Nachwuchs« wachzurufen, worauf es ankommt: Verantwortungsethik und Folgenbewusstsein. Bevor Redaktionen eine »Story« veröffentlichen, sollten sie sich fragen, welchen Schaden sie damit anrichten können. Hans Mathias Kepplinger (2001: 158) hat keinerlei Zweifel, dass »einige Medien in kurzer Zeit konkursreif« wären, gäbe es »eine Produkthaftung für Skandalberichte«.

Er fügte allerdings im Austausch mit einem der Verfasser ausdrücklich hinzu, dass eine solche Haftung nicht wünschenswert wäre – und zwar deshalb, weil Schaden ja erst entstehe, wenn viele Medien dieselben Informationen ungeprüft weitertransportierten. Somit könne es aber einem Richter kaum je gelingen, die Verursacher der Schäden zweifelsfrei dingfest zu machen. Darüber hinaus hätte eine solche Haftungsregelung einschüchternde Effekte. Aus Angst vor Prozessrisiken würde die Öffentlichkeit vieles gar nicht mehr erfahren. Außerdem gibt es ja für manche krasse Verletzungen der journalistischen Sorgfaltspflichten auch noch die Möglichkeit, auf Schadensersatz zu klagen.

So begrenzt die Macht des Presserats auch ist, seine Rügen können durchaus eine – freilich schwer zu messende – Wirkung entfalten, indem sie eine fortlaufende Auseinandersetzung über professionelles und anständiges Handeln im Journalismus sichern und institutionell verankern. Mit dem Pressekodex, der als Ergänzung zu den geltenden Gesetzen, zur Rechtsprechung und zu den diversen wissenschaftlich-ethischen und brancheninternen Diskussionen existiert, gibt es einen Normenkatalog, der auch der journalistischen Aus- und Weiterbildung eine wichtige Grundlage bietet. Es lohnt sich, die Entscheidungen des Presserats zu verfolgen und sie nicht nur in den unmittelbar betroffenen Redaktionen, die gerügt werden, zu reflektieren.

Viele Rügen betreffen Verstöße gegen die journalistische Sorgfaltspflicht, beispielsweise mangelhafte Recherchen, unzureichendes Gehör für die Betroffenen von Anschuldigungen oder die fahrlässige Übernahme einer Information ohne weitere Prüfung. Häufig gerügt werden auch Schleichwerbung und Verstöße gegen das Gebot einer Trennung von redaktionellen Inhalten und Werbung, außerdem Sensationsjournalismus bei der Berichterstattung über Terroranschläge, Kriminalität und Unfälle. Hier kommt es regelmäßig zu Verletzungen von Persönlichkeitsrechten, die nicht durch öffentliches Interesse zu rechtfertigen sind, beispielsweise die ungenehmigte Veröffentlichung von Fotos und von Klarnamen der Opfer (vgl. Kapitel 13.4 [294ff.]).

Hier einige Beispiele für Rügen des Deutschen Presserats aus jüngerer Zeit, veröffentlicht unter www.presserat.de:

> Die Internetseite der *Bild*-Zeitung verstieß gegen Richtlinie 11.2 des Pressekodex, wonach die Presse Verbrechern keine Bühne bieten darf. Sie wurde gerügt für ein Interview mit einem Täter, der einen neunjährigen Jungen und einen Mann getötet hatte. Unter der Schlagzeile »Interview mit einem Kindermörder« zeigte die Redaktion dessen Selfie mit blutbeschmierter Hand. »Indem sie dem inhaftierten Mörder im Interview Gelegenheit gab, sich für seine Taten zu rechtfertigen, verstieß die Redaktion zudem gegen Richtlinie 11.5, wonach die Presse keine Verbrecher-Memoiren veröffentlicht«, urteilte der Presserat.

> Wegen einer Verletzung der journalistischen Sorgfaltspflicht nach Ziffer 2 des Pressekodex wurden das Internet-Portal *24Hamburg.de* und die *Frankfurter Neue Presse* gerügt. Beide hatten über einen Asteroiden berichtet, der sich in Richtung Erde bewegt. Die Überschrift des Artikels bei dem Internet-Portal lautete: »Schlimmer als Atom-Bombe – Asteroid nimmt Kurs auf

Erde: Experten berechnen Einschlag für 2022«. Im Text hieß es jedoch, dass es sehr unwahrscheinlich sei, dass der Asteroid mit der Erde kollidiert und er voraussichtlich an ihr vorbeifliege. In der Headline sah der Presserat eine grob falsche und irreführende Darstellung. Als ebensolchen Verstoß gegen die Sorgfaltspflicht bewertete der Presserat den Facebook-Post der *Frankfurter Neuen Presse*. Dieser lautete: »Asteroid rast auf die Erde zu: Experten rechnen mit Einschlag im Jahr 2022«.

Das bunte People-Blättchen *Die Aktuelle* erhielt eine Rüge für die Veröffentlichung einer Fotomontage auf der Titelseite, die die englische Königin vor einem Grabkreuz zeigt. Die dazugehörige Schlagzeile lautete »Queen Elizabeth (95) – Heimweh nach Philip! – Einsame Stunden am Grab« und erweckte den Eindruck, dass es sich bei der Montage um ein dokumentarisches Foto der Königin am Grab ihres verstorbenen Gatten handelt. Das Bild der Königin war jedoch in Wirklichkeit bei einer Begutachtung von Pferden auf Schloss Windsor aufgenommen worden. Der Presserat erkannte hier eine Irreführung der Leser, da die Fotomontage nicht den Anforderungen von Ziffer 2, Richtlinie 2.2 des Pressekodex gemäß als solche gekennzeichnet war.

Die Internetseite des Magazins *Cicero* wurde gerügt für einen Verstoß gegen die Grenzen und Grundsätze der Recherche nach Ziffer 4 in Verbindung mit Richtlinie 4.1 des Pressekodex. Unter der Überschrift »Mein erstes Mal« hatte das Magazin verdeckt über eine Online-Veranstaltung eines Lesbenverbandes berichtet und sich nicht zu erkennen gegeben. Die Akkreditierung war zuvor verweigert worden. Nach Auffassung des Presserats enthält die veröffentlichte Berichterstattung keine Informationen von öffentlichem Interesse, die die verdeckte Recherche rechtfertigten.

Die *Wilhelmshavener Zeitung* wurde gerügt, weil sie Listen von Anwaltskanzleien, Ärzten und Immobilien- bzw. Steuerberatern veröffentlicht hatte, bei denen der Eindruck entstehen konnte, es handele sich um redaktionelle Servicedienstleistungen. Die Beiträge waren jedoch bezahlte Anzeigen, die für die Leser nicht als solche erkennbar waren und die Anforderungen der Richtlinie 7.1 des Pressekodex nicht erfüllten.

13.2 Systematik ethischer Probleme

Wie lassen sich die ethischen Herausforderungen des Journalismus systematisch darstellen? Eine Möglichkeit ist es, die Anspruchsgruppen zu identifizieren, mit denen es Journalistinnen und Journalisten zu tun haben (Abb. 47).

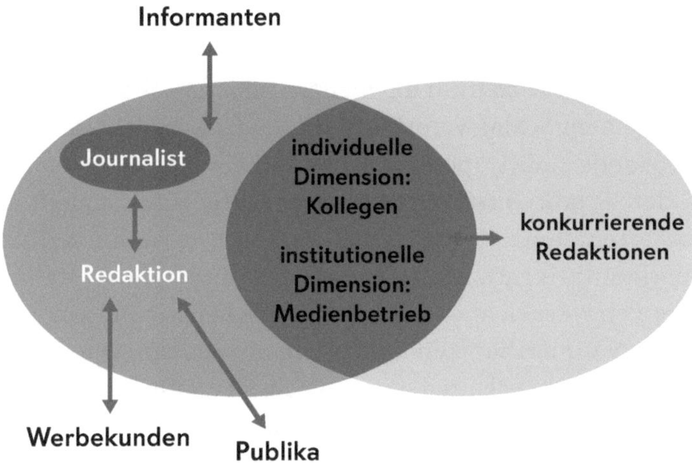

Abb. 47: Anspruchsgruppen (»Stakeholder«)

Nicht alle Fehlentwicklungen und Folgewirkungen des Journalismus lassen sich klar bestimmten Betroffenen zuordnen. Manchmal sind mehrere von ihnen tangiert, zum anderen gibt es aber auch Berichterstattungsmängel, welche schlichtweg »die Allgemeinheit« berühren, ohne zweifelsfrei konkret Geschädigte ausmachen zu können.

Berichterstattungsexzesse wie die um den deutschen Bundespräsidenten Christian Wulff oder zur Clinton/Lewinsky-Affäre in den USA haben unter Medienfachleuten heftige Kritik ausgelöst – nicht nur, weil sie die Privatsphäre der Betroffenen berührten, sondern weil sie tage- oder sogar monatelang viele andere Themen aus der Medienagenda verdrängten. Dies führte beispielsweise dazu, dass die Medien vor lauter Obsession mit dem Sexskandal des US-Präsidenten ihrer »Watchdog«-Funktion bei wichtigen politischen Entscheidungen nicht mehr nachkamen. »Nicht das Weiße Haus war paralysiert, sondern die Medien«, beobachtete Bill Clintons Pressesprecher Mike McCurry. Ähnlich hat 2020/21 das Coronavirus auch eine Infodemie ausgelöst, die alle anderen wichtigen Themen verschluckte oder zu verschlucken drohte.

Umgekehrt werden wichtige Themen tabuisiert oder bleiben zumindest unterbelichtet. Während in Europa die (Medien-)Welt wegen Rechtspopulisten wie Donald Trump, Boris Johnson, Matteo Salvini und Björn Höcke in hellen Aufruhr geriet, konnte Wladimir Putin in der Ukraine weiter Krieg und Alexander Lukaschenko in seinem eigenen Land Bürgerkrieg führen, ohne dass davon hinreichend Notiz genommen worden wäre – bis die Situation im Februar 2022 mit dem russischen Überfall auf die Ukraine so weit eskalierte, dass nun wiederum die meisten anderen, ebenfalls dringlichen Themen mit einem Schlag verdrängt wurden (z. B. Bericht des Weltklimarats, die drohende Katastrophe durch das Aufheizen des Klimas).

Wenn der IS Journalisten enthauptet, Kulturgüter schleift oder mit Selbstmordattentaten auf sich aufmerksam macht, ist ihm weltweite Medienaufmerksamkeit garantiert. Dagegen wundern sich die Italien-Korrespondentin Petra Reski, aber auch Sozialforscher wie Rosaria Conte, wie wenig Medienaufmerksamkeit Mafia-Organisationen wie die Camorra oder die 'Ndrangheta erhalten, obschon sie sich längst in Europa ausgebreitet haben. Conte (2015) betonte, diese hätten nicht nur mit ihrem Drogenhandel weitaus mehr Menschenleben auf dem Gewissen, sie würden auch viel größere wirtschaftliche Schäden verursachen als der IS – und das gilt vermutlich auch im Vergleich zu den arabischen »Clans«, die sich neuerdings in Deutschland großer Medienaufmerksamkeit erfreuen.

Beim »over-« oder »underreporting« gibt es meist benennbare Nutznießer und Opfer der Medien. Die Kosten unzureichender oder übertriebener Berichterstattung werden aber meist auch der Allgemeinheit aufgebürdet – und das ist natürlich ebenfalls ein Tabuthema des Journalismus.

13.3 Umgang mit den Publika

Journalisten und ihre Redaktionen arbeiten zwar indirekt auch für die Allgemeinheit, zunächst einmal arbeiten sie indes für ihr jeweiliges Publikum – die Menschen, die das jeweilige Medium rezipieren. Bis auf die letztlich doch wenigen Menschen, die sich in Online-Foren, Kommentarspalten, Leserbriefen oder telefonisch zu Wort melden, bleiben die Publika für Journalisten meist anonym und dispers. Bei Anspruchsgruppen, die man persönlich nicht kennt, ist bekanntlich die Versuchung größer, es mit der

Moral nicht ganz so genau zu nehmen: Es gibt gewiss mehr Steuerhinterzieher und Sozialstaatsbetrüger als Diebe, die ihre Nachbarn ausplündern. Ähnlich haben die meisten Journalistinnen und Journalisten zu ihren Rezipienten eine weniger intensive Bindung als beispielsweise zu ihren Kollegen oder zu den Informanten, mit denen sie oftmals persönlich verkehren.

Andererseits wird Journalismus, der sich nicht gegenüber seinen Quellen Unabhängigkeit bewahrt, unglaubwürdig und überflüssig. Die primäre Loyalität sollte daher den Nutzern sowie, zugegeben etwas abstrakt, der Öffentlichkeit gelten – und niemandem sonst. So sehen es auch die US-Journalisten Bill Kovach und Tom Rosenstiel: »Wahrheit« sei die oberste Pflicht (»first obligation«) des Journalismus, und seine »Loyalität« habe sich vorrangig (»first loyality«) auf die Bürgerinnen und Bürger zu richten (Kovach/Rosenstiel 2021: xxvii).

Die wohl massivste Form des Publikumsbetrugs sind Fälschungen in Serie – wie etwa die von Tom Kummer, der dem *SZ-Magazin* und dem Magazin des Zürcher *Tages-Anzeigers* frei erfundene Interviews mit Hollywood-Stars wie Sharon Stone angedreht hatte, sowie seines Reporter-Kollegen Claas Relotius, dessen Fakes der *Spiegel* und andere Medien druckten. Die Vorfälle belegen, dass sogar in angesehenen Redaktionen die Sicherungen gegen Fälschungen und damit gegen einen Missbrauch der Pressefreiheit oft nicht funktionieren. Zugleich zeigt sich, dass alle anderen Akteure in Politik, Wirtschaft und Gesellschaft bei Fehlleistungen von den Medien oft viel heftiger skandalisiert werden als die Medienmacher selbst.

Sehr viel häufiger sind allerdings weniger eindeutige Formen des Betrugs am Publikum. Viele sind in ein auf Wettbewerb gegründetes Mediensystem »eingebaut«: Bequemlichkeit und Zeitdruck verführen Journalisten dazu, PR-Meldungen mit einem Tastendruck in »Journalismus« zu verwandeln. Der Kampf um Klicks und Einschaltquoten verleitet dazu, zu sensationalisieren und das Seichte überzubetonen. Nicht nur konkurriert jedes Medium online gegen viele andere, auch innerhalb der Redaktion gibt es täglich neu den Konkurrenzkampf um Aufmerksamkeit für die unterschiedlichsten Themen. Darf, ja muss also ein Journalist aufpeppen, zuspitzen, dramatisieren, um seine Story »unterzubringen«? Eigentlich nein, sagt der Ethiker, aber zugleich flüstert einem das Teufelchen ein »eben doch« ins Ohr.

Zu beachten und zu vermeiden ist hier die Inszenierungsfalle: Gemeint ist damit der gar nicht so seltene Fall, dass ein Journalist seinen Posten als Beobachter verlässt und zum Akteur wird. Die Ereignisse, über die er berichten möchte, arrangiert er kurzerhand selbst. Auch das ist Betrug am Publikum. Manchmal wirkt es kurios oder erbärmlich, wenn einzelne Reporter versuchen, ein bisschen nachzuhelfen, sich selbst etwas heroischer und die Lage etwas dramatischer aussehen zu lassen, als sie in dem Moment sind. In diese Kategorie fällt beispielsweise der US-Fernsehreporter, der vor ein paar Jahren so tat, als würde er sich nur mit größter Mühe gegen einen Sturm auf den Beinen halten können, während in seiner Live-Schalte jedoch hinter ihm zwei Menschen zu sehen waren, die recht mühelos und gelassen durchs Bild schlenderten. Und in diese Kategorie fällt auch die deutsche TV-Journalistin, die sich vor ihrem Bericht über die Flutkatastrophe im Ahrtal ein wenig mit Schlamm beschmierte, um ihrem Aussehen die nötige »Glaubwürdigkeit« zu geben. Man könnte darüber lachen, wenn es nicht doch so ungeheuerlich wäre – zumal in Zeiten, in denen sich seriöser Journalismus gegen das ständige »Fake-News«-Gerede behaupten muss.

Am Publikum versündigt sich auch, wer bewusst parteilich und einseitig informiert oder seinen Lesern, Hörern und Zuschauern Informationen vorenthält. Sind Eigeninteressen im Spiel, sollte der Journalist diese ehrlich benennen, oder noch besser, die Berichterstattung lieber einem Kollegen überlassen.

Folgenschwerer als gefälschte Interviews mit Hollywood-Stars sind »Nachrichten« von zweifelhaftem Wahrheitsgehalt, die einen Großteil des Publikums unmittelbar betreffen. Darf der Wissenschaftsredakteur über ein neues Krebsheilmittel berichten und damit Tausenden von Patienten Hoffnungen machen, solange die Wirksamkeit nicht 100-prozentig nachgewiesen ist? Soll die Redaktion bei einem Unfall in einem Kernkraftwerk mit Meldungen über Strahlungsgefahren eine Panik auslösen, solange die Nachrichtenlage unklar ist?

Als Wladimir Putin nach dem Überfall auf die Ukraine öffentlich bekanntgab, er versetze die russischen Atomwaffen in Alarmbereitschaft, überschlugen sich die Eilmeldungen. Viele Menschen dürfte das sehr verunsichert haben. Und zweifellos war die Lage bedrohlich und schrecklich – umso wichtiger wäre es gewesen, die Meldung möglichst umgehend und nicht erst Stunden oder Tage später einzuordnen und beispielsweise zu erklären, welche Stufen es beim Einsatz und der Mobilmachung von Atomwaffen gibt, welche Sicherungsmechanismen existieren und welche Personen daran beteiligt sind. So wäre deutlich geworden, dass es in der Tat viele Gründe zu großer Besorgnis gab, dass aber ein Atomkrieg, der die Menschheit vernichten würde, aller Wahrscheinlichkeit nach nicht unmittelbar bevorstand. Für solche Einordnungen braucht es Fachwissen (bzw. Experten und Recherchen), nicht überstürzte Urteile und Spekulationen.

Journalisten werden heikle Entscheidungen abverlangt: Manches Unglück wird erst zur Katastrophe, weil durch dramatisierende Meldungen Kettenreaktionen entstehen. Journalisten sollten vor diesem Hintergrund Abwiegelungsmanöver im Vorfeld der Medien - etwa von Krisenstäben - zumindest verstehen, wenn auch nicht immer gutheißen. Katastrophenmanagement wird nicht dadurch einfacher, dass eine verängstigte Bevölkerung nach dem Motto »Rette sich, wer kann« agiert und so eine Massenpanik entsteht, die jegliches geplante Vorgehen zur Eindämmung der Unglücksfolgen erschwert, wenn nicht unmöglich macht. Ähnlich lässt sich über den medialen Umgang mit der Corona-Pandemie diskutieren.

PRO & CONTRA

»Die Corona-Pandemie mit ihren Gefahren war zwar real, aber die Medien haben diese Gefahren unnötig aufgebauscht.«

Pro: Nicht wie, sondern wieviel die Medien über Corona berichtet haben, hat Angst und Schrecken verbreitet. Gemessen an den tatsächlichen Hospitalisierungen und der Übersterblichkeit, war die tägliche Überdosis Corona-Berichterstattung aus allen Kanälen schlichtweg Panikmache. Wenn - wie in der Anfangsphase der Pandemie - bis zu zwei Drittel der Nachrichtensendungen diesem einen Thema gewidmet sind, erzeugen die Medien damit Handlungszwang für die Politik. Das hat direkt in die Lockdowns und zu unverhältnismäßiger Bevormundung der Bürgerinnen und Bürger geführt. Wesentlich mehr Schweden sowie maskenfrei demonstrierende »Covidioten« wären erkrankt, wäre die Ansteckungsgefahr auch nur annähernd so groß gewesen, wie uns die Medien mit ihrem monatelangen Trommelfeuer suggeriert haben. Die Schäden, die als Folge der Corona-Maßnahmen entstanden sind, blieben lange im Dunkeln - und wurden meist dem Virus und nicht den handelnden Politikern zugeschrieben, und schon gar nicht den Medien.

Contra: Anfangs war die Gefahr schwer abzuschätzen und schon deshalb Vorsicht geboten. Zu erinnern ist an die Bilder aus Bergamo mit vielen Toten und überforderten Kliniken. Das soll medial auf die leichte Schulter genommen werden? Die Medien mögen die Politik zwar im Handeln auch bestärkt haben, doch über weite Strecken haben sie nur berichtet, eingeordnet und kommentiert, was Experten wie Christian Drosten oder die Regierungen gesagt, geplant und getan haben. Das Ausmaß der Berichterstattung mag irgendwann nervig geworden sein, dennoch war es gerechtfertigt. Denn buchstäblich die ganze Welt war mit der Pandemie-Bekämpfung beschäftigt. Sicherlich wurden Fehler gemacht, es gab auch Übertreibungen - diese waren aber wiederum Gegenstand (kritischer) Beiträge. Es ist auch nicht so, dass Länder wie Schweden nicht ebenfalls eingehend über die richtige Strategie diskutiert hätten, zumal in den Medien. Auch dort war Corona ein Top-Thema. Von der Pandemie waren alle Bürgerinnen und Bürger betroffen, dazu kamen neben viel zu vielen Toten, die man nicht erbarmungslos in ihrer Zahl herunterspielen darf, Scharen an Ärztinnen, Ärzten und Pflegekräften, die unter ungemeiner Anspannung standen. All das abzutun und von medialer Panikmache zu sprechen, zeugt nicht von Gelassenheit, sondern von Verantwortungslosigkeit oder einer verzerrten Wahrnehmung.

13.4 Umgang mit »Berichterstattungsopfern«

Opfer von Medienberichterstattung sind alle, die geschäftliche Beeinträchtigungen, persönliche Ehrverletzungen oder sonstige Widrigkeiten als Folge journalistischer Aktivitäten hinzunehmen haben – oftmals, um den Medien selbst zu florierenden Geschäften zu verhelfen. Gegen viele ruf- oder geschäftsschädigende Meldungen, die Journalisten in Umlauf bringen, besteht auf dem Rechtsweg kaum Aussicht auf Schadenersatz. Behauptungen wie dereinst die von *Monitor*, es gebe Würmer im Fisch, oder der ganze Medienwirbel um Schweine-, Vogelgrippe, Rinderwahn und zuletzt Corona können zu dramatischen Umsatzeinbußen im Handel, zu Pleiten und Arbeitsplatzverlusten führen. Bei den Folgeschäden, die Journalisten aufgrund ihrer oftmals überzogenen und damit verantwortungslosen Berichterstattung verursachen, geht es mitunter um astronomische Summen.

Die Deutschen – und vor ihnen die Briten und Schweizer – müssten längst ausgestorben sein, wäre die Gefahr, durch Verzehr von BSE-infiziertem Fleisch zu erkranken, nur halb so groß gewesen, wie uns die Medien eingehämmert haben.

Wo die Medien über einzelne Menschen und ihre Schicksale berichten, seien es Prominente oder Otto Normalbürger, stellen sich sofort auch Fragen nach den Persönlichkeitsrechten, nach dem öffentlichen Interesse und der journalistischen Fairness. Wer die Macht der Medien am eigenen Leib zu spüren bekommt, kann sich ziemlich ohnmächtig fühlen. Prominente leisten sich teure Medienanwälte, die ihnen ungebetene Reporter und Paparazzi vom Hals halten und das voyeuristische Schnüffeln im Privatleben und der Intimsphäre verhindern sollen. Es gibt allerdings auch genügend Stars und Sternchen, deren Geschäftsmodell es ist, die Öffentlichkeit über viele Details ihres Lebens auf dem Laufenden zu halten, vom eigenen Kleiderschrank bis zur Geburtsklinik oder dem Sterbebett.

Ein Gipfel journalistischer Scheinheiligkeit war vor Jahren erreicht, als Italiens Nachrichtenmagazin *Panorama* das Sommerloch mit einer Titelgeschichte über Prominente und ihr Recht auf Privatsphäre füllte – und in Großaufnahme auf der Titelseite den damals zweitmächtigsten Mann im Lande, Fiat-Chef Giovanni Agnelli, nackt und mit erigiertem Penis beim Sprung von der Jacht ins Meer präsentierte. Das Beispiel zeigt auch, dass es in Europa ausgeprägte kulturelle Unterschiede im Umgang mit der Privat- und Intimsphäre gibt. In Deutschland waren, ähnlich wie im diskreten Frankreich, das Lotterleben von Industriebossen, aber auch Politiker-Amouren und -Seitensprünge über Jahrzehnte hinweg kein Medienthema. Inzwischen ist der Blick durchs Schlüsselloch auch hier, wenn nicht Standard, so doch stärker verbreitet als früher. Mit »öffentlichem Interesse« haben Enthüllungen über Liebesaffären und uneheliche Kinder allerdings nichts zu tun – es sei denn, man definierte das »public interest« zum »public's interest« um (Whittle/Cooper 2009) und rechtfertigte so, voyeuristische Instinkte der Publika zu bedienen.

Macht der Boulevard gegen Boni und überhöhte Managergehälter mobil, kann er sich einigermaßen sicher sein, dass die Mehrheit der Leserinnen und Leser ihm bei seinen Entrüstungsorgien bereitwillig folgt. Bislang tabu sind dagegen die kaum minder »skandalösen« Einkünfte von Fußball-, Film- und Showstars. Auch die zunehmende Vermögenskluft zwischen der arbeitenden Bevölkerung und den Kapitaleignern, die über Gehälter und Karrieren der Manager entscheiden, wird vergleichsweise selten thematisiert.

Wer nicht prominent ist, braucht sich von den Medien in der Regel weniger gefallen zu lassen – als Privatperson ist die Privatsphäre ganz gut geschützt. Dennoch kann man Opfer skrupelloser Redaktionen und Reporter werden, beispielsweise nach einem Unfall, einem Überfall oder einer Naturkatastrophe, über die vor allem Boulevardmedien in schrillen Tönen berichten. Immer wieder rügt der Deutsche Presserat in diesem Zusammenhang Verstöße gegen den Pressekodex, vor allem die *Bild* fällt regelmäßig auf – hier noch ein typischesBeispiel (veröffentlicht unter www.presserat.de):

Gleich zwei Rügen erteilte der Presserat für Berichte über das einzige überlebende Kind eines Seilbahnunglücks am Lago Maggiore, bei dem 14 Menschen gestorben waren. Die Redaktion hatte unverpixelte Familienfotos gezeigt, auf denen der überlebende Junge mit seinen ums Leben gekommenen Eltern und Bruder zu sehen war. Den Hinweis unter einigen Fotos, die Familie habe diese freigegeben, war für den Presserat kein hinreichendes Kriterium für deren Veröffentlichung. Losgelöst von einer möglichen Einwilligung von Angehörigen hätte die Redaktion die schützenswerten Interessen des Kindes und der verunglückten Familie beachten müssen. Eine zweite Rüge betraf die Veröffentlichung eines Fotos, das den überlebenden Jungen wenige Minuten vor dem Absturz mit dessen Urgroßvater zeigte.

Als Fazit bleibt festzuhalten: Im Umgang mit Geschäftsnachrichten wie mit der Privat- und Intimsphäre von Prominenten und »normalen« Bürgern sollten Journalisten Informationsansprüche der Öffentlichkeit und Schutzbedürfnisse einzelner sorgfältig gegeneinander abwägen. Das gilt auch dann, wenn juristisch mit keinen Schadenersatzansprüchen oder Schmerzensgeldforderungen zu rechnen ist (vgl. Kapitel 12 [267ff.]). Besondere Vorsicht sollte walten, bevor Journalisten Gerüchte, Vermutungen oder Verdächtigungen in Umlauf bringen und z. B. Angeklagten Straftaten anlasten und diese vorverurteilen, ohne dass ihre Schuld erwiesen wäre. Besondere Vorsicht ist auch im Umgang mit Menschen nötig, die Opfer eines Unglücks, einer Katastrophe oder eines Kriminalfalls werden – sie dann auch noch mit unwürdigen Beiträgen zu schädigen, ungefragt ihre Identität zu enthüllen und ihr Schicksal medial auszuschlachten, ist schlicht unanständig.

Welche Traumatisierungen, Depressionen und sozialen Existenzängste voreilige, übertriebene und verzerrte Medienberichte hervorrufen können, hat der Zürcher Psychiater Mario Gmür beschrieben, als er vom »Medienopfersyndrom« sprach. Der Radiojournalist Alexander Grass ermahnt: »Journalisten haben gelegentlich mit Menschen zu tun, die unter Schock stehen, die gerade ihr Hab und Gut oder Angehörige verloren haben. Oder die sich in Rage reden über ihren Arbeitgeber.« Reporter, die sich in solchen Situationen fair verhalten, müssten dann manchmal auch »Zitate weglassen, weil die Gesprächspartner nicht ausgebeutet werden sollen oder weil sie geschützt werden müssen vor den Folgen einer Veröffentlichung.«

13.5 Umgang mit »Tätern«

Wieviel Aufmerksamkeit muss bzw. darf man Mördern oder Terroristen schenken? Wieviel jugendlichen »Überläufern«, die sich in der Hoffnung auf 72 Jungfrauen im Paradies zu IS-Selbstmordattentätern ausbilden lassen? Wann gibt man solchen Leuten ein Forum? »Einen Taliban würden wir ja auch nicht interviewen«, sagte dazu einmal der Wiener Medienethikexperte Matthias Karmasin. Und der Satiriker Wiglaf Droste stellte einmal mit Blick auf den medialen Umgang mit dem Rechtsextremismus süffisant die Frage, ob man wirklich an jeder Mülltonne schnüffeln müsse.

Aber mit schlichtem Ignorieren ist das Problem natürlich nicht gelöst, wenn die freiheitsfeindlichen Akteure durch Aufmärsche oder Anschläge die Bevölkerung tyrannisieren und eine Berichterstattung erzwingen. Helfen würde indes schon, wenn sich die Medien darauf verständigen könnten, Attentätern und Amokläufern nicht durch Namensnennung und durch das Ausbreiten biografischer Details zu Prominenz und Kultstatus in ihrer extremistischen Szene zu verhelfen. So warnt etwa das Dart Center, eine Organisation, welche die Berichterstattung über Opfer von Terror, Katastrophen und Gewalt zu verbessern sucht: »Mach die Verbrecher nicht zu Helden. Bilder haben mehr Macht als alles, was Du schreibst«.

Terroristen wollen Angst und Schrecken verbreiten, deshalb legen sie es auf größtmögliche Effekte in der Öffentlichkeit an. Die Medien werden, ob sie wollen oder nicht, durch die Berichterstattung zu Komplizen, die mit ihren Beiträgen zur beabsichtigten Wirkung – Angst und Schrecken – beitragen. Manche in der Wissenschaft sprechen deshalb sogar von einer »Symbiose« zwischen Medien und Terroristen, andere halten das für übertrieben und sagen, dass sich die Terroristen parasitär die Medienlogik und die Mechanismen des Journalismus zunutze machen (vgl. Schultz 2022). Sie suchen sich beispielsweise besonders spektakuläre Orte für ihre Anschläge aus, wie bei dem Angriff am 11. September 2001 in New York die Türme des World Trade Center oder 2016 den Weihnachtsmarkt direkt an der Gedächtniskirche in Berlin.

PRO & CONTRA

»Es wird zu viel über Terrorismus berichtet – das Risiko, bei einem Anschlag getötet zu werden, ist doch sehr gering.«

Pro: Statt sich von militanten Islamisten, den Taliban und anderen finsteren Mächten vor den Karren spannen zu lassen, Angst zu schüren und damit auch den Law-and-order-Populisten und -Fundamentalisten im Westen in die Hände zu arbeiten, sollten Journalisten aufklärerisch wirken und dem guten Beispiel von Tim Harford folgen: »Jahr für Jahr ist die Wahrscheinlichkeit, dass ein Amerikaner in einem Verkehrsunfall umkommt, 1:9000«, rechnete der Kolumnist der *Financial Times* vor. »Die Wahrscheinlichkeit, dass er Mord- oder Totschlag-Opfer wird, ist 1:20 000.« Selbst als am 11. September 2001 Terroristen das World Trade Center zum Einsturz brachten und das Pentagon attackierten, sei die Wahrscheinlichkeit, in den USA Opfer eines Terroranschlags zu werden, geringer als 1:100.000 gewesen. Normalerweise, also in anderen Jahren, betrage sie 1:10 Millionen. »Für Amerikaner sind Terroristen in etwa so gefährlich wie Blitzeinschläge«, so Harford. Damit war er den Heerscharen von Leitartiklern um Nasenlängen voraus, die nach den Anschlägen in Paris oder Wien fast schon wie vom IS instrumentalisierte Serien-Schreibtischtäter glauben machen wollten, dass »jeder von uns« schon morgen das nächste Terroropfer sein könnte.

Contra: Die Statistik zu Todeswahrscheinlichkeiten zu bemühen, ist unpolitisch gedacht; die Herausforderung, die Terroristen für freie Gesellschaften bedeuten, geht viel weiter als die Frage, wie viele Menschenleben sie auf dem Gewissen haben. Es geht schlicht darum, in Frieden leben zu können. Und es geht auch darum, die liberale Gesellschaft vor ihren Feinden zu schützen. Das berührt komplizierte Themen wie die Strukturen des Sicherheitsapparats und die richtigen Maßnahmen von Polizei, Geheimdiensten und Justiz – alles sehr wichtige Themen, die über einzelne Taten hinausreichen. Es wäre absurd, würden die Medien über Anschläge und alles, was diese in der Politik und der Gesellschaft auslösen, nicht oder nur unter ferner liefen berichten. Sicherlich ist darauf zu achten, keine unnötige Panik zu schüren und den Terroristen nicht den Gefallen zu tun, sie wie Stars zu behandeln, mit großen Porträtfotos und distanzloser Wiedergabe von Pamphleten und Terrorvideos. Aber so abzustumpfen, dass man Anschläge schlicht ignoriert oder nur kurz achselzuckend zur Kenntnis nimmt, kann wohl kaum eine ethisch haltbare Reaktion sein.

Diese Überlegungen lassen sich auch auf die allgemeine Kriminalität übertragen. Die Medien sollten eine gewisse Zurückhaltung bei der Beschreibung von Details und der Darstellung der Täter üben. Zudem sind unbedingt die Unschuldsvermutung und das Gebot der Resozialisation zu beachten. Es geht in der Berichterstattung oft um mutmaßliche Täter. In Beiträgen ist deshalb auch der Gebrauch des Konjunktivs keine Marotte, sondern ein Gebot. Im Übrigen sind auch die schlimmsten Mörder keine Tiere oder Monster, sondern Menschen, so abstoßend ihre Taten sein mögen. Auch das sollte im Journalismus nicht vergessen werden.

In der Affäre um den Bundestagsabgeordneten Sebastian Edathy, dem der Besitz kinderpornografischer Schriften vorgeworfen wurde, titelte eine Berliner Boulevardzeitung »Der Schweinheilige« (vgl. Schultz 2018b). Rechtfertigt der zweifellos gebotene Einsatz für den Schutz von Kindern diese sprachliche Entgleisung? Erstaunlicherweise hielt der Deutsche Presserat den Titel für statthaft und verzichtete auf eine Rüge, weil es sich lediglich um eine boulevardeske Zuspitzung gehandelt habe. Da kann man auch anderer Meinung sein.

Wie weit dürfen, wie weit sollten Kritik und moralische Verurteilung gehen? Das Urteil, das die Medien und die Öffentlichkeit fällen, kann oft deutlich härter ausfallen als das der Justiz. Im Falle Edathys wurde ein Strafverfahren gegen Zahlung einer Geldstrafe eingestellt. Das bedeutet zwar nicht, dass er moralisch unschuldig wäre und dass er gar nichts Verwerfliches gemacht hätte, im juristischen Sinne aber blieb er unbescholten. Dennoch bekam er in Deutschland keinen Boden mehr unter die Füße und sah sich genötigt, das Land zu verlassen und fortan in einer Art Exil zu leben.

Stigmatisierung und Diskriminierung

Die Aufmerksamkeit der Medien kann schnell zu einer Stigmatisierung und Diskriminierung bestimmter Personen oder Bevölkerungsgruppen beitragen. Deshalb gilt es auch hier, besonders sensibel zu sein und sich beispielsweise vor unzulässigen Pauschalurteilen zu hüten. Allerdings sollte daraus nicht folgen, dass Probleme ignoriert oder Missstände und Verantwortlichkeiten tabuisiert werden.

In der Berichterstattung über Straftaten führt das oft zu der heiklen Frage, ob die Medien die nationale oder ethnische Herkunft mutmaßlicher Täter nennen oder verschweigen sollten. Darüber wird immer wieder erbittert gestritten. Jeder Fall liegt etwas anders, deshalb ist es nicht leicht, eine allgemeine Linie dazu vorzugeben. Der Deutsche Presserat hat es dennoch versucht, ohne den Streit damit allgemeinverbindlich beilegen zu können.

Seit 2017 heißt es in Ziffer 12.1 im Pressekodex: »In der Berichterstattung über Straftaten ist darauf zu achten, dass die Erwähnung der Zugehörigkeit der Verdächtigen oder Täter zu ethnischen, religiösen oder anderen Minderheiten nicht zu einer diskriminierenden Verallgemeinerung individuellen Fehlverhaltens führt. Die Zugehörigkeit soll in der Regel nicht erwähnt werden, es sei denn, es besteht ein begründetes öffentliches Interesse. Besonders ist zu beachten, dass die Erwähnung Vorurteile gegenüber Minderheiten schüren könnte.«

Das klingt restriktiv, der Hinweis auf »ein begründetes öffentliches Interesse« öffnet aber Tür und Tor für das Nennen der Herkunft und wird von Kritikern problematisiert. Denn entsteht das Interesse nicht zum Beispiel auch dadurch, dass eine Partei wie die AfD schmutzige Kampagnen gegen Asylbewerber anzettelt und sich bei jeder Gelegenheit danach erkundigt, ob jemand deutsch sei?

Vor 2017 lautete die Ziffer 12.1 des Pressekodex noch etwas anders – statt »öffentliches Interesse« wurde »ein begründbarer Sachbezug« verlangt: Um zu schreiben, dass ein Tatverdächtiger aus einem bestimmten Land stammte, war es demnach nötig, dass diese Information über die Herkunft für das Verständnis der Zusammenhänge wichtig oder unabdingbar erschien, beispielsweise wenn es um die soziale Situation und die Motive eines mutmaßlichen Täters oder um dessen Einbindung in eine internationale Bande ging. Der »begründbare Sachbezug« wirkte etwas enger gefasst als das »öffentliche Interesse«, auch dieses Kriterium blieb allerdings etwas schwammig.

Die Diskussion über diese Regel verschärfte sich nach der berühmt-berüchtigten Silvesternacht von Köln, als zum Jahreswechsel 2015/16 vor dem Hauptbahnhof und in der Nähe des Doms in einer Menschenmenge zahlreiche sexuelle Übergriffe auf Frauen begangen wurden, von Gruppen junger Männer mit Wurzeln in nordafrikanischen und arabischen Ländern. Die Polizei hatte die Lage zunächst beschönigend dargestellt, die Medien berichteten erst gar nicht, dann zögerlich und schließlich sehr intensiv. In den folgenden Monaten und Jahren gingen viele Redaktionen dazu über, die nationale oder ethnische Herkunft mutmaßlicher Straftäter zu nennen (vgl. Hestermann 2019). Manche Medien, wie die *Sächsische Zeitung*, führten sogar die Regel ein, dass die Herkunft, sofern sie bekannt ist, grundsätzlich immer zu nennen sei, was dann auch für Deutsche gelte. In der Medienbranche und in der Medienethik wird immer wieder kontrovers über dieses Thema diskutiert (vgl. Klimmt et al. 2023). Das hat auch damit zu tun, dass in einer pluralistischen, multikulturellen Gesellschaft die (Selbst-)Zuschreibungen der Herkunft immer heikler und komplexer werden, sich viele Menschen also nicht so einfach zuordnen lassen (wollen).

13.6 Umgang mit Informanten

Wer im Journalismus arbeitet, hat viel mit anderen Menschen zu tun, nicht nur innerhalb, sondern auch außerhalb der Redaktion. Das ist reizvoll, aber manchmal auch nicht ganz einfach. Denn in der Regel will ein Journalist etwas von den anderen Menschen, nämlich bestimmte Informationen und Auskünfte. Und in der Regel wollen die anderen Menschen auch etwas vom Journalisten, nämlich Aufmerksamkeit, eine bestimme Art der Darstellung usw. Manchmal decken sich die Interessen, manchmal nicht.

Es ist nicht einfach, zu Informanten, mit denen Journalisten tagtäglich zu tun haben und auf die sie angewiesen sind, den nötigen Abstand zu halten. Zum einen können sich Redaktionen kaum entziehen, wenn Akteure mit finsteren und fundamentalistischen Absichten versuchen, Journalismus für ihre Zwecke zu instrumentalisieren. Zum anderen gehört es ja zu den erklärten Absichten aller PR-Leute, zu den für sie wichtigen Journalisten möglichst eine persönliche Vertrauensbeziehung aufzubauen, die in einer Krisensituation belastbar ist. Journalisten, die allzu freundschaftlichen Umgang mit ihren Quellen pflegen, erfahren zwar mitunter mehr, versündigen sich aber an ihrem Publikum, wenn sie in einer kritischen Situation ihre Informanten schonen und dann mit Rücksicht auf die persönliche Beziehung eigentlich nötige Fragen nicht mehr stellen.

Neben solcher Zurückhaltung aus persönlicher Sympathie gibt es im Umgang mit Informanten allerdings auch handfeste Korruptionsgefahr. Versuche von PR-Leuten, die Berichterstattung durch Gefälligkeiten zu beeinflussen, sind ebenso an der Tagesordnung wie eindeutige Angebote von Journalisten, bei entsprechender Vorteilsgewährung wohlwollend zu berichten.

Der Deutsche Presserat hat eher vage und umständlich präzisiert, welche Präsente Journalisten von Informanten annehmen dürfen: »Schon der Anschein, die Entscheidungsfreiheit von Verlag und Redaktion könne beeinträchtigt werden, ist zu vermeiden. Journalisten nehmen daher keine Einladungen oder Geschenke an, deren Wert das im gesellschaftlichen Verkehr übliche und im Rahmen der beruflichen Tätigkeit notwendige Maß übersteigt. Die Annahme von Werbeartikeln oder sonstiger geringwertiger Gegenstände ist unbedenklich. Recherche und Berichterstattung dürfen durch die Annahme von Geschenken, Einladungen oder Rabatten nicht beeinflusst, behindert oder gar verhindert werden. Verlage und Journalisten bestehen darauf, dass Informationen unabhängig von der Annahme eines Geschenks oder einer Einladung gegeben werden. Wenn Journalisten über Pressereisen berichten, zu denen sie eingeladen wurden, machen sie diese Finanzierung kenntlich« (Pressekodex, Richtlinie 15.1).

Im Klartext heißt das: Eine Essenseinladung, ein Buch oder einen Kugelschreiber als Werbepräsent darf man annehmen, und einen Testwagen dürfen Journalisten ein paar Tage lang nutzen. Werden aus den Tagen Wochen oder Monate, oder ist die Präsentation des neuen Automodells mit einer Einladung nach Kenia oder auf die Bahamas verbunden, besteht Grund zu der Annahme, dass der Journalist begünstigt und in seiner Entscheidungsfreiheit beeinträchtigt wurde.

Es gehört zum gesicherten, in der Öffentlichkeit kaum bekannten Privilegienbestand von Journalisten, dass sie gegen Vorlage ihres Presseausweises beispielsweise beim Autokauf 10 bis 20 Prozent Rabatt erhalten. Schon bei einem VW Golf sind das überschlagsweise einige tausend Euro. An diesem Gewohnheitsrecht hat offenbar niemand mehr etwas auszusetzen, am allerwenigsten die Journalisten selbst. Kann indes, wer solche Gunstbeweise in Anspruch nimmt, innerlich unabhängig über Verkehrspolitik und Tempolimit, über Alternativen zum Auto wie etwa den Schienenverkehr schreiben - geschweige denn über den Autohersteller, der den Rabatt gewährt hat?

Die meisten Journalisten werden unbefangen antworten: Ja, selbstverständlich. Dagegen würde die Mehrzahl der Mediennutzer gewiss die eben geäußerten Zweifel teilen - und sich vor allem fragen, wie Journalisten, die offensichtlich selbst so leicht korrumpierbar sind, sich immer wieder als Saubermänner und -frauen des öffentlichen Lebens aufspielen können.

Nicht allein spektakuläre Fälle von Korruption begründen Abhängigkeitsverhältnisse. Sie ergeben sich viel häufiger aus den vielen kleinen und größeren alltäglichen Gefälligkeiten und Geschenken, »welche die Freundschaft erhalten«, selbst wenn dies die Begünstigten verständlicherweise gerne verdrängen. Ähnlich problematisch sind viele Nebeneinkünfte prominenter Journalisten.

Geld und Gehalt werden für die meisten Menschen im Lebenszyklus wichtiger - zumindest bis die eigenen Kinder ihre Ausbildung abgeschlossen haben. Einmal abgesehen von den wenigen Stargagen prominenter TV-Journalisten, können Journalisteneinkommen nicht mithalten mit dem, was in der Wirtschaft oder in anderen freien Berufen verdient wird. Wer Journalist werden will, sollte sich also beizeiten fragen, ob er das auf Dauer aushält. Es ist beschämend, aber entspricht den Tatsachen: Fast jeder PR-Chef, der über einen hinreichend hohen Etat verfügt, kann hinter vorgehaltener Hand Storys über die Käuflichkeit von Journalisten erzählen.

Scheckbuch-Journalismus

In der Branche umstritten, aber weitaus weniger verwerflich, ist der umgekehrte Fall: Scheckbuch-Journalismus, bei dem der Informant Geld verlangt und bekommt. Information gegen Bezahlung, das ist eigentlich der »Normalfall«, von dem zumindest die Journalisten selbst leben: »Kein Journalist würde auf die Idee kommen, seinen Verleger dafür zu schelten, dass er Nachrichtenagenturen abonniert ... Jedermann akzeptiert, dass Fotos honoriert werden ... Warum also ist es unter Journalisten aber weithin so verpönt, für Informationen Geld zu bezahlen?«, fragte der damalige stellvertretende Chefredakteur des *Stern*, Michael Seufert. Da sei »viel Bigotterie und Neid im Spiel und leider auch viel Unkenntnis«.

Wenn Nachrichten allerorten als Ware gehandelt werden, ist es Informanten kaum zu verübeln, dass sie mit geldwerten Exklusiv-News oder -Bildern »Kohle machen« möchten. Wenn Geld fließt, besteht allerdings ein zusätzlicher Anreiz für den Informanten, sich eine sensationelle Neuigkeit auszudenken oder sie zu dramatisieren. Dafür sind die gefälschten Hitler-Tagebücher noch immer ein prominentes Beispiel.

Es soll aber auch umgekehrt vorkommen, dass Journalisten im Jagdfieber nicht das Scheckbuch zücken, sondern medienunerfahrene Informanten mit regelrechtem Psychoterror zu Falschaussagen treiben. Der Rufmord am seinerzeitigen Schweizer Botschafter in Berlin, Thomas Borer, dem das Boulevardblatt *Blick* eine Liebesaffäre mit einer Visagistin angedreht hatte, war dafür ein Beispiel. Yellow-Press-Titel nehmen auch Promis unter Vertrag, damit diese ihnen regelmäßig Stoff für Exklusiv-Storys liefern. Dies ist zwar nicht justiziabel, der Tatbestand des Publikumsbetrugs ist jedoch fraglos erfüllt – weil eine »unabhängige« Berichterstattung in solchen Fällen nicht mehr stattfindet.

Die Grenzen sind fließend, aber es gibt eindeutige Grenzüberschreitungen: Wer bei der Informationsbeschaffung Gesetze bricht oder mit Geldsummen andere zu strafbaren Handlungen, etwa zum Geheimnisverrat, verleitet, hat dies nicht nur moralisch vor sich selbst, sondern auch vor Gericht zu vertreten, sollte er ertappt werden.

Informantenschutz

Beim Informantenschutz gibt es auf den ersten Blick kaum Probleme. Er funktioniert in der Regel aus wohlverstandenem Eigeninteresse der Journalisten, die sich ihre Quellen nicht verschütten wollen.

Redaktionen, die ihre Quellen nicht schützen, ruinieren ihre eigene Vertrauenswürdigkeit und schaden dem Journalismus insgesamt, weil sich künftig Informanten zweimal überlegen werden, ob sie sich den Medien anvertrauen sollen. Andererseits ließe sich trefflich darüber streiten, ob Quellen nicht ihren Vertrauensschutz verspielen, wenn sie nachweislich Falschinformationen geliefert haben.

Es gibt weitere Grenzfälle: Sind höherwertige Rechtsgüter gefährdet, wird Informantenschutz zu einer fragwürdigen Angelegenheit: Journalisten brauchen Kriminelle, die Menschenleben aufs Spiel setzen, auch dann nicht zu decken, wenn sie ihnen Diskretion zugesichert haben. Das gilt für islamistische Terroristen, die Flugzeugentführungen planen, ebenso wie für eine HIV-positive Prostituierte, die ihrem Erwerb weiter nachgeht und damit ihre Freier gefährdet. Im Gegenteil: Wer von geplanten schweren Straftaten weiß und sie nicht anzeigt, begeht laut § 138 StGB selbst eine Straftat.

Heikel ist allerdings die Frage, ob Journalisten das ihnen Mögliche tun, um ihre Quellen zu schützen, beziehungsweise, ob sie angesichts der flächendeckenden Überwachung der Geheimdienste selbst bei ernsthaften Bemühungen noch hinreichend in der Lage sind, dies wirksam zu tun. Was wir dank Edward Snowden inzwischen über die Spähaktivitäten von NSA und Co. wissen, stimmt da eher skeptisch (Kapitel 6.4 [162ff.]).

13.7 Umgang mit Kollegen, Chefs und Arbeitgebern

In allen Professionen gibt es den Grundsatz: »Eine Krähe hackt der anderen kein Auge aus«. Auseinandersetzungen und Meinungsverschiedenheiten innerhalb der Zunft oder gar des eigenen Hauses werden nicht nach außen getragen.

Doch gerade im Journalismus kann falsch verstandene Kollegialität zu professionellem Versagen, zu Lücken oder schweren Mängeln in der Berichterstattung führen. Zumindest verfestigt sich dann beim Publikum schnell der Eindruck, dass Journalisten mit zweierlei Maß messen und über ihre Berufskollegen viel milder urteilen als über all die anderen, über die sie täglich berichten: Politiker, Gewerkschafter, Wirtschaftsführer. Wer als Journalist glaubwürdig bleiben möchte, sollte also eigentlich über Journalisten und Medien nicht minder kritisch berichten – darf aber andererseits nicht erwarten, dass er von seinen eigenen Kolleginnen und Kollegen geliebt wird, wenn er das tut.

Den Redaktionskollegen, Chefs und dem Arbeitgeber schulden Journalistinnen und Journalisten, wie alle anderen Arbeitnehmer, gleichwohl ein Mindestmaß an Loyalität. Jeder Redakteur sollte die »redaktionelle Linie« seines Mediums kennen und sich vor Unterzeichnung seines Arbeitsvertrages fragen, ob er sie mittragen kann.

In den vergangenen Jahren ist die öffentliche Sensibilität für Machtmissbrauch und Grenzüberschreitungen im Umgang mit Mitarbeiterinnen und Mitarbeitern gestiegen, das betrifft vor allem Themen wie sexuelle Belästigung und Nötigung. Auch Büro-Liebschaften, von denen man meinen könnte, sie gingen niemanden etwas an außer den Liebenden, können sich als Problem entpuppen, wenn hier ein Machtgefälle und der Verdacht von Begünstigung, Ausnutzung oder Erpressung aufkommt. Der langjährige Chefredakteur von *Bild*, Julian Reichelt, musste aufgrund solcher Vorwürfe im Jahr 2021 seinen Posten räumen, sein Fall schlug in der Medienbranche hohe Wellen und war sogar in der *New York Times* ein Thema. In den USA gibt es schon seit längerer Zeit strenge Regeln für das Verhalten von Chefs, und da der Axel-Springer-Verlag, in dem die *Bild*-Zeitung erscheint, auf dem Sprung über den Atlantik zu wichtigen US-Geschäften war, wurde aus den vermeintlich privaten Eskapaden eines einzelnen Journalisten plötzlich ein großes, internationales Medienthema.

Ohnehin sind die Grenzen zwischen privatem und öffentlichem Verhalten, privater und öffentlicher Kommunikation in digitalen Zeiten fließend – darüber sollten sich gerade Journalistinnen und Journalisten im Klaren sein. Ihre Social-Media-Auftritte können bei unvorsichtigen Äußerungen und Bildern sowohl für sie selbst als auch für ihre Redaktionen zum Risiko werden.

PRO & CONTRA

»Redaktionen sollten die Social-Media-Kommunikation der eigenen Mitarbeiterinnen und Mitarbeiter begrenzen.«

Pro: Journalistische Produkte sind »Gesamtkunstwerke«, sie leben von ihrem publizistischen Profil. Über Jahrzehnte hinweg hat der *Spiegel* deshalb noch nicht einmal Autorennamen unter seine Beiträge gesetzt, und der *Economist* tut es bis heute nur bei Kommentaren und Kolumnen. Das Bedürfnis, sich persönlich zu profilieren, ist in Zeiten sozialer Netzwerke gewiss noch ausgeprägter als zuvor – aber das sollte bei festangestellten Redakteuren im Einklang und in Absprache mit der Redaktion, also nicht eigenmächtig geschehen, denn sonst besteht Gefahr, dass sich Einzelne auf Kosten des Mediums profilieren, für das sie arbeiten – und diesem mitunter sogar schaden, wenn die eigene Kommunikation in den sozialen Medien zu weit von der »Linie« der Redaktion abweicht. Der Schaden tritt auch ein, wenn Einzelne über Social Media die redaktionellen Sicherungs- und Prüfinstanzen umgehen und halbgare oder falsche Informationen verbreiten oder unbedachte Meinungen äußern.

Contra: Die Redaktionen können froh sein, wenn sich ihre Leute sogar noch in der Freizeit auf den Social-Media-Plattformen bewegen und sich dort auch im Sinne der Medienmarke tummeln. Journalistinnen und Journalisten sind alt genug, um zu wissen, was sie dort tun und lassen sollten. Es ist ja auch kein Hexenwerk, die wirklich private von einer klar öffentlichen Kommunikation zu trennen und den privaten Bereich abzuschirmen. Dass der Ton und die Art der Beiträge in den sozialen Medien anders sind als in den klassischen Massenmedien, ist kein Nachteil – es kann geradezu belebend sein. Hier ergeben sich auch wunderbare Möglichkeiten für einen direkten Austausch mit den Rezipienten, für Themenideen, Hilfe bei Recherchen oder einfach nur für das legitime Bewerben der eigenen journalistischen

Beiträge und Angebote. Dabei auf die Kreativität und die Verantwortung der Einzelnen zu vertrauen, ist besser, als mit Bedenkenträgerei und starren Regelwerken die Vielfalt und die Spritzigkeit, die zur Social-Media-Kommunikation gehören sollten, abzuschnüren.

Recherche versus Plagiat

Journalisten bedienen sich im Alltagsgeschäft ständig der Vorarbeit anderer Journalisten. Doch welche Informationen dürfen sie ohne Quellenangabe übernehmen, wo beginnt das Plagiat? Ist der Diebstahl von Worten, von geistigem Eigentum genauso zu werten wie der Diebstahl eines Autos? Der Literaturkritiker Wilson Mizner spöttelte: »Wenn Du von einem Autor abschreibst, ist es Plagiat; schreibst Du von vielen ab, ist es Recherche«. Ganz Unrecht hatte er damit nicht.

So viel Chuzpe ist dann allerdings doch selten: Der *Weltwoche*-Redakteur Urs Gehriger plagiierte nicht nur ein langes Stück aus dem *Daily Telegraph* wortwörtlich, sondern erfand auch noch ein Gespräch mit dem Autor Keith Lowe dazu, von dem er abgeschrieben hat. Lowe indes erklärte auf Anfrage, er habe keinen Kontakt mit Gehriger gehabt. Mit britischem Humor fügte der um sein geistiges Eigentum betrogene Lowe an: »Wenn jemand meinen Artikel so unwiderstehlich gefunden hat, dass er große Teile davon kopieren wollte – nun, dann ist das die höchste Form des Lobes.«

Während es im Wissenschaftsbetrieb klare Zitierregeln gibt, ist das im Journalismus weniger eindeutig geklärt. Gerade deshalb sollten es sich Journalistinnen und Journalisten zum Prinzip machen, ihre Quellen zu nennen (freilich in journalistischen Beiträgen in der Regel ohne Fußnoten), auch wenn es eine Presseabteilung oder gar ein Konkurrenz-Medium sein sollte. Das Publikum hat ein Anrecht darauf zu erfahren, woher eine Information stammt, es sei denn, sie ist längst zum Gemeingut geworden.

Roy Peter Clark vom Poynter Institute in Florida bezeichnete übrigens schon vor Jahrzehnten das Plagiat als »Einstiegsdroge«: Wer sich erst einmal mit fremden Federn schmücke, für den sinke auch die Hemmschwelle, ganze Geschichten zu erfinden (zit. n. Shaw 1984: 1).

13.8 Umgang mit Werbekunden

Ein unumstößlicher Grundsatz seriösen Journalismus sollte die strikte Trennung von Redaktion und Anzeigengeschäft sein. Doch in Wirklichkeit ist die »Chinesische Mauer«, die beide Sphären voneinander trennt, längst durchlöchert, wenn nicht geschleift. Vor allem bei »Gratis«-Medien, die sich zu 100 Prozent aus Werbeerlösen finanzieren, gibt es oftmals Arrangements, damit Anzeigen und redaktionelle Texte korrespondieren.

Auf keinen Fall sollten Werbekunden direkt die redaktionellen Inhalte beeinflussen können. Koppelgeschäfte dergestalt, dass ein Unternehmen Anzeigen schaltet unter der Bedingung, dass seine Produkte auch im redaktionellen Teil positiv gewürdigt werden, sind schlicht Betrug am Publikum.

Und auch das in Mode gekommene »native advertising«, bei dem Werbung in redaktionellen Kleidern daherkommt, so dass Mediennutzer sie nicht mehr oder nur mit Mühe von redaktionellen Inhalten unterscheiden können, gefährdet die Medienmarke und die Glaubwürdigkeit einer Redaktion. Die Grauzone des »Gefälligkeitsjournalismus« ist größer geworden.

In jedem Fall sind Werbekunden kostbar. Mit ihnen anständig umzugehen, ist zunächst nichts Anstößiges. Das Medienunternehmen, also nicht nur die Anzeigenabteilung, hat ein Interesse daran, dass Werbung Erfolg hat. Das wiederum hängt vom redaktionellen Umfeld ab. Vertragliche Regelungen zwischen Verlagen und Airlines sehen deshalb beispielsweise vor, dass an Tagen, an denen ein Flugzeug abgestürzt ist, eine Anzeigenschaltung unterbleibt.

13.9 Individual- und Organisationsethik

Journalisten sollten mit den ethischen Herausforderungen und den Dilemmata des journalistischen Alltags behutsamer umgehen. Mehr über Probleme nachdenken und wissen, heißt allerdings nicht immer, sie leichter oder besser lösen können. Oft ist das Gegenteil der Fall. Ein Hauptirrtum ethischer Kodifizierungsversuche liegt darin, *die* journalistische Ethik formulieren zu wollen. Im Tagesgeschäft sind Entscheidungen nach Schwarz-Weiß-Schema die Ausnahme. Ethische Fragen sollten systematisch reflektiert werden: Es ist zu ermitteln, welche Anspruchsgruppen auf welche Weise vom journalistischen Handeln tangiert sind und welche Normen dabei möglicherweise verletzt werden. Meist sind mehrere Interessen gegeneinander abzuwägen. Während in anderen Branchen unter Stichworten wie »Nachhaltigkeit«, »Öko- und Sozialbilanz«, »Unternehmenskultur« und

»Corporate Social Responsibility« recht intensiv über Ethik und über den Beitrag des Unternehmens zum Gemeinwohl diskutiert wird, finden solche Fragen bisher in Medienbetrieben und Redaktionen wenig Resonanz.

Medienforscher wie Manfred Rühl und Ulrich Saxer haben zwar schon in den 1980er-Jahren eine Organisationsethik gefordert, die publizistische Verantwortung nicht allein einzelnen Journalisten, sondern auch Redaktionen und Medienunternehmen aufbürdet. Diese Forderung nach einem »Ethik-Management« (Trommershausen 2015) ist aber in der Praxis bisher eher folgenlos verhallt.

Mit seinem Konzept einer »gestuften Verantwortung« weist der Philosoph Robert Spaemann (1982) einen Weg, sowohl die Medienunternehmen als auch den einzelnen Journalisten in die Pflicht zu nehmen. Demzufolge ist zu überlegen, wer konkret wofür verantwortlich zeichnet: Der Überbringer von Nachrichten ist natürlich nicht von vorneherein schuld an der Neuigkeit, die er mitteilt. Aber auch er hat eine Fürsorgepflicht; er ist weder gegenüber seinem Publikum noch gegenüber seinen Informanten frei von jedweder Verantwortung für die Folgen der Nachrichten, die er mitteilt. Andererseits lässt sich nicht alle Schuld individuell zurechnen, denn auch die Erwartungen der Kollegen und der Chefs prägen das Verhalten von Journalisten. Eine radikale Individualethik würde den Einzelnen überfordern.

Medienunternehmen sollten deshalb ihre Erwartungen an Journalisten klar spezifizieren und einen Verhaltenskodex für ihre Redaktionen einführen. Der Kodex sollte als Bestandteil des Arbeitsvertrages verbindlich sein. In den USA ebenso wie in der Schweiz sind solche Regelungen längst üblich. In Deutschland entwickelt sich langsam eine ähnliche Kultur. Nach dem Relotius-Skandal beim *Spiegel* setzte das Magazin nicht nur eine Untersuchungskommission ein, die Hintergründe zu den gefälschten Reportagen aufhellen sollte. Die Redaktion entwickelte auch neue »*Spiegel*-Standards«, die im Frühjahr 2020 auch der Öffentlichkeit präsentiert wurden.

In den »*Spiegel*-Standards« heißt es gleich zu Beginn: »Für unsere Arbeit gilt der Grundsatz: Die Geschichte muss stimmen. Verantwortlich dafür ist die Redaktion. Stimmen heißt nicht nur, dass die Fakten richtig sind, dass es die Personen gibt, dass die Orte authentisch sind. Stimmen heißt, dass der Text in seiner Dramaturgie und seinem Ablauf die Wirklichkeit wiedergibt. Folgt die Recherche einer These, ist nicht nur nach Belegen für, sondern auch nach Belegen gegen diese These zu suchen. Jede Recherche erfolgt ergebnisoffen« (*Der Spiegel* 2020).

Auch andere Redaktionen, unter anderem die der *Zeit* und der *SZ*, haben in jüngerer Zeit Selbstverständnis-Papiere erstellt und damit die eigenen Leute darauf eingeschworen. Ergänzend zu einem seit langer Zeit existierenden Redaktionsstatut heißt es beispielsweise im »Wertepapier« der *SZ*-Redaktion von 2020: »Die Mitarbeiterinnen und Mitarbeiter berichten wahrheitsgemäß, unabhängig und frei von jeglicher Einflussnahme. Redaktionelle Inhalte und Anzeigen sind strikt zu trennen. Diese Grundsätze und Werte, die seit der Gründung das Fundament ihrer journalistischen Arbeit bilden, werden die *Süddeutsche Zeitung* auch im digitalen Wandel in die Zukunft tragen.« Zum Teil enthalten diese Papiere auch konkrete Regelungen zum Umgang mit Quellen und Informanten oder zum Dialog mit den Leserinnen und Lesern.

Die Springer AG hat vor ein paar Jahren konzernweit »Leitlinien zur Sicherung der redaktionellen Unabhängigkeit« verabschiedet, die für die Redakteure des Hauses nochmals festschreiben, was bereits im Pressekodex steht. Der Haken: Die Chefredakteure sind dafür zuständig, diese Regeln anzuwenden. Das erklärt vermutlich, weshalb die Leitlinien offenbar bei *Bild* ganz anders ausgelegt werden als bei anderen Objekten des Hauses. Auf Bildblog.de und in den Rügen des Presserats gibt es jedenfalls weiterhin viel Anschauungsmaterial zu schrägen und unakzeptablen Praktiken bei Deutschlands größtem Boulevardtitel. Sie vertragen sich kaum mit dem, was in den Springer-Leitlinien steht, aber Papier ist ja bekanntlich geduldig.

Ethikbedarf im Journalismus entsteht nicht, weil es keine anderen Steuerungsinstanzen gibt. Ein intaktes und von den Journalisten selbst weithin akzeptiertes System professioneller Normen bietet aber am ehesten die Gewähr dafür, dass der Journalismus seine relative Autonomie wahren kann. Andererseits dürfen die Erwartungen nicht allzu hochgeschraubt werden. Die Medien sind eine Ausdrucksform und zugleich ein Vexierbild ebenjener multikulturellen Gesellschaft, in der wir leben. In ihr kann es die eine Ethik nicht mehr geben. Ethik ist im Journalismus von begrenzter Reichweite: Sie wird weder die Geschäftsprinzipien des Kapitalismus noch landesspezifische kulturelle Traditionen (vgl. Fengler et al. 2014) aus den Angeln heben.

Auch der modernste Kodex kann die Selektionsraster, Verstärker und Filter eines Mediensystems nicht grundsätzlich ändern. Aber Ethik kann als Korrektiv wirken, wenn und solange Journalisten nicht einfach gutheißen, was gute Geschäfte verheißt. Indes wäre auch der Umkehrschluss töricht: Nicht alles, womit sich im Journalismus Geld verdienen lässt, ist schon deshalb verwerflich, weil es einträglich ist.

Literaturtipps

Fengler, Susanne et al. (Hrsg.) (2014): *Journalists and Media Accountability: An International Study of News People in the Digital Age*. New York: Peter Lang

Jackob, Nikolaus (2018): *Die Mediengesellschaft und ihre Opfer. Grenzfälle journalistischer Ethik im frühen einundzwanzigsten Jahrhundert*. Berlin: Peter Lang

Meyers, Christopher (Hrsg.) (2010): *Journalism Ethics. A Philosophical Approach*. Oxford: Oxford University Press

Prinzing, Marlis et al. (Hrsg.) (2015): *Neuvermessung der Medienethik. Bilanz, Themen und Herausforderungen seit 2000*. Weinheim/Basel: Beltz Juventa

Schicha, Christian (2019): *Medienethik: Grundlagen – Anwendungen – Ressourcen*. München: UVK

14. Gefährdete journalistische Qualität?

Anything goes if it sells – die allzu simple These, dass alles Qualität sei, was sich verkaufen lässt, mag sich, rein betriebswirtschaftlich betrachtet, da und dort bestätigen. Mit Qualitätsvorstellungen, die sich an journalistischer Professionalität orientieren, sind sie nicht vereinbar. Fraglos häufen sich die Fehlentwicklungen im Journalismus. Sie sind für jedermann sichtbar. Die Glaubwürdigkeitskrise des Journalismus in Teilen der Bevölkerung ist zwar in Deutschland und vor allem in der Schweiz Studien zufolge weniger ausgeprägt als in vielen anderen demokratischen Ländern, z. B. den USA oder Frankreich, aber sie ist dennoch nicht zu übersehen und könnte sich auswachsen, wenn die Medien und die Gesellschaft nicht gegensteuern.

14.1 Ziele setzen, Fehler korrigieren

Der Journalismus zeigte sich bislang gegenüber Qualitätsinitiativen dennoch ziemlich resistent. Praktiker sehen entweder argwöhnisch ihre Unabhängigkeit bedroht, oder sie verweisen auf den hohen Produktionsdruck, auf Deadlines und Personalengpässe – sowie immerhin auf das Gegenlesen, das zumindest in halbwegs professionell geführten Redaktionen üblich ist, beim Schweizer Fernsehen sogar angeblich vierfach.

Erst allmählich wird publizistische Qualität von der Praxis »entdeckt«, wohl vor allem, weil sich in der Öffentlichkeit und in den Foren des Internets eine Vertrauenskrise des Journalismus manifestiert. In der Wissenschaft hat das Thema bereits eine erstaunliche Karriere durchlaufen (vgl. Ruß-Mohl 1992; Schatz/Schulz 1992; Held/Ruß-Mohl 2000; Bucher/Altmeppen 2003; Fasel 2005; Hermes 2006; Arnold 2009; Neuberger 2011; zuletzt: Weichert/Daniel 2020). Zumindest in den USA und in der Schweiz liefern

Forscher inzwischen mit Berichten wie dem »State of the News Media«-Report des Pew Research Center und dem »Jahrbuch Qualität der Medien Schweiz« der Universität Zürich fortlaufend Qualitätsanalysen, während in Deutschland solch ein jährlicher Bericht zur Informationsqualität weiterhin nur – bislang erfolglos – eingefordert wird (vgl. Schatz 2021).

Soll der Schritt weg von der Routine und hin zum aktiven Qualitätsmanagement oder gar zur Entwicklung einer Qualitätskultur in der Redaktion gelingen, wird die Redaktionsleitung nicht umhinkommen, gemeinsam mit den Mitarbeitern Ziele und Qualitätskriterien der redaktionellen Arbeit präzise zu formulieren. Denn was journalistische Qualität ist, lässt sich nicht ein für alle Mal von oben verkünden. Es ist abhängig vom Medium, vom Genre, vom Publikationsrhythmus, von den Zielgruppen und nicht zuletzt vom Selbstverständnis und von den Ansprüchen, die Redaktionen sowie die einzelnen Mitarbeiter an sich selbst richten.

Immerhin: Fragt man Journalisten nach einem Kriterien-Katalog, um journalistische Qualität zu bestimmen, nennen sie in aller Regel mehr oder minder dieselben Stichworte:

- Aktualität (zeitliche Nähe zum Geschehen),
- Relevanz (Bedeutung/»Gewicht« des Geschehens/Themas für die Publika),
- Objektivität/Vielfalt (Faktentreue, Trennung von Nachricht und Meinung, Vielfalt der Blickwinkel, Fairness/Ausgewogenheit, Hintergrund),
- Originalität (Leseanreiz, Exklusivität/hoher Anteil an Eigenrecherche, Multimedialität),
- Verständlichkeit (klare Sprache, angemessene Vereinfachung, erforderliche Kontextinformation).

Weniger häufig führen sie dagegen zwei weitere Kriterien auf, obschon diese fraglos an Relevanz gewinnen – weshalb wir ihnen nachfolgend zusätzliche Aufmerksamkeit schenken:

- Interaktivität (Rückkopplung/Austausch mit den Publika),
- Transparenz (Offenlegen der Berichterstattungs-Bedingungen, Quellenkritik; Einblick in den Medienbetrieb und in die eigene Redaktion).

Dass zwischen den Qualitätskriterien Zielkonflikte bestehen, ist am besten mit Hilfe des magischen Vielecks zu veranschaulichen – einem Denkmodell, das den Wirtschaftswissenschaften entlehnt ist (Abb. 48).

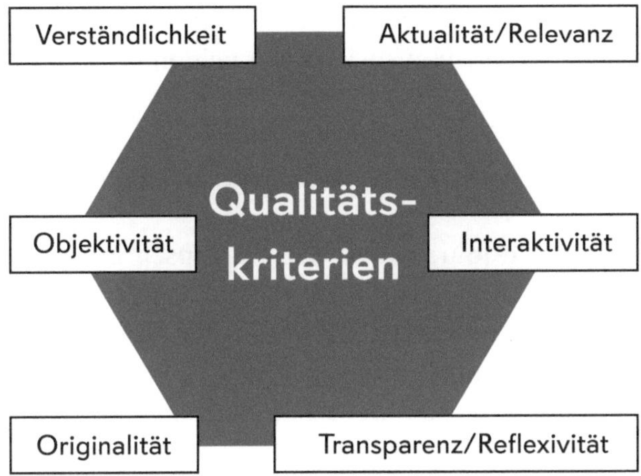

Abb. 48: Magisches Vieleck (vgl. Ruß-Mohl 1992)

Das magische Vieleck kann helfen, die eigenen Ziele und Prioritäten zu bestimmen. Es macht auch deutlich, dass es unmöglich ist, alle Qualitätskriterien gleichzeitig zu erreichen.

Weil beispielsweise Radio und Newssites besonders schnelle Medien sind, werden Hörfunk- und Online-Redaktionen in der Regel der Aktualität besonders hohen Rang einräumen. Radioredakteure wissen darüber hinaus, dass die meisten Hörerinnen und Hörer das Medium »nebenbei« benutzen, also nicht allzu konzentriert bei der Sache sind. Deshalb kommt dem Kriterium Verständlichkeit ein höherer Rang zu als bei einer anspruchsvollen Tageszeitung. Weil sich Radioprogramme und Websites leichter interaktiv gestalten lassen als Printmedien, werden kluge Programmmacher bzw. Online-Journalisten darüber nachdenken, wie sie ihre Rezipienten mit einbeziehen können. Zeitschriftenredakteure wiederum betonen stark die Originalität, weil sie der Aktualität immer nur hinterherhinken können.

Die Kriterien zu gewichten ist nichts anderes als ein Zielfindungsprozess für die jeweilige Redaktion. Von Fall zu Fall wird das Ergebnis variieren: Wer eine Jugendzeitschrift betreut, braucht einen anderen Kriterienmix als die *Tagesthemen*-Redaktion der ARD, und eine Ratgebersendung bedarf wiederum anderer Qualitätsmaßstäbe als ein Kulturmagazin. Für alle gilt indes, dass Qualität erst dann überprüfbar wird, wenn man sich vorher auf Qualitätskriterien und deren Rang verständigt. Sind die Ziele klar definiert, folgt im Alltag die Umsetzung und damit der bereits beschriebene journalistische Produktionsprozess – mit dem kleinen Unterschied, dass sich jetzt auch überprüfen lässt, inwieweit die Ziele erreicht wurden. Doch kommen wir zurück zu den beiden vernachlässigten Qualitätskriterien.

Interaktivität überlegt nutzen: Kommentarfunktionen

Jahrzehntelang haben Journalisten den Austausch mit den Mediennutzern, also die Interaktivität, sträflich vernachlässigt. Dann »hypten« Internet-Gurus, darunter auch viele Journalisten und Medienforscher, sie regelrecht. Das »Demokratisierungspotenzial« des Netzes galt als nahezu grenzenlos, und in Nutzerkommentaren sah man einfach nur eine große Bereicherung – je mehr, desto besser.

Inzwischen hat sich herumgesprochen, dass es, neben Schwarmintelligenz auch Schwarmdummheit gibt, und es herrscht Katzenjammer (siehe auch Seite 210). Weil miese, vulgäre Kommentare auf das journalistische Produkt abfärben und die Reputation beschädigen, können Redaktionen durch Leserkommentare wenig gewinnen, aber viel verlieren – es sei denn, sie kümmern sich wirklich intensiv um die Moderation der Kommentarspalten mit dem Ziel, durch entsprechende Auswahl der Stimmen die Diskursqualität zu erhöhen. Die Journalisten sollten sich dann möglichst selbst an der jeweiligen Diskussion aktiv beteiligen. Es gilt also auch bei der Interaktivität, das rechte Maß zu finden, und statt auf Quantität auf die Qualität des Nutzerfeedbacks zu setzen und vor allem auf Hasskommentare klug zu reagieren. Als Moderations-Strategien schlagen Leif Kramp und Stephan Weichert (2018) je nach Ausgangslage »Dis-Empowerment« vor – also entweder Bestrafung bis hin zu zivil- oder strafrechtlichen Konsequenzen, Gegenrede und das Zerlegen von Hassbotschaften, vor allem aber Blockieren und Ignorieren. Aber auch eine bestärkende Strategie, also Empowerment, kann funktionieren: Manchmal hilft es eben auch, Hassrede zu ironisieren und ihr mit Humor zu begegnen, in begrenztem Umfang Verständnis zu zeigen, um die Debatte zu versachlichen, zu vermitteln sowie sich mit den Betroffenen und Gegnern von Hassrede zu solidarisieren und sie zielgerichtet im Diskurs zu unterstützen. Wie sich Streitlust in Streitkunst verwandeln lässt, analysieren prominente Journalisten und Medienforscher in einem Reader, der den Diskurs als Essenz der Demokratie versteht (Russ-Mohl 2020).

Ein guter Weg ist, dem Publikum gezielt auch Präsenz-Veranstaltungen anzubieten, in denen sie in Kontakt mit den Redakteurinnen und Redakteuren kommen. Wenn solche Formate mehr sind als bloße PR- und Werbeveranstaltungen, wissen die Nutzer das oft sehr zu schätzen. Einige Medien wie die *Zeit* machen es ziemlich erfolgreich vor – sie setzen dabei nicht nur auf altbackene Vorträge für Senioren, sie gehen auf den Campus, holen sich junge Leute auf die Bühne. Dabei kommt es darauf an, geschickt Verbindungen zwischen dem journalistischen Medium (der Zeitung, dem Magazin usw.) und den interaktiven Formaten anzubieten – die *SZ* beispielsweise ließ schon Leserinnen und Leser auch über bestimmte Rechercheprojekte mitentscheiden.

Transparenz herstellen: Qualitätssicherung durch Medienjournalismus

Der Berichterstattung über Medien kommt bei der publizistischen Qualitätssicherung eine zentrale Rolle zu, weil sie allein Transparenz im Journalismus herstellen kann. Funktionierte der Medienjournalismus verlässlich, könnte er so etwas wie die »fünfte Gewalt« sein, welche die vierte beobachtet, »beaufsichtigt« und inspiriert.

Bisher füllt er diese Rolle allerdings nur rudimentär aus: Nach einer kurzen Blütezeit zur Jahrtausendwende werden Medienressorts, wie beim *Spiegel* und zuvor schon bei der *Zeit* und beim Zürcher *Tages-Anzeiger*, abgeschafft, statt vernünftig ausgestattet. Wenn es sie noch gibt, sind die zuständigen Redakteure meist Einzelkämpfer. Oftmals haben sie »Beißhemmung« gegenüber den eigenen Kolleginnen und Kollegen, und es mangelt auch an hinreichender Rückendeckung vonseiten der Chefredaktionen.

So gewährt der Journalismus viel zu selten seinem Publikum Blicke hinter die Kulissen – beispielsweise, wie Politik im Fernsehen inszeniert wird. Der *FAZ* ist das anlässlich des politischen Aschermittwochs, der 2021 coronabedingt ins TV-Studio verlegt wurde, immerhin mit einem Aufmacher-Foto geglückt (Abb. 49 [316]).

Frankfurter Allge

ZEITUNG FÜR DEUTSCHLAND

Nr. 41/7 R

HERAUSGEGEBEN VON GERALD BRAUNBERGER, JÜRGEN KAUBE, CARSTEN KNOP, BERTHOI

ition
? hat
rität

-Vorsitzende
n Mal seit lan-
Koalition mit
lassen. Beim
der CSU, der
wurde, sagte
reicht, immer
stian Lindner
r – und weite
seinem Lob
llvertretenden
g Kubicki aus,
auf als durch
an den Grü-
tzt noch „ge-
„ein bisschen
s die Grünen
d nannte Sö-
ch linkes Ge-
r angeblichen
nilienhäuser".
hinaus Angst
enn sie in ei-
ie genau wie
den Grünen
die Partei sei
ge Programm
alitionsfähig.
e man es „ir-
iehe Seite 3.)

Politik und Pappkameraden: *Söder beim politischen Aschermittwoch in der Kulisse einer gemütlichen bayerischen Stube*

Abb. 49: Politischer Aschermittwoch im TV-Studio mit Bayerns Ministerpräsident Markus Söder

Einen qualitätsfördernden Effekt zeitigte der temporäre Ausbau des Medienjournalismus in den 1990er-Jahren immerhin, bevor er wieder zurückgestutzt wurde: Journalisten und Medienmanager wurden zeitweise selbst Gegenstand und damit »Opfer« von Medienberichterstattung. Bekanntlich sind Medienleute äußerst dünnhäutig und mögen es nicht, wenn an ihnen herumgenörgelt wird. Die schiere Erfahrung, einmal auf der anderen Seite zu erleben, wie »Rudeljournalismus« funktioniert und wie wehrlos man ihm ausgeliefert sein kann, hatte heilsame Effekte.

Vermutlich wollten aber die Mediengewaltigen nicht weiter an den Pranger gestellt werden, und auch deshalb wurde die Berichterstattung über Medien und Journalismus seither stark eingeschränkt und verlagerte sich ins Internet. Viele der dortigen Blogs und Plattformen sind der unmittelbaren Kontrolle der Mächtigen in Verlagen und Sendern entzogen. Dabei hätten gerade jene Medien, die hochwertigen Journalismus produzieren und auf die Zahlungsbereitschaft ihrer Rezipienten angewiesen sind, allen Grund, Qualität und Qualitätsunterschiede im Journalismus aktiv zu kommunizieren.

Deutschland	
Bildblog	http://www.bildblog.de/
Europäisches Journalismus-Observatorium	www.ejo-online.eu
Kress Report	https://kress.de
Meedia	http://meedia.de
Übermedien	https://uebermedien.de/
Schweiz	
Klein Report	http://www.kleinreport.ch
persönlich	https://www.persoenlich.com/
Österreich	
Kobuk	https://www.kobuk.at
Englischsprachige	
Columbia Journalism Review	http://www.cjr.org/
European Journalism Observatory	http://en.ejo.ch/
Nieman Lab	http://www.niemanlab.org/
Online Journalism Review	http://www.ojr.org/
Pew Research Center	https://www.pewresearch.org/topic/news-habits-media/
Poynter News	http://www.poynter.org/news/

Abb. 50: Medien-Blogs und Websites – eine Übersicht

Transparenz durch Korrekturspalten

Qualitätsbewusstsein lässt sich nicht verordnen, wohl aber entwickeln. Dazu sollte die Chefredaktion Anreize setzen, damit die Mitarbeiter von sich aus alles tun, um Fehler zu vermeiden.

Menschen irren sich gelegentlich – auch Journalisten, wenngleich vor allem die Kollegen vom Fernsehen sich gerne mit der Aura der Unfehlbarkeit umgeben. Da journalistische Arbeit oft unter Stress und Zeitdruck geleistet wird, ist sie sogar besonders fehleranfällig. Chefs und Redaktionen müssen folglich mit Fehlern auf angemessene Weise umgehen, und zwar sowohl im Kollegenkreis als auch gegenüber den Publika.

Ein Klima der Angst in der Redaktion führt dazu, dass Fehler vertuscht oder anderen in die Schuhe geschoben werden. Ziel sollte es dagegen sein, gemeinsam aus Fehlern zu lernen. Dazu bedarf es eines Umgangs, bei dem man von Kollegen und Vorgesetzten »aufgefangen« wird, wenn einem einmal ein Schnitzer unterläuft. Andererseits darf der Anspruch nicht reduziert werden. Im Idealfall herrscht ein Esprit de Corps, der unter sportlich-freundschaftlicher Kooperation und Konkurrenz jeden zu Höchstleistungen anspornt.

Was kann man tun, wenn das Kind in den Brunnen gefallen ist? Redaktionen, die den Mut haben, Fehler einzugestehen, können an Glaubwürdigkeit nur gewinnen. Im deutschsprachigen Raum berichtigen indes Medien nur selten freiwillig den Unfug, den sie verbreitet haben. In den USA ist das anders: Zumindest bei Print- und Onlinemedien sind »corrections« längst zur Selbstverständlichkeit geworden. Die Publika wissen es zu schätzen, dass sie nicht an der Nase herumgeführt werden, und danken es, indem sie Medien mit Berichtigungsbereitschaft eine höhere Glaubwürdigkeit zubilligen.

Wer eine solche Korrekturspalte einführt, sollte sie allerdings pflegen und in seiner Redaktion die nötige Überzeugungsarbeit leisten, damit sich alle Ressorts beteiligen, obschon niemand gerne am Pranger steht. Akribisch ergänzt die *New York Times* ihre Korrekturspalte dann und wann mit »editor's notes«, um ihren Leserinnen und Lesern zu erklären, warum ein Fehler unterlaufen ist. Wird dagegen nur sporadisch und »kosmetisch« korrigiert, merken und verübeln das die Publika.

Online sind Fehler einfacher und schneller korrigierbar - und mit etwas Glück sogar humorvoll. Strittig ist unter Medienexperten, ob begangene Fehler weiterhin dokumentiert werden müssen, oder ob man sie einfach stillschweigend berichtigen darf. Hansi Voigt, der in der Schweiz erst *20 Minuten online* und dann die Newssite *Watson* erfolgreich lanciert hat, plädiert für eine »gelebte Fehlerkultur«. Aus einem Fehler »lerne man am meisten«, und gerade im Digitalen sei es keine Kunst, zu einem Fehler zu stehen und ihn zu korrigieren.

Blatt- und Programmkritik

In gutgeführten Redaktionen gehört die Blatt- oder Programmkritik regelmäßig auf die Tagesordnung der Redaktionskonferenz. Worauf es dabei ankommt, arbeitete die Schweizer Reporter-Ikone Margrit Sprecher heraus, als sie zwei Preisträger würdigte, die vom Verein »Qualität im Journalismus« dafür ausgezeichnet wurden, dass sie sich besonders effektiv und einfühlsam mit der Arbeit ihrer Kollegen auseinandersetzten: »Sie halten keine Moralpredigten. Ihre Feedbacks haben nichts mit ›Big brother is watching you‹ zu tun. Vielmehr handelt es sich um die Bemerkungen von Coaches, die zwar Klartext reden, immer aber das Beste für ihre Schutzbefohlenen wollen.« Es gehe um »alltagstaugliche Leitplanken, die selbst in stürmischen Zeiten vor dem Absturz bewahren«; die Warnlampen sollten blinken, bevor der gleiche Fehler neuerlich begangen werde.

Wie gelungene Rückkopplung aussehen kann – Beispiele aus der preisgekrönten Wochenrückschau von Marco Färber beim Schweizer Radio DRS:

> »Darf man sich in der Sendung duzen? Nein, lautet die Antwort. Das Duzen lässt bei der Hörerschaft das Gefühl der Ausgeschlossenheit aufkommen und signalisiert eine Nähe, die der geforderten Grundhaltung von Distanz und Nähe zuwiderläuft.
> Oder: Muss eine Sendung wegen mangelnder Ausgewogenheit gekippt werden, wenn ein Angeschuldigter die Stellungnahme am Mikrophon verweigert? Nein. Damit machen wir uns zu Geiseln dieser Leute.
> Darf man einen Interviewten sagen lassen, der Hautausschlag eines Staatspräsidenten sei ›psychosomatisch bedingt‹? Keinesfalls. Der Ausdruck verletzt dessen Privatsphäre.
> Ist der Flugzeugabsturz bei Überlingen eine Katastrophe? Nein. Das Wort Katastrophe darf nicht strapaziert werden. Der Absturz war ein Unglück« (zit. n. Sprecher 2003).

Zu guter Letzt stellt Sprecher noch klar, weshalb Blatt- und Sendekritik zuvörderst Chefsache sein sollte. Würden die lieben Kolleginnen und Kollegen damit betraut, sei das kaum je spannend, denn »Blattkritik ist Charakterfrage«: Harmlos seien die »Flüchtigen und Uninteressierten«, die mal hier einen Ausdruck bemäkelten, mal dort einen Zwischentitel lobten; sie hätten »nichts wirklich gelesen, geschweige denn eine Meinung dazu«. Ebenso wirkungslos blieben die »lauen Taktierer«, die auf der Redaktionskonferenz weder Lob noch Tadel riskierten, um »nicht das nächste Mal selbst kritisiert zu werden«. Ferner gebe es »die Rachsüchtigen«, die alte Rechnungen öffentlich beglichen, und dann noch die »menschlichen Bulldozer«. Sie zerfetzten »in einer Art Blutrausch jeden Artikel«. Sei das Schlachtgetöse verhallt, säßen lauter »am Boden zerstörte Egos um den Konferenztisch«.

Blatt- und Sendekritik sollte also gut vorbereitet sein, damit Kritik nicht zum Ritual verkommt oder missbraucht wird, um Kollegen »vorzuführen«. Fingerspitzengefühl ist unabdingbar, denn Journalisten-Seelchen sind empfindlich.

Kritik aus dem Publikum sollte kontinuierlich erfasst und ausgewertet werden. Es ist gut, wenn es in der Redaktion dafür eine zentrale Anlaufstelle gibt. Besonders geeignet ist ein Leseranwalt oder Ombudsmann. Bündeln sich Rückmeldungen dort, so ist gesichert, dass es nicht von Launen und vom Missmut einzelner Redakteure abhängt, wie man Beschwerden begegnet.

14.2 Kommunikationsmanagement für publizistische Qualität

Ob sie es wollten oder nicht: Journalisten, zumal leitende Redakteure, repräsentieren immer auch ihr Haus. Einerseits zehren sie von dessen Ruf, andererseits tragen sie mit ihrer täglichen und weithin sichtbaren Arbeit mehr, als ihnen bewusst sein mag, dazu bei, Reputation zu festigen oder zu ruinieren. Sie wirken imagebildend für ihr jeweiliges Medium und den Verlag oder Sender, dem sie angehören.

Viele Journalisten vertrauten zu lange wie einst Marion Gräfin Dönhoff darauf, dass sich publizistische Qualität von alleine durchsetzt. Diese Sicht ist honorig, aber wenig zweckdienlich und altmodisch. In einer Welt, in der Werbung und PR an Bedeutung gewinnen und Experten ganze Kommunikationskampagnen minutiös planen, können auch Medienunternehmen und ihre Redaktionen nicht umhin, sich um ihr Erscheinungsbild in der Öffentlichkeit zu kümmern.

Dieses Bild sollte stimmig sein, und es muss nach innen wie nach außen kommuniziert werden. Das führt zu einer heiklen Gratwanderung. Die redaktionelle Arbeit ist sichtbarer zu machen, das Berichterstattungstabu in eigener Sache zu durchbrechen. Andererseits gilt es, bei der Selbstdarstellung auch nicht zu übertreiben. Denn auch dies kann zu Glaubwürdigkeitsverlusten beim Publikum führen.

Institutionelle Kommunikation ist eine Management-Funktion, die sich nicht allein in einer Kommunikationsabteilung oder einer Stabsstelle für Öffentlichkeitsarbeit lokalisieren lässt. Gerade in einem Medienunternehmen ist es wichtig, dass sich die Redaktion eng mit der PR-Abteilung abstimmt, wenn es um das Bild des eigenen Hauses geht. Erstere sollte sich allerdings nicht von letzterer vereinnahmen lassen. Publizistische Qualitätssicherung ist nicht allein eine Aufgabe einzelner Journalisten oder

Medienunternehmen, sondern hat eine überbetriebliche, ja sogar gesellschaftliche Dimension.

Letztlich erfolgt Qualitätsmanagement

- marktorientiert: Das redaktionelle Angebot ist in regelmäßigen Abständen mit Hilfe von Marktforschung daraufhin zu analysieren, ob es den Publikumsbedürfnissen hinreichend Rechnung trägt. Bei der *Los Angeles Times* war dies bereits Routine, lange bevor man sich anderswo für die Nutzer zu interessieren begann. Sie ließ schon in den 1990er-Jahren täglich Leser befragen. Gestützt auf solche Daten wären dann Ressortstrukturen, Produktionsroutinen und Budgets zu überprüfen und innerredaktionell Personalentwicklung zu betreiben;
- abteilungsübergreifend: Das redaktionelle Produkt wird nur dann Publika binden, wenn auch die Qualität anderer Leistungen des Medienunternehmens »stimmt«. Flankierend bedarf es, ohne die redaktionelle Autonomie zu gefährden, der Abstimmung, z. B. mit der Technik, der Anzeigen- bzw. Werbeakquisition und dem Vertrieb - eben übergreifender Anstrengungen in Richtung auf ein Total Quality Management;
- infrastrukturell: In der Medienbranche ist Qualitätsmanagement mehr als anderswo Kommunikationsmanagement. Qualitätssicherung kann nur gelingen, wenn es auch auf überbetrieblicher Ebene ein Netzwerk von Initiativen und Institutionen gibt, die untereinander kommunizieren. Was damit gemeint ist, lässt sich am besten mit einer Matrix veranschaulichen (Abb. 51 [322]). Wir unterscheiden dazu innerredaktionelle und außerredaktionelle Beiträge zur Qualitätssicherung.

Im linken mittleren und unteren Feld der Matrix sind die bereits skizzierten produktionsbegleitenden und korrektiven Instrumente aufgelistet. Um diesen Kernbereich des Redaktionsmanagements rankt sich ein Kordon von Infrastrukturen, die ihrerseits zur publizistischen Qualitätssicherung beitragen.

Die Institutionen und Initiativen, die von außen auf Redaktionen qualitätssichernd einwirken, bilden ein loses Netzwerk. Die meisten von ihnen ergänzen sich auf sinnvolle Weise, manche konkurrieren auch miteinander oder laufen aneinander vorbei, gelegentlich konterkarieren sie sich sogar. Um den Effekt, der dabei entsteht, zu begreifen, darf man jedenfalls nicht einzelne Knotenpunkte des Netzwerkes isoliert betrachten.

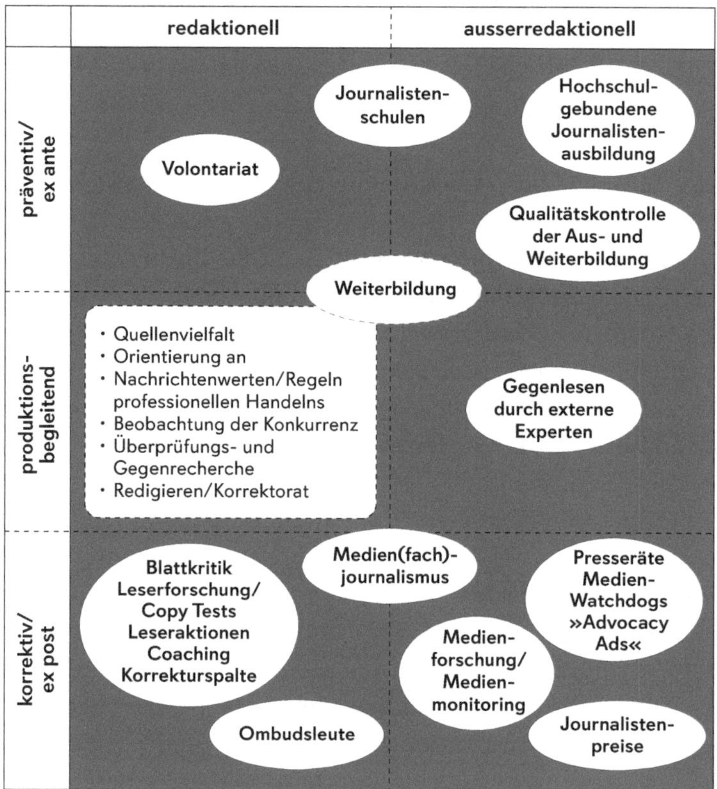

Abb. 51: Redaktionelle und infrastrukturelle Qualitätssicherung (eigene Darstellung)

Aus- und Weiterbildung

Die wichtigste Form präventiver Qualitätssicherung ist Professionalität, wie sie durch eine gute Ausbildung heranreift. Die Ausbildungsangebote zum Journalismus haben sich in den letzten Jahrzehnten dramatisch vervielfältigt. Während sich die unmittelbar Beteiligten oft erbittert darüber streiten, ob private Journalistenschulen, öffentliche Universitäten und Fachhochschulen oder das Volontariat als überwiegend innerbetriebliche Ausbildung zu bevorzugen seien, lässt sich mit etwas Distanz wohl nur festhalten, dass es in allen vier Bereichen vorzeigbare und weniger geeignete Offerten gibt.

Insgesamt hat der Wettbewerb die Ausbildungsqualität verbessert, auch wenn inzwischen Wildwuchs zu beklagen ist und viele Universitäten kaputtgespart werden. Mehr Transparenz, wie sie etwa in Amerika durch die freiwillige Akkreditierung von Ausbildungsstätten erreicht wird, könnte auch in Europa dazu beitragen, dass sich die Qualität einzelner Ausbildungsangebote weiter steigern lässt.

Ambivalent ist die Situation in der Weiterbildung. Innerbetrieblich wurden die Angebote zumindest in großen Medienunternehmen zeitweise ausgebaut. Versuche, dauerhaft an den Universitäten Midcareer-Programme für Journalisten zu installieren, sind im deutschen Sprachraum bisher nicht von Erfolg gekrönt.

Institutionalisierte Selbstkontrolle: Presserat und Ombudsleute

Um Pressefreiheit langfristig zu sichern, gilt es, freiwillige Selbstkontrollinstitutionen wie Presseräte und andere relativ politik- und konzernunabhängige Kontrollgremien zu stärken, darunter auch die Rundfunkräte, Landesmedienanstalten sowie Ombudsleute.

Der Deutsche Presserat wacht im Bereich der Printmedien darüber, dass die bereits skizzierten Grundsätze publizistischer Arbeit eingehalten werden (Kapitel 13 [282ff.]).

Das Sanktionspotenzial des Presserates ist allerdings begrenzt: Er kann Missetäter nur an den Pranger stellen und noch nicht einmal die betroffenen Redaktionen zwingen, seine Abmahnungen auch zu drucken. Auch kooperierende Redaktionen verstecken es meist im Kleingedruckten, wenn sie selbst einmal gerügt werden.

Presseräte und ähnliche Selbstkontrollinstanzen sind allesamt nahezu wirkungslos, wenn ihnen nicht die Medien selbst zu Publizität verhelfen. Verstöße gegen den Pressekodex werden zwar von den Berufskollegen registriert. Dass der Journalismus allerdings bisher auf halbem Weg zu einer »echten« Profession stecken geblieben ist, lässt sich daran sehen, dass selbst krasse Kunstfehler als Karrierebeschleuniger wirken können. So wurde beispielsweise der Chefredakteur des Kölner Boulevardblatts *Express*, Udo Röbel, vom Presserat gerügt, weil er im Gladbecker Geiseldrama Gangster am Polizeikordon vorbei aus der Kölner Innenstadt gelotst hatte, um an eine »Geschichte« heranzukommen. Danach ging es für ihn beruflich steil aufwärts: Röbel wurde *Bild*-Chefredakteur, trotz oder womöglich sogar wegen seines professionellen Fehlverhaltens. Auch die Redaktionschefs, die Fälschern wie Tom Kummer, Claas Relotius und anderen Hasardeuren auf den Leim gegangen sind und mitunter monatelang nicht gemerkt haben, welch böses Spiel diese mit ihnen trieben, sind meist ohne nachhaltigen Karriereknick davongekommen.

Journalistenpreise

Und wo bleibt das Positive? In einem Berufsstand, für den »bad news« die »guten« Nachrichten abgeben und das eigene Metier lange Zeit außerhalb des Wahrnehmungshorizonts lag, haben es Nachrichten über journalistische Höchstleistungen naturgemäß schwer.

Auch hier könnten wir von den Amerikanern lernen: Weil Journalisten dort den wichtigsten Auszeichnungen für Journalisten, insbesondere den Pulitzer Prizes, sehr viel mehr Bedeutung beimessen, werden journalistische Spitzenleistungen ganz anders öffentlich wahrgenommen. Man braucht nur gegenüberzustellen, wie deutsche und amerikanische Medien über die wichtigsten Preisverleihungen berichten: In den USA ist das ein herausragendes öffentliches Ereignis, und so spornt der Wunsch, diese Trophäe zu ergattern, ganze Heerscharen von Journalisten zu Höchstleistungen an. Eine angesehene Jury legt die Messlatte für journalistische Qualität hoch oben an, womöglich jeweils noch ein Stückchen höher als zwölf Monate zuvor. In Deutschland wird ein Theodor Wolff- oder ein Nannen-Preis, der inzwischen in Stern-Preis umbenannt wurde, dagegen oft nur mit einem Einspalter gewürdigt.

Allerdings sind Journalistenpreise zwischenzeitlich auch nicht mehr das, was sie einmal waren. Seit ein Serien-Fälscher wie Claas Relotius mit Auszeichnungen wiederholt eingedeckt wurde, haben sie an Ansehen eingebüßt – und auch seit sich die Preise selbst inflationär vermehrt haben und oftmals verdeckt PR-Zwecken dienen.

Qualitätssicherung durch Medienforschung

Was kann die Wissenschaft zur Qualitätssicherung im Journalismus beisteuern? Fraglos hat sie mitbewirkt, dass sich ein paar Medienpraktiker mit Qualitätsproblemen kritisch auseinandersetzen. Darüber hinaus liefert die Medienforschung Daten, insbesondere Medien-Inhaltsanalysen, wie sie einige Institute (Prime Research, Mainz; Media Tenor, Zürich; Forschungsinstitut Öffentlichkeit und Gesellschaft, Zürich) kontinuierlich und aktuell vorlegen. Diese ermöglichen es den Journalisten, die Konkurrenz und das Umfeld genau zu beobachten und Einseitigkeiten der Berichterstattung zu identifizieren, insbesondere Tendenzen des »under-« und »overreporting« in den meinungsführenden Medien. Doch leider sind solche Studien teuer. Die entsprechenden Daten erreichen oftmals nur die Auftraggeber, meist die Kommunikationsabteilungen großer Konzerne, in den seltensten Fällen dagegen Redaktionen. Denn auch größere Medienunternehmen zählen kaum je zu den Kunden dieser Medienforscher.

Darüber hinaus haben die Forschung und die Fachdiskussion der letzten Jahre gezeigt, wie sich publizistische Qualität - dieses wackelige, puddingartige Konzept - dingfest machen lässt. Einzelne Dimensionen und Facetten von Qualität sind messbar, z. B. Aktualität, Anteil eigenrecherchierter Beiträge, Ausgewogenheit, Quellenvielfalt; andere wie etwa Originalität lassen sich dagegen eher durch Expertenurteil oder auch Nutzervoten bestimmen. Der Pudding hat sich zwar als Ganzes nicht an die Wand nageln lassen, aber die einstmals amorphe Masse wurde zunehmend in ihre Einzelbestandteile zerlegt und damit auch »fixierbar«. Sofern Medienforscher etwas von journalistischer Praxis verstehen, könnten sie bei der Evaluierung von Qualitätsmanagement und Qualitätsprogrammen somit einen konstruktiven Beitrag leisten.

Es mag weiterhin unmöglich sein, wissenschaftlich exakt zu bestimmen, ob die *FAZ* oder die *Süddeutsche Zeitung* bei einem Qualitäts-Ranking die Nase vorn hat, oder ob dieses oder jenes Feature alle anderen in seiner Qualität überragt. Wenn sich jedoch eine Redaktion auf bestimmte Qualitätsziele verpflichtet und diese hinreichend klar benennt, dann können Wissenschaftler durchaus evaluieren, ob und inwieweit diese Ziele erreicht werden. Einzelne Messmethoden mögen weiterhin anfechtbar sein. Mit einer multiplen Evaluierung, die sich mehrerer Forschungsmethoden bedient, ließe sich jedoch ein sehr viel genaueres Bild von der Qualität einzelner Medienprodukte gewinnen. Allenfalls geriete der Forschungsaufwand dann so hoch, dass sich unter dem Blickwinkel der Forschungsökonomie fragen lässt, ob wir denn wirklich alles so genau wissen wollen. Womöglich ist es nämlich gar nicht nötig, Qualität wissenschaftlich exakt zu bestimmen, um mehr Qualität zu erreichen. Wichtiger wäre eben wohl ein kontinuierlicher, öffentlicher und fachöffentlicher Diskurs über den Journalismus und damit zur publizistischen Qualität.

Zusammenfassend ist es zwar nicht völlig aussichtslos, im Journalismus Qualitätsinitiativen vorantreiben zu wollen, aber vielfach erinnert solch Mühen eben doch an Don Quijotes Kampf gegen Windmühlenflügel.

Literaturtipps

Arnold, Klaus (2009): *Qualitätsjournalismus. Die Zeitung und ihr Publikum.* Konstanz: UVK

Haarkötter, Hektor; Kalmuk, Filiz (2021): *Medienjournalismus in Deutschland. Seine Leistungen und blinden Flecken*. OBS-Arbeitsheft 105, Frankfurt/M.: Otto Brenner Stiftung

Ruß-Mohl, Stephan (1994): *Der I-Faktor. Qualitätssicherung im amerikanischen Journalismus – Modell für Europa?* Osnabrück/Zürich: Edition Interfrom

Russ-Mohl, Stephan (Hrsg.) (2020): *Streitlust und Streitkunst. Diskurs als Essenz der Demokratie*. Köln: Herbert von Halem

Studer, Peter et al. (2013): *Medienqualität durchsetzen: Qualitätssicherung in Redaktionen – Ein Leitfaden*. Zürich: Orell-Füssli

15. Schlussakkord: Digitalisierung als Chance?

Das Veränderungstempo im Journalismus hat sich dramatisch beschleunigt. Aber es gibt auch Konstanten. Womöglich zeichnen sie sich sogar angesichts des rasanten Wandels im Berufsfeld und in der Medienbranche klarer ab. Weil sich inzwischen die Ausbildungswege vervielfacht haben und diese klarer vorgezeichnet sind, sind Journalistinnen und Journalisten heute seltener »Menschen, die ihren Beruf verfehlt haben«, wie weiland noch Bismarck konstatierte. Es gibt einen Kanon journalistischen Grundwissens, der sich fixieren lässt und der in diesem Buch – hoffentlich – mit einigen Beispielen und aktuellen Bezügen, aber auch mit all seinen Unwägbarkeiten skizziert worden ist.

Was aber im Kern den Journalismus ausmacht und ihn von anderen Kommunikationsberufen abhebt, droht mehr und mehr zu verschwimmen. In jüngster Zeit hat die Professionalisierung des Journalismus Rückschläge hinnehmen müssen. Der ökonomische Druck auf die Redaktionen wächst. Die immer weiter fortschreitende Digitalisierung der Gesellschaft und riskante Geschäftspraktiken haben große Medienunternehmen in Bedrängnis gebracht. In Deutschland musste bereits vor Jahren die Kirch-Gruppe Insolvenz anmelden, in den USA wurden Zeitungen wie die *Los Angeles Times*, die *Chicago Tribune* und der *Philadelphia Inquirer* zahlungsunfähig. Andere wie der *Boston Globe* oder der *San Francisco Chronicle* standen zeitweise kurz vor dem Aus, in Deutschland wurde die *Financial Times Deutschland* eingestellt, die *Frankfurter Rundschau* war existenziell gefährdet, etliche Lokalzeitungen konnten sich nur durch Fusionen retten. Viele Verlage beklagen einen drastischen Rückgang ihrer Abo-, Einzelverkaufs- und Werbeerlöse, der durch Online-Einkünfte bisher (noch) nicht kompensiert wird.

So versuchen die Manager, aus den Redaktionen noch mehr herauszuquetschen und sparen oftmals am falschen Fleck. Es wird viel experimentiert, und dabei werden immer wieder Grenzen überschritten: Dass hochangesehene Redaktionen wie das *Handelsblatt*, *Die Zeit* oder die *New York Times* beim »native advertising« eingestiegen sind, gefährdet das Ansehen des Journalismus. Die Medienexperten Carlo Imboden und Patrick Probst sprechen von »Rezeptionsfallen«: Es sei Vorsicht geboten »bei Themen, welche die Interessen von irgendwelchen Pressure Groups widerspiegeln«. Der Leser habe »ein ausgesprochen feines Gespür für versteckte PR« und quittiere »mit Leseabstinenz«.

Aber auch wenn freie Journalisten Honorare bekommen, die diese zur Selbstausbeutung zwingen, schadet dies der Publizistik. Freelancer werden regelrecht in die Arme der PR-Industrie getrieben, wollen sie nicht zum Prekariat werden. So trocknet der Markt für Freie aus, der eigentlich zur Qualitätsverbesserung im Journalismus beitragen könnte, würden die Medienunternehmen ihn nur etwas pflegen. Trotz alledem werden Einzelkämpfer, Journalistenbüros und Start-ups, die ihre Marktnischen finden, die Zukunft des Journalismus prägen.

Kein Zweifel: Journalismus kann spannend, abwechslungsreich und aufregend sein. Er ist gerade deshalb eine Lebensperspektive, weil man in kaum einem anderen Beruf mit so vielen anderen Lebenswelten in Berührung kommt. Es gilt täglich, neue Herausforderungen zu bewältigen. Wer einmal wirklich Fuß gefasst hat, lebt nicht schlecht. Dank des Star-Kults, der inzwischen auch die Redaktionen umkrempelt, konnten einige TV-Journalisten sogar den amerikanischen Traum verwirklichen: Reich werden und vom Volontär zum Millionär aufsteigen, sozusagen. Andererseits stimmt es schon nachdenklich, wenn selbst bei komfortabel ausgestatteten öffentlich-rechtlichen Sendern wie dem ORF ein gestandener Journalist wie Klaus Unterberger konstatiert, die »Fremdbestimmung journalistischer Arbeit« sei »unerträglich geworden«.

Journalismus ist und bleibt zugleich ein Dienst an der Gesellschaft. Journalisten produzieren – zumindest auch – öffentliche Güter. Journalisten sind privilegiert, aber gerade deshalb sollten sie verantwortlich handeln und die Folgen ihres Tuns mitbedenken.

Der »mediale Kapitalismus« wälzt »die hergebrachten Ordnungen des Renommees« weiter um, so Georg Franck in seiner klugen Analyse zur Aufmerksamkeitsökonomie. »Wie die große Industrie einst ins Zentrum der gesellschaftlichen Macht rückte, so haben inzwischen die Massenmedien diese Stellung erobert ... An den Medien führt kein Weg mehr vorbei. Längst kann sich der Einfluss, der von der Hochfinanz des medialen Kapitalismus ausgeht, an der Macht messen, die die Hochfinanz des materiellen Kapitalismus noch ausübt.« (Franck 1998: 154f.)

Ob wir allerdings in zehn Jahren in vergleichbarer Weise wie heute noch am Smartphone hängen werden, lässt sich nicht prognostizieren. Womöglich setzt irgendwann auch in der Breite eine Bewegung für ein digitales »detoxing« ein, also eine Entgiftung durch Entzug.

PRO & CONTRA

»Der Staat sollte mithelfen, neue Finanzierungsmodelle für die Presse zu entwickeln.«

Pro: Der Staat springt oft ein, wenn es darum geht, wichtige Wirtschaftszweige und große Unternehmen zu stützen, die vielen Menschen Arbeit geben. Im Falle der Presse geht es nicht so sehr um die Aussichten der Beschäftigten, es geht um die Aussichten einer kritischen Öffentlichkeit. Die Demokratie kann es sich nicht erlauben, ihre mediale Infrastruktur verkommen zu lassen. Wenn durch die Digitalisierung das traditionelle Geschäftsmodell vieler Zeitungen und Zeitschriften, vor allem in den kleineren Städten und Kommunen, zusammenbricht, so braucht die Gesellschaft dringend Ersatz – natürlich weder Staatsmedien noch Medien, die am Tropf der Regierung hängen. Gefragt sind kluge Modelle, die einen unabhängigen, kritischen Journalismus sichern und dafür das notwendige Geld der Gesellschaft mobilisieren. Der Staat darf sich in den Journalismus selbst nicht einmischen, er kann aber helfen, Modelle der Gemeinnützigkeit oder einer öffentlich-rechtlichen Presse zu fördern, die in der digitalen Ära attraktiv und überlebensfähig sind.

Contra: »Wer zahlt, schafft an«. Staatsunabhängige, vielfältige Medien sind als »vierte Gewalt« unabdingbar, wenn Demokratie funktionieren soll. Der Staat kann und darf auf indirekte Weise mithelfen, dass Journalismus floriert: indem er Schulen und Universitäten finanziert, welche die Aus- und Weiterbildung von Journalisten ermöglichen, indem eine regierungsunabhängige Justiz die Rechtsstaatlichkeit gewährleistet und die Pressefreiheit verteidigt. Aber letztlich müssen wir, die Bürgerinnen und Bürger, selbst entscheiden, wieviel uns unabhängiger Journalismus wert ist und für welchen Journalismus wir bereit sind, wieviel zu bezahlen. Es wäre vornehmste Journalistenpflicht, darüber aufzuklären, warum jedem von uns tagtäglich Journalismus mehr wert sein sollte als ein Cappuccino bei Starbucks – statt die Hand aufzuhalten, um Staatsknete einzufordern. Deutschland hat bereits den teuersten öffentlich-rechtlichen Rundfunk der Welt. Ein größerer Teil dieses Budgets sollte dem Journalismus zugute kommen, zum Beispiel der Auslands- und der Wissenschaftsberichterstattung, aber auch der Aufklärung über den Medienbetrieb und den Journalismus. Und wir bräuchten schon jetzt weitere Sicherungen, um die öffentlich-rechtlichen Medien vor dem Zugriff der Parteien zu bewahren, aber auch dafür zu sorgen, dass sie die kommerziellen Medien sinnvoll ergänzen, statt sie nur zu kopieren.

Wir erleben seit den letzten 20 Jahren, wie im Prozess der »schöpferischen Zerstörung« (Schumpeter 1942) der mediale Kapitalismus sich selbst neu erfindet. »Teenage giants« (Just 2014) wie Google, Facebook, Instagram und Twitter sind in kürzester Zeit zu weltumspannenden neuen Medienimperien geworden. Sie bringen die Branchen-Dinosaurier in Bedrängnis, indem sie Content vermarkten, ohne diesen selbst teuer zu erstellen und dafür publizistische Verantwortung zu übernehmen.

Immerhin ist es tröstlich und wohltuend, dass die altvorderen Großen der Branche mit einem hohen Anspruch an- und abgetreten sind. Einer von ihnen, die Watergate-Ikone Bob Woodward, prognostiziert dem Journalismus als Institution »ein Comeback, weil die Menschen gute Informationen brauchen, die nicht gefiltert sind und die nicht durch PR-Leute gesteuert werden.« Und Indro Montanelli, vielleicht der namhafteste italienische Publizist des 20. Jahrhunderts, hat die entscheidenden Fragen verewigt, denen ein Journalist nachspüren sollte: »Woher kommen wir, wohin gehen wir, und wozu sind wir da in dieser Welt?«. Das mag dick aufgetragen wirken, und Journalismus ist ja weder Philosophie noch Theologie. Montanelli hat die Messlatte also vielleicht etwas zu hoch gehängt. Aber ist es nicht trotzdem gut und schön, den Journalismus so wie er zu sehen?

Literatur

Anders als in den vorangehenden Auflagen, in denen rigoros alle benutzten Quellen dokumentiert wurden, haben wir in der Neuauflage nur noch diejenigen Referenzen gelistet, die für Leserinnen und Leser von spezifischem Nutzen sein können. Viele andere Verweise sind inzwischen schlichtweg überflüssig geworden - weil manch ein Zitat, das bei der Erstauflage noch hochoriginell und deshalb auch im Blick auf den Autor zu würdigen war, inzwischen Allgemeingut geworden ist. Wenn es jetzt im Buch ohne Quellenangabe steht, ist es aus unserer Sicht weiterhin wichtig - aber eben nicht mehr zitationsbedürftig.

Im Text und im Literaturverzeichnis sind jeweils die Auflagen der Werke aufgeführt, aus denen zitiert wurde, bei Klassikern zusätzlich das Jahr der Erstauflage. Dagegen wird in den Literaturtipps bei Büchern, die inzwischen neu erschienen sind, jeweils die jüngste Auflage genannt.

Adair, Bill (2014): Duke Study Finds Fact-Checking Growing around the World. In: *Duke Reporters Lab*, Posting v. 4.4. https://reporterslab.org/duke-study-finds-fact-checking-growing-around-the-world/

Ariely, Dan (2008): *Predictably irrational. The Hidden Forces That Shape Our Decisions*. New York: Harper Collins

Arnold, Klaus (2009): *Qualitätsjournalismus. Die Zeitung und ihr Publikum*. Konstanz: UVK

Baerns, Barbara (1985/1991, 2. Aufl.): *Öffentlichkeitsarbeit oder Journalismus?* Köln: Verlag Wissenschaft und Politik

Baerns, Barbara (1997): Das mündige Publikum wird ausgeschaltet. In: *PR Forum Heft* 3, S. 33–36

Barth, Henrike; Donsbach, Wolfgang (1992): Aktivität und Passivität von Journalisten gegenüber Public Relations. Fallstudie am Beispiel von

Pressekonferenzen zu Umweltthemen. In: *Publizistik* Heft 2, 37. Jg., S. 151–165

Bartl, Mark (2021), Debatte: Wenn Journalisten sich als PR-Manager in der Corona-Politik aufspielen, in: Kress News v. 30.11.

Baurmann, Jana Gioia (2015): »Die Leute lassen sich lieber unterhalten«. Interview mit Elvar Thevessen. In: *Zeit-Online* v. 1.8. http://www.zeit.de/2015/29/heute-nachrichten-gewalt-tv-elmar-thevessen-zdf

Beck, Klaus (2018, 2. Aufl.): *Das Mediensystem Deutschlands: Strukturen, Märkte, Regulierung*. Heidelberg: Springer

Bedetti, Joel (2015): Im Herzen der Finsternis. In: *Schweizer Journalist* Nr. 10+11, 28/29

Bentele, Günter (1988): Wie objektiv können Journalisten sein. In: Erbring, Lutz et al.: *Medien ohne Moral. Variationen über Journalismus und Ethik*. Berlin: Argon, S. 196-225

Bentele, Günter et al. (1997): Von der Determination zur Intereffikation. In: Bentele, Günter; Haller, Michael (Hrsg.): *Aktuelle Entstehung von Öffentlichkeit*. Konstanz: UVK, S. 225-250

Berger, Peter L. (1976): *Pyramids of Sacrifice*. Garden City, N.Y.: Anchor Books

Berger, Peter (2008): *Unerkannt im Netz. Sicher kommunizieren und recherchieren im Internet*. Konstanz: UVK

Bergsdorf, Wolfgang (1995): Informationspflicht und News-Management. In: *Bitburger Gespräche Jahrbuch* 1995/II, München: Beck'sche Verlagsbuchhandlung, S. 104-112

Bleher, Christian; Linden, Peter (2015): *Reportage und Feature*. Konstanz: UVK

Blum, Roger (2002): Der Journalismus als Unruheherd. Glaubwürdigkeit durch Qualitätssicherung. In: *Neue Zürcher Zeitung* v. 2.3., S. 77

Blum, Roger (2014): *Lautsprecher und Widersprecher. Ein Ansatz zum Vergleich der Mediensysteme*. Köln: Herbert von Halem

Boghossian, Peter (2013): *Angst vor der Wahrheit: Ein Plädoyer gegen Relativismus und Konstruktivismus*. Berlin: Suhrkamp

Bölke, Dorothee; Zimmermann, Felix W. (2021, 2. Aufl.): *Presserecht für Journalisten*. München: dtv

Bonfadelli, Heinz (1994): *Die Wissenskluft-Perspektive. Massenmedien und gesellschaftliche Information*. Konstanz: UVK

Branahl, Udo (2006, Neufaufl.): *Medienrecht. Eine Einführung*. Wiesbaden: VS

Brecht, Bert (1932): *Radiotheorie. Gesammelte Werke, Band VIII*, S. 129ff.

Brendel, Detlef; Grobe, Bernd E. (1976): *Journalistisches Grundwissen*. München: UTB

Bruch, Maxi (1987): Konferenz I. In: *Die Medien, Kursbuch 90*, November, S. 119-122
Bucher, Hans Jürgen; Altmeppen, Klaus-Dieter (Hrsg.) (2003): *Qualität im Journalismus: Grundlagen – Dimensionen – Praxismodelle*. Wiesbaden: Westdeutscher Verlag
Buchholz, Axel; Schupp, Katja (2020, 10. Aufl.): *Fernsehjournalismus. Ein Handbuch für TV, Video, Web und mobiles Arbeiten*. Wiesbaden: Springer VS
Carr, David (2008): *The Night of the Gun. A Reporter Investigates the Darkest Story of his Life. His own*. New York: Simon & Schuster
Conte, Rosaria (2015): *Dinamica dell'illegalità. Dati e simulazioni*. Vortrag an der Università della Svizzera Italiana v. 19.5.
Cunningham, Brent (2003): Re-Thinking Objectivity. In: *Columbia Journalism Review*, Juli/August, 24–32
Der Spiegel (2020): *Die Spiegel-Standards*. Online unter: www.spiegel.de/backstage/nach-diesen-standards-arbeitet-der-spiegel-a-d80c52f5-fa6e-4463-a8de-513f15fcb29b [Abruf am 17.6.2021]
De Weck, Roger (2002): Die wahren Populisten sind die Journalisten. In: *Frankfurter Allgemeine Zeitung* v. 15.6., 58
Di Lorenzo, Giovanni (2015): Vierte Gewalt oder fiese Gewalt? Die Macht der Medien in Deutschland. In: Pörksen, Bernhard; Narr, Andreas (Hrsg.): *Die Idee des Mediums. Reden zur Zukunft des Journalismus*. Köln: Herbert von Halem, S. 92-109
Di Salvo, Philip (2020): *Digital Whistleblowing Platforms in Journalism: Encrypting Leaks*. London: Palgrave Macmillan
Dobelli, Rolf (2011): *Die Kunst des klaren Denkens*. München: Hanser
Dörr, Dieter; Schwartmann, Rolf (2019, 6. Aufl.): *Medienrecht*. Heidelberg: Verlag C.F: Müller
Dovifat, Emil; Wilke, Jürgen (1976, Neuaufl.): *Zeitungslehre*. Berlin u. a.: de Gruyter
Downs, Anthony (1962): The Public Interest: Its Meaning in a Democracy. In: *Social Research*, Vol. XXIX, Nr. 1/Spring, S. 1-36
Downs, Anthony (1976): *Inside Bureaucracy*. Boston: Little, Brown & Co.
Eco, Umberto (2000): *Derrick oder die Leidenschaft für das Mittelmaß*. München/Wien: Hanser
Egli von Matt, Sylvia; Gschwend, Hanspeter; Peschke, Hans-Peter; Riniker, Paul (2008, 2. Aufl.): *Das Porträt*. Konstanz: UVK
Enzensberger, Hans Magnus (1970): Baukasten zu einer Theorie der Medien. In: *Kursbuch* 20, S. 160-173

Etzioni, Amitai (1971, 3. Aufl.): *Soziologie der Organisation*. München: Juventa

Fasel, Christoph (Hrsg.) (2005): *Qualität und Erfolg im Journalismus*. Konstanz: UVK

Fehrle, Brigitte; Höges, Clemens; Weigel, Stefan (2019): In eigener Sache. Der Fall Relotius. Abschlussbericht der Aufklärungskommission. In: *Spiegel* Nr. 22, 25.5.2019, 130-146. Abgerufen am 17.2.2021 unter https://cdn.prod.www.spiegel.de/media/67c2c416-0001-0014-0000-000000044564/media-44564.pdf

Fengler, Susanne; Ruß-Mohl, Stephan (2005): *Der Journalist als »Homo oeconomicus«*. Konstanz: UVK

Fengler, Susanne et al. (Hrsg.) (2014): *Journalists and Media Accountability: An International Study of News People in the Digital Age*. New York: Peter Lang

Fink, Conrad C. (1988): *Strategic Newspaper Management*. New York: Random House

Fischer, Heinz M. (2014): Über die (Un)möglichkeit einer akademischen Journalismus- und PR-Ausbildung. In: Fischer, Heinz M.; Wasserman, Heinz P. (Hrsg.): *Medien, Kommunikation, Innovation*. Graz: Leykam, S. 15-18

Fög – Forschungsinstitut Öffentlichkeit und Gesellschaft (seit 2010): *Qualität der Medien Schweiz*. Basel: Schwabe

Franck, Georg (1998): *Ökonomie der Aufmerksamkeit*. München, Wien: Hanser

Franck, Georg (2020): *Vanity Fairs. Another View of the Economy of Attention*. Cham: Springer Nature Switzerland

Gabriel, Markus (Hrsg.) (2014): *Der Neue Realismus*. Berlin: Suhrkamp

Galtung, Johan; Ruge, Maria Holmboe (1965): The Structure of Foreign News. The Presentation of the Congo, Cuba and Cyprus Crises in Four Norwegian Newspapers. In: *Journal of Peace Research*, Vol. 2, 64ff.

Gandy, Oscar H. (1982): *Beyond Agenda Setting: Information Subsidies and Public Policy*. Norwood, N.J.: Ablex

Gigerenzer, Gerd (2014): *Risk Savvy. How to Make Good Decisions*. New York: Viking

Giles, Robert H. (1988): *Newsroom Management. A guide to Theory & Practice*. Detroit, MI: Media Management Books Inc.

Glotz, Peter; Langenbucher, Wolfgang R. (1969/1993 Neuaufl.): *Der mißachtete Leser. Zur Kritik der deutschen Presse*. München: Reinhardt Fischer

Gmür, Mario (2007): *Das Medienopfersyndrom*. München: Reinhardt Fischer

Gräf, Dennis; Martin Hennig (2020): Die Verengung der Welt. Zur medialen Konstruktion Deutschlands unter Covid-19 anhand der Formate

»ARD Extra: Die Coronalage« und »ZDF Spezial«. In: *Magazin des Graduiertenkollegs »Privatheit und Digitalisierung«*, Sonderausgabe »Privatheit in viralen Zeiten«. Universität Passau

Graßl, Michael; Schützeneder, Jonas; Meier, Klaus (2022): Künstliche Intelligenz als Assistenz. Bestandsaufnahme zu KI im Journalismus aus Sicht von Wissenschaft und Praxis. In: *Journalistik – Zeitschrift für Journalismusforschung*, 5 (1), S. 5-30.

Günther, Oliver; Schultz, Tanjev (2021): Anregen, aufklären, streiten – Zehn Thesen für einen starken Journalismus in einer digitalen Medienwelt. In: *Journalistik –Zeitschrift für Journalismusforschung*, 4 (2), 173-180, doi.org/10.1453/2569-152X-22021-11513-de (abgerufen am 29.2.2022)

Haagerup, Ulrik (2015): *Constructive News: Warum »bad news« die Medien zerstören und wie Journalisten mit einem völlig neuen Ansatz wieder Menschen berühren*. Salzburg: Edition Oberauer

Haarkötter, Hektor (2015): *Die Kunst der Recherche*. Konstanz: UVK

Haarkötter, Hektor (2019): *Journalismus.Online. Das Handbuch zum Online-Journalismus*. Köln: Herbert von Halem

Habermas, Jürgen (2021): Überlegungen und Hypothesen zu einem erneuten Strukturwandel der politischen Öffentlichkeit. In: *Leviathan*, 49, Sonderband 37, S. 470-500.

Haller, Michael (1987): Wie wissenschaftlich ist Wissenschaftsjournalismus? Zum Problem wissenschaftsbezogener Arbeitsmethoden im tagesaktuellen Journalismus. In: *Publizistik*, 32. Jg., S. 305-319

Haller, Michael (1983, 2008, 8. Aufl.): *Recherchieren. Ein Handbuch für Journalisten*. Konstanz: UVK

Haller, Michael (2013, 5. Aufl.): *Das Interview*. Konstanz: UVK

Haller, Michael (2020): *Die Reportage. Ein Handbuch für Journalisten*. Köln: Herbert von Halem

Harcup, T.; O'Neill, D. (2017): What is news? News values revisited (again). In: *Journalism Studies*, 18(12), 1470-1488. https://doi.org/10.1080/1461670X.2016.1150193

Harford, Tim (2015): Nothing to fear but itself. In: *The Undercover Economist*, Nov. 24, http://timharford.com/2015/11/nothing-to-fear-but-fear-itself/

Harris, Jacob (2014): A wave of PR Data. In: *Nieman Journalism Lab* v. 17.11.

Held, Barbara; Ruß-Mohl, Stephan (Hrsg.) (2000): *Qualität durch Kommunikation sichern. Vom Qualitätsmanagement zur Qualitätskultur – Erfahrungsberichte aus Industrie, Dienstleistung und Medienwirtschaft*. Frankfurt/M.: F.A.Z.-Institut für Management-, Markt- und Medieninformationen

Hermes, Sandra (2006): *Qualitätsmanagement in Nachrichtenredaktionen*. Köln: Herbert von Halem

Hestermann, Thomas (2019): *Wie häufig nennen Medien die Herkunft von Tatverdächtigen?* https://mediendienst-integration.de/fileadmin/Expertise_Hestermann_Herkunft_von_Tatverdaechtigen_in_den_Medien.pdf [Abruf 16.6.2021]

Hirschman, Albert O.: *Abwanderung und Widerspruch. Reaktionen auf Leistungsabfall bei Unternehmungen, Organisationen und Staaten*. Tübingen: J.C.B. Mohr (Paul Siebeck), 1974 (Originalausgabe: *Exit, Voice, and Loyalty. Responses to Decline in Firms, Organizations, and States*. Cambridge, Mass./London: Harvard University Press 1970)

Holtzbrinck, Dieter von (2009): Blick von ihrem Olymp. Marion Dönhoff machte es keinem Verleger allzu leicht. In: *Die Zeit* v. 26.11.

Holzer, Werner (1988): Investigativer Journalismus. In: *Archiv für Presserecht* 2, S. 113-117

Horkheimer, Max; Adorno, Theodor W. (1968): Kulturindustrie. Aufklärung als Massenbetrug. In: dies.: *Dialektik der Aufklärung*. Frankfurt/M. (Originalausgabe Amsterdam 1947: Querido)

Hug, Heiner (2009): *Fernsehen ohne Zuschauer. Die Kapitulation der Flimmerkiste vor dem Internet*. Zürich: Orell Füssli

Hummel, Philipp (2016): Glyphosat im Bier, die Klickmaschine. In: *Spektrum* v. 25.2., http://www.spektrum.de/news/meinung-glyphosat-im-bier-die-klickmaschine/1400943

Hunger, Anton (2014): *Die Wahrheit liegt auf dem Platz. Journalisten und PR-Leute inszenieren gemeinsam die mediale Welt – auch wenn sie ihre gegenseitige Abneigung lustvoll pflegen*. Salzburg: Edition Oberauer

Hupertz, Heike (2002): Der Sieg der Form über den Inhalt währt 30 Minuten. In: *Frankfurter Allgemeine Zeitung* v. 26.6., 52

Imboden, Carlo; Probst, Patrick (2011): 7 typische Rezeptionsfallen von Agenturartikeln. In: *Newsroom-Extra*

Jackob, Nikolaus (2018): *Die Mediengesellschaft und ihre Opfer. Grenzfälle journalistischer Ethik im frühen einundzwanzigsten Jahrhundert*. Berlin: Peter Lang

Jarvis, Jeff (2007): Cover what you do best. Link to the rest. In: *buzzmachine*, Posting v. 22.7., http://buzzmachine.com/2007/02/22/new-rule-cover-what-you-do-best-link-to-the-rest/

Jeske, Jürgen (2001): Joseph Pulitzer. In: *Frankfurter Allgemeine Zeitung* v. 18.4., S. 26

Just, Natascha (2014): *Vortrag an der Università della Svizzera Italiana* v. 26.5.

Kahneman, Daniel; Tversky, Amos (Hrsg.) (2000): *Choices, Values, and Frames*. Cambridge, New York: Cambridge University Press

Keinath, Jochen O. (2002): Wie Bilder reden. In: *Tagesspiegel* v. 20.2., S. 2

Kepplinger, Hans Mathias et al (1989): Instrumentelle Aktualisierung. Grundlagen einer Theorie publizistischer Konflikte. In: Kaase, Max; Schulz, Winfried: Massenkommunikation. Theorien, Methoden, Befunde. In: *Kölner Zeitschrift für Soziologie und Sozialpsychologie*, Sonderheft 30, S. 199-220

Kepplinger, Hans Mathias (1989a): *Künstliche Horizonte. Folgen, Darstellung und Akzeptanz von Technik in der Bundesrepublik*. Frankfurt/M., New York: Campus

Kepplinger, Hans Mathias (1998): *Die Demontage der Politik in der Informationsgesellschaft*. Freiburg/München: Karl Alber

Kepplinger, Hans Mathias (2001): *Die Kunst der Skandalisierung und die Illusion der Wahrheit*. München: Olzog

Klimmt, Christoph; Dittrich, Anja; Brosius, Hans-Bernd; Schmid-Petri, Hannah; Schultz, Tanjev; Vowe, Gerhard (2023): *Herkunftsnennung von Täter*innen und Verdächtigen in der Verbrechensberichterstattung. Eine Handreichung zur Reflexion für Journalist*innen und Kommunikationsverantwortliche der Sicherheitsbehörden und der Justiz*. In: Publizistik, 68/2023 (1), S. 69-88.

Koch, Thomas; Obermaier, Magdalena; Riesmeyer, Claudia (2017): Powered by Public Relations? Mutual perceptions of PR practitioners' bases of power over journalism. In: *Journalism*, 21 (10), S. 1573-1589. https://doi.org/10.1177/1464884917726421

Kocks, Klaus (1998): *»Und dann und wann ein weißer Elefant ...«. Prolegomena konkulturaler Redaktion*. Manuskript, Vortrag an der Westfälischen Wilhelms-Universität Münster v. 14.12.

Kovach, Bill, Rosenstiel, Tom (2021, 4. Aufl.): *The Elements of Journalism: What Newspeople Should Know and The Public Should Expect*. New York: Crown

Kramp, Leif; Weichert, Stephan (2018): *Hasskommentare im Netz. Steuerungsstrategien für Redaktionen*. Leipzig: Schriftenreihe Medienforschung der Landesanstalt für Medien NRW

Kucera, Andrea (2014): Die Überbelegung ist das Problem Nr. 1. In: *Neue Zürcher Zeitung* v. 28.11., S. 11

Langer, Inghart; Schulz von Thun, Friedemann et al. (2002): *Sich verständlich ausdrücken*. München: Reinhardt

La Roche, Walther von (2001, 15. Aufl., EA 1975): *Einführung in den praktischen Journalismus*. München: List

La Roche, Walther von; Buchholz, Axel (Hrsg.) (2017, 11. Aufl.): *Radio-Journalismus: Ein Handbuch für Ausbildung und Praxis im Hörfunk*. Wiesbaden: Springer VS

Lehr, Matthias (2009): *Ansätze zur Harmonisierung des Persönlichkeitsrechts in Europa*. Baden-Baden: Nomos

Leinemann, Jürgen (2009): *Höhenrausch. Die wirklichkeitsleere Welt der Politiker*. München: Heyne

Leyendecker, Hans (2000): Die so genannte vierte Gewalt ist oft nur viertklassig. In: *Frankfurter Rundschau* v. 16.11.

Lindblom, Charles (1959): The Science of »Muddling Through«. In: *Public Administration Review* No. 2, Vol. 19, S. 78–88

Lindlau, Dagobert (1990): Das Krankheitsbild des modernen Journalismus. Diagnose am Beispiel der Rumänienberichterstattung. In: *Rundfunk und Fernsehen*, 38. Jg., S. 430-436

Lindner, Rolf (1990): *Die Entdeckung der Stadtkultur. Soziologie aus der Erfahrung der Reportage*. Frankfurt/M.: Suhrkamp

Littger, Peter (2015): *The devil lies in the detail. Lustiges und Lehrreiches über unsere Lieblingsfremdsprache*. Köln: Kiepenheuer & Witsch

Lloyd, John; Toogood, Laura (2014): *Journalism and PR. News Media in the Digital Age*. London: I.B. Tauris & Co.

Lobo, Sascha (2015): Die Mensch-Maschine: Der Knalleffekt ersetzt die Erkenntnis. In: *Spiegel-Online* v. 9.12., http://www.spiegel.de/netzwelt/web/soziale-medien-demokratie-knalleffekt-ersetzt-erkenntnis-kolumne-a-1066848.html

Löffler, Martin (2015, 6. Aufl.): *Presserecht, Kommentar*. München: C.H. Beck

Luhmann, Niklas (1964): *Funktionen und Folgen formaler Organisation*. Berlin u. a.: Duncker & Humblot

Luhmann, Niklas (1971): Lob der Routine. In: ders. (Hrsg.): *Politische Planung. Aufsätze zur Soziologie von Verwaltung und Politik*. Opladen: Westdeutscher Verlag, S. 113-142

Luhmann, Niklas (1973): *Vertrauen. Ein Mechanismus der Reduktion sozialer Komplexität*. Stuttgart: F. Enke

Lück-Benz, Julia (2022): *Statistik für Journalist:innen. Grundlagen und Praxis*. München, UVK

Maier, Scott R. (2005): Accuracy Matters: A Cross-Market Assessment of Newspaper Error and Credibility. In: *Journalism & Mass Communication Quarterly*, Vol. 82, Nr. 3, S. 533-551

Mark, Oliver (2021): »Wolfgang Blau: ›Hohe Summen werden investiert, um Desinformationen über die Klimakrise zu verbreiten‹«. In: *Der Standard* v. 28.10.2021

Meckel, Miriam (2015): Die Glühlampen des Netzzeitalters. Journalismus: die Zukunft eines totgesagten Berufs. In: Pörksen, Bernhard; Narr, Andreas (Hrsg.): *Die Idee des Mediums. Reden zur Zukunft des Journalismus*. Köln: Herbert von Halem, S. 110-121

Media Perspektiven Basisdaten (2021): Daten zur Mediensituation in Deutschland 2021. In: *Media Perspektiven*, https://www.ard-media.de/media-perspektiven

Meier, Klaus (2002): *Ressort, Sparte, Team. Wahrnehmungsstrukturen und Redaktionsorganisation im Zeitungsjournalismus*. Konstanz: UVK

Meier, Klaus (2018, 4. Aufl.): *Journalistik*. Konstanz: UTB

Meinunger, André; Baumann, Anthe (Hrsg.) (2017): *Die Teufelin steckt im Detail. Zur Debatte um Gender und Sprache*. Berlin: Kadmos

Merten, Detlef (1994): Persönlichkeitsschutz. In: Schiwy, Peter; Schütz, Walter J. (Hrsg.): *Medienrecht. Lexikon für Wissenschaft und Praxis*. Neuwied/Frankfurt/M., Luchterhand, S. 214-222

Merton, Robert K. (1936): The Unanticipated Consequences of Purposive Social Action. In: *American Sociological Review*, Bd. 1, S. 894ff.

Meyer, Werner (1983): *Zeitungspraktikum. Auszug aus der Loseblattsammlung Journalismus von heute*. Hrsg. von Jürgen Frohner, Starnberg: R. S. Schulz

Meyers, Christopher (Hrsg.) (2010): *Journalism Ethics. A Philosophical Approach*. Oxford: Oxford University Press

Michel, Karl Markus (1986): Die Stunde der Sirenen. Vom Niedergang des Logozentrismus. In: *kursbuch* 84, März, S. 1-16

Mindich, David T.Z. (1998): *Just the facts. How »objectivity« came to define American journalism*. New York: New York University Press.

Natorp, Klaus (1998): Jeden Tag dieselbe fade Sauce, gnadenlos. Wie der Wortschatz der deutschen Sprache allmählich immer mehr zusammenschrumpft. In: *Bilder und Zeiten, Frankfurter Allgemeine Zeitung* v. 20.6., S. II

Natorp, Klaus (1999): Alles auf den Prüfstand. Klagelied über die tägliche Sprachschändung. In: *Bilder und Zeiten, Frankfurter Allgemeine Zeitung* v. 6.11., S. II

Neuberger, Christoph (2011): *Definition und Messung publizistischer Qualität im Internet: Herausforderungen des Drei-Stufen-Tests*. Berlin: Vistas

Neuberger, Christoph (2017): Journalistische Objektivität: Vorschlag für einen pragmatischen Theorierahmen. In: *Medien & Kommunikationswissenschaft*, 65 (2), S. 406-431

Neuberger, Christoph; Nuernbergk, Chistian (2014): Mehr Webkompetenz tut not: Forschungsstand über das Recherchieren. In: Prinzing, Marlis; Wyss, Vinzenz (Hrsg.): *Recherche im Netz*. Zürich: Europa, S. 26-45

Obermayer, Bastian; Obermaier, Frederik (2016): *Panama Papers. Die Geschichte einer weltweiten Enthüllung*. Köln: Kiwi

Osang, Alexander (2000, 4. Aufl.): *Die Nachrichten*. Frankfurt/M.: S. Fischer

Pariser, Eli (2011): *The Filter Bubble*. New York: Penguin

Pew Research Center, Journalism & Media: *The State of the News Media*. http://www.journalism.org/packages/state-of-the-news-media

Porlezza, Colin et al. (2011): Die doppelte Schwachstelle: Fehlerhäufigkeit und Corrections Management. In: fög – Forschungsbereich Öffentlichkeit und Gesellschaft, Universität Zürich (Hrsg.): *Qualität der Medien Schweiz*. Jahrbuch 2011, Basel: Schwabe, S. 452-467

Postman, Neil (1985): *Wir amüsieren uns zu Tode. Urteilsbildung im Zeitalter der Unterhaltungsindustrie*. Frankfurt/M.: S. Fischer

Prinz, Matthias; Peters, Butz (1999): *Medienrecht: die zivilrechtlichen Ansprüche*. München: Beck

Prinzing, Marlis et al. (Hrsg.) (2015): *Neuvermessung der Medienethik. Bilanz, Themen und Herausforderungen seit 2000*. Weinheim/Basel: Beltz Juventa

Prochazka, Fabian; Schweiger, W.; Weber, Patrick (2015): *Was bewirken die Trolle? Ausstrahlungseffekte von Nutzerkommentaren auf die wahrgenommene journalistische Qualität von Nachrichtenbeiträgen*. Vortrag auf der 60. Jahrestagung der DGPuK, Darmstadt, 13.–15.5.

Rager, Günther (1986): Zahlenspiele. In: Ruß-Mohl, Stephan (Hrsg.): *Wissenschaftsjournalismus*. München: List, 119–128

Reiter, Sibylle; Ruß-Mohl, Stephan (Hrsg.) (1994): *Zukunft oder Ende des Journalismus? Publizistische Qualitätssicherung – Medienmanagement – Redaktionelles Marketing*. Gütersloh: Bertelsmann-Stiftung

Reschke, Anja (2018): *Haltung zeigen!* Reinbek b. Hamburg: Rowohlt

Ringsgwandl, Georg (2009): Angriff der Sprachretter. In: *sueddeutsche.de* v. 11.1., http://www.sueddeutsche.de/kultur/189/453876/text/

Rolke, Lothar (1999): Journalisten und PR-Manager – eine antagonistische Partnerschaft mit offener Zukunft. In: Rolke, Lothar; Wolff, Volker

(Hrsg.): *Wie die Medien die Wirklichkeit steuern und selber gesteuert werden.* Opladen/Wiesbaden: Westdeutscher Verlag, S. 223–247

Rühl, Manfred; Saxer, Ulrich (1981): 25 Jahre Deutscher Presserat. Ein Anlaß für Überlegungen zu einer kommunikationswissenschaftlichen Ethik des Journalismus und der Massenkommunikation. In: *Publizistik,* Jg. 26, S. 471-503

Rusbridger, Alan (2015): Climate change: why the Guardian is putting threat to Earth front and centre. In: *The Guardian* v. 6.3., http://www.theguardian.com/environment/2015/mar/06/climate-change-guardian-threat-to-earth-alan-rusbridger

Ruß-Mohl, Stephan (1992): »Am eigenen Schopfe ...«. Qualitätssicherung im Journalismus – Grundfragen, Ansätze, Näherungsversuche. In: *Publizistik,* 37. Jg./1992, Heft 1, S. 83-96

Ruß-Mohl, Stephan (1994): *Der I-Faktor. Qualitätssicherung im amerikanischen Journalismus – Modell für Europa?* Osnabrück/Zürich: Edition Interfrom

Russ-Mohl, Stephan (Hrsg.) (2020): *Streitlust und Streitkunst. Diskurs als Essenz der Demokratie.* Köln: Herbert von Halem

Russ-Mohl, Stephan (2020a): Herdentrieb. In: *Süddeutsche Zeitung* v. 17./18.10.2020

Online Version: https://www.sueddeutsche.de/medien/russ-mohl-gastbeitrag-corona-panikorchester-1.5075025

Saxer, Ulrich (Hrsg.) (1985): *Gleichheit oder Ungleichheit durch Massenmedien?* München: Oelschläger

Schatz, Heribert; Schulz, Winfried (1992): Qualität von Fernsehprogrammen. Kriterien und Methoden zur Beurteilung von Programmqualität im dualen Fernsehsystem. In: *Media Perspektiven,* Nr. 11, S. 690-712

Schicha, Christian (2019): *Medienethik: Grundlagen – Anwendungen – Ressourcen.* München: UVK

Schirrmacher, Frank (2009): Der politischen Klasse ins Lehrbuch. Laudatio auf Nikolaus Brender. In: *Frankfurter Allgemeine Zeitung* v. 17.10.

Schneider, Wolf (Hrsg.) (1984): *Unsere tägliche Desinformation.* Hamburg: stern-Buch

Schneider, Wolf; Esslinger, Detlef (2015, 5. Auf.): *Die Überschrift. Sachzwänge – Fallstricke – Versuchungen – Rezepte.* Wiesbaden: Springer VS

Schnibben, Cordt (1988): Herr Minister, ich danke Ihnen. Über das Elend des deutschen Fernsehjournalismus. In: *Die Zeit* v. 16.9., S. 52

Schönbach, Klaus (2007): *Warum Zeitung Zukunft hat.* Konrad Adenauer Stiftung: Vortrags-Kurzfassung v. 27.7. (MS)

Schultz, Tanjev (2018a): Überreizt? Der Teaser im digitalen Journalismus. In: Lisa Blasch; Daniel Pfurtscheller; Thomas Schröder (Hrsg.): *Schneller, bunter, leichter? Kommunikationsstile im medialen Wandel*. Innsbruck: Innsbruck University Press, S. 193-211

Schultz, Tanjev (2018b): Der Fall »Sebastian Edathy« – oder die Frage, ob der Medienpranger den Rechtsstaat untergräbt. In: Jackob, Nikolaus: *Die Mediengesellschaft und ihre Opfer. Grenzfälle journalistischer Ethik im frühen einundzwanzigsten Jahrhundert*. Berlin: Peter Lang, S. 171-187

Schultz, Tanjev (2021a): *Medien und Journalismus. Einfluss und Macht der Vierten Gewalt*. Stuttgart: Kohlhammer

Schultz, Tanjev (2021b): Der Reporter-Blick von nirgendwo? Journalismus zwischen Objektivität und Subjektivität. In: *Publizistik*, 66 (1), S. 21-41, DOI: 10.1007/s11616-020-00624-1

Schultz, Tanjev (2021c): Wahrheit vor Schönheit. Die Reportage nach dem Fall Relotius. In: Christian Schicha; Ingrid Stapf; Saskia Sell (Hrsg.): *Medien und Wahrheit. Medienethische Perspektiven auf Desinformation, Lügen und »Fake News«*. Baden-Baden: Nomos, S. 263-277

Schultz, Tanjev (2021d): Mediale Aufklärung? NSU, Journalismus und Öffentlichkeit. In: Ders. (Hrsg.): *»Nationalsozialistischer Untergrund (NSU)« – Zehn Jahre danach und kein Schlussstrich*. Stuttgart: Kohlhammer, S. 50-67.

Schultz, Tanjev (2022): Blut und Drama: Die mediale Berichterstattung über Terrorismus. In: Liane Rothenberger, Joachim Krause, Jannis Jost, Kira Frankenthal (Hrsg): *Terrorismusforschung: Interdisziplinäres Handbuch für Wissenschaft und Praxis*. Baden-Baden: Nomos, S. 507-517

Schulz, Winfried (1976; 1990, 2. Aufl.): *Die Konstruktion von Realität in den Nachrichtenmedien*. Freiburg: Karl Alber

Schumpeter, Joseph A. (1942): *Capitalism, Socialism, and Democracy*. New York: Harper & Brothers

Shaw, David (1984): Plagiarism: a Taint in Journalism. In: *Los Angeles Times* v. 5.7. (Sonderdruck)

Shaw, David (1989): Instant Consensus. How Media Gives Stories Same ›Spin‹. In: *Los Angeles Times* v. 25.8.

Sick, Bastian (2008/2009): *Der Dativ ist dem Genitiv sein Tod. Ein Wegweiser durch den Irrgarten der deutschen Sprache, Folge 1-4*. Köln: Kiepenheuer & Witsch

Spaemann, Robert (1982): Wer hat wofür Verantwortung? Zum Streit um deontologische und teleologische Ethik. In: *Herder Korrespondenz*, S. 403-408

Sprecher, Margrit (2003): *Laudatio – Medienaward für die beste Qualitätsinitiative im Schweizer Journalismus*. MS Winterthur, 12.11.

Staab, Joachim Friedrich (1990): *Nachrichtenwert-Theorie. Formale Struktur und empirischer Gehalt*. Freiburg/München: Alber

Staab, Joachim Friedrich (2002): Entwicklungen der Nachrichtenwert-Theorie. In: Neverla, Irene et al. (Hrsg.): *Grundlagentexte zur Journalistik*. Konstanz: UVK-UTB, S. 608-618

Starkman, Dean (2015): *The Watchdog that Didn't Bark*. New York: Columbia University Press

Stefanowitsch, Anatol (2018): *Eine Frage der Moral: Warum wir politisch korrekte Sprache brauchen*. Berlin. Dudenverlag

Steinke, Ronen (2020): *Antisemitismus in der Sprache. Warum es auf die Wortwahl ankommt*. Berlin: Dudenverlag

Stray, Jonathan (2012): Who should see what when? Three principles for personalized news. In: *Nieman Lab* v. 25.7., http://www.niemanlab.org/2012/07/who-should-see-what-when-three-principles-for-personalized-news/

Taleb, Nassim N. (2007/2010 2. Aufl.): *The Black Swan*. New York: Random House

Thiele, Christian (2008): *Gute Gespräche. Die Kunst des Interviews II*. Journalisten-Werkstatt, Beilage zum Schweizer Journalist

Tran, Millie (2014): How to lean against your biases: A conversation with Daniel Kahneman. In: *API Newsletter*, http://www.americanpressinstitute.org/publications/good-questions/lean-biases-conversation-daniel-kahneman/

Trommershausen, Anke (2015): *Ethics as Practice. The Challenge of Management Ethics in Mediatized Working Environments*, Präsentation beim Workshop »Responsibility and Resistance: Ethics in Mediatized Worlds«, Österreichische Akademie der Wissenschaften, Wien, 10./11.12.

Tuchman, Gaye (1971): Objectivity as strategic ritual: an examination of newsmen's notions of objectivity. In: *American Journal of Sociology*, 77, S. 660-679

Tuchman, Gaye (1973/74): Making News by Doing Work. Routinizing the Unexpected. In: *American Journal of Sociology*, Vol. 79, S. 110-131

Twain, Mark (1985): Die schreckliche deutsche Sprache. In: ders.: *Bummel durch Europa*, Frankfurt/M.: Insel, S. 527-544

Underwood, Doug (1988): When MBAs rule the newsroom. A concerned reporter shows how bottom-line editors are radically changing American journalism. In: *Columbia Journalism Review*, March/April, S. 23-29

Waldmann, Michael R. (1985): Das Gedächtnis des Augenzeugen. In: *Süddeutsche Zeitung* v. 14./15.8., S. 36

Wall, Melissa; El Zahed, Sahar (2015): Embedding content from Syrian citizen journalists: The rise of the collaborative news clip. In: *Journalism* 16 (2):, S. 163-180

Wallraff, Günter (1970): *Industriereportagen*. Reinbek b. Hamburg: Rowohlt Taschenbuch

Wallraff, Günter (1977): *Der Aufmacher: Der Mann, der bei Bild Hans Esser war*. Köln: Kiepenheuer & Witsch

Wanckel, Endress (2002): »Wächteramt erfüllt?«. In: *Message*, Nr. 1, S. 92-94

Watzlawick, Paul (1976/1985, 13. Aufl.): *Wie wirklich ist die Wirklichkeit*. München: Piper

Wehling, Elisabeth (2016): *Politisches Framing. Wie eine Nation sich ihr Denken einredet – und daraus Politik macht*. Köln: Herbert von Halem

Weichert, Stephan; Zabel, Christian (2009): Digitale Leitwölfe. Das Paradoxon des neuen Alpha-Journalismus 2.0. In: dies. (Hrsg.): *Die Alpha-Journalisten 2.0*. Köln: Herbert von Halem, S. 11-44

Wember, Bernward (1976): *Wie informiert das Fernsehen? Ein Indizienbeweis*. München: List

Wessler, Hartmut (2018): *Habermas and the Media*. Cambridge: Polity.

Whittle, Stephen; Cooper, Glenda (2009): *Privacy, probity and public interest*. University of Oxford: Reuters Institute for the Study of Journalism

Virchow, Fabian; Tanja Thomas, Elke Grittmann, Elke (2015): *»Das Unwort erklärt die Untat«. Die Berichterstattung über die NSU-Morde – eine Medienkritik*. Frankfurt/M: Otto Brenner Stiftung (OBS-Arbeitsheft 79).

Wolff, Volker; Tanjev Schultz; Sabine Kieslich (2021, 3. Aufl.): *Zeitungs- und Zeitschriftenjournalismus. Schreiben für Print und Online*. Köln: Herbert von Halem

Wyss, Vinzenz (2002): *Redaktionelles Qualitätsmanagement: Ziele, Normen, Ressourcen*. Konstanz: UVK

Zahn, Peter von (1988): Zum Ethik-Bedarf des Journalisten in hochindustriellen Gesellschaften. In: Erbring, Lutz et al. (Hrsg.): *Medien ohne Moral*. Berlin: Argon, S. 20-36

Zimmermann, Kurt W. (2009): The Right to Copy. In: *Weltwoche*, Nr. 40 v. 24.9.

Die Autoren

Stephan Ruß-Mohl ist emeritierter Professor für Journalistik und Medienmanagement an der Università della Svizzera italiana in Lugano/Schweiz. Von 1985 bis 2001 war er Publizistik-Professor an der FU Berlin und dort für den Studiengang Journalisten-Weiterbildung und für das Journalisten-Kolleg verantwortlich.

Das journalistische Handwerk erlernte Ruß-Mohl an der Deutschen Journalistenschule in München. Er studierte Sozial- und Verwaltungswissenschaften an den Universitäten München, Konstanz und Princeton. Über Medien und Journalismus hat er regelmäßig für die *Neue Zürcher Zeitung* sowie als Kolumnist für den *Tagesspiegel* geschrieben.

Der Autor ist einer der wenigen Amerika-Experten der deutschsprachigen Journalismusforschung und hat mehrfach, zuletzt im Sommer 2015, Forschungsaufenthalte an der Stanford University verbracht. Darüber hinaus hat Ruß-Mohl das European Journalism Observatory (www.ejo-online.eu) gegründet – ein Netzwerk von Forschungsinstituten, das über Kulturgrenzen hinweg in mehreren Sprachen die Entwicklungen im Journalismus beobachtet.

Tanjev Schultz ist Professor für Journalismus an der Johannes Gutenberg-Universität Mainz. Forschungs- und Gastaufenthalte führten ihn an die Universität Memphis und an die Universität von Kalifornien in Berkeley. Von 2003 bis 2016 arbeitete Schultz in der Politik-Redaktion der Süddeutschen Zeitung, dort war er zunächst für bildungspolitische Themen verantwortlich, später für die Berichterstattung über Innere Sicherheit, Terrorismus und politischen Extremismus. Er berichtete intensiv über den NSU-Fall und war an investigativen Recherchen u. a. zur Arbeit von Geheimdiensten und zu internationalen Finanzgeschäften beteiligt. Im Jahr 2011 schrieb er gemeinsam mit Roland Preuß als Erster über die Plagiate in der Dissertation des Verteidigungsministers Karl Theodor zu Guttenberg, der wegen dieser Affäre zurücktrat.

Schultz hatte in Berlin, Hagen und Bloomington studiert, einen deutschen Magister in Philosophie, Psychologie und Neuerer deutscher Literaturwissenschaft sowie einen amerikanischen Master in Journalismus erworben und bereits als Publizistik-Student in Berlin Stephan Ruß-Mohl kennengelernt. Promoviert wurde Schultz in Politikwissenschaft an der Universität Bremen, wo er nach dem Studium vier Jahre als wissenschaftlicher Mitarbeiter am Institut für Interkulturelle und Internationale Studien arbeitete.

Frühere Ausgaben dieses Buches sind in albanischer, bulgarischer, italienischer, lettischer, polnischer, serbokroatischer, tschechischer und ukrainischer Sprache erschienen. Eine ungarische Version ist in Vorbereitung.

Stefan Wachtel / Antje Keil / Clemens Nicol

Sprechen und Moderieren.
In Radio, Fernsehen und Social Media

Praktischer Journalismus, 23
2022, 7., komplett überarbeitete Auflage,
288 S., 38 Abb., Broschur m. Klappe,
240 x 170 mm, dt.
ISBN (Print) 978-3-7445-2007-2 | 26,00 EUR
ISBN (PDF) 978-3-7445-2008-9 | 22,99 EUR

In Zeiten einer neuen Mündlichkeit muss jede und jeder ihren und seinen wirkungsvollen Stil finden. Mikrofon und Kamera verlangen spezielles Handwerk und System. Vieles davon haben YouTube, Instagram und Podcasts verändert, die Grundregeln aber bleiben. Drei Autor*innen aus der Praxis geben in einem erweiterten und modernisierten Klassiker der Sprecherziehung Anleitungen und System – gegen das Auswendiglernen oder das Ablesen. Sie plädieren für das freie Sprechen mithilfe von Stichwortkonzepten. Auch wenn heute aus Wohnzimmern (und morgen vielleicht aus noch viel virtuellerer Realität aus Broadcast-Drohnen) medial gesprochen wird, das Professionalitätsgebot bleibt, und es wird wichtiger!

Das Buch liefert die Theorie des Sprechens und Grundpfeiler zu einem zeitgemäßen Stimm- und Sprechtraining. Und es enthält zahlreiche Beispiele zu Betonung, Ausdruck, Aussprache, Moderation und Interview. In einer radikal neuen Form liefert das Buch alles, was man braucht: für die spezielle Situation in Studios, im Außeneinsatz und in Smartphone-Settings auf engstem Raum. Professionalität, auch aus Wohnzimmern.

https://www.halem-verlag.de/sprechen-und-moderieren/

Stefan Wachtel ist promovierter Sprechwissenschaftler, gefragter TV-Experte und trainiert als Executive Coach internationale Spitzenmanager aus Wirtschaft, Öffentlichkeit und Sport.

Antje Keil arbeitet seit über zwanzig Jahren als Stimm- und Sprechtrainerin fürRedakteur*innen, Moderator*innen und für den journalistischen Nachwuchs. Sie ist eine gefragte Expertin im Fernsehen zum Thema Stimme.

Clemens Nicol ist als Sprecher und Moderator beim Bayerischen Rundfunk tätig und dort auch als Sprecherzieher aktiv.

Marie Lampert / Rolf Wespe

Storytelling für Journalisten. Wie baue ich eine gute Geschichte?

Praktischer Journalismus, 89
2021, 5., überarbeitete Auflage, 296 S., 52 Abb., 8 Tab., 240 x 170 mm, dt.
ISBN (Print) 978-3-7445-2016-4 I 29,50 EUR
ISBN (PDF) 978-3-7445-2017-1 I 24,99 EUR

Erzählen kann man lernen. Marie Lampert und Rolf Wespe vermitteln in diesem Buch Strategien und praktische Werkzeuge für das professionelle Erzählen von Geschichten in allen journalistischen Medien.

Sie haben Verfahren gesammelt und entwickelt, die sie in der Journalismus-Ausbildung einsetzen. Zum Beispiel die »Leiter der Abstraktion« – ein Modell, wie man ein abstraktes Thema in eine lesbarer Form verwandelt. Oder die »Storykurve«, mit der die Aufmerksamkeit des Publikums gehalten werden kann. Mit zahlreichen Beispielen aus der Praxis, Grafiken und Statements von Medienprofis weisen die AutorInnen den Weg zum erfolgreichen Storytelling.

Die 5. Auflage wurde überarbeitet und erweitert. Neue Themen sind das Multimedia- und Digital Storytelling, das Verhältnis von Fakten und Storytelling sowie die kreative Methode des Design Thinking.

https://www.halem-verlag.de/storytelling-fuer-journalisten/

Marie Lampert gibt hauptberuflich Workshops für Medienprofis. Für die Akademie Berufliche Bildung der deutschen Zeitungsverlage (ABZV) entwickelte Lampert das Online-Portal ›Storytelling‹.

Rolf Wespe gibt Storytelling-Seminare für Profis und Amateure. Er war Studienleiter am MAZ – der Schweizer Journalistenschule in Luzern – und hat 20 Jahre als Redakteur, Reporter und Rechercheur beim Zürcher *Tages-Anzeiger* und beim Schweizer Fernsehen gearbeitet.

Michael Haller

Die Reportage. Theorie und Praxis des Erzähljournalismus

Praktischer Journalismus, 8
2020, 7., komplett überarbeitete Auflage,
312 S., Broschur, 240 x 170 mm, dt.
ISBN (Print) 978-3-7445-2000-3 I 26,00 EUR
ISBN (PDF) 978-3-7445-2001-0 I 21,99 EUR

Wie funktioniert journalistisches Erzählen im Internet-Zeitalter? Wie können sich subjektive Erzählformen gegen den Trend zu oberflächlichen Berichtsformen behaupten? Michael Haller zeigt, wie die literarische Tiefenschärfe für den Erzähljournalismus zurückgewonnen und zu neuer Geltung gebracht werden kann.

Das Buch *Die Reportage* verbindet Theorie und Praxis des journalistischen Schreibens. Dieser Klassiker der Journalistenausbildung wurde für diese 7. Auflage grundlegend überarbeitet. Michael Haller diskutiert darin auch die Fehlentwicklungen und Umstände, die – wie im Fall Claas Relotius – zu Missbrauch und Lügengeschichten geführt haben. Zugleich beschreibt er die Bedingungen, die herausragende Geschichten ermöglichen.

Ziel dieser Neuauflage ist keine Rückkehr in analoge Zeiten und ihre Erzählformen, sondern eine Erweiterung der aktuellen journalistischen Praxis, die mit unterhaltsamen Mitteln und Formen ein Stück Orientierung geben soll.

https://www.halem-verlag.de/die-reportage/

Prof. Dr. Michael Haller war während 25 Jahren als Journalist in leitender Funktion in verschiedenen Medien des deutschen Sprachraums tätig. Von 1993 bis zu seiner Emeritierung 2010 hatte er den Lehrstuhl für Journalistik an der Universität Leipzig inne. Er ist seither als wissenschaftlicher Direktor des Europäischen Instituts für Journalismus- und Kommunikationsforschung in Leipzig tätig. Haller hat zahlreiche wissenschaftliche Publikationen und einschlägige Standardwerke zum Journalismus verfasst.